Deutschbuch

Erweiterte Ausgabe

Sprach- und Lesebuch

6

Herausgegeben von
Andrea Wagener

Erarbeitet von
Christoph Berghaus, Friedrich Dick,
Heike Frädrich, Agnes Fulde,
Hans-Joachim Gauggel, Frauke Hoffmann,
Anna Löwen, Ruth Malaka,
Sabine Matthäus, Katja Reinhardt,
Volker Semmler, Mechthild Stüber,
Bettina Tolle, Carolin Wemhoff

Dieses Buch gibt es auch auf
www.scook.de

Es kann dort nach Bestätigung der
Allgemeinen Geschäftsbedingungen
genutzt werden.

Buchcode: **j4wj5-qrbq6**

Redaktion: Annika Kusumi

Illustrationen:
Uta Bettzieche, Leipzig: S. 46–48, 51, 53, 58, 59, 113–115, 117–121, 123–125, 127
Maja Bohn, Berlin: S. 77, 78, 80, 82, 83, 85, 88, 90, 92, 93
Nils Fliegner, Hamburg: S. 211–214, 216–222, 224–233, 236, 238–242, Vorsätze
Christiane Grauert, Milwaukee (USA): S. 15, 16, 18–22, 25, 27, 173–175, 177, 178, 182, 185–187, 190–199, 202, 203, 206, 209
Josep Rodés Jordà, Murnau: S. 32, 33, 35, 37–39, 41–43, 95–100, 102, 103, 106, 108, 110, 146, 151, 158, 162, 171, 244, 245, 250
Christa Unzner, Berlin: S. 63, 70, 72, 129–134, 136, 138, 140–144

Coverfoto: Tom Chance © Westend 61 / Photoshot
Gesamtgestaltung und technische Umsetzung: werkstatt für gebrauchsgrafik, Berlin

www.cornelsen.de

Soweit in diesem Lehrwerk Personen fotografisch abgebildet sind und ihnen von der Redaktion fiktive Namen, Berufe, Dialoge und Ähnliches zugeordnet oder diese Personen in bestimmte Kontexte gesetzt werden, dienen diese Zuordnungen und Darstellungen ausschließlich der Veranschaulichung und dem besseren Verständnis des Inhalts.

Die Webseiten Dritter, deren Internetadressen in diesem Lehrwerk angegeben sind, wurden vor Drucklegung sorgfältig geprüft. Der Verlag übernimmt keine Gewähr für die Aktualität und den Inhalt dieser Seiten oder solcher, die mit ihnen verlinkt sind.

Dieses Werk berücksichtigt die Regeln der reformierten Rechtschreibung und Zeichensetzung.
Bei den mit R gekennzeichneten Texten haben die Rechteinhaber einer Anpassung widersprochen.

1. Auflage, 1. Druck 2015

Alle Drucke dieser Auflage sind inhaltlich unverändert
und können im Unterricht nebeneinander verwendet werden.

© 2015 Cornelsen Schulverlage GmbH, Berlin

Das Werk und seine Teile sind urheberrechtlich geschützt.
Jede Nutzung in anderen als den gesetzlich zugelassenen Fällen bedarf
der vorherigen schriftlichen Einwilligung des Verlages.
Hinweis zu den §§ 46, 52a UrhG: Weder das Werk noch seine Teile dürfen ohne eine solche Einwilligung eingescannt und in ein Netzwerk eingestellt oder sonst öffentlich zugänglich gemacht werden.
Dies gilt auch für Intranets von Schulen und sonstigen Bildungseinrichtungen.

Druck: Mohn Media Mohndruck, Gütersloh

ISBN 978-3-06-062941-1

PEFC zertifiziert
Dieses Produkt stammt aus nachhaltig bewirtschafteten Wäldern und kontrollierten Quellen.
www.pefc.de

Euer Deutschbuch auf einen Blick

Das Buch ist in **vier Kompetenzbereiche** aufgeteilt.
Ihr erkennt sie an den Farben:

⬛	**Sprechen – Zuhören – Schreiben**
⬛	**Lesen – Umgang mit Texten und Medien**
⬛	**Nachdenken über Sprache**
⬛	**Arbeitstechniken**

Jedes **Kapitel** besteht aus **drei Teilen:**

1 Hauptkompetenzbereich
Hier wird das Thema des Kapitels erarbeitet, z. B. in Kapitel 1 *Erzählen*:

 1.1 Mutig sein – Von Freundschaften erzählen

2 Verknüpfung mit einem zweiten Kompetenzbereich
Das Kapitelthema wird mit einem anderen Kompetenzbereich verbunden und vertiefend geübt, z. B.:

 1.2 Ich trau mich! – Zu Freundschaftsgeschichten schreiben

3 Klassenarbeitstraining oder Projekt
Hier überprüft ihr das Gelernte anhand einer Beispielklassenarbeit und einer Checkliste oder ihr erhaltet Anregungen für ein Projekt, z. B.:

 1.3 Fit in …! – Eine Geschichte fortsetzen

Das **Orientierungswissen** findet ihr in den blauen Kästen mit den Bezeichnungen  .

Auf den blauen Seiten am Ende des Buches (▶ S. 257–278) könnt ihr das Orientierungswissen aller Kapitel noch einmal nachschlagen.

Folgende **Kennzeichnungen** werdet ihr im Buch entdecken:

- 👥 Partnerarbeit
- 👥👥 Gruppenarbeit
- ⬜ **4** Zusatzaufgabe

Die **Punkte** sagen euch etwas über die Schwierigkeit der Aufgabe:

- ●○○ Diese Aufgaben geben euch Starthilfen oder schlagen euch verschiedene Lösungen vor.
- ●●○ Diese Aufgaben sind leichter zu lösen als die Aufgaben mit drei Punkten.
- ●●● Diese Aufgaben verlangen, dass ihr sie möglichst selbstständig bearbeitet.

Inhaltsverzeichnis

1 Freundschaften – Erzählen und gestalten 13

Sprechen – Zuhören – Schreiben — Kompetenzschwerpunkt

- **1.1 Mutig sein – Von Freundschaften erzählen** 14
  - Freundschaftsgeschichten mündlich erzählen .. 14
  - Schriftlich nach Bildern erzählen 16
  - Einen Erzählkern schriftlich ausgestalten 18
  - ✘ Teste dich! *Ein cooles Erlebnis* 20

- **1.2 Ich trau mich! – Zu Freundschaftsgeschichten schreiben** 21
  - *Christian Tielmann: Der Kahn* 21
  - Fordern und fördern – Gestaltend schreiben .. 25

- **1.3 Fit in …! – Eine Geschichte fortsetzen** 27

▶ **Sprechen und Gespräch**
eigene Erlebnisse geordnet, anschaulich und lebendig mündlich erzählen; Formen und einfache Mittel des Erzählens anwenden; aufmerksam zuhören

▶ **Schreiben und Gestalten**
Textmuster verändern und weiterentwickeln (nach Bildern erzählen, Erzählkern ausgestalten, Perspektivwechsel); Texte planen (Stichwortzettel, Mindmap); eine schriftliche Erzählung sinnvoll aufbauen; sprachliche Mittel einsetzen (Spannungsbogen, Erzählperspektive, Dehnung und Raffung, wörtliche Rede); eigene Texte überarbeiten (Textlupe)

▶ **Lesen, mit Texten und Medien umgehen**
Textinhalte wiedergeben und Bezüge zu sprachlichen Gestaltungselementen herstellen

2 Wir einigen uns – Meinungen begründen 29

Sprechen – Zuhören – Schreiben — Kompetenzschwerpunkt

- **2.1 Wohin soll der Klassenausflug gehen? – Strittige Fragen diskutieren** 30
  - Die eigene Meinung begründen 30
  - Andere überzeugen, Einwände berücksichtigen 32
  - Eine Fishbowl-Diskussion vorbereiten und durchführen 33
  - Auf den Ton kommt es an 35
  - ✘ Teste dich! Meinungen in Diskussionen begründen ... 36

- **2.2 Erwachsene überzeugen – Sprache gezielt verwenden** 37
  - Meinungen höflich formulieren 37
  - Fordern und fördern – Eine Meinung in einem Brief formulieren 40

- **2.3 Fit in …! – Einen Vorschlag schriftlich begründen** 42

▶ **Zuhören, Sprechen und Gespräch**
Gesprächsregeln kennen und einhalten; Meinungen und Forderungen angemessen mitteilen; anderen Gesprächsteilnehmern aufmerksam zuhören (Notizen machen) und sich auf ihre Beiträge beziehen; Konflikte erkennen und in strittigen Fragen Lösungsvorschläge formulieren; Argumente ordnen und durch Beispiele stützen; Einwände entkräften

▶ **Schreiben und Gestalten**
persönliche Anliegen (Bitten, Vorschläge, Meinungen) sachlich begründen; formelle Briefe formulieren

3 Wer? Wann? Wo? ... – Über Ereignisse berichten   45

Sprechen – Zuhören – Schreiben — Kompetenzschwerpunkt

3.1 Interessante Ereignisse – Berichte verfassen .. **46**
Erzählen und Berichten unterscheiden 46
Einen Bericht verfassen und überarbeiten 49
„Hals- und Beinbruch" –
Einen Unfallbericht verfassen 51
❌ Teste dich! Sachlich und genau berichten .. 53

▶ **Lesen, mit Texten und Medien umgehen**
Berichte und ihre Merkmale kennen lernen

▶ **Sprechen und Gespräch**
über Sachverhalte informieren;
geordnet und knapp berichten;
wichtige W-Fragen berücksichtigen

3.2 Sportlich für einen guten Zweck – Einen Zeitungsbericht untersuchen und schreiben .. **54**
Laufen für den Frieden 54
Fordern und fördern – Einen Bericht
für das Klassenjahrbuch verfassen 56

▶ **Schreiben und Gestalten**
Berichte über Ereignisse und Unfallberichte verfassen;
Berichte ihrem Zweck entsprechend sachlich und adressatengerecht formulieren;
Methoden der Textplanung anwenden und Textfassungen überarbeiten (Folgerichtigkeit, Sachbezogenheit)

3.3 Fit in ...! – Einen Unfallbericht schreiben **58**

4 In Bewegung – Beschreiben   61

Sprechen – Zuhören – Schreiben — Kompetenzschwerpunkt

4.1 Roller und Drahtesel – Gegenstände beschreiben **62**
Bestandteile von Rollern benennen 62
Einen Waveroller beschreiben 63
Eine Suchanzeige formulieren 65
Personen beschreiben 67
❌ Teste dich! Eine Gegenstandsbeschreibung
überarbeiten 69

▶ **Schreiben und Gestalten**
Gegenstände, Personen und Vorgänge detailgenau und in verständlicher, geordneter Weise beschreiben;
Beschreibungen zweck- und adressatengerichtet formulieren (Folgerichtigkeit im Gedankengang, Sachbezogenheit im sprachlichen Ausdruck)

4.2 Einfach zaubern – Vorgänge beschreiben **70**
Formen der Ansprache in
Vorgangsbeschreibungen 70
Fordern und fördern –
Einen Streichholztrick beschreiben 72

4.3 Fit in ...! – Einen Gegenstand beschreiben **74**

5 Lesen – Umgang mit Texten und Medien
Unglaublich – Lügengeschichten lesen und verstehen 77

Kompetenzschwerpunkt

5.1 Die Meisterlügner – Lügengeschichten untersuchen und vorlesen **78**
Eine bekannte Lügengeschichte lesen 78
Ingrid Uebe:
Münchhausens Ritt auf der Kanonenkugel 78
Den Aufbau von Lügengeschichten
untersuchen 80
Hubert Schirneck: Eine Woche im Fuchsbau 80
Die Gestaltung von Lügengeschichten
untersuchen 83
Hubert Schirneck: Die tanzenden Eisbären 83
Projekt – Vorlesewettbewerb 86
Rufus Beck: Gutes Vorlesen ist eben,
wenn sich keiner langweilt 86
❌ Teste dich!
  Merkmale von Lügengeschichten 88
  Erich Kästner: Münchhausen auf der Jagd .. 88

▶ **Lesen, mit Texten und Medien umgehen**
Lügengeschichten und ihre Merkmale kennen lernen; Lügengeschichten verstehen, Fragen zur Texterschließung formulieren; Bezüge zwischen Inhalt, Absicht und Gestaltungselementen herstellen; Grundbegriffe der Textbeschreibung verwenden; Fragen zu Texten beantworten

▶ **Sprechen und Gespräch**
einen Text sinngestaltend und wirkungsvoll vorlesen

▶ **Schreiben und Gestalten**
eigene Lügengeschichten erzählen; auf Kenntnisse von Gestaltungsmustern/Erzähltechniken zurückgreifen; nach Mustern erzählen (Lügengeschichten fortsetzen); eigene Texte überarbeiten

5.2 Lügen wie gedruckt –
Lügensprache untersuchen und anwenden ... **89**
Flunkern ist nicht lügen 89
Fordern und fördern –
Eine Lügengeschichte fortsetzen 90

5.3 Fit in …! – Eine Lügengeschichte untersuchen **92**
Erich Kästner: Die Enten an der Schnur 92

6 Lesen – Umgang mit Texten und Medien
Von Helden und Ungeheuern – Sagen untersuchen 95

Kompetenzschwerpunkt

6.1 Helden und Götter –
Sagen der Antike verstehen **96**
Einen Helden der Antike kennen lernen 96
Herakles 96
Herakles und der Kampf gegen den
Nemeischen Löwen 97
Handlung und Merkmale eines
Sagentextes untersuchen 98
Herakles und die Äpfel der Hesperiden 98
Sich über Sagen der Antike informieren 101
Götter und Helden in antiken Sagen 101
❌ Teste dich!
  Herakles und die Rinder des Geryon 102

▶ **Lesen, mit Texten und Medien umgehen**
Sagen und ihre Merkmale kennen lernen (Themen, Motive, sprachliche Gestaltungselemente, Bezüge zur Entstehungszeit); Grundbegriffe der Textbeschreibung verwenden; mit Texten produktiv umgehen, eine Sage in ein Hörspiel umformen

▶ **Sprechen und Gespräch**
eine Sage anschaulich und lebendig mündlich nacherzählen

	6.2	Deutsche Heldensagen – Sagen nacherzählen und gestalten	**103**	▶ **Schreiben und Gestalten** Sagen anschaulich und lebendig schriftlich nacherzählen; einen Comic gestalten
		Eine Sage mündlich nacherzählen	103	
		Wie Siegfried den Drachen tötete	103	
		Die Figuren einer Sage untersuchen	106	
		Wie Brünhild besiegt wurde	106	
		Fordern und fördern – Eine Sage schriftlich nacherzählen	108	
		Hörspielszenen gestalten	110	
	6.3	**Projekt – Einen Helden-Comic gestalten**	**111**	
		Brian Bendis u. a.: Spider-Man	111	

7 Lesen – Umgang mit Texten und Medien — Kompetenzschwerpunkt
Tiere handeln wie Menschen – Fabeln verstehen und ausgestalten 113

	7.1	Von Füchsen und anderen Tieren – Merkmale von Fabeln kennen lernen	**114**	▶ **Lesen, mit Texten und Medien umgehen** Fabeln und ihre Merkmale kennen lernen (Motive, sprachliche Besonderheiten, Zusammenhang zwischen Text und Entstehungszeit); Themen und Motive vergleichen; Grundbegriffe der Textbeschreibung verwenden
		Fabeln von Äsop untersuchen	114	
		Äsop: Der Fuchs und der Bock im Brunnen	114	
		Äsop: Der Fuchs und der Storch	115	
		Äsop – Der „Erfinder" der Fabeln?	116	
		Fabeln aus Afrika und Asien kennen lernen	117	
		Afrikanische Fabel: Wie die Spinne der Eidechse ihre Schulden mit einem Loch bezahlte	117	
		Asiatische Fabel: Der Löwe und die Katze	117	▶ **Schreiben und Gestalten** eigene Fabeln nach Vorgaben schreiben (nach Bildern schreiben, Fabel ausgestalten, Fabelanfang fortsetzen), auf Kenntnisse von Gestaltungsmustern der Textsorte zurückgreifen; produktiv mit Texten umgehen (Fabelbuch anlegen); Texte mit Hilfe eines Textverarbeitungsprogramms gestalten
		Fabeln aus verschiedenen Zeiten vergleichen	118	
		Äsop: Die Ameise und die Grille	118	
		Jean de La Fontaine: Die Grille und die Ameise	118	
		Georg Born: Sie tanzte nur einen Winter	119	
		Helmut Arntzen: Grille und Ameise	119	
		✖ Teste dich! Fabeln verstehen	120	
		Der Löwe, der Esel und die Füchsin	120	
	7.2	**Schreibwerkstatt – Fabeln selbst erzählen**	**121**	
		Eine Fabel zu Bildern schreiben	121	
		Eine Fabel ausgestalten	123	
		Äsop: Die Schildkröte und der Hase	123	
		Eine eigene Fabel schreiben	123	
		Fordern und fördern – Einen Fabelanfang fortsetzen	124	
		Jean de La Fontaine: Der Fuchs und der Hahn	124	
		Projekt – Ein Fabelbuch gestalten	126	
	7.3	**Fit in …! – Eine Fabel zu Bildern schreiben**	**127**	

8 Wind und Wetter – Naturgedichte verstehen, vortragen und gestalten 129

Lesen – Umgang mit Texten und Medien · Kompetenzschwerpunkt

8.1 Die Natur hat viele Gesichter – Gedichtmerkmale erkennen **130**
Heinz Erhardt: Mond über der Stadt 130
Mascha Kaléko: Der Mann im Mond 131
Sprachliche Bilder in Gedichten entdecken 132
Hermann Löns: Gewitter 132
Georg Britting:
Am offenen Fenster bei Hagelgewitter 133
Eine Ballade auswendig lernen und vortragen .. 134
Otto Ernst: Nis Randers 134
❌ Teste dich! *Rainer Maria Rilke:*
Das Märchen von der Wolke 136

8.2 Was für ein Wetter! – Mit Sprache malen **137**
Station 1: Schlechtwettergedichte –
Ein Bildgedicht entwerfen 137
Max Bense: Wolke 137
Paul Maar: Regen 137
Station 2: Erkältungsgedichte –
Ein Parallelgedicht verfassen 138
Christian Morgenstern: Der Schnupfen 138
Station 3: Regenbogengedichte –
Ein eigenes Gedicht schreiben und gestalten .. 139
Christa Astl: Regenbogen 139
Station 4: Wolkengedichte –
Ein Gedicht begründet auswählen 140
Hans Manz: In die Wolken gucken: 140
Frank Trautner: Schmolke Wolke 140
Max Dauthendey: Ein Rudel kleiner Wolken 140
Station 5: Drachengedichte –
Stimmungen verändern 141
Georg Britting: Drachen 141
Bertolt Brecht: Drachenlied 141

8.3 Projekt – Einen Gedichtkalender gestalten **142**

▶ **Lesen, mit Texten und Medien umgehen**
Gedichte lesen und verstehen;
Merkmale von Gedichten erkennen (Vers, Reim, Strophe, sprachliche Bilder);
das Erzählgedicht (Ballade) als lyrische Form kennen lernen;
grundlegende Fachbegriffe zur Beschreibung eines Gedichts und sprachlicher Besonderheiten kennen lernen und anwenden;
Bezüge zwischen Inhalt, formalen und sprachlichen Gestaltungselementen herstellen

▶ **Sprechen und Gespräch**
Methoden des Auswendiglernens kennen lernen, Gedichte auswendig vortragen

▶ **Schreiben und Gestalten**
nach Schreibanlässen Gedichte gestalten und umformen;
auf Kenntnisse von Gestaltungsmustern zurückgreifen;
kreatives Gestalten (Gedichtkalender)

9 Alles Theater?! – Szenen spielen   145

Lesen – Umgang mit Texten und Medien — Kompetenzschwerpunkt

9.1 „Mit dem Taxi durch die Zeit" – Szenen spielerisch erfassen **146**
Sabine Matthäus: Mit dem Taxi durch die Zeit .. 146
Aufwärmübungen 150
Detlev von Liliencron: Ballade in U-Dur 150
Sabine Matthäus: Mein Handy … 150
✗ Teste dich! Wissenswertes für Theaterfans .. 151

▶ **Lesen, mit Texten und Medien umgehen**
Merkmale dramatischer Texte kennen (Konflikt, Monolog/Dialog, Regieanweisungen); verbale/nonverbale Gestaltungsmittel (Mimik, Gestik) kennen

9.2 Stück für Stück – Eigene Szenen erfinden **152**
Eine Szene fortsetzen 152
Fordern und fördern –
Eigene Szenen erfinden 153

▶ **Sprechen und Gespräch**
Rollenspiele gestalten, Szenen improvisieren

9.3 Projekt – Theaterszenen aufführen **154**

▶ **Schreiben und Gestalten**
eigene Szenen schreiben; appellative Texte verfassen (Flyer)

10 Rund um den Computer – Sachtexte verstehen und untersuchen   155

Lesen – Umgang mit Texten und Medien — Kompetenzschwerpunkt

10.1 Online kommunizieren – Texte zu einem Thema lesen und vergleichen .. **156**
Einen Sachtext verstehen 156
Die Welt wird kleiner 156
Eine Aufforderung untersuchen 158
klicksafe-Tipps:
So verhältst du dich richtig im Internet 158
Ein Internet-Profil untersuchen 160
Ein Interview lesen 161
„omg", „hdgdl" und „lol" 161
✗ Teste dich!
Rund um Kommunikation im Internet 162

▶ **Lesen, mit Texten und Medien umgehen**
Leseerwartungen äußern; Informationen aus kontinuierlichen (Sachtexten) und diskontinuierlichen Texten (Diagrammen) entnehmen und ordnen; Lesestrategien zur Texterschließung nutzen (Fünf-Schritt-Lesemethode, v. a. Zwischenüberschriften formulieren, Inhalte zusammenfassen); Fragen zu Texten beantworten; Formen von Sachtexten unterscheiden; über eigene Mediengewohnheiten nachdenken

10.2 Computerspiele – Sachtexte und Diagramme verstehen **163**
Diagramme auswerten 163
Einen Sachtext erschließen und
zusammenfassen 165
Hauptsache, der Diamant leuchtet grün! 165
Fordern und fördern –
Den Inhalt des Textes zusammenfassen 167

▶ **Sprechen und Gespräch**
Sachtexte zusammenfassen; Ergebnisse vortragen

▶ **Schreiben**
Textinformationen inhaltlich korrekt wiedergeben; Fragen zu Sachtexten schriftlich beantworten; Aussagen zu Diagrammen formulieren

10.3 Fit in …! – Einen Sachtext und Diagramme untersuchen **169**
Traumberuf: Entwickler für Computerspiele 169

11 Nachdenken über Sprache

Grammatiktraining – Wortarten und Satzglieder unterscheiden 173

11.1 Ferne Welten – Wörter untersuchen und bilden ... **174**

Nomen und ihre vier Fälle ... 174
Adjektive und ihre Steigerungsstufen ... 175
Rund um Pronomen ... 176
    Personalpronomen und Possessivpronomen ... 176
    Demonstrativpronomen ... 177
Rund um Verben ... 178
Rund um Präpositionen ... 182
Mit Adverbien genaue Angaben machen ... 184
Wörter bilden: Ableitungen ... 185
Wörter bilden: Wortzusammensetzungen ... 186
Eine Welt, viele Sprachen ... 188
    ❌ Teste dich! Tandembogen: Wortarten bestimmen und Wörter bilden ... 189
Fordern – Wortarten bestimmen ... 190
Fördern – Wortarten bestimmen ... 192

11.2 Detektivgeschichten – Satzglieder ermitteln und Sätze untersuchen ... **194**

Mit der Umstellprobe die Satzglieder bestimmen ... 194
Prädikat und Subjekt erfragen ... 195
Dativ- und Akkusativobjekte unterscheiden ... 196
Adverbiale Bestimmungen kennen und verwenden ... 197
Hauptsätze und Nebensätze unterscheiden ... 199
    Ein besonderer Nebensatz: Der Relativsatz ... 200
    Satzreihen und Satzgefüge bestimmen und verwenden ... 201
Texte mit Hilfe von Proben überarbeiten ... 202
Den Satzbau im Deutschen und Englischen vergleichen ... 203
    ❌ Teste dich! Tandembogen: Satzglieder und Satzarten unterscheiden ... 204
Fordern – Satzglieder bestimmen und Satzgefüge bilden ... 205
Fördern – Satzglieder bestimmen und Satzgefüge bilden ... 207

11.3 Fit in ...! – Einen Text überarbeiten ... **209**

Kompetenzschwerpunkt

▶ **Sprachgebrauch und Grammatik untersuchen**
Wortarten unterscheiden und deren Funktion erkennen;
die Tempusformen des Verbs kennen und angemessen verwenden;
Möglichkeiten der Wortbildung unterscheiden (Zusammensetzungen, Ableitungen);
Wörter in Wortfamilien zusammenfassen;
Gemeinsamkeiten und Unterschiede zwischen Sprachen untersuchen;
Satzglieder bestimmen; operationale Verfahren anwenden (Umstellprobe, Ersatzprobe, Erweiterungsprobe, Weglassprobe);
Sätze (Hauptsatz und Nebensatz, Satzreihe und Satzgefüge) unterscheiden

▶ **Schreiben und Gestalten**
Texte überarbeiten;
Fehler erkennen und korrigieren

12 Nachdenken über Sprache
Rechtschreibstrategien trainieren – Regeln erarbeiten 211

12.1 So geht es! – Rechtschreibstrategien wiederholen und vertiefen **212**
Strategie: Schwingen –
Wörter in Silben sprechen 212
Wenn wir keine Vokale hätten ... –
Silben untersuchen 213
Josef Guggenmos: Das o und alle drei e 213
Strategie: Verlängern –
Einsilber und unklare Auslaute 214
Frantz Wittkamp: Rings um Haus und Hof 214
Strategie: Zerlegen –
Zusammengesetzte Wörter 216
Nora Clormann-Lietz: Langeweile? Tu was! 216
Strategie: Zerlegen – Wörter mit Bausteinen 217
Strategie: Ableiten – Wörter mit *ä* und *äu* 218
Nomen erkennen und großschreiben 219
Erik Orsenna:
Die Grammatik ist ein sanftes Lied 219
Verben und Adjektive als Nomen verwenden 221
Maria Lypp: Anfangen 221
Im Wörterbuch nachschlagen 222
❌ Teste dich! 224
Fordern – Strategiewissen anwenden 225
Fördern – Strategiewissen anwenden 226

12.2 Rechtschreibung erforschen – Regeln finden .. **227**
Wann schreibt man Doppelkonsonanten? 227
Wörter mit *ck* und *tz* 228
Doppelkonsonanten in Einsilbern 228
Wann schreibt man *ie*? 229
Wie schreibt man *s*-Laute: *s, ß* oder *ss*? 230
Josef Guggenmos:
Von Schmetterlingen und Raupen 231
Wörter mit *h* 232
❌ Teste dich! 233
Fordern – Regelwissen anwenden 234
Fördern – Regelwissen anwenden 235

12.3 Fit in ...! – Rechtschreibung **236**
Diktate vorbereiten und schreiben 236
Kraniche – Boten des Frühlings 236
Eine Fehleranalyse durchführen 237
An Fehlerschwerpunkten arbeiten 238
Mit den „Schreibwörtern" üben 242

Kompetenzschwerpunkt

▶ **Rechtschreibung**
Strategien zum selbstständigen Abbau von Fehlern nutzen (Silben sprechen, verwandte Wörter suchen, Wörter verlängern, zerlegen und ableiten, im Wörterbuch nachschlagen, individuelle Fehleranalyse durchführen); Rechtschreibregeln beachten (lange und kurze Vokale, *s*-Laute, Dehnung mit *h* und *ie*, Groß- und Kleinschreibung, Nominalisierungen); Texte überarbeiten

13 Lernen lernen – Arbeitstechniken beherrschen 243

13.1 Gut geplant ist halb gewonnen – Klassenarbeiten vorbereiten **244**
Wie lernst du? 244
Lernen mit verschiedenen Sinnen 245
Einen Stichwortzettel schreiben 246
Die Klebezettel-Methode anwenden 247

13.2 Wer? Wie? Was? – Informationen suchen und zusammenfassen **248**
Mit einem Schülerlexikon arbeiten 248
In einem Lexikon nach Informationen suchen .. 249
Eine Suchmaschine benutzen 251
Informationen zusammenfassen 252
Frisbee – Vom Kuchenblech zum Sportgerät 252
Fordern und fördern –
Die Fünf-Schritt-Lesemethode einüben 253

13.3 Einen Kurzvortrag halten – Informationen anschaulich darstellen **255**
Den Kurzvortrag vorbereiten 255
Den Kurzvortrag anschaulich gestalten
und gemeinsam auswerten 256

▶ **Arbeitstechniken**
Lerntechniken (Stichwortzettel, Klebezettel-Methode) kennen lernen und anwenden;
den Umgang mit Lexika einüben;
nach Informationen im Internet recherchieren;
Sachtexte lesen und verstehen (Fünf-Schritt-Lesemethode);
Informationen zusammenfassen;
einen Kurzvortrag vorbereiten und mediengestützt halten

Orientierungswissen 257

Sprechen und Zuhören 257
Schreiben 258
Lesen – Umgang mit Texten und Medien 263
Nachdenken über Sprache 267
Arbeitstechniken und Methoden 276

Textartenverzeichnis 279
Autoren- und Quellenverzeichnis 280
Bildquellenverzeichnis 281
Sachregister 282
Lösungen 285

1 Freundschaften –
Erzählen und gestalten

1. a Beschreibt das Foto:
   - Was könnt ihr darauf erkennen?
   - In welcher Situation könnte es aufgenommen worden sein?
   b Passt das Foto zum Thema Freundschaft? Begründet eure Meinung.

2. Wie sollte eine Freundin oder ein Freund sein? Überlegt gemeinsam und sammelt Eigenschaften.

3. Wie entstehen neue Freundschaften?
   a Denkt euch Geschichten dazu aus und erzählt sie euch gegenseitig.
   b Gebt euch Rückmeldungen dazu, was euch an euren Geschichten besonders gut gefallen hat.
   c Sammelt Tipps, wie man Geschichten spannend und lebendig erzählt.

In diesem Kapitel …

- erzählt, schreibt und lest ihr Geschichten über Freundschaft und Mut,
- bekommt ihr Tipps dazu, wie man spannend mündlich und schriftlich erzählt.

1.1 Mutig sein – Von Freundschaften erzählen

Freundschaftsgeschichten mündlich erzählen

1 a Beschreibt das Buchcover.
Welche Figuren sind darauf abgebildet?
b Stellt Vermutungen an, was die fünf Freunde auf dem Bild beobachten.
c Wer von euch kennt die Bücher oder Filme „Fünf Freunde" von Enid Blyton?
Erzählt von den Freunden und ihren Abenteuern.
d Welche weiteren Jugendbücher zum Thema Freundschaft kennt ihr?
Stellt sie der Klasse vor.

2 Freunde müssen in schwierigen Situationen zusammenhalten. Habt ihr schon Situationen erlebt, in denen Freundschaft eine wichtige Rolle gespielt hat?
Tauscht euch darüber aus.

3 Denkt euch zu zweit eine Freundschaftsgeschichte aus:
a Sammelt Ideen für eine Geschichte, in der Freunde etwas zusammen erleben oder die Figuren durch ein besonderes Erlebnis Freunde werden. Einige Ideen seht ihr rechts.
b Wählt eine der Ideen aus und plant eure Geschichte in einer Mindmap (▶ S. 278), z. B.:

Ideen für Freundschaftsgeschichten:
- *Freunde beobachten Diebstahl*
- *Freunde retten verletztes Tier*
- *Freunde verlaufen sich*
- *...*

Wo? (Orte) Schulhof ...

Wann? (Zeit) nach der Schule ...

Der Diebstahl

Was passiert? (Handlung) Schüler aus der 10. Klasse bricht Fahrradschloss auf

Gefühle: Angst ...

Wer? (Figuren): drei Freunde: Tom, Sina und André

Sina: mutig, gut in Judo
Tom: Computerexperte, Onkel ist Polizist
André: ...

4 Notiert die Handlungsschritte eurer Geschichte stichwortartig auf einzelne Karteikarten.

– *Tom, Sina und André gehen nach Judo-AG zusammen nach Hause*

– *Tom entdeckt am Fahrradständer hinter dem Schulgebäude ...*

– *Sina erkennt ...*

5 In einer guten Geschichte verläuft die Spannung wie in der Lesefieberkurve (▶ S. 258).
  a Nummeriert die Handlungsschritte auf den Karteikarten und markiert den Höhepunkt.
  b Legt die Karten in der richtigen Reihenfolge vor euch auf den Tisch. Verschiebt die Karten nach oben oder unten, je nachdem, ob die Spannung von Handlungsschritt zu Handlungsschritt ansteigt oder nachlässt.
  c Überprüft, ob die Form der Lesefieberkurve erkennbar ist.

6 Spannungsmelder und Fragen sorgen dafür, dass die Zuhörer der Geschichte gespannt folgen. Ergänzt auf euren Karteikarten an passenden Stellen spannende Formulierungen, z. B.:

Spannungsmelder:	**Ansprache der Zuhörer / Fragen:**
plötzlich • völlig unerwartet • in letzter Sekunde • erstaunlicherweise • seltsamerweise • unglaublicherweise	Stellt euch vor, … • Ratet mal, … • Was meint ihr, wer/was das war? • Könnt ihr euch vorstellen, was dann passiert ist?

7 a Setzt euch mit einem weiteren Lernpaar zusammen und überlegt gemeinsam:
  – Wie erzählt man gut?
  – Wie hört man aufmerksam zu?
  b Bewertet die nebenstehenden Aussagen A–D und notiert Tipps zum Vortragen und Zuhören.
  c Tragt euch eure Geschichten vor.
  – Gebt als Zuhörer eine Rückmeldung: Was ist beim Vortrag gut gelungen? Was könnte man besser machen?
  – Sagt als Vortragende, wie die Zuhörer auf euch gewirkt haben.

A Ich warte vor dem Erzählen, bis alle ruhig sind.
B Ich fange schnell mit dem Vortrag an, dann werden die anderen leise.
C Ich sehe den Vortragenden nicht an, damit er nicht durcheinanderkommt.
D Ich nicke immer beim Zuhören.

Methode	**Spannend erzählen und aufmerksam zuhören**
Erzählen:	■ **Wartet** mit dem Erzählen so lange, bis alle ruhig sind. ■ Verwendet **Karteikarten** als Hilfe. Lest aber nicht ab, sondern sprecht frei und schaut die Zuhörer an. ■ Tragt mit **lebendiger Stimme** vor (laut und leise, schnell und langsam) und macht Pausen. ■ Verwendet **Spannungsmelder** und bezieht die Zuhörer durch **Fragen** ein.
Zuhören:	■ Zeigt den Erzählenden mit eurer **Körperhaltung** und euren **Blicken,** dass ihr interessiert zuhört. ■ **Sitzt ruhig,** hört nur zu und macht nichts anderes.

Schriftlich nach Bildern erzählen

1 a Betrachtet die vier Bilder genau und besprecht, welche Situation dargestellt wird.
  b Bildet Gruppen und stellt die letzte Szene auf Bild D als Standbild (▶ S. 266) nach.
     Sprecht anschließend darüber, wie sich die Figuren in der Situation vermutlich fühlen.
  c Würde die Überschrift „Die Mutprobe" zu der Bildgeschichte passen? Begründet eure Meinung.

2 Plant eine schriftliche Erzählung zu der Bildfolge:
  a Notiert Angaben zum Ort (Wo?), zur Zeit (Wann?) und zu den Figuren (Wer?).
  b Formuliert stichwortartig die Handlungsschritte der Geschichte und markiert den Höhepunkt.

3 a Ordnet die Auszüge A, B, C den Teilen einer Erzählung (Einleitung, Hauptteil, Schluss) zu:
  A Kevin packte Florian am Arm und zog ihn mit sich. Auf dem Rückweg sagte keiner etwas.
     Beide hingen ihren Gedanken nach.
  B Plötzlich schrie Nina ungeduldig: „Was ist? Kletterst du jetzt endlich da hoch?" Florian zitterte, tausend Gedanken schossen ihm durch den Kopf.
  C Die „Verrückten Vier" waren eine unzertrennliche Clique von zwei Mädchen und zwei Jungen. Obwohl sie ihn nett fanden, hatten Nina und Chen Bedenken, den Neuen aus der Klasse in ihre Clique aufzunehmen. Als sie an diesem Freitagmorgen in der Schule etwas von Mutprobe flüsterten, ahnte Kevin bereits, dass dabei nichts Gutes herauskommen würde.
  b Untersucht die drei Auszüge genauer mit Hilfe der Aussagen im Merkkasten unten:
  – Welche W-Fragen werden in der Einleitung beantwortet und wo wird eine Schlinge ausgelegt?
  – Mit welchen Mitteln wird die Spannung im Ausschnitt aus dem Hauptteil gesteigert?
  – Welche Variante wurde für den Schluss gewählt?

> **Information**   **Aufbau einer Erzählung**
>
> - Die **Einleitung** informiert über den Ort (Wo?), die Zeit (Wann?) und die Figuren (Wer?).
>   Man kann folgende Schlingen auslegen, um die Spannung zu steigern:
>   **1** Andeutungen machen, **2** eine harmlose Situation so umwenden, dass sie auf einmal gefährlich erscheint, oder **3** falsche Fährten auslegen.
> - Im **Hauptteil** wird die Spannung schrittweise bis zum Höhepunkt gesteigert.
> - Der **Schluss** löst die Spannung auf. Man kann **1** erzählen, wie die Handlung ausgeht,
>   **2** auf die Einleitung zurückgreifen, **3** einen abschließenden Gedanken äußern oder
>   **4** absichtlich den Ausgang der Geschichte offenlassen.

> **A** *Plötzlich schrie Chen ungeduldig: „Was ist los? Kletterst du oder machst du dir gleich in die Hose?" Kevin blickte ihn böse an. Und bevor er reagieren konnte, hatte Chen bereits die nächste dumme Bemerkung gemacht.*
>
> **B** Chens erste Bemerkung habe ich ja noch ignoriert. „Idiot!", habe ich leise vor mich hin gemurmelt. Nachdem er aber noch eine dumme Bemerkung gemacht hat, ist mir der Kragen geplatzt.

4 Vergleicht die Texte A und B. Erklärt, aus welcher Perspektive jeweils erzählt wird.

> **Information — Erzählperspektive**
>
> - Wenn ein Erzähler selbst in das Geschehen verwickelt ist und die Ereignisse in der Ich-Form erzählt, dann spricht man von einem **Ich-Erzähler:** *Ich sah Chen an und hoffte, ...*
> - Wenn ein Erzähler in der dritten Person erzählt und selbst nicht an der Handlung beteiligt ist, dann spricht man von einem **Er-/Sie-Erzähler,** z. B.: *Kevin sah Chen an. Er hoffte, ...*

5 **a** Bestimmt die Zeitform der unterstrichenen Verben in Text A und begründet jeweils, warum diese Zeitform gewählt wurde.
b Schreibt Text B ab. Formuliert dabei die mündliche in eine schriftliche Erzählung um, indem ihr die Verbformen im Perfekt ins Präteritum oder Plusquamperfekt setzt:
Chens erste Bemerkung ignorierte ich ja noch ...

> **Information — Zeitformen beim Erzählen**
>
> - Für **mündlich erzählte Geschichten** wird meistens das **Perfekt** (▶ S. 268) verwendet.
> - **Schriftliche Erzählungen** stehen normalerweise im **Präteritum** (▶ S. 268).
> - Bei Vorzeitigkeit wird das **Plusquamperfekt** (▶ S. 269) verwendet, z. B.:
>   *Nachdem sie die Baustelle verlassen hatten, schrieb er ihm einen Brief.*
> - **Wörtliche Rede** steht normalerweise im **Präsens,** z. B.: *„Das ist Wahnsinn!", brüllte Kevin.*

6 Der Erzählabschnitt zwischen Bild B und C führt zum Höhepunkt.
Schreibt den folgenden Text ab und ergänzt ihn. Lasst das Geschehen wie in Zeitlupe ablaufen, indem ihr notiert, was Kevin alles beobachtet, hört, denkt und fühlt.
Kevin beobachtete ? . Auf einmal drehte Florian sich zu Chen um und Kevin hörte ihn brüllen: „ ? !" Er blickte zu Chen und bemerkte ? . ? , dachte er. Außerdem hoffte er, dass ? . Plötzlich sah er ? .

> **Information — Zeitdehnung und Zeitraffer**
>
> - Der Höhepunkt sollte besonders ausführlich erzählt werden. Beschreibt Gedanken und Gefühle der Figuren und lasst das Geschehen wie **in Zeitlupe** ablaufen (Zeitdehnung).
> - Der Schluss sollte kurz sein. Fasst eine längere Zeitspanne **im Zeitraffer** zusammen.

7 Entscheidet, aus welcher Perspektive ihr erzählen möchtet. Verfasst eine Geschichte zur Bildfolge.

Einen Erzählkern schriftlich ausgestalten

Ella hat gerade etwas Aufregendes erlebt. Sie schreibt ihrer Freundin eine Handynachricht:

Hi Antonia, bin im Freibad. Hab gerade was total Krasses erlebt: Luisa wurde von Miriam und ein paar anderen aus der 6c gemobbt. Sie haben Luisa zu ihrem Platz gelockt und mit einer Plastikschlange erschreckt, die voll echt aussah. Alle haben sich kaputtgelacht über sie. Ich nicht! Luisa ist jetzt hier bei mir. Ciao! Ella

1 Betrachtet das Bild und lest die Handynachricht. Besprecht, was passiert ist.

2 Was haben Ella und Luisa bei diesem Vorfall gefühlt?
  a Wählt zutreffende Gefühle aus dem Kasten aus und notiert sie.
  b Legt zu drei Gefühlen jeweils eine Karteikarte mit einem Wortspeicher wie in den Beispielen unten an.
  Tipp: Diese Wortspeicher-Karten könnt ihr beim Schreiben von Geschichten immer wieder verwenden.

> Wut • Angst • Freude • Aufregung • Ärger • Schuld • Erleichterung • Scham • Schreck • Liebe • Glück

Wut
anschauliche Adjektive: erbost, zornig, …
treffende Verben: schnauben, zittern, brüllen, …
bildhafte Wendungen, Vergleiche:
aus der Haut fahren, …

Freude
anschauliche Adjektive: fröhlich, überglücklich, …
treffende Verben: jubeln, lachen, …
bildhafte Wendungen, Vergleiche:
vor Freude in die Luft springen, …

  c Setzt euch zu viert zusammen. Vergleicht und ergänzt eure Wortspeicherkarten.

3 Formuliert in der Gruppe schriftlich einen Dialog zwischen Ella und ihren Mitschülern. Verwendet in den Redebegleitsätzen passende Verben aus euren Wortspeichern oder aus dem Kasten rechts. Achtet auf die Zeichensetzung.
Ella rief: „Dauernd ärgert ihr Luisa!" Ole brüllte daraufhin: „Hey, was geht dich das an?" „Heute seid ihr echt zu weit gegangen …", …

> antworten • entgegnen • spotten • brüllen • beruhigen • tuscheln • brummen • seufzen • behaupten • widersprechen • stammeln • trösten • erklären • vorschlagen • flehen • bitten

Information	Zeichensetzung bei der wörtlichen Rede

- Die **wörtliche Rede** steht in **Anführungszeichen,** z. B.: *„Was macht ihr da?"*
- Der **Redebegleitsatz** gibt an, wer etwas wie sagt. Steht er **vor** der wörtlichen Rede, folgt ein **Doppelpunkt,** z. B.: *Luisa flehte weinend: „Lasst mich in Ruhe!"*
Nach der wörtlichen Rede wird er durch ein **Komma** abgetrennt: *„Ihr seid gemein", rief Ella.*

4 a Schreibt zu dem Vorfall eine vollständige Erzählung in der Er-/Sie-Form.
b Ergänzt eine passende Überschrift.

5 Wie kann man die Gefühle Neid und Traurigkeit in Erzählungen ausdrücken?
Legt dazu zwei weitere Wortspeicherkarten wie auf Seite 18 an.

6 Überarbeitet eure Geschichten mit Hilfe der Textlupen-Methode. Geht dabei so vor:
a Legt zu eurer Geschichte ein Textlupenblatt an. Tragt ein, welche Dinge die anderen bei eurem Text genauer „unter die Lupe" nehmen sollen.

Textlupe zum Text: ...	ja	zum Teil	nein	Verbesserungsvorschläge:
1 Ist die Überschrift gelungen?	X X	X		Oskar: Ja, aber sie ist zu lang. Alba: – Orkan: ...
2 Wirkt die Geschichte spannend?				...
3 Werden Gedanken und Gefühle deutlich?				...
...				...

b Reicht euer Textlupenblatt zusammen mit eurem Text in der Gruppe herum und bittet die anderen um Verbesserungsvorschläge.
c Überarbeitet eure Geschichte mit Hilfe der Hinweise auf dem Textlupenblatt.

7 Wie könnte Antonia auf Ellas Nachricht reagieren? Verfasst eine kurze Handymitteilung.

Methode — Texte mit Hilfe der Textlupe prüfen und überarbeiten

Mit der „Textlupe" macht ihr euch gegenseitig Verbesserungsvorschläge für eure Texte, ohne dabei miteinander zu sprechen.
1 Setzt euch zu viert oder zu fünft zusammen.
2 Listet auf einem Arbeitsblatt (der „Textlupe") auf, was die anderen bei euren Texten genauer „unter die Lupe" nehmen und prüfen sollen, z. B.: die Überschrift, den Aufbau, die Rechtschreibung.
3 Reicht euren Text mit Textlupenblatt an ein Gruppenmitglied weiter.
4 Das Gruppenmitglied liest den Text und notiert auf dem Textlupenblatt, was gelungen ist und was verbessert werden muss.
5 Anschließend werden Text und Textlupe an den Nächsten in der Gruppe weitergegeben.
Am Ende haben alle in der Gruppe ihr Lob und ihre Kritik auf dem Textlupenblatt notiert.
6 Überarbeitet euren Text mit Hilfe der Notizen auf der Textlupe.

1 Freundschaften – Erzählen und gestalten

Teste dich!

Ein cooles Erlebnis

Cool gingen wir in das coole Haus hinein. Sina war die Coolste von uns, denn sie ging mit coolen Schritten die Treppe hinauf. Mir war ziemlich uncool zu Mute, denn es roch hier uncool. Uncool ging ich hinter den anderen her. Auf einmal hörten wir ein uncooles Geräusch. „Was war das bloß?", schoss es mir durch den Kopf. Ich wäre am liebsten wieder zurückgegangen. „Das kam von dort drüben", flüsterte Luca mit uncooler Stimme und zeigte auf eine coole Tür. Noch bevor ich etwas hinzufügen konnte, hatte Sina schon cool die Tür geöffnet. Sie ging cool voran, während Luca und ich ihr uncool hinterhergingen. Der Raum war ziemlich uncool und es standen lediglich ein paar uncoole Möbel herum …

1 a Überarbeite den Text: Ersetze das Verb *gehen* durch treffendere Verben und verwende anschaulichere Ausdrücke als *cool* und *uncool*.
   b Vergleiche deine Überarbeitung mit einer Lernpartnerin oder einem Lernpartner.

> **A** Beim Einschlafen vernahmen sie ein unheimliches Geräusch. Mia stockte der Atem. Blitzschnell zog sie die Bettdecke über den Kopf. „Was war das?", wisperte Laura, die im Bett gegenüber lag. „Ich weiß nicht", stotterte Mia. Gerade als sie vorsichtig die Bettdecke wieder herunternehmen wollte, hörte sie ein lautes Heulen. „Ah!", kreischten sie beide. Die Mädchen starrten ins Dunkel, keine wagte etwas zu sagen oder sich zu bewegen. Gibt es hier doch Gespenster oder war das nur der Wind? Solche und ähnliche Gedanken schossen ihnen durch den Kopf.

> **B** Zum ersten Mal habe ich ihn letzten Montag vom Fenster aus beobachtet. Er hat zusammen mit dem Rest seiner Familie mürrisch Umzugskartons in die bis dahin leer stehende Wohnung direkt unter uns geschleppt. Zu diesem Zeitpunkt habe ich noch nicht ahnen können, dass wir nur wenige Tage später durch einen sonderbaren Vorfall für immer Freunde werden würden.

2 Lies die zwei Textausschnitte A und B und ordne die Aussagen den Ausschnitten zu. Bei richtiger Zuordnung erhältst du rückwärts gelesen ein Lösungswort.

		Text A	Text B
A	Es handelt sich um eine mündliche Erzählung.	STA	HCS
B	Der Textausschnitt gehört zur Einleitung.	ME	IT
C	Der Ausschnitt wird durch Zeitdehnung spannend.	SA	BE
D	Die Geschichte wird von einem Ich-Erzähler erzählt.	KL	TN
E	Im Textausschnitt wird eine Schlinge ausgelegt.	SP	AF

1.2 Ich trau mich! – Zu Freundschaftsgeschichten schreiben

Christian Tielmann

Der Kahn

Wolle, der Ich-Erzähler, ist der Anführer einer Bande, zu der auch Mathilda, Boris, Kai und Jan gehören. Diese liegt seit Langem mit den Alexandrinern, der Bande von Alexander, im Streit. In diesem Sommer hat sich der Streit aufgeheizt. Nachdem Jan sich bei einer Prügelei sogar das Bein gebrochen hat, beschließen Mathilda und die anderen, dass Wolle und Alexander in einem letzten Kampf allein gegeneinander antreten sollten. Es wird vereinbart, dass die anderen erst dazustoßen sollen, wenn der Sieger nach dem Kampf eine Feuerwerksrakete abfeuert. Wolle geht an diesem Abend extra 20 Minuten früher zum vereinbarten Treffpunkt, einem alten, rostigen und schrottreifen Kahn, der seit Jahren unbenutzt im Hafen liegt.

Es war eine sternlose Nacht – eine hauchdünne Wolkendecke, die nach Nieselregen roch, verdeckte den Himmel. Ich wollte erst mal um die Kommandobrücke herumlaufen, um mir einen Überblick zu verschaffen. [...] Meine Taschenlampe wollte ich aber nicht einschalten, solange ich vom Ufer aus zu sehen war. Und irgendwo in der Nähe brummte nun auch noch ein Diesel. Er war so nah, dass ich jeden Augenblick damit rechnen musste, dass ein Schiff neben uns auftauchte. So tappte ich im Dunkeln herum, als ich plötzlich Schritte hörte. Ich blieb wie angewurzelt stehen. Alexander war also auch schon auf dem Schrottschiff! Allerdings schien er noch nicht mit mir zu rechnen: Ich hörte seine schweren Schritte die Metallstufen von der Brücke heruntertrampeln. Dann quietschte eine der Türen. Ich lauschte. Da war nichts mehr. Der Mistkerl musste sich versteckt haben.

Schritt für Schritt arbeitete ich mich weiter um die Brücke herum. So gelangte ich von hinten unter die Treppe. Von Alexander fehlte jede Spur. Aber für meinen Lieblingsfeind hatte ich in diesem Augenblick sowieso keinen Sinn mehr. Denn meine Knie wurden weich. Ich sah zwischen den Stufen hindurch rüber zum Kai[1]. Die Straßenlaterne beleuchtete den Kai und das Wasser. Das Licht schien wie ein Ölteppich auf den dunklen Wellen zu schwimmen. Es waren die Wellen, die zwischen dem Kahn, auf dem ich stand, und dem Ufer waren. Irgendein Vollidiot hatte die Leinen gelöst! Der schwimmende Rosthaufen trieb ins Hafenbecken! Ich starrte auf die Kaimauer, die sich immer weiter entfernte. [...]

---

1 der Kai: die Schiffsanlegestelle

Erst als der Schrottkahn sich drehte und Kurs auf das Meer nahm, kapierte ich, dass es unser Diesel war. Es war der Motor des Schrottkahns, der da brummte. Irgendjemand steuerte das Schiff raus aufs Meer. [...] Jetzt mach ich mir in die Hose, dachte ich. Ist mir ganz egal, was die anderen sagen. Aber jetzt schiff ich mir einfach in die Hose!

Noch bevor ich lospinkeln konnte, schepperte es drüben an der Tür, die wieder quietschte. „Wolle, du Vollidiot!", hörte ich Alexanders Stimme. Aber dann hörte ich eine raue Männerstimme sagen: „Wen haben wir denn da?"
„Lassen Sie mich los!", rief Alexander. „Hilfe! Ich werde entführt!"
Dann klappte wieder die quietschende Tür zu. „Wolle, pass auf!", hörte ich noch Alexander rufen. Dann hörte ich nichts mehr.

Ich wartete. Ich sah auf die Uhr und wartete genau fünf Minuten. Endlich quietschte die Tür wieder und ein Mann kam auf mich zu. Er betrat die Treppe, die rauf zur Kommandobrücke führte. Da war ich ihm so nahe, dass ich die kaputten Schnürsenkel seiner kaputten Schuhe hätte festhalten können. Aber der Kerl sah mich nicht. Er stiefelte an meinem Gesicht vorbei.

Kaum war er verschwunden, schlich ich mich um die Ecke. Ich öffnete die einzige Tür, die auf dieser Seite des Aufbaus war. Ich zog sie sehr vorsichtig auf, aber sie quietschte trotzdem erbärmlich. Ich schlüpfte schnell hinein.

Hinter der Tür war es stockfinster. [...] Ich knipste die Taschenlampe an. Es war, wie ich mir gedacht hatte. Eine Treppe führte runter in den Maschinenraum.
„Alex?", fragte ich leise. „Alex, wo bist du?" Die Dieselmotoren dröhnten laut. „Wolle! Hier drüben!", hörte ich Alexander endlich sagen. Ich drehte mich um. Alex war an ein Rohr gefesselt. Ich machte ihn los.
„Was passiert hier?", fragte er.
Ich schüttelte den Kopf. „Keine Ahnung. Die haben kein Licht eingeschaltet. Wir fahren raus aufs Meer."
Alex stand eiskalter Schweiß auf der Stirn. „Scheiße, Mann. Wir müssen von dem verdammten Kahn runter!"
Ich nickte. Aber zum Schwimmen waren wir schon zu weit vom Ufer entfernt. Bei Nacht würde uns auch niemand aus dem Wasser fischen können.
„Hast du dein Handy noch?", fragte Alex.
„Meins hat der Sack mir weggenommen!"
Ich zückte mein Handy. „Kein Empfang."
„Wir müssen rauf, solange wir noch nahe an der Küste sind!" Alexander stand auf. Er hielt mich plötzlich am Arm fest. „He, Wolle – danke!"
Ich nickte. Dann schlichen wir uns an Deck. Wir hatten kaum die quietschende Tür geöffnet, als schon wieder Schritte die Metallstufen runterpolterten.
„Meinst du, der hat geblufft oder es gibt einen zweiten Jungen?", hörten wir eine Männerstimme fragen.
„Keine Ahnung. Aber wenn der Chef sagt, wir sollen nachgucken, dann gucken wir eben nach!", antwortete eine zweite Stimme. [...]
„Ich kapier das nicht", sagte der erste Mann. „Was soll die ganze Aufregung? In einer Stunde sind wir doch eh weit genug draußen. Dann wird geflutet und vorbei ist der Zauber. Will der Chef etwa die Jungs mitnehmen? Da kann er sich ja gleich den Bullen stellen. Was will der mit Zeugen?"
Die Antwort des zweiten Mannes hörten wir nicht mehr. Die beiden waren hinter der

quietschenden Tür zum Maschinenraum verschwunden.

„Scheiße, Scheiße, Scheiße!", hörte ich mich selbst sagen. „Die wollen den Kahn versenken!"

Ich konnte Alexander in der Dunkelheit nicht hören. Aber ich spürte seinen Atem an meinem Hals, als er sagte: „Wir müssen die Küstenwache rufen! Sofort!"

Ich sah auf mein Handy. Ich wählte die 110.

Ich hielt das Handy an mein Ohr. Ich hörte ein Knacksen.

„Hallo? Polizei?"

Keine Antwort.

Ich nahm das Handy vom Ohr. Der letzte Balken der Empfangsanzeige war erloschen. Wir waren außerhalb der Sendemasten.

Alex und ich standen da. Ich spürte, dass er genauso ratlos war wie ich. Dann flüsterte er: „Die Rakete! Wir müssen die Rakete abfeuern. Dann kommen meine Leute und die werden sofort die Küstenwache alarmieren."

Dummerweise flog in diesem Augenblick die quietschende Tür wieder auf. Die beiden Männer rannten schimpfend über das Deck und polterten die Treppe rauf zur Kommandobrücke.

„Die müssen Funk haben", schoss es mir durch den Kopf. „Die haben garantiert ein Funkgerät an Bord. Oder hast du ein Rettungsboot gesehen?"

„Ich hab gar nichts gesehen", flüsterte Alex.

„Es ist pechschwarze Nacht, Stinksocke!"

„Da war kein Rettungsboot." Ich war mir sicher. Irgendwie musste die Mannschaft, die das Schrottschiff versenken wollte, sich ja selbst retten. Und das hieß, dass sie ein zweites Boot brauchten. Und um das abzupassen, brauchten sie unbedingt Funk.

„Wir machen es wie du beim Verstecken! Wir pfuschen!", schoss es mir durch den Kopf. „Du verarschst die anderen, während ich zum Stein laufe!"

Alexander kapierte erst nicht. Aber als ich ihm meinen Plan erklärte, machte er sich sofort auf den Weg zur Bugspitze.

Es war erst nur ein kleiner Funke. Ich glaubte, dass ich das Zischen der Zündschnur hören könnte, aber das kann nicht sein, denn unter mir schnaufte der Diesel. Plötzlich schoss die Rakete hoch in den Nachthimmel. In ihrem Lichtschein stand Alex an der Bugspitze, winkte mit beiden Armen und schrie Richtung Kommandobrücke: „Seht ihr die Lichter? Ihr Arschgesichter!"

Es funktionierte: Die Mistkerle, die den alten Frachter versenken wollten, schalteten sofort die Beleuchtung des Decks ein. Plötzlich war alles hell. Dann rannten sie die Treppe runter – alle drei! Kaum war auch der letzte Mann unten, schlich ich mich die Stufen rauf. Oben stand ein Funkgerät. Ich sendete SOS auf allen Frequenzen. Ich hatte keine Ahnung vom Funken. Aber schließlich hatte ich den Käpten eines anderen Schiffs erwischt. „Ihr seid in Seenot?"

„Noch nicht, aber jeden Augenblick! Wir sind zwei Jungs. Die Mannschaft von dem Frachter hält uns gefangen. Die wollen das Schiff auf hoher See versenken!"

„Wie ist eure Position?"

„Keine Ahnung!"

„Aus welchem Hafen seid ihr ausgelaufen?"

Ich sagte ihm den Namen unseres Heimathafens.

„Okay, ich rufe die Küstenwache. Ihr müsst ganz in unserer Nähe sein. Wir drehen bei. Habt ihr gerade einen Feuerwerkskörper abgeschossen? So eine Silvesterrakete?"

Ich wollte ihm antworten, als ich gepackt wurde. „Schluss jetzt!" So hart hatte mich noch nie jemand angefasst.

„Hallo? Hallo? Junge, bitte kommen!", hörte ich den Kapitän des anderen Schiffs noch sagen. Dann bugsierte mich der Mann aus dem Raum. Sein Griff tat mir weh. Ich reibe meine Handgelenke noch immer, wenn ich daran denke. Er schob mich vor sich her, die Treppe runter. Wieder landete ich unter Deck. Dort wurde ich schon erwartet. Von Alex.

Wir wussten beide nicht, wie lange wir da saßen. Wir waren an das Rohr gefesselt. Wir kamen nicht los. Und wir hatten beide eine Scheißangst, dass diese Typen das Schiff mit uns versenken würden, bevor die Küstenwache käme! Wir konnten uns auch nicht mehr erklären, wie wir nur so endlos bescheuert gewesen sein konnten, überhaupt einen Fuß auf diesen verflixten Schrottkahn zu setzen.

„Nie wieder!", sagte Alex.

„Nie wieder!", sagte auch ich.

Wir schwiegen.

„He, Wolle – hast du das gemerkt?" Alexander lachte.

Ich kapierte nicht, was es da zu lachen gab.

„Wir waren uns gerade einig!" Alex lachte wieder.

Jetzt musste auch ich lachen. [...]

„Ich piss mir jetzt in die Hose", sagte ich.

„Ich auch", sagte Alex.

Es dauerte eine Ewigkeit. Aber dann hörten wir etwas. Irgendetwas ging oben vor sich. Der Diesel verstummte. Leute rannten über das Deck. Männer schrien. Dann schrien auch wir! Wir schrien um Hilfe. So laut wir nur konnten. Und schreien können wir echt laut.

Benjamin Stückelhöfer von der Küstenwache war unser Retter. Er fand uns. Er band uns los. Und er dankte uns sogar dafür, dass wir den Schrottschiebern das Handwerk gelegt hatten. Aber sein Chef, Kapitän Schmitz, war nicht ganz so nett. Sie brachten uns sofort auf das Schnellboot der Küstenwache, gaben uns Decken und Tee und dann kam die Frage: „Was zum Teufel habt ihr zwei eigentlich nachts im Hafen verloren? Was habt ihr auf dem schrottreifen Kahn getrieben?" [...]

„Ich wollte ihn verprügeln", sagte ich und deutete auf Alexander. Und das war die Wahrheit.

„Das wolltest du?", fragte Alex.

„Na klar! Du etwa nicht?"

Alex wiegte den Kopf hin und her. „Doch, schon, klar."

Herr Schmitz sah von mir zu Alex und wieder zu mir und kapierte gar nichts.

„Aber dann kam doch alles anders. Das Schiff legte plötzlich ab und jetzt sind wir irgendwie …"

„Irgendwie was?", fragte Alex. „Meinst du, wir sind jetzt Freunde, oder was?"

Ich zuckte mit den Schultern. „Nein, Freunde nicht. Aber ich finde, wir können auch nicht so weitermachen wie bisher."

Herr Schmitz machte den Mund auf. Aber ehe er etwas sagen konnte, sah mir Alex in die Augen und grinste. „Ich finde aber trotzdem, dass du ein Blödmann bist, Stinksocke!"

Ich grinste ebenfalls. „Ja. Du auch. Aber einer, auf den man sich verlassen kann!"

Herr Schmitz schüttelte nur noch den Kopf, als wir beide lachen mussten und wie aus einem Mund sagten: „Da sind wir uns ja schon wieder einig!"

1
a Lest die Erzählung und äußert euch dazu, wie sie euch gefällt. Begründet eure Meinung.
b Besprecht zu zweit den Inhalt. Stellt euch dazu abwechselnd W-Fragen zu der Erzählung und beantwortet sie.

> Wer …? • Wann …? •
> Wo …? • Was …? •
> Warum …? • Wie …?

2 Aus welcher Perspektive wird die Geschichte erzählt? Bestimmt den Erzähler.

3 Wolle hat Angst auf dem Schrottkahn. Untersucht, an welchen Stellen das im Text deutlich wird. Schreibt die Textstellen mit Zeilenangabe ins Heft.

4 Wolle und Alex sind zu Beginn der Erzählung Feinde. Untersucht, wie sich ihre Beziehung im Lauf der Geschichte verändert:
– Notiert alle Textstellen, an denen man etwas über ihre Beziehung erfährt.
– An welcher Stelle gibt es in der Erzählung einen Wendepunkt in der Beziehung der beiden? Schreibt die Textstelle ab und begründet eure Entscheidung:
Für mich gibt es an dieser Stelle der Geschichte einen Wendepunkt, denn …

Fordern und fördern – Gestaltend schreiben

Die Geschichte „Der Kahn" (▶ S. 21–24) wird aus Wolles Sicht erzählt. Stellt euch vor, Mathilda hätte sich an diesem Abend zum Hafen geschlichen und Wolle, Alexander und das Auslaufen des Schrottkahns beobachtet.
Wie hätte sie die Ereignisse erlebt?

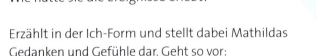

1 Erzählt in der Ich-Form und stellt dabei Mathildas Gedanken und Gefühle dar. Geht so vor:

a Nehmt ein Blatt Papier und faltet es in der Mitte.
Lest die Erzählung noch einmal genau und notiert in der linken Spalte stichwortartig, welche Ereignisse Mathilda vom Hafen aus beobachten kann. Lasst zwischen den Stichworten jeweils einige Zeilen frei.
▷ Eine Hilfe zu Aufgabe 1a findet ihr auf Seite 26.

b Überlegt, was Mathilda im Hafen denken und tun könnte. Ergänzt vor, zwischen und nach den Stichworten von Aufgabe 1a Mathildas Handlungsschritte.
▷ Hilfe zu Aufgabe 1 b auf Seite 26

2 Versetzt euch in die Figur Mathilda und überlegt zu jedem Handlungsschritt:
– Was sieht, hört, fühlt und riecht sie in diesem Moment?
– Welche Gedanken gehen ihr dabei durch den Kopf? Was sagt sie?
Notiert Stichworte zu jedem Handlungsschritt in die rechte Spalte eures Blattes, z. B.:

Handlungsschritte:
1 beobachtet, wie Wolle auf Schrottkahn klettert

Das sieht/hört/fühlt/riecht/denkt/sagt Mathilda:
– hört ein Motorengeräusch
– denkt „Irgendwie habe ich bei der Sache kein gutes Gefühl …"

▷ Hilfe zu Aufgabe 2 auf Seite 26

3 Schreibt mit Hilfe eurer Notizen die vollständige Erzählung aus Mathildas Sicht.
Formuliert in der Ich-Form im Präteritum und verwendet auch die wörtliche Rede.
So könnt ihr beginnen: *Jch machte mir an diesem Abend Sorgen um Wolle. Deshalb …*
▷ Hilfe zu Aufgabe 3 auf Seite 26

4 Wie hat Alex die Situation auf dem Kahn erlebt? Verfasst einen Brief, den Alex nach diesem Ereignis an Wolle schreibt. Formuliert darin seine Gedanken dazu.

Methode	Aus der Sicht einer anderen Figur erzählen

- Versetzt euch in die Figur hinein, aus deren Sicht ihr erzählen wollt:
Was denkt und fühlt sie? Was könnte sie sagen? Was weiß sie, was weiß sie nicht?
- Um die Sicht der Figur zu verdeutlichen, dürft ihr die Einzelheiten der Geschichte etwas verändern. Den Erzählkern solltet ihr aber beibehalten.

Aufgabe 1a mit Hilfen

Prüft, welche der folgenden Handlungsschritte Mathilda vom Hafen aus beobachten kann. Übertragt diese in die linke Spalte des gefalteten Blattes und lasst zwischen den Stichworten jeweils einige Zeilen frei.

> Wolle klettert auf den Kahn (Z. 1–7) • ein Motor springt an (Z. 7–9) • Männer laufen an Deck des Kahns (Z. 16–17) • Kahn entfernt sich vom Ufer (Z. 33–36) • Kahn dreht und nimmt Kurs aufs Meer (Z. 37–41) • Wolle hört Alex (Z. 47–48) • Alex wird gefesselt (Z. 50–51) • Wolle befreit Alex im Maschinenraum (Z. 76–77) • Alex dankt Wolle (Z. 94–95) • Männer suchen Wolle (Z. 137–140) • Wolle und Alex schmieden einen Plan (Z. 152–155) • Alex zündet Silvesterrakete (Z. 159–163) • Männer schalten Schiffsbeleuchtung ein (Z. 168–170) • Wolle funkt Hilferuf (Z. 173–190) • Alex und Wolle werden gefesselt (Z. 191–203) • Küstenwache entdeckt Kahn und rettet Jungs (Z. 222–229) • Jungs kehren mit Schnellboot der Küstenwache zum Hafen zurück (Z. 232–235)

Aufgabe 1b mit Hilfen

Überlegt, was Mathilda im Hafen denken und tun könnte. Wählt passende Ideen aus und ergänzt die Handlungsschritte vor, zwischen und nach den Stichworten von Aufgabe 1a.

> sorgt sich um Wolle • kommt mit Fernglas am Hafen an • überlegt, wie sie Wolle warnen kann • versteckt sich hinter einem alten Bauwagen • informiert die anderen Bandenmitglieder • alarmiert Polizei per Handy • sieht Küstenwache ausfahren • sieht die Jungs Arm in Arm

Aufgabe 2 mit Hilfen

Versetzt euch in die Figur Mathilda und überlegt zu jedem Handlungsschritt, was sie sieht, hört, fühlt, riecht, denkt oder sagt. Ergänzt die folgenden Angaben in der rechten Spalte:

> Was machen die Männer auf dem Kahn? • „Wolle, pass auf!" • Was soll ich nur tun? • Mir schlotterten die Knie. • „Hallo, ist dort die Polizei?" • Es roch nach Diesel. • Vor Kälte spürte ich meine Zehen kaum. • „Ein Glück!" • Ich sah ein helles Licht.

Aufgabe 3 mit Hilfen

Schreibt mit Hilfe eurer Notizen die vollständige Erzählung aus Mathildas Sicht im Präteritum. Die folgenden Wortspeicherkarten helfen euch dabei, lebendig und anschaulich zu erzählen:

Gedanken und Gefühle:
Ich fragte mich, ... •
Ich überlegte, ... •
Ich merkte, wie ... •
Am liebsten wäre ich ...

Treffende Verben für sehen:
beobachten • erkennen •
betrachten • zusehen •
schauen • erblicken •
anstarren • glotzen •
mustern

Anschauliche Adjektive:
mutig • zornig • seltsam •
furchterregend • tapfer •
ohrenbetäubend • widerlich •
seltsam • hilflos • listig

1.3 Fit in ...! – Eine Geschichte fortsetzen

Stellt euch vor, ihr bekommt in der nächsten Klassenarbeit die folgende Aufgabe gestellt:

Aufgabe
Setze folgende Geschichte anschaulich und lebendig fort.
Ergänze zum Schluss eine passende Überschrift.

Diese Ferien werden den vieren sicherlich noch lange in Erinnerung bleiben: Saskia wurde von ihrer Freundin Miri eingeladen, mit zu ihren Großeltern zu kommen. Dort planten die zwei Mädchen an einem Sonntag eine Wanderung zu einer versteckten Burgruine. Miriams Großmutter hatte ein leckeres Picknick für vier vorbereitet. Für vier! Das genau war das Problem der Mädchen. Da die Großeltern nicht mehr so gut zu Fuß waren, sollten sie zusammen mit dem Nachbarsjungen Bernd und seinem Kumpel Ignaz gehen.
Als sie die letzten Häuser des Dorfes hinter sich gelassen hatten, verkündete Miri: „So, Saskia und ich machen erst mal eine Pause", woraufhin die zwei Jungen höhnisch lachten. „Geht ihr schon mal allein vor. Wir treffen uns dann in zwei Stunden oben an der Burg." „Eure Oma wollte aber, dass wir zusammenbleiben", widersprach Bernd. Miri bestand jedoch darauf, dass die Jungen vorgehen sollten. Schnippisch antwortete sie: „Sieht es heute vielleicht nach Nebel oder Gewitter aus? Oder denkt ihr zwei, dass uns unterwegs ein Wolf begegnen und uns auffressen wird?" Bernd zögerte noch kurz. Schließlich murmelte er: „Dann lassen wir die Zicken eben allein", und marschierte mit seinem Kumpel los. Miri atmete erleichtert auf, aber Saskia hatte schon zu diesem Zeitpunkt kein besonders gutes Gefühl im Bauch.

Die Aufgabe richtig verstehen

1 Wie solltet ihr bei der oben gestellten Aufgabe vorgehen?
Ordnet die folgenden Arbeitsschritte in einer sinnvollen Reihenfolge. Die Lösungsbuchstaben ergeben einen möglicherweise wichtigen Gegenstand in der Erzählung.

- **E** Ich denke mir eine passende Überschrift aus.
- **G** Ich beantworte W-Fragen (Wer? Wann? Wo?) zur Textvorlage und notiere stichwortartig die vorgegebenen Handlungsschritte.
- **E** Ich bestimme die Zeitform und den Erzähler in der Textvorlage.
- **W** Ich sammle Ideen, wie die Geschichte weitergehen könnte.
- **R** Ich überarbeite meine Erzählung und überprüfe Rechtschreibung und Zeichensetzung.
- **I** Ich verfasse eine spannende Erzählung, indem ich Tipps zum lebendigen und anschaulichen Erzählen beachte.
- **W** Ich lese die vorgegebene Einleitung genau.
- **S** Ich formuliere einen kurzen Schluss.
- **E** Ich plane die Fortsetzung in einer Mindmap oder lege einen Schreibplan an.

Planen und schreiben

2 a Übertragt den folgenden Schreibplan in euer Heft. Ergänzt ihn mit Informationen aus der Textvorlage und euren Ideen zur Fortsetzung.
   b Markiert in eurem Schreibplan den Höhepunkt der Erzählung.

3 Schreibt die Fortsetzung. Gestaltet den Höhepunkt darin spannend: Lasst das Geschehen wie in Zeitlupe ablaufen und verwendet anschauliche Formulierungen:

> *Schreibplan*
> *Zeitform des Textes:* ...   *Wer? (Figuren):* ...
> *Erzähler:* ...   *Wann? (Zeit):* ...
>   *Wo? (Ort):* ...
>
> *Handlungsschritte:*
> *Einleitung:*
> – Mädchen planen Wanderung zu Burgruine
> – Großmutter bereitet Picknick vor
> – Mädchen werden von zwei Jungen begleitet
> *Hauptteil:* ...
> *Schluss:* ...

> plötzlich • aus heiterem Himmel • auf einmal • schlagartig • überraschend • unerwartet • die Stimme versagt • wie angewurzelt stehen bleiben

> rasen • flüchten • humpeln • schleichen • spurten • sich vortasten • finster • schrill • eiskalt • zittrig • riesengroß • zaghaft • ungläubig • grimmig • „Hilfe!" • „Oh nein!" • „Was mache ich bloß?"

Überarbeiten

4 Überarbeitet eure Erzählungen nach der Textlupen-Methode (▶ S. 276):
   a Wählt aus der Checkliste unten drei Punkte aus, die eure Mitschüler prüfen sollen. Notiert sie auf das Textlupen-Blatt zu eurem Text.
   b Bittet eure Mitschüler um ihre Hinweise und arbeitet diese in euren Text ein.

Checkliste

Eine Geschichte fortsetzen

Erzählperspektive:	■ Stimmt die Erzählperspektive mit dem Textbeginn überein?
Aufbau:	■ Knüpft die Geschichte sinnvoll an die vorgegebene Einleitung an?
	■ Sind ein Hauptteil und ein Schluss erkennbar?
	■ Bauen die Handlungsschritte logisch aufeinander auf?
Spannung:	■ Wird die Spannung bis zum Höhepunkt gesteigert?
	■ Werden Spannungsmelder verwendet?
	■ Werden Zeitdehnung oder Zeitraffer eingesetzt?
Figuren:	■ Wird deutlich, was die Figuren denken, fühlen, sehen, hören, riechen?
	■ Enthält die Erzählung wörtliche Rede (Dialoge)?
Sprache:	■ Wird die Zeitform der Textvorlage (Präteritum) verwendet?
	■ Wird bei Vorzeitigkeit das Plusquamperfekt eingesetzt?
	■ Werden treffende Verben und anschauliche Adjektive verwendet?

Schreibwörter ▶ S. 242

die Freundschaft	die Mutprobe	die Clique	erschrecken	zittern
die Burgruine	das Gefühl	die Nachricht	ärgern	unterstützen

2 Wir einigen uns –
Meinungen begründen

1 Betrachtet die zwei Fotos: An welchem Ausflug würdet ihr lieber teilnehmen? Begründet eure Meinung.

2 a Berichtet von Klassenausflügen, die ihr mitgemacht habt. Was hat euch daran besonders gefallen?
b Wie habt ihr entschieden, wohin ihr fahrt? Sammelt Vorschläge dazu, wie man vorgehen kann, wenn man sich in der Klasse auf etwas einigen will.

In diesem Kapitel …
— trainiert ihr, eure Meinung sachlich zu begründen,
— lernt ihr, Argumente durch Beispiele anschaulich zu gestalten und auf Einwände einzugehen,
— übt ihr, Erwachsene mündlich und schriftlich zu überzeugen.

2.1 Wohin soll der Klassenausflug gehen? – Strittige Fragen diskutieren

Die eigene Meinung begründen

Die Schüler einer 6. Klasse diskutieren in der Klassenleiterstunde das Ziel des nächsten Klassenausflugs. Aron und Mariella leiten die Diskussion.

Mariella: Welche Ziele schlagt ihr vor?
Carla: Ich schlage vor, dass wir mit unserer Klasse eine Kletterhalle besuchen. Klettern macht unheimlich Spaß!
Leon *(ruft laut, ohne sich gemeldet zu haben):* Klettern wie die Äffchen? Wen interessiert das denn? Hast du keine bessere Idee?
Aron: Stopp, Leon, du bist nicht dran, du hast dich nicht gemeldet.
Mariella: Als Nächster ist Erkan an der Reihe.
Erkan: Klettern macht bestimmt Spaß. Aber das ist noch keine ausreichende Begründung für eine Fahrt zur Kletterhalle, weil sich ja nicht alle fürs Klettern interessieren.
Sandro: Ich stimme Carla zu. Einen Ausflug in die Kletterhalle finde ich gut, ich habe gerade eine paar coole neue Turnschuhe bekommen ...
Ilka: Das sieht dir ja mal wieder ähnlich – herumprotzen!
Dustin: Ich bin der Meinung, wir sollten in den Zoo fahren, weil ...
Carla *(fällt Dustin ins Wort):* Ich bin dagegen, weil ich es nicht gut finde, wenn Tiere eingesperrt werden. Löwen zum Beispiel sollten unbedingt nur in freier Wildbahn leben.
Mariella: Carla, wir lassen jeden ausreden. Dustin, was wolltest du noch sagen?
Dustin: Ich bin für einen Ausflug in den Zoo, weil wir dort seltene Tiere beobachten können. Beispielsweise gibt es im Terrarium Wabenkröten.
Kira: Zoo ist doch was für Kleinkinder! Dort waren wir schon in der Grundschule. Wir wollen ein bisschen Action auf dem Wandertag!
Aron: Was meinst du mit Action, Kira?
Kira: Wir sollten als Gruppe etwas unternehmen, was die Klassengemeinschaft fördert.
Sandro: Dann ist doch Carlas Vorschlag prima. Es gibt Kletterhallen, die Kurse für Klassen anbieten, beispielsweise gemeinsame Kletteraktionen, bei denen man im Team zusammenhalten und sich gegenseitig helfen muss.

1 a Lest die Klassendiskussion mit verteilten Rollen.
   b Tauscht euch darüber aus, wie das Gespräch auf euch wirkt.

2.1 Wohin soll der Klassenausflug gehen? – Strittige Fragen diskutieren

2 Aron und Mariella leiten die Diskussion. Wie gehen sie dabei vor?
a Lest noch einmal alle Ansagen von Aron und Mariella und überlegt, welche Aufgaben Diskussionsleiter haben.
b Wie leitet man eine Diskussion? Formuliert zu zweit Tipps und ergänzt zu jedem Tipp passende Formulierungen wie im Beispiel rechts.

> *Tipps zur Diskussionsleitung:*
> *1 Beobachte und notiere, wer sich meldet.*
>   *Sage an, wer als Nächster sprechen darf.*
>   *→ „Jetzt ist ... an der Reihe."*
> *2 ...*

3 Welche Äußerungen bringen die Diskussion voran, welche blockieren sie? Untersucht die Aussagen der Schülerinnen und Schüler auf Seite 30. Übertragt dazu die folgende Tabelle ins Heft und ergänzt sie wie im Beispiel:

Gesprächsmotoren: Beiträge, die die Diskussion voranbringen	Gesprächsbremsen: Beiträge, die die Diskussion blockieren
Sandro (Zeile 15–17) → bezieht sich auf Carlas Redebeitrag	*Leon (Zeile 5–7) → ruft dazwischen*

4 Welche Schüler begründen in der Diskussion ihre Meinung, welche nicht? Legt eine Tabelle an. Notiert alle Meinungen und ergänzt, wenn möglich, stichwortartig die Argumente.

Name	Meinung (für/gegen ...)	Begründung (Argument)
Carla	*für Klettern*	*– macht Spaß*

5 Ein Argument wirkt überzeugender, wenn man es durch ein Beispiel stützt, z. B.:

Ich bin für einen Ausflug in den Zoo, ... *weil wir dort seltene Tiere beobachten können.* *Beispielsweise gibt es im Terrarium Wabenkröten.*
Meinung Begründung (Argument) Beispiel

a In der Diskussion (▶ S. 30) gibt es eine weitere Aussage, in der ein Argument mit Beispiel gestützt wird. Schreibt diese Aussage vollständig in euer Heft ab.
b Unterstreicht in der Aussage die Meinung rot, das Argument grün und das Beispiel blau.

6 Spielt die Diskussion weiter und trefft am Ende eine Entscheidung. Wäre ein Kompromiss möglich?

7 Welches Ziel würdet ihr bevorzugen, Kletterhalle oder Zoo? Formuliert eure Meinung schriftlich und begründet sie mit einem Argument und einem Beispiel.

Information — **Die eigene Meinung begründen**

Wenn ihr andere von eurer **Meinung** überzeugen wollt, müsst ihr **Argumente** (Gründe) nennen. Ein Argument wirkt überzeugender, wenn man ein **Beispiel** hinzufügt, z. B.:

Ich bin gegen den Ausflug in den Zoo, *denn dort waren einige von uns schon mehrmals.* *Tom und ich haben beispielsweise Mias Geburtstag im Zoo gefeiert.*
Meinung Begründung (Argument) Beispiel

Andere überzeugen, Einwände berücksichtigen

A Wir drei sind für einen Ausflug in die Kletterhalle, weil das ein sportliches Abenteuer ist und wir dabei auch etwas lernen können. Natürlich stimmt es, dass nicht alle von euch Sportskanonen sind und deswegen vielleicht auch Angst vor dem Klettern haben. Aber wir werden den ganzen Tag von Sicherheitstrainern betreut. Jeder erhält einen Helm und wird beim Klettern mit Haken und Gurten gesichert.

B Ein wichtiges Argument für diesen Ausflug ist, dass durch das gemeinsame Klettern das Gemeinschaftsgefühl in unserer Klasse verbessert wird. Ihr könntet dagegen sagen, dass man das auch durch Spiele erreichen kann. Dennoch eignet sich das Klettern hierfür besonders. Denn um es bis ganz nach oben zu schaffen, muss man sich gegenseitig helfen.

C Es wäre zwar schön, wenn wir unseren Ausflugstag im Freien verbringen könnten, aber wir sollten in dieser Jahreszeit vom Wetter unabhängig sein. Deshalb stimmen wir für die Kletterhalle, denn dort finden alle sportlichen Aktivitäten drinnen statt.

1 a Lest die drei Aussagen A, B und C. Für welches Ausflugsziel sind die drei Schüler?
   b Wie überzeugend wirken die Aussagen auf euch? Bewertet sie auf einer Skala von 0 bis 5:

   0 | 1 | 2 | 3 | 4 | 5
   nicht überzeugend — absolut überzeugend

2 Die drei Schüler bauen ihre Aussagen geschickt auf: Sie gehen auf mögliche Einwände ihrer Mitschülerinnen und Mitschüler ein und entkräften sie.
   a Notiert zu jeder Aussage den Einwand, den der Schüler entkräftet:
   A Einwand: „Nicht alle sind Sportskanonen. Einige haben Angst vor dem Klettern."
   b Welche Formulierungen verwenden die Schüler, um auf die Einwände einzugehen? Schreibt sie ab, z. B.: *Natürlich stimmt es, dass ... Aber ...*

3 Zoo, Kletterhalle, Museum oder Freizeitpark?
   a Entscheidet euch für ein Ausflugsziel und setzt euch mit Mitschülern zusammen, die dasselbe Ziel gewählt haben. Überlegt euch Argumente, mögliche Einwände und wie ihr diese entkräften könnt.
   b Tragt euren begründeten Vorschlag vor der Klasse vor und bittet eure Mitschüler um eine Einschätzung, wie überzeugend euer Vorschlag gewirkt hat.

| Information | Einwände entkräften |

Ihr könnt Diskussionspartner besser **überzeugen,** wenn ihr auf deren Einwände eingeht und sie abschwächt.
- Überlegt vor der Diskussion, welche **Einwände** der andere anführen könnte.
- Nennt diese Einwände bei eurer Meinungsäußerung und **entkräftet sie.**

Eine Fishbowl-Diskussion vorbereiten und durchführen

Eine Schulklasse diskutiert die folgende Frage:
Sollten elektronische Spielgeräte auf Klassenausflügen erlaubt sein?

A Ich bin dagegen, denn es ist ungerecht gegenüber den Schülern, die nicht so ein Gerät besitzen. Die langweilen sich dann, während die anderen spielen.

B Was den nächsten Klassenausflug angeht, da bin ich dagegen. Aber bei mehrtägigen Klassenfahrten mit Übernachtung sehe ich das anders …

C Ich bin dafür! Damit wird es auf der langen Busfahrt nicht langweilig.

1 Lest die drei Aussagen A, B und C und bildet euch eine eigene Meinung zu der Frage, ob elektronische Spielgeräte auf Klassenausflügen erlaubt sein sollten.

2 a Bildet in der Klasse ein Meinungsdreieck zu der Frage oben:

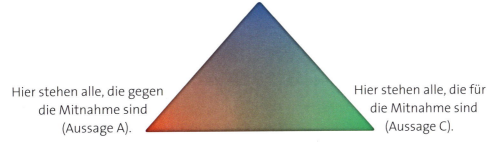

Hier stehen alle, die es von Fall zu Fall unterschiedlich sehen (Aussage B).

Hier stehen alle, die gegen die Mitnahme sind (Aussage A).

Hier stehen alle, die für die Mitnahme sind (Aussage C).

b Tauscht euch zunächst in eurer Meinungsgruppe aus:
Was spricht für euren Standpunkt? Welche Argumente gibt es dafür?
Befragt jeweils einen Schüler aus den anderen zwei Meinungsgruppen:
Welche Argumente nennen diese zwei Gruppen?

3 Bereitet euch auf eine Diskussion zu der Frage oben vor:
— Notiert stichwortartig alle Argumente für eure Meinung und ergänzt, wenn möglich, zu jedem Argument ein Beispiel.
— Notiert Argumente der anderen Gruppen untereinander.
Schreibt jeweils daneben, wie ihr diesen Einwand entkräften könnt.

4 Führt eine Fishbowl-Diskussion durch zu der Frage, ob elektronische Spielgeräte auf Klassenausflügen erlaubt sein sollten:
- Bestimmt einen Diskussionsleiter und aus jeder Meinungsgruppe zwei Schüler, die die Diskussion im Innenkreis führen sollen.
- Die Beobachter im Außenkreis übertragen den folgenden Beobachtungsbogen ins Heft. Sie wählen jeweils einen Teilnehmer aus dem Innenkreis und notieren während der Diskussion, wie dieser seine Meinung vertritt.

Beobachtungsbogen für …	☺	😐	☹	Beispiele aus der Diskussion:
Gesprächsregeln eingehalten?	…	…	…	…
Meinung verständlich formuliert?	…	…	…	…
Überzeugende Argumente (mit Beispielen) genannt?	…	…	…	…
Mögliche Einwände entkräftet?	…	…	…	…
Bezug zum Vorredner hergestellt?	…	…	…	…

- Führt mehrere Diskussionsrunden durch. Verwendet dabei Formulierungen aus den drei Kästen und gebt euch anschließend Rückmeldungen.

Wenn man gleicher Meinung ist:
- Ich finde auch, dass …
- Auch ich bin der Meinung, dass …
- Du hast eben gesagt, dass …
  Dem kann ich mich anschließen, denn …

Wenn man gegenteiliger Meinung ist:
- Ich bin nicht der Meinung, dass …
- Ich sehe das anders, weil …
- Da muss ich dir widersprechen, denn …
- Dagegen spricht aber, dass …

Wenn man Einwände entkräften möchte:
- Mir ist klar, dass …, aber …
- Einerseits …, andererseits …
- Es stimmt schon, dass … Dennoch …
- Auch wenn du denkst, dass …

5 Welche Meinung vertritt die Mehrheit eurer Klasse nach der Diskussion? Führt noch einmal eine Abfrage mit Hilfe des Meinungsdreiecks (▶ S. 33) durch. Wechselt euren Standpunkt, wenn ihr eure Meinung geändert habt.

Methode — Eine Fishbowl-Diskussion durchführen

Bei einer Fishbowl-Diskussion werden die Teilnehmer in eine Diskussionsgruppe und eine Beobachtungsgruppe eingeteilt:

Innenkreis – die Diskussionsgruppe:
- Im Innenkreis sitzen die Diskutierenden und der Diskussionsleiter.

Außenkreis – die Beobachtungsgruppe:
- Im Außenkreis sitzt die Beobachtungsgruppe. Die Beobachter hören der Diskussion aufmerksam zu.
- Wer etwas zur Diskussion beitragen möchte, setzt sich auf den freien Stuhl im Innenkreis und geht wieder in den Außenkreis zurück, wenn er sich geäußert hat. Jeder darf, sooft er will, in den Innenkreis treten.

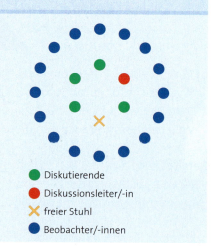

● Diskutierende
● Diskussionsleiter/-in
✗ freier Stuhl
● Beobachter/-innen

Auf den Ton kommt es an

Eine Klasse hat sich für einen Klassenausflug in einen Freizeitpark entschieden. Ein Schüler erhält den Auftrag, das Busunternehmen Winter anzurufen. Er soll sich über den Fahrpreis und einen möglichen Termin für die Fahrt zum Freizeitpark informieren.

Guten Tag, hier ist die Firma Winter, Sekretariat, Frau Schmidt am Apparat.

> So ein Mist, eigentlich wollte ich den Winter sprechen. Ich muss nämlich wissen, wie teuer die Busfahrt ist und ob überhaupt ein Termin frei ist. Es soll nämlich nicht so viel kosten, und dann habe ich auf der Webseite gesehen, dass die Busse ganz schön klein sind, wir sind aber eine große Klasse. Also könnten Sie uns im Oktober zum Freizeitpark fahren?

1 Lest das Gespräch laut mit verteilten Rollen und setzt es fort: Wie wird Frau Schmidt auf diese Anfrage reagieren?

2 a Untersucht zu zweit die Anfrage des Schülers: Welche Informationen fehlen in der Anfrage? Welche Äußerungen müssen umformuliert werden, damit sie höflich wirken?
  b Spielt das Telefongespräch zu zweit. Gebt dabei alle notwendigen Informationen an und achtet auf höfliche Formulierungen.

3 a Setzt euch zu viert zusammen. Wählt ein Anliegen (A oder B) aus und plant ein Telefongespräch. Notiert dazu stichwortartig die notwendigen Informationen und Fragen.
  A Anruf im Zoo, ob es Ermäßigungen oder Sonderpreise für Gruppen gibt
  B Anruf im Freilichtmuseum, ob die Wege für Rollstuhlfahrer geeignet sind
  b Übt das Telefongespräch ein. Geht dabei so vor:
  – Zwei Gruppenmitglieder spielen das Telefongespräch. Sie dürfen dazu ihre Notizen verwenden.
  – Die anderen beiden beobachten das Gespräch: Einer achtet auf den Inhalt, einer auf die Höflichkeit. Anschließend geben sie eine Rückmeldung. Tauscht danach die Rollen.

Begrüßung	Guten Tag, …
Vorstellung der eigenen Person	Mein Name ist … Ich bin Schüler(in) in der Klasse … der …-Schule.
Anliegen vorbringen	Wir würden gern … Ich möchte mich bei Ihnen erkundigen, … Können Sie mir bitte sagen, …
Dank und Verabschiedung	Vielen Dank für die Informationen. Ich wünsche Ihnen noch einen schönen Tag. Auf Wiederhören!

Teste dich!

Meinungen in Diskussionen begründen

1 Wie führt man eine Diskussion? Ordne den Aussagen 1 bis 4 die Gesprächsregeln aus der rechten Spalte zu. In der richtigen Reihenfolge ergeben die Buchstaben ein Lösungswort.

1 **Tom** *(fährt Alex entnervt an):* Ein Ausflug ins Museum? Das ist doch was für Langweiler!
2 **Nick:** Stopp, fall Lena nicht ins Wort!
3 **Anne** *(ruft plötzlich):* Ein Ausflug ins Museum? Das ist doch die Idee!
4 **Cedric** *(tuschelt mit Leon, fragt dann plötzlich):* Wann findet der Ausflug eigentlich statt?

LE Lass den Sprecher ausreden. Jeder hat das Recht, seine Aussage ohne Unterbrechung vorzubringen.
NZ Konzentriere dich auf die Diskussion und führe keine Nebengespräche.
TO Bleibe sachlich, auch wenn du anderer Meinung bist. Beschimpfungen und Beleidigungen verletzen die Gefühle anderer und blockieren die Diskussion.
RA Melde dich, wenn du etwas sagen willst.

2 Welche Aufgaben hat ein Diskussionsleiter? Notiere die Buchstaben der richtigen Aussagen. Sie ergeben rückwärts gelesen ein weiteres Lösungswort.

D Er/sie achtet auf die Reihenfolge der Meldungen.
O Er/sie sagt während der Diskussion nichts, sondern beobachtet nur.
L Er/sie fragt nach bei unverständlichen Aussagen oder Begriffen.
U Er/sie achtet auf die Einhaltung der Gesprächsregeln.
D Er/sie beendet die Diskussion.
E Er/sie sagt an, wer als Nächster dran ist.
I Er/sie vertritt die Meinung der Mehrheit.
G Er/sie stellt das Thema der Diskussion vor.

3 a Ordne den drei Kästen A, B, C die Bezeichnungen zu: Meinung – Argumente – Beispiele.

A
– So lernen wir bei einem Mannschaftsspiel zum Beispiel, uns in der Gruppe abzusprechen.
– Viele Schüler haben schon massive Haltungsschäden und Rückenprobleme.
– Die Mutigen können beispielsweise Kanu fahren. Wem das zu gefährlich ist, der kann Tischtennis spielen.

B
– …, weil wir in der Schule fast nur sitzen.
– …, da wir verschiedene Sportarten ausprobieren können.
– …, denn das stärkt die Klassengemeinschaft.

C
Eine Klassenfahrt mit Sportprogramm finde ich gut …

b Ordne den drei Argumenten jeweils ein passendes Beispiel zu. Schreibe drei vollständige Meinungsäußerungen nach dem folgenden Muster ins Heft: Meinung + Argument + Beispiel.
c Vergleiche deine drei Meinungsäußerungen mit einer Lernpartnerin oder einem Lernpartner.

2.2 Erwachsene überzeugen – Sprache gezielt verwenden

Meinungen höflich und zusammenhängend formulieren

Auf einem Elternabend wird die Unterkunft für die nächste Klassenfahrt diskutiert:

Lehrer: „Ich möchte die Klasse entscheiden lassen, ob wir in einer Jugendherberge oder in einem Selbstversorgerhaus übernachten."

Eine Mutter: „Dann müssen die Schüler die gesamte Organisation übernehmen: das Planen der Mahlzeiten, das Einkaufen, das Kochen, den Tischdienst, das Spülen. Das gibt doch nur Chaos!"

Ein Vater: „Ich halte Selbstversorgung für eine ausgezeichnete Idee, denn dabei lernen die Kinder, auf verschiedene Ernährungsgewohnheiten Rücksicht zu nehmen."

1 Würdet ihr die Klassenfahrt gern in einem Selbstversorgerhaus verbringen?
  a Lest die Aussagen in den Sprechblasen und tauscht euch zu zweit über die Vorteile und die Nachteile dieser Unterkunftsart aus.
  b Legt gemeinsam eine Liste der Vorteile und Nachteile an.
  Denkt dabei auch daran, was aus der Sicht von Lehrern und Eltern dafür oder dagegen spricht.

Unterkunft im Selbstversorgerhaus: Wir kochen selber!

Vorteile	Nachteile
– Wir können den Essensplan selbst bestimmen.	– …

  c Formuliert eure eigene Meinung und begründet sie mit mehreren Argumenten:

Eine Meinung äußern
Ich bin der Meinung, dass … •
Ich bin der Auffassung, dass … •
Meiner Meinung nach … •
Ich halte … für die beste Lösung, … •
Ich bin für/gegen …

Die Meinung begründen
…, denn/da/weil … • Ein wichtiges Argument dafür ist … •
Dafür spricht, dass … • Das kann man so begründen: …

Weitere Argumente ergänzen
Darüber hinaus … • Zudem/Weiterhin/Außerdem … •
Ein weiteres Argument dafür/dagegen ist … •
Man muss auch bedenken, dass …

2 Wie könnte man den Einwand der Mutter oben entkräften? Formuliert dazu eine Aussage:
Es ist verständlich, dass … Aber …

Zum Elternabend sind einige Schüler eingeladen, um ihre Meinung zum Thema Selbstversorgung zu äußern:

Daniel: „Ich finde Selbstversorgung super, weil wir dann lernen, Verantwortung zu übernehmen. Beispielsweise müssen wir die Küchendienste einteilen, den Essensplan besprechen und alles gemeinsam abstimmen."

Ina: „Ich finde Selbstversorgung megacool, weil wir unseren eigenen Speiseplan erstellen können. Zum Beispiel könnten wir jeden Tag einen schönen Hamburger oder einen Döner einwerfen und dazu eine Cola abschlucken."

Luis: „Selbstversorgung ist echt beknackt, denn dann haben wir überhaupt keine Zeit zum Chillen. Wir müssen einkaufen, kochen, Tisch decken und auch noch abwaschen!"

Tom: „Ich finde Selbstversorgung nicht sinnvoll, denn dann fehlt uns die Zeit für andere Aktivitäten. Wenn wir beispielsweise einen Ausflug machen, müssen wir extra früher zurückkommen, um das Abendessen vorzubereiten."

Leon: „Selbstversorgung ist doch echt o. k., dabei können wir am besten auf gesunde Ernährung achten. So könnte es zum Frühstück immer Müsli und Obst geben, das macht fit für den ganzen Tag."

Pia: „Auf Selbstversorgung habe ich keinen Bock, weil ich schon zu Hause immer im Haushalt helfen muss. Ich muss zum Beispiel jeden Tag das Geschirr abräumen und den Abfall wegbringen."

3 a Lest die Aussagen der Schüler zur Selbstversorgung: Wer ist dafür, wer ist dagegen?
b Welche Meinungsäußerungen wurden für den Elternabend angemessen formuliert, welche haltet ihr für unpassend formuliert?

4 Überarbeitet zu zweit unpassend formulierte Meinungsäußerungen:
— Schreibt alle Ausdrücke heraus, die ihr als Meinungsäußerung gegenüber Erwachsenen für ungeeignet haltet. Überlegt gemeinsam, durch welche Ausdrücke ihr sie ersetzen könnt, z. B.:
megacool → sinnvoll, gut, vorteilhaft.
— Wählt drei unpassende Äußerungen und formuliert sie so um, dass sie höflich wirken.

5 Notiert eure Vermutungen dazu, warum Jugendliche untereinander anders sprechen als gegenüber Erwachsenen. Stellt eure Gedanken der Klasse vor.

6 Die Schüler haben ihre Meinung nicht immer höflich formuliert, aber alle haben ein Argument und ein Beispiel zu ihrer Meinung genannt.

  a Übertragt die folgende Tabelle ins Heft und ergänzt stichwortartig die Argumente und Beispiele der sechs Schüler:

Name	Meinung	Argument	Beispiel
Daniel	für Selbstversorgung	Übernahme von Verantwortung	Küchendienst einteilen, Essensplan besprechen und abstimmen

  b Prüft, mit welchen Wörtern die Schüler ihre Argumente und Beispiele einleiten und verbinden. Notiert diese Wörter ins Heft.

7 Ergänzt zu den Argumenten in eurer Meinungsäußerung von Aufgabe 1c (▶ S. 37) passende Beispiele. Leitet sie ein mit Formulierungen aus dem nebenstehenden Kasten.

Dem Argument ein Beispiel hinzufügen:
Beispielsweise … • So … • Zum Beispiel …

8 Welches Argument spricht gegen eure Meinung von Aufgabe 1c (▶ S. 37)? Überlegt euch, wie ihr es entkräften könnt. Verwendet eine Formulierungshilfe aus dem nebenstehenden Kasten.

Einen Einwand entkräften:
Sicherlich stimmt es, dass … Aber … •
Einerseits … Andererseits muss jedoch auch bedacht werden, dass …

9 a Tragt eure Meinungsäußerung mit drei Argumenten, Beispielen und einem entkräfteten Einwand vor.

  b Gebt euch gegenseitig Rückmeldungen:
   – Wie überzeugend habt ihr gewirkt?
   – Waren Meinung, Argumente und Beispiele gut verknüpft?
   – Habt ihr höfliche Formulierungen gewählt?

Methode — **Meinung, Argumente und Beispiele gut verknüpfen**

Meinung, Argumente, Beispiele und entkräftete Einwände sollte man sprachlich gut miteinander verknüpfen. Dabei helfen folgende Formulierungen:
- **Meinung äußern:** *Ich bin der Meinung, dass … / Ich finde, dass … / Ich bin für/gegen …*
- **Argumente aufzählen:** *…, denn/da/weil … / Dafür spricht, dass … / Zudem … / Weiterhin … / Außerdem … / Man muss auch bedenken, dass …*
- **Einem Argument ein Beispiel hinzufügen:** *Beispielsweise … / Zum Beispiel … / So …*
- **Einwände entkräften:** *Es stimmt, dass … Aber … / Einerseits … Andererseits …*

Fordern und fördern – Eine Meinung in einem Brief formulieren

Die Schülerinnen und Schüler einer Klasse dürfen vor der Klassenfahrt entscheiden: Soll die Zimmerbelegung ausgelost werden, oder sollen die Schüler die Belegung unter sich ausmachen? Die einzige Bedingung ist, dass Jungen und Mädchen getrennt schlafen. Der Klassenlehrer, Herr Semmler, bittet die Schüler um ihre Meinung mit Begründung in einem kurzen Brief.

1 Sollte die Zimmerbelegung ausgelost oder unter den Schülern ausgemacht werden? Überlegt euch eure Meinung und plant den Brief an den Klassenlehrer. Übertragt dazu den folgenden Schreibplan ins Heft und ergänzt ihn stichwortartig:

	Meine Stichworte
Meine Meinung	*Ich bin für Auslosung. / Ich bin dafür, dass die Schüler die Zimmerbelegung unter sich ausmachen.*
Meine Argumente	*1. ...* *2. ...*
Stützende Beispiele	*Zu Argument 1: ...* *Zu Argument 2: ...*
Einwand und Entkräftung	*...*

▷ Hilfe zu Aufgabe 1 auf Seite 41

2 Schreibt den Brief. Formuliert darin eure Meinung und nennt zwei Gründe dafür. Entkräftet einen möglichen Einwand.
▷ Hilfe zu Aufgabe 2 auf Seite 41

Lieber Herr Semmler,
danke, dass Sie uns die Möglichkeit geben, selbst zu entscheiden, wie die Zimmerbelegung festgelegt werden soll. ...

3 Überarbeitet euren Brief mit Hilfe des Methodenkastens unten. Achtet besonders darauf, ob ihr höflich formuliert und die Anredepronomen Sie/Ihr/Ihnen großgeschrieben habt.
▷ Hilfe zu Aufgabe 3 auf Seite 41

4 Für formelle Briefe gibt es strengere Vorgaben als für einen persönlichen Brief. Notiert stichwortartig eure Vermutungen, warum das so ist.

Methode — Einen formellen Brief schreiben

Formelle Briefe schreibt man z. B. bei Anfragen, Anträgen oder Entschuldigungen.
- Notiert im Briefkopf **Ort und Datum.** Gestaltet die Seite **übersichtlich.**
- Formuliert **eine höfliche Anrede** und schreibt nach dem Komma klein, z. B.: *Lieber Herr ..., vielen Dank ... / Sehr geehrte Damen und Herren, es freut uns, dass ...*
- Verwendet die **höflichen Anredepronomen** *(Sie, Ihr, Ihnen).*
- Beendet den Brief mit einer **Grußformel** und der **Unterschrift,** z. B.: *Mit freundlichen Grüßen ...*

Aufgabe 1 mit Hilfen

Sollte die Zimmerbelegung ausgelost oder unter den Schülern ausgemacht werden? Überlegt euch eure Meinung und plant den Brief an den Klassenlehrer. Folgende Argumente helfen euch dabei:

Argumente für die Auslosung	Argumente für die Selbstbestimmung
– Entscheidung geht schnell, ohne lange Diskussionen – kein Streit bei der Verteilung – man lernt auch einmal andere Klassenkameraden näher kennen	– Freunde kommen zusammen in ein Zimmer – kein Streit auf den Zimmern – weniger Unruhe am Abend, wenn Freunde noch miteinander reden wollen – weniger Beschwerden, Schüler fühlen sich auf Klassenfahrt wohler

Aufgabe 2 mit Hilfen

Schreibt den Brief. Formuliert darin eure Meinung und nennt zwei Gründe dafür. Entkräftet auch einen möglichen Einwand. Folgende Formulierungen könnt ihr verwenden:

Ort, Datum, Anrede	... , den ... Lieber Herr ...,
Einleitung	wir danken Jhnen, dass wir selbst entscheiden dürfen, wie die Zimmerbelegung festgelegt werden soll.
Meinung/Bitte	Wir würden gern ... / Wir finden es besser, ...
1. Argument	, denn ... / , weil ... / da ...
Beispiel	So ... / Beispielsweise ... / Zum Beispiel ...
2. Argument	Außerdem ... / Weiterhin ... / Zudem ...
Beispiel	So ... / Beispielsweise ... / Zum Beispiel ...
Einwand und Entkräftung	Sicherlich stimmt es, dass ... Aber ... / Wir verstehen, dass ... Aber ... / Einerseits ist es richtig, dass ... Andererseits ...
Schluss	Aus diesem Grund möchten wir Sie bitten, ...
Gruß, Unterschrift	Mit freundlichen Grüßen ... / Viele Grüße ... / Herzliche Grüße ...

Aufgabe 3 mit Hilfen

Lest den folgenden Schluss des Briefes und überarbeitet die unterstrichenen Textstellen. Schreibt die überarbeiteten Sätze in euer Heft.

Unsere Argumente sind doch echt super. Deshalb fänden wir es blöd, wenn sie unseren Vorschlag nicht unterstützen würden.
Ehrlich, wir würden uns megamäßig freuen, wenn sie sich sagen: O.k., dann erfüllen wir den Kids ihren Wunsch! Wir bedanken uns bereits jetzt tausendmal.
Liebe Grüße!!!
...

2.3 Fit in …! – Einen Vorschlag schriftlich begründen

Stellt euch vor, ihr bekommt in der nächsten Klassenarbeit die folgende Aufgabe gestellt:

Beim letzten Schulfest hat eure Klasse bei der Tombola einen Erlös von 150 Euro erzielt.
Die Elternversammlung hat beschlossen, diesen Betrag für den nächsten Klassenausflug zu verwenden.
Jeder Schüler darf in einem Brief an die Elternvertreter Frau Wenzel und Herrn Schulze vorschlagen, wofür das Geld ausgegeben werden soll.

Schreibe diesen Brief an die Elternvertreter.
Beachte dabei die Vorgaben der Elternversammlung unten.
Begründe deinen Vorschlag mit zwei überzeugenden Argumenten und stützenden Beispielen.
Entkräfte auch einen möglichen Einwand.

Vorgaben der Elternversammlung für die Verwendung:

1. Es dürfen nicht mehr als 150 Euro ausgegeben werden.
2. Es sollen alle Schülerinnen und Schüler bedacht werden.
3. Der Ausflug soll die Klassengemeinschaft stärken und/oder zu einer Begegnung mit der Natur führen.

Die Aufgabe richtig verstehen

1 a Lest euch die Aufgabe oben genau durch.
b Habt ihr verstanden, was ihr machen sollt? Wählt die richtigen Aussagen aus.
Die Buchstabenpaare ergeben rückwärts gelesen ein Lösungswort.

LE	Ich soll eine formelle E-Mail schreiben.
LH	Ich soll einen formellen Brief schreiben.
ÜF	Ich soll an die Elternvertreter schreiben.
SU	Ich soll an die Klassenlehrerin schreiben.
EG	Ich muss bei meinem Vorschlag die Vorgaben der Elternversammlung berücksichtigen.
EB	Ich soll meinen Vorschlag mit einem überzeugenden Argument und einem stützenden Beispiel begründen.
MA	Ich soll einen Einwand entkräften.
KL	Mein Vorschlag darf 150 € pro Schüler kosten.
ET	Ich muss auch einen Einleitungssatz und einen Schluss formulieren.

2.3 Fit in ...! – Einen Vorschlag schriftlich begründen

Planen

2 Auf den folgenden Zetteln findet ihr fünf Vorschläge für die Verwendung des Geldbetrags. Übertragt die Vorschläge ins Heft, die zu den Vorgaben der Elternversammlung passen.

- Workshop im Naturhistorischen Museum, Eintritt und Materialien zum Bauen: 170 Euro
- Kinobesuch, Fahrtkosten und Eintritt: etwa 110 Euro
- 3 Stunden Bowling inklusive Schuhgebühr und Getränke: 130 Euro
- Besuch des Tierparks, Programm „Tiere der Nacht", Eintritt und Nachtführung: 120 Euro
- Fahrt in den Hochseilgarten, Klassentraining mit den Schwerpunkten Teamfähigkeit und Kommunikation: 150 Euro

3 a Entscheidet euch für einen passenden Vorschlag. Sammelt in einer Tabelle Argumente und Beispiele, die für euren Vorschlag sprechen. Ihr könnt die Aussagen in den Sprechblasen zu Hilfe nehmen.

Mein Vorschlag: Wir sollten den Betrag für eine Nachtführung im Tierpark verwenden.

Meine Argumente:	Beispiele:
– Wir können etwas über das Verhalten von nachtaktiven Tieren lernen.	– Man kann nachtaktiven Erdferkeln beim Fressen zuschauen.
– ...	– ...

- Sportarten, bei denen Teamfähigkeit wichtig ist, helfen dabei, dass sich Schüler besser kennen lernen und verstehen.
- Wenn wir weniger als 150 € ausgeben, bleibt uns noch Geld für Eis.
- Wenn wir im Hochseilgarten zusammen trainieren, arbeiten wir auch im Unterricht besser zusammen.
- Auch ein gemeinsames spannendes Erlebnis kann die Klassengemeinschaft stärken.
- Eine Führung im Tierpark ist interessanter als jede Biostunde.

b Welche zwei Argumente erscheinen euch für euren Vorschlag am überzeugendsten? Markiert sie in eurer Tabelle.

4 Welchen Einwand könnte es gegen euren Vorschlag geben?
Notiert ihn stichwortartig und ergänzt, wie ihr ihn entkräften könnt, z. B.:
– Hochseilgarten interessant, aber: kein Geld für Getränke oder Eis

Schreiben

5 a Notiert den Ort und das Datum. Prüft anschließend die folgenden Anreden und schreibt eine geeignete Anrede darunter:

> *Liebe Frau Wenzel, lieber Herr Schulze, … / Hallo Frau Wenzel und Herr Schulze, … /*
> *Sehr geehrte Frau Wenzel, sehr geehrter Herr Schulze, … / Liebe Elternvertreter! …*

b Wie könnte euer Einleitungssatz lauten? Wählt einen der folgenden Vorschläge und notiert ihn:

> – *… vielen Dank für die Unterstützung unseres nächsten Klassenausflugs.*
> – *… wir sollten uns überlegen, wie wir das Geld verwenden wollen.*
> – *… wir freuen uns darüber, dass Sie …*

c Formuliert euren Vorschlag und begründet ihn mit Argumenten und Beispielen. Entkräftet auch einen Einwand.

d Ergänzt einen passenden Schlusssatz. Wählt dazu einen der folgenden Satzanfänge:

> *Wir würden uns freuen, wenn … / Schließlich denken wir, dass … / Wir möchten Sie bitten, …*

e Wählt einen passenden Gruß und notiert ihn:

> *Herzliche Grüße / Beste Grüße / Mit freundlichen Grüßen / Mit herzlichen Grüßen / Viele Grüße*

Überarbeiten

6 Überarbeitet euren Brief mit Hilfe der folgenden Checkliste:

Checkliste

Einen Vorschlag in einem formellen Brief begründen

- **Ort, Datum:** Stehen Ort und Datum im Briefkopf?
- **Anrede:** Beginnt der Brief mit der höflichen Anrede? Folgt danach ein Komma?
- **Einleitung:** Gibt es einen Einleitungssatz?
- **Meinung/Bitte:** Ist die Meinung oder der Vorschlag deutlich formuliert?
- **Begründungen:** Werden zwei Argumente (mit Beispielen) genannt?
- **Entkräfteter Einwand:** Wird ein Einwand entkräftet?
- **Schluss:** Gibt es einen Schlusssatz?
- **Gruß, Unterschrift:** Endet der Brief mit einem Gruß und der Unterschrift?
- **Rechtschreibung:** Sind alle höflichen Anredepronomen großgeschrieben?

Schreibwörter ▶ S. 242

die Diskussion	der Kompromiss	höflich	außerdem	zum Beispiel
die Begründung	die Teamfähigkeit	verständlich	weiterhin	beispielsweise

3 Wer? Wann? Wo? … – Über Ereignisse berichten

1. a Beschreibt das Foto: Was seht ihr darauf?
   b Überlegt, bei welchem Anlass das Foto entstanden sein könnte.

2. Stellt euch vor, ihr könntet eine der Personen auf dem Foto befragen. Was würdet ihr gern wissen? Notiert eure Fragen.

3. Habt ihr selbst schon einmal an einer größeren Veranstaltung teilgenommen oder dabei zugeschaut? Berichtet davon.

In diesem Kapitel …
– lernt ihr, wie man andere mit einem Bericht sachlich informiert,
– untersucht und schreibt ihr Zeitungsberichte und Berichte für Webseiten,
– verfasst ihr einen Unfallbericht.

3.1 Interessante Ereignisse – Berichte verfassen

Erzählen und Berichten unterscheiden

A Eines ist sicher: Das war eine absolut traumhafte Zirkusaufführung! Seit der 5. Klasse bin ich schon Mitglied der Zirkus-AG an unserer Schule. Damals hatte mich meine Sportlehrerin gefragt: „Hey, hast du nicht Lust, bei der Zirkus-AG mitzumachen?" Zuerst war ich unsicher, ob ich sportlich genug dafür bin, aber dann habe ich doch Ja gesagt. Es ging damit los, dass ich Bälle jongliert habe. Jetzt kann ich das auch mit den großen Keulen und den bunten Reifen. Einige aus meiner Klasse sagen manchmal: „Das kann ja jeder." Aber so leicht, wie es aussieht, ist es echt nicht!
Vor den Aufführungen bin ich immer total aufgeregt und habe Angst, dass mir eine Keule aus der Hand rutscht oder dass ich es nicht schaffe, den Ball von meiner Partnerin aufzufangen. Schließlich wollen wir ja so perfekt auftreten wie echte Zirkusartisten!
Wir üben jede Woche und in der Projektwoche dann jeden Tag von morgens bis nachmittags. In der Projektwoche überlegen wir uns auch neue Nummern, wie in diesem Jahr die mit den leuchtenden Reifen. Plötzlich ist das Licht in der Turnhalle ausgegangen und alle haben sich erschrocken. Dann haben wir mit unseren Reifen losgelegt! Diese Nummer war bei unserem Beitrag der absolute Hit. Dass die Riesenpyramide zuerst nicht ganz geglückt ist, fand ich total schade. Alle hatten so lange dafür geübt. Aber das Publikum hat es uns zum Glück nicht übel genommen. Wenn zum Ende der Vorstellung die Nummer mit den brennenden Fackeln beginnt, traue ich mich jedes Mal kaum zu atmen. Ich bewundere die vier, wie die mit dem Feuer umgehen. Diesen Mut hätte ich echt nicht! Den Riesenapplaus haben sie total verdient!

B Schülerinnen und Schüler der Zirkus-AG „Zirkalla" begeisterten am Samstagabend zum Abschluss der diesjährigen Projektwoche Mitschülerinnen und Mitschüler, Eltern und Lehrer mit einer beeindruckenden Zirkusaufführung in der Turnhalle.

Ob Fünftklässler oder Oberstufe, die Schülerinnen und Schüler überzeugten durch ihre fantasievollen Beiträge und ihren hohen körperlichen Einsatz. Sechs Clowns begrüßten das Publikum mit buntem Konfetti, führten auf humorvolle Weise durch das Programm und sorgten für gute Laune im Publikum.

Großen Eindruck machten im ersten Teil der Vorführung die vielseitigen Jonglagen sowohl der jüngeren als auch der älteren Akteure, die teilweise sogar auf dem Einrad ausgeführt wurden. Bezaubernd war der abschließende Auftritt aller Jongleure mit leuchtenden Reifen im abgedunkelten Raum.

Als Höhepunkt des Abends galt die Jonglage mit brennenden Fackeln der vier Schüler der 10. Klasse. Die gemeinsame Pyramide aller an der Zirkusaufführung Beteiligten rundete die Vorstellung ab. Es gab großen Beifall für diesen vielseitigen und vergnüglichen Abend.

1 Lest die Texte A und B. Worum geht es in beiden Texten? Nennt das Thema.

2 Stellt zu beiden Texten Vermutungen an:
— Wer könnte den Text geschrieben haben?
— Für wen wurde der Text vermutlich formuliert? Wo wurde er vielleicht abgedruckt?
— Wozu hat die Schreiberin oder der Schreiber den Text verfasst?

• Text … stammt vermutlich von …
• Text … wurde vermutlich für … geschrieben.
• Mit dem Text möchte die Schreiberin oder der Schreiber …

3 a Untersucht die Texte A und B genauer: Wie wird die Zirkusvorführung jeweils dargestellt? Achtet besonders auf die folgenden Merkmale:

- Genauigkeit der Angaben zu den Fragen: Wer? Wann? Wo?
- Sprachwahl
- Verwendung von wörtlicher Rede
- Spannung
- Ausführlichkeit
- Beschreibung von Gedanken und Gefühlen

b Ordnet die folgenden Aussagen den beiden Texten zu. Belegt sie jeweils mit einer Textstelle.

A Der Text informiert sachlich über den Ablauf eines Ereignisses.
B Durch die wörtliche Rede wirkt der Text lebendig.
C Im Text werden Gedanken und Gefühle beschrieben.
D Der Text enthält umgangssprachliche Ausdrücke.
E Im Text werden genaue Angaben zum Ort, zum Zeitpunkt und zu den beteiligten Personen gemacht.
F Im Text werden Spannungsmelder verwendet.

4 Text B auf Seite 47 ist ein Bericht.
Ein Bericht gibt Antworten auf die wichtigsten W-Fragen zu einem Ereignis.
   a Formuliert mit Hilfe der folgenden Fragewörter Fragen zu Text B, z. B.:
   Wann fand die Zirkusaufführung statt?

   b Beantwortet die W-Fragen stichwortartig mit Hilfe des Textes, z. B.: *am Samstagabend*

5 Schriftliche Berichte werden in der Zeitform Präteritum (▶ S. 268) verfasst.
   a Schreibt alle Präteritumformen aus Text B untereinander ins Heft, z. B.: *begeisterten*
   b Ergänzt neben den Präteritumformen die Infinitive der Verben: *begeisterten – begeistern*

6 Wählt für Text B eine geeignete Überschrift aus und begründet eure Wahl.

> Zauberhafter Zirkusabend • Lampenfieber in der Manege • Ein irres Gefühl •
> Zirkus Zirkalla begeistert das Publikum • Schule einmal anders • Ein traumhafter Abend

7 Am Abend nach der Zirkusvorstellung äußern sich die Besucherinnen und Besucher
auf verschiedene Art und Weise darüber.
   a Wählt einen Besucher und eine Textsorte aus den beiden Kästen und formuliert den Text.

> Schüler/-in • Lehrer/-in • Schuldirektor • Mutter • Vater • Hausmeister
>
> Telefonat • Handynachricht • Gespräch • Brief • Tagebucheintrag • E-Mail • Blogeintrag

   b Stellt euren Text der Klasse vor und besprecht: Wie unterscheidet er sich von einem Bericht?

Information **Der Bericht**

In einem Bericht wird **knapp und genau** über ein Ereignis informiert.
- In der Regel beantwortet ein Bericht folgende **W-Fragen**:
  - **Einleitung: Was** geschah? **Wann** geschah es? **Wo** geschah es? **Wer** war beteiligt?
  - **Hauptteil: Wie** passierte etwas oder wie lief das Geschehen ab? **Warum?**
  - **Schluss: Welche Folgen** hatte das Ereignis?
- Der Ablauf des Geschehens wird möglichst **vollständig** in der **richtigen zeitlichen Abfolge** dargestellt.
- Es werden nur die **wichtigen Dinge** berichtet. Nebensächliches lässt man weg.
- Eine treffende **Überschrift** benennt das Ereignis genau.
- Schriftliche Berichte werden meistens **im Präteritum** (▶ S. 268) formuliert.

Einen Bericht verfassen und überarbeiten

Unser Völkerball-Turnier

- Völkerball-Turnier des 6. Jahrgangs am Freitag vor den Osterferien
- 8:00 Uhr bis etwa 16:00 Uhr in der Sporthalle
- Schiedsrichter und Sporthelfer: Schüler/-innen der 10. Klassen
- einige ältere Schüler kamen zu spät → Wartezeit! ☹
- Finale um die Plätze 1 und 2: bei den Jungen zwischen den Teams der 6.1 und der 6.5, bei den Mädchen zwischen 6.1 und 6.3
- Schüler der 6.2 enttäuschten total: schwache Leistung, keinen Bock?
- Sieger: Mannschaft der 6.1 der Jungen (8:2) und Mannschaft der 6.3 der Mädchen (12:6)
- gute Stimmung in der Halle, Lehrer und Mitschüler feuerten Spieler an
- Klassenlehrer der 6.4 musste eher gehen wegen Konferenz
- großes Drama: verschüttete Cola!
- zum Schluss blöde Zwischenrufe aus den Verliererklassen
- insgesamt tolles Turnier! ☺

1 Auf der Schulwebseite soll ein kurzer Bericht über das Völkerballturnier der sechsten Klassen veröffentlicht werden. Ein Schüler hat sich während des Turniers Notizen gemacht.
Lest die Notizen aufmerksam und überlegt, welche Informationen ihr für den Bericht verwenden würdet und welche nicht. Begründet eure Meinung.

2 Plant den Bericht: Legt dazu im Heft eine Tabelle mit W-Fragen an und ergänzt die wichtigen Informationen aus dem Stichwortzettel.

W-Fragen	Wichtige Informationen
Was?	Völkerball-Turnier der 6. Klassen
...	...

3 a Schreibt den Bericht für die Schulwebseite. Ihr könnt folgende Verbformen verwenden:

fand statt • nahmen teil • kamen • halfen • unterstützten • spielten • führten • gewannen • besiegten • belegten • verloren • enttäuschten • herrschte • feuerten an • war

b Formuliert zum Schluss eine passende Überschrift für euren Bericht.

3 Wer? Wann? Wo? ... – Über Ereignisse berichten

Aktuelles aus dem Schulsport

Vor den Osterferien war bei uns noch mal einiges los. Im 6. Jahrgang gab es das alljährliche Völkerballturnier und da ging echt die Post ab. Am Ende gewinnen die Jungen der Klasse 6.1 und die Mädchen der 6.3. Bei den Jungen wundert mich das überhaupt nicht, denn die Spieler der 6.1 führten im Endspiel gegen die 6.5 bereits nach 20 Minuten Spielzeit. Am Ende stand es dann 8:2. Bei den Mädchen waren die Sieger nicht so schnell zu erkennen. Das liegt wahrscheinlich daran, dass nicht alle Spielerinnen der fünf Klassen den Eindruck machten, als ob sie Bock auf das Spiel hätten. Am Ende war die Sache jedoch klar: Die Mädchen der 6.3 besiegten die Spielerinnen der 6.1 mit 12:6.
Völlig unmöglich fand ich das Verhalten von den Schülern der 6.2, die die ganze Zeit über fast nur Unsinn gemacht haben. Wenn sich alle so verhalten würden, könnte man so ein Turnier auch gleich vergessen.
Insgesamt muss man aber sagen, dass die Stimmung im Großen und Ganzen nicht schlecht war. Verdammt ärgerlich finde ich, dass einige Schüler der 10. Klassen, die Schiedsrichter sein sollten, zum Spielbeginn viel zu spät kamen und dann auch noch pampig wurden, als die Sportlehrer sie deshalb anmeckerten. „Am Schluss haben die Besten gesiegt", meinte unser Schulleiter. Was soll er auch sonst sagen, schließlich muss er ja neutral bleiben.

4 Lest den Textentwurf eines Schülers für die Schulwebseite und tauscht euch aus: Was ist an dem Bericht bereits gelungen?

5 Was muss an dem Bericht überarbeitet werden? Besprecht den Text in einer Schreibkonferenz (▶ S. 276):
a Setzt euch zu dritt zusammen. Jeder prüft einen der folgenden Bereiche:

A Inhalt	B Aufbau	C Sprache
– Werden alle W-Fragen beantwortet?	– Wird knapp und genau berichtet?	– Wird sachlich formuliert und Umgangssprache vermieden?
– Wird nur das Wichtige erwähnt?	– Wird der Ablauf in der richtigen Reihenfolge dargestellt?	– Steht der Bericht im Präteritum?
– Wird auf die Darstellung von Meinungen und Gefühlen verzichtet?	– Ist die Überschrift passend?	– Wird auf wörtliche Rede verzichtet?

b Erklärt den anderen Gruppenmitgliedern, was aus eurem Bereich überarbeitet werden muss.
c Überarbeitet den Text gemeinsam und stellt eure Überarbeitung anschließend der Klasse vor.

Information   Sprache in Berichten

- Berichte werden **sachlich und knapp** formuliert.
  Auf umgangssprachliche Wendungen wird verzichtet.
- Es werden **keine Vermutungen, Meinungen, Gedanken oder Gefühle** dargestellt.
- Die wörtliche Rede gehört in der Regel nicht in einen Bericht.
- In schriftlichen Berichten wird meistens die Zeitform **Präteritum** (▶ S. 268) verwendet.

„Hals- und Beinbruch" – Einen Unfallbericht verfassen

Frau Bach, die Lehrerin: Ich hatte nach der 6. Stunde Unterrichtsschluss und war auf dem Weg zur Straßenbahn. Da sah ich hinten im Park eine Gruppe von Sechstklässlern neben einem Krankenwagen stehen. Ich bin dann gleich hingegangen. Wie der Unfall geschehen ist, habe ich nicht gesehen.

Paul: Dumm gelaufen! Auf dem Schulhof ist ja das Werfen von Schneebällen verboten. Deshalb wollten wir nach der Schule unbedingt noch eine richtige Schneeballschlacht im Stadtgarten neben der Schule machen. Schließlich schneit es ja nicht alle Tage.

Liv: Also, wir hatten gerade so richtig schön mit der Schneeballschlacht angefangen, Jungen gegen Mädchen. Lisa rannte hinter Oleg her. Sie wollte ihm richtig eine verpassen. Plötzlich fiel er hin und schrie: „Au, mein Bein!" Ich habe erst gedacht, Oleg zieht eine Show ab. Paul rannte aber sofort zu ihm.

Herr Schmidt, ein Rentner: Oh Gott! Und das heute, am 14. Januar, wo ich Geburtstag habe! Ich war auf dem Weg zum Bäcker Hirsch, der hat seinen Laden direkt am anderen Ende vom Stadtgarten. Ich hatte extra meine rutschfesten Winterstiefel angezogen. Ich bin dann dahin. Der Knöchel war ja ganz schön dick! Ich habe mit meinem Handy sofort den Krankenwagen angerufen. Und die Lehrerin hat Olegs Eltern informiert.

Oleg: Als ich Lisa auf mich zulaufen sah, wollte ich schnell über die kleine Wiese laufen, wo der dicke Ahornbaum steht, weil der die Schneebälle gut abfangen kann. Dabei habe ich die zugefrorene Pfütze gar nicht gesehen, weil da ja der Schnee drauf gefallen war. Und dann war's passiert!

Ein Sanitäter: Vielleicht hat er Glück und der Fuß ist nur verstaucht und nicht gebrochen. Wir nehmen Oleg jetzt mit ins Krankenhaus. Dort wird er geröntgt und dann wissen wir mehr.

1 Was genau ist passiert?
  a Lest die Zeugenaussagen mit verteilten Rollen.
  b Tragt zusammen, was ihr über den Unfall erfahrt.
  c Erklärt, warum man nicht sofort eine genaue Vorstellung vom Ablauf des Unfalls bekommt.

2 Mit einer Unfallskizze könnt ihr euch den Ablauf des Geschehens verdeutlichen. Erstellt mit Hilfe der Zeugenaussagen eine Skizze zum Unfall.

5 Name, Vorname des Versicherten					6 Geburtsdatum	Tag	Monat	Jahr
Fischer, Oleg						2 2	0 7	2 0 0 1
7 Straße, Hausnummer			Postleitzahl		Ort			
Hauptstr. 7			1 2 3 4 5		*Berlin*			
8 Geschlecht	9 Staatsangehörigkeit		10 Name und Anschrift der gesetzlichen Vertreter					
☒ männlich ☐ weiblich	*deutsch*		*Herr und Frau Fischer, Hauptstr. 7, 12345 Berlin*					
11 körp. Verletzungen?	12 Unfallzeitpunkt				13 Unfallort (genaue Orts- und Straßenangabe + PLZ)			
☐ ja ☐ nein	Tag	Monat	Jahr	Stunde Minute	*Stadtgarten,*			
	1 4	0 1	2 0 1 5	1 3 4 5	*neben dem Schulgelände*			
14 Ausführliche Darstellung des Unfallhergangs (insbesondere Art der Veranstaltung, bei Sportunfällen auch Sportart)								

3 Häufig benötigt eine Versicherung einen Bericht über den Unfallhergang. Mit Hilfe des Unfallberichts wird geprüft, wer für den entstandenen Schaden zahlen muss. Betrachtet den Kopf des Unfallformulars und gebt an, welche Informationen ihr über den Vorfall im Stadtgarten erhaltet.

4 Verfasst den Unfallbericht für das Formular:
  a Plant den Aufbau mit Hilfe der W-Fragen. Ergänzt hinter jeder W-Frage passende Stichworte.
  b Vergleicht eure Stichworte mit einem Lernpartner: Wird nur das Wichtige genannt? Streicht Informationen, die überflüssig sind.
  c In einem Bericht soll auf umgangssprachliche Formulierungen verzichtet werden. Wie kann man die folgenden Aussagen sachlich formulieren? Überlegt zu zweit und notiert sie.
    A „Lisa wollte ihm richtig eine verpassen." *(mit einem Schneeball treffen)*
    B „Ich habe erst gedacht, der zieht eine Show ab." *(simulieren/spielen)*
    C „Der Knöchel war ja ganz schön dick." *(stark anschwellen)*
    D „Dann war's passiert." *(fallen)*
  d Schreibt den vollständigen Unfallbericht in euer Heft. So könnt ihr beginnen:
    Am Dienstag, den 14.01.2015, rutschte der Schüler Oleg Fischer gegen 13:45 Uhr …

> Was passierte? • Wann geschah der Unfall? •
> Wo geschah er? • Wer war beteiligt? •
> Wie geschah der Unfall? •
> Warum geschah er? • Welche Folgen hatte er?

5 a Erstellt mit Hilfe der nebenstehenden Angaben eine Checkliste für Unfallberichte.
  b Tauscht eure Unfallberichte und überarbeitet sie mit Hilfe eurer Checkliste.

> W-Fragen • zeitliche Abfolge • Präteritum •
> sachlich und genau • Zeitform • vollständig •
> keine wörtliche Rede • nur Tatsachen

Information **Der Unfallbericht**

In einem Unfallbericht (z. B. für eine Versicherung oder die Polizei) wird ein Geschehen genau und sachlich dargestellt.
- Die **W-Fragen** werden beantwortet und das Geschehen wird genau in der **Abfolge** wiedergegeben, in der es sich ereignet hat.
- Berichtet werden **nur Tatsachen,** keine Vermutungen, Wertungen, Meinungen oder Gefühle.
- Unfallberichte stehen im **Präteritum** (▶ S. 268).

3.1 Interessante Ereignisse – Berichte verfassen

Teste dich!

Sachlich und genau berichten

1 Welche der folgenden Aussagen zu einem Bericht treffen zu? Schreibe sie ins Heft.
Die Buchstabenpaare der richtigen Aussagen ergeben rückwärts gelesen ein Lösungswort.

> **Ein Bericht ...**
> – wird überwiegend in der Zeitform Präsens **(KN)** / Präteritum **(NE)** verfasst.
> – gibt Antworten auf W-Fragen **(GA)** / gibt die Gedanken und Gefühle der Beteiligten **(IN)** wieder.
> – informiert knapp und sachlich **(SS)** / anschaulich und lebendig **(EB)** über ein Ereignis.
> – gliedert sich in Einleitung, Hauptteil und Schluss **(UA)** / enthält keinen Schluss **(GL)**.
> – gibt den Ablauf des Geschehens **(NE)** / die Meinungen der Zeugen **(AB)** in zeitlich richtiger Abfolge wieder.
> – sollte keine sachliche Sprache **(ST)** / keine Umgangssprache **(GU)** enthalten.
> – hat eine knappe, informative **(EZ)** / spannende, Interesse weckende **(UM)** Überschrift.

2 a Lies den folgenden Unfallbericht. Überlege dabei, was genau passiert ist.

> **Svenja und Tim**
> Am Dienstagmorgen kurz vor 8 Uhr ist bei uns auf dem Schulhof ein Unfall passiert. Svenja hat sich dabei den Arm gebrochen und Tim hat eine Platzwunde. Das passierte so: Svenja kam wie immer auf den letzten Drücker mit ihrem Fahrrad in die Schule gedüst. Eigentlich ist ja das Fahrradfahren auf dem Schulhof verboten. Mit einem Wahnsinnstempo ist Svenja
> 5 von der Straße direkt nach rechts in den Schulhof eingebogen. Da stand Tim mit seinem Fahrrad und quatschte mit ein paar Leuten. Svenja ist dann voll in Tim reingefahren. Sie flog in hohem Bogen vom Rad und Tim knallte auf den Boden. Beide haben dann auf dem Boden gelegen und geheult. Wir haben dann schnell Herrn John, unserem Hausmeister, Bescheid gesagt. Der hat einen Krankenwagen gerufen. Und im Krankenhaus haben die
> 10 Ärzte festgestellt, dass Tim eine riesige Platzwunde an der Stirn und Svenja den Arm gebrochen hat. Aber beides heilt wieder und alle waren froh, dass nichts Schlimmeres passiert ist. Svenja bekam nachher noch einen Tadel von unserem Direktor, Herrn Nau. Sie musste sich bei Tim entschuldigen und versprechen, von jetzt an immer das Fahrrad auf dem Schulhof
> 15 zu schieben.

b Überarbeite den Unfallbericht. Achte dabei auf:
– den Inhalt (Informationen zu den W-Fragen),
– überflüssige Informationen,
– die Formulierungen und
– die Zeitform.
Schreibe den überarbeiteten Bericht in dein Heft.

c Vergleiche deine Überarbeitung mit einer Lernpartnerin oder mit einem Lernpartner.

3.2 Sportlich für einen guten Zweck – Einen Zeitungsbericht untersuchen und schreiben

Laufen für den Frieden
Bonner Friedenslauf – 20 000 Euro sollen für Projekte gesammelt werden

1 500 Schülerinnen und Schüler von 18 Schulen aus Bonn und der Umgebung nahmen gestern am zehnten Bonner Friedenslauf im Hofgarten teil.

Im Vorfeld des Laufs hatten sich die Läuferinnen und Läufer Sponsoren gesucht, die pro Runde einen individuell vereinbarten Betrag spendeten. In diesem Jahr sollen 20 000 Euro zusammenkommen, um damit Friedensprojekte in Mazedonien und Israel/Palästina zu unterstützen. Ein Teil der Spenden bleibt in Deutschland. Mit dem Geld wird eine Fortbildung für Streitschlichter an Schulen in Bonn und der Region finanziert.

Der Friedenslauf ist ein fester Bestandteil der Bonner Friedenstage, die seit sieben Jahren um den heutigen Internationalen Friedenstag der Vereinten Nationen veranstaltet werden. Der Lauf startete um 10 Uhr mit den Grundschülern.

Die Siebengebirgsschule aus Bad Godesberg trat zum zehnten Mal an und ist damit die einzige Schule, die nicht einen Friedenslauf verpasste. Für so viel Treue erhielt die Schule eine Ehrenurkunde.

Die Kinder und Jugendlichen hatten ihren Spaß beim Laufen und freuten sich, die Projekte zu unterstützen. „Ich mache mit, um den Frieden zu unterstützen und weil es Spaß macht, Sport zu treiben", sagte die zwölfjährige Angelika Wolf vom Carl-von-Ossietzky-Gymnasium.

Spenden sammeln will auch die elfjährige Sophia Bongard von der Heinrich-Böll-Sekundarschule. Spaß hatte sie aber nicht so viel beim Laufen: „Es ist anstrengend, ich habe Seitenstechen."

1
a Lest die Überschrift des Zeitungsberichts und stellt Vermutungen zum Textinhalt an.
b Prüft eure Vermutungen. Lest den Zeitungsbericht und formuliert in einigen Sätzen, worum es geht: *In dem Zeitungsbericht geht es um … / Es wird berichtet, … / Die Leser erfahren, …*

2
a Was wusstet ihr bereits über das Thema Friedenslauf? Was ist neu für euch? Tauscht euch aus.
b Worüber würdet ihr zum Thema Friedenslauf gern noch mehr erfahren? Formuliert Fragen.
c Habt ihr schon einmal an einem Spendenlauf teilgenommen? Berichtet davon.

3.2 Sportlich für einen guten Zweck – Einen Zeitungsbericht untersuchen und schreiben

3 Was bedeuten die folgenden Ausdrücke im Text? Lest noch einmal genau nach und ordnet die jeweils passende Erklärung aus dem rechten Kasten zu.

- A Friedenslauf (Z. 3)
- B im Vorfeld (Z. 5)
- C Sponsoren (Z. 6)
- D individuell vereinbart (Z. 7)
- E Region (Z. 14)
- F finanziert (Z. 14)
- G Vereinte Nationen (Z. 18)
- H Treue (Z. 24)

Personen, die Geld spenden • bezahlt • eine sportliche Veranstaltung, bei der Geld für Friedensprojekte gesammelt wird • die Gegend, das Gebiet • vor dem Lauf • einzeln abgesprochen • man bleibt bei einer Sache dabei • internationale Organisation vieler Länder zur Sicherung des Friedens

4 a Prüft, welche W-Fragen (Was? Wann? Wo? Wer? Wie? Warum? Welche Folgen?) der Zeitungsbericht beantwortet. Notiert sie ins Heft und ergänzt die Antworten stichwortartig, z. B.:
Wo fand der Friedenslauf statt? – im Hofgarten
b Gibt es W-Fragen, die der Zeitungsbericht nicht beantwortet?
Vermutet, warum diese Informationen fehlen.

5 Der Zeitungsbericht wurde zum größten Teil im Präteritum verfasst.
a Schreibt die Verben, die im Präteritum stehen, in euer Heft und notiert zu jedem Verb den Infinitiv.
b Die folgenden Sätze aus dem Bericht stehen nicht im Präteritum.
Bestimmt zu jedem Satz die Zeitform und begründet, warum sie verwendet wurde.
A Im Vorfeld des Laufs hatten sich die Läuferinnen und Läufer Sponsoren gesucht. (Z. 5–6)
B In diesem Jahr sollen 20 000 Euro zusammenkommen. (Z. 8–9)
C Ein Teil der Spenden bleibt in Deutschland. (Z. 11–12)
D Mit dem Geld wird eine Fortbildung für Streitschlichter an Schulen […] finanziert. (Z. 12–14)
E Der Friedenslauf ist ein fester Bestandteil der Bonner Friedenstage. (Z. 15–16)
F „Ich mache mit, um den Frieden zu unterstützen […]." (Z. 28–29)

6 Zeitungsberichte sollen informieren, dürfen aber die Leser auch nicht langweilen. Untersucht im Text auf Seite 54, mit welchen Mitteln versucht wurde, den Bericht lebendiger und anschaulicher zu gestalten.

7 Stellt euch vor, ihr wärt als Reporter beim Friedenslauf in Bonn dabei. Denkt euch ein Interview mit einer der nebenstehenden Personen aus und schreibt es ins Heft.

Schüler/-in • Lehrer/-in • Schulleiter/-in • Zuschauer/-in • Eltern • Streitschlichter/-in • Spaziergänger/-in

Information **Der Zeitungsbericht**

- Zeitungsberichte informieren **sachlich** über Ereignisse.
  Sie beantworten alle für die Leser wichtigen **W-Fragen.**
- Damit sich die Leser nicht langweilen, werden sie **anschaulicher** als andere Berichte gestaltet, z. B. durch die Verwendung von wörtlicher Rede.
- Zeitungsberichte stehen in der Regel im **Präteritum** (▶ S. 268).

Fordern und fördern –
Einen Bericht für das Klassenjahrbuch verfassen

Schüler-Aktionstag 2015

- *Wanderung zum Rheinufer von der Schule aus*
- *Ausstattung: Plastikhandschuhe, Zangen zum Müllaufsammeln und Mülltüten aus der Schule*
- *Maik (12): „Ich fand, das war eine super Aktion!"*
- *strahlender Sonnenschein!* ☼
- *Oberbürgermeister erfreut über Engagement*
- *Termin: vergangener Montag (21.04.)*
- *Jens (12): „Mir hat am Abend tierisch der Rücken weh getan von dem vielen Bücken."*
- *Teilnehmer: alle Sechstklässler unserer Schule*
- *Aufteilung: Gruppen für verschiedene Ufergebiete*
- *Laura (11): „Ich hatte nicht erwartet, dass Müll wegräumen auch Spaß machen kann."*
- *Schüler lernen, wie man Umwelt schützen kann*
- *Schulsachen blieben an dem Tag zu Hause*
- *Aufgabe: Müll sammeln am Rheinufer (viel Müll von Spaziergängern, Picknick-Familien und Schiffspassagieren)*
- *Luzie (12): „Ich habe tatsächlich eine Flaschenpost gefunden, aber der Absender war leider nicht mehr lesbar!"*
- *10 Müllsäcke voll Müll gesammelt!* ☺

1 Lest den Stichwortzettel. Welche Aktion haben die Sechstklässler am Schüler-Aktionstag durchgeführt? ▷ Hilfe zu Aufgabe 1 auf Seite 57

2 Plant mit Hilfe der Notizen einen Bericht für das Klassenjahrbuch.
   a Schreibt nur die Notizen ins Heft ab, die ihr für den Bericht wichtig findet.
   b Prüft, ob eure Notizen im Heft Informationen zu den W-Fragen (Was? Wann? Wo? Wer? Wie? Warum? Welche Folgen?) enthalten. Hakt die entsprechenden Notizen ab.
   c Nummeriert die Notizen in einer sinnvollen Reihenfolge. ▷ Hilfe zu Aufgabe 2 auf Seite 57

3 a Schreibt mit Hilfe der Notizen von Aufgabe 2 den Bericht.
   b Ergänzt eine geeignete Überschrift. ▷ Hilfe zu Aufgabe 3 auf Seite 57

4 Überarbeitet eure Berichte in Partnerarbeit. Achtet dabei auf die richtige Verwendung der Zeitform und die Sprachwahl. ▷ Hilfe zu Aufgabe 4 auf Seite 57

5 Von welcher Aktion oder Veranstaltung könnt ihr berichten? Verfasst einen kurzen Bericht von zehn Zeilen für die Schulwebseite.

Aufgabe 1 mit Hilfen

Lest den Stichwortzettel. Welche Aktion haben die Sechstklässler am Schüler-Aktionstag durchgeführt? Notiert die richtige Aussage ins Heft:

A Alle Sechstklässler einer Schule haben eine Schifffahrt auf dem Rhein gemacht und dabei Müll aus dem Wasser gefischt.
B Alle Sechstklässler einer Schule haben Müll am Rheinufer aufgesammelt.
C Eine 6. Klasse hat ein Picknick am Rheinufer gemacht und vorbildlich den Müll mitgenommen.
D Alle Sechstklässler haben eine Wanderung zum Rheinufer unternommen.

Aufgabe 2 a, b, c mit Hilfen

Plant mit Hilfe der Notizen einen Bericht für das Klassenjahrbuch. Übertragt dazu die folgende Tabelle ins Heft und ordnet wichtige Informationen auf dem Stichwortzettel den Fragen zu.

W-Fragen	Wichtige Informationen
Was geschah am Schüler-Aktionstag?	...
Wann fand die Aktion statt?	...
Wo fand die Aktion statt?	– am Rheinufer
Wer nahm an der Aktion teil?	...
Wie gingen die Schüler bei der Aktion vor?	– Aufteilung: Gruppen für verschiedene Ufergebiete
Warum wurde diese Aktion durchgeführt?	...
Welche Folgen hatte die Aktion?	– 10 Müllsäcke voll Müll, ein sauberes Ufer

Aufgabe 3 a mit Hilfen

Schreibt mit Hilfe der Tabelle von Aufgabe 2 den Bericht. Verwendet dabei diese Satzanfänge:
– Ausgestattet mit … wanderten … am … zum …
– Sie hatten sich vorgenommen, …
– Der Müll stammte von …
– Die Schüler teilten sich auf in …
– Am Ende des Tages …
– Der Oberbürgermeister zeigte sich …

Aufgabe 3 b mit Hilfen

Ergänzt eine geeignete Überschrift. Folgende Anfänge könnt ihr verwenden:
R(h)ein putzen – Schüler …   Engagierter Einsatz für … – Schüler säubern …

Aufgabe 4 mit Hilfen

Überarbeitet die folgenden Sätze. Achtet auf sachliche Formulierungen und die Zeitform.

A Jens findet im Gebüsch ein altes Fahrrad.
B Alle Schüler haben bis 16 Uhr total hart geschuftet.
C Der Oberbürgermeister hat sich echt gefreut.
D Die Sechstklässler fanden den Tag voll klasse.

3.3 Fit in …! – Einen Unfallbericht schreiben

Stellt euch vor, ihr bekommt in der nächsten Klassenarbeit die folgende Aufgabe gestellt:

Schreibe zu dem unten dargestellten Unfall einen sachlichen Bericht für die Unfallversicherung. Notiere mit Hilfe der Angaben, Bilder und Zeugenaussagen alle Informationen, die für einen Bericht wichtig sind. Gib deinem Bericht eine treffende Überschrift.

**Düsseldorf, Montag, 16. März 2015,
Bertolt-Brecht-Gesamtschule,
Sportunterricht in der 5. Stunde, Klasse 6.1**

Meike lief auf das Tor zu, da wollte Bastian aus der gegnerischen Mannschaft ihr den Ball abjagen. *(ein Spieler)*

Auf einmal lag Meike am Boden und konnte nicht mehr aufstehen. Auch Jubin lag am Boden und der Ball rollte ins Tor. *(ein Spieler)*

Jubin, der Torwart, kam aus dem Tor raus und wollte den Ball wegschnappen. *(eine Spielerin)*

Bastian hat versucht, Meike den Ball abzunehmen. Aber Meike war zu schnell. *(ein Spieler)*

Vermutlich ist es ein Bänderriss. Wir nehmen sie mit ins Krankenhaus. *(Arzt)*

Ich dachte erst, Meike sei im Abseits, aber das war nicht so. Sie konnte weiterstürmen. *(eine Spielerin)*

Jubin und Meike sind heftig zusammengestoßen. Aber es war kein Foul. *(Schiedsrichter)*

3.3 Fit in …! – Einen Unfallbericht schreiben

Die Aufgabe richtig verstehen

1 Lest euch die Aufgabe auf Seite 58 genau durch. Was sollt ihr machen?
Schreibt die zutreffenden Aussagen ins Heft.
Die Buchstaben der richtigen Aussagen ergeben rückwärts gelesen ein Lösungswort.

HC	Ich soll genau über den Unfall informieren.	STE	Ich soll meine Meinung zum Fußballspiel begründen.
PRI	Ich soll den Unfall so spannend wie möglich beschreiben.	LER	Ich soll eine spannende Erzählung über einen Fußballunfall verfassen.
EPR	Ich soll Fragen zur Zeit, zum Ort, zu den Beteiligten und zum Ablauf beantworten.	NO	Mein Text soll sich an die Eltern richten.
ELE	Ich soll knapp und sachlich schreiben.	IPS	Mein Text soll sich an Mitarbeiter einer Versicherung richten.

Planen

2 Sammelt und ordnet die wichtigen Informationen zum Unfall in einem Schreibplan:
a Notiert Stichworte zu den folgenden W-Fragen:

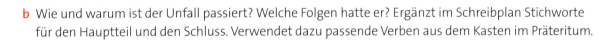

```
Schreibplan: Unfallbericht

Einleitung:   Was?     – Unfall im Sportunterricht
              Wann?    – …
              Wo?      – …
              Wer?     – …
```

b Wie und warum ist der Unfall passiert? Welche Folgen hatte er? Ergänzt im Schreibplan Stichworte für den Hauptteil und den Schluss. Verwendet dazu passende Verben aus dem Kasten im Präteritum.

```
Hauptteil:   Wie?             – Schüler spielten Fußball
                              – Meike lief auf Tor zu
                              – …
             Warum?           – …
Schluss:     Welche Folgen?   – …
```

spielen • laufen • versuchen • rennen • schießen • helfen • aus dem Tor herauslaufen • zusammenstoßen • hinfallen • rollen • auf dem Boden liegen • telefonieren • trösten • abholen • sich kümmern • informieren

c Vergleicht euren Schreibplan mit einem Lernpartner. Berichtet euch gegenseitig mit Hilfe eurer Notizen den Ablauf des Unfalls.

3 Wählt aus den folgenden Vorschlägen eine passende Überschrift für den Unfallbericht aus und notiert sie:

Sportunfall beim Fußballspiel • Wie ich mir fast ein Bein brach • Unfall im Sportunterricht der Klasse 6.1 • Eine folgenschwere Sportstunde • Katastrophe in Bertolt-Brecht-Gesamtschule

Schreiben

4 Schreibt den Unfallbericht für die Versicherung.

a Formuliert einen Einleitungssatz, der Informationen zu den Fragen Was?, Wann?, Wo? und Wer? enthält. Ergänzt dazu den folgenden Lückentext:
Am ? (Wann?) kam es im Sportunterricht der Klasse 6.1 der Bertolt-Brecht-Gesamtschule in Düsseldorf auf ? (Wo?) zu ? (Was?) zwischen den Schülern ? und ? (Wer?).

b Berichtet im Hauptteil, wie und warum es zu dem Unfall kam. Stellt den Unfallverlauf in der zeitlich richtigen Abfolge dar. Verwendet dazu Ausdrücke aus dem Kasten:

> daraufhin • in diesem Moment • dann • danach • kurze Zeit später • anschließend • schließlich • bevor • nachdem • während

c Formuliert im Schlusssatz die Folgen des Unfalls:
Im Krankenhaus wurde ... festgestellt.

5 Verdeutlicht in euren Sätzen Zusammenhänge durch Konjunktionen (▶ S. 270).

a Ergänzt in den folgenden Sätzen passende Konjunktionen aus dem Kasten:

A Jubin rannte aus dem Tor heraus auf das Spielfeld, ... er Meike den Ball abnehmen wollte.

> weil • da • obwohl

B ... Jubin gestürzt war, hatte er keine größeren Verletzungen.
C ... Meike nicht aufstehen konnte, rief der Schiedsrichter sofort einen Krankenwagen.
D Meike wurde ins Krankenhaus gebracht, ... das Bein geröntgt werden musste.

b Prüft in eurem Bericht, ob ihr Sätze durch Konjunktionen verbinden könnt.

Überarbeiten

6 Überarbeitet euren Unfallbericht mit Hilfe der folgenden Checkliste:

Einen Unfallbericht schreiben
- Beantwortet der Bericht alle **W-Fragen** (Was? Wann? Wo? Wer? Wie? Warum?)?
- Wird das Geschehen in der **zeitlich richtigen Abfolge** wiedergegeben?
- Beinhaltet der Bericht nur **das Wichtige?** Ist er ohne Nachfrage verständlich?
- Ist der Bericht **sachlich** formuliert?
- Wurden persönliche Wertungen und Gefühle sowie die wörtliche Rede vermieden?
- Wurde als Zeitform das **Präteritum** verwendet?
- Sind die **Rechtschreibung** und die **Zeichensetzung** korrekt?

Schreibwörter ▶ S. 242

| das Ereignis | die Akrobaten | das Turnier | der Unfallverlauf | stürzen |
| die Aufführung | die Sponsoren | das Fußballspiel | die Unfallskizze | informieren |

4 In Bewegung –
Beschreiben

1 a Betrachtet das Foto. Erzählt von euren Erfahrungen mit Skateboards oder Waveboards.
b Beschreibt das Skateboard auf dem Foto.

2 Stellt euch vor, der Junge auf dem Foto vergisst sein Skateboard auf der Skateranlage. Am nächsten Morgen kann er es dort nicht mehr finden.
a Überlegt, wo er eine Suchanzeige veröffentlichen könnte.
b Listet auf, welche Angaben die Suchanzeige enthalten sollte.

3 Beschreibt die Unterschiede zwischen einem Skateboard und einem Waveboard. Geht darauf ein, wie diese beiden Sportgeräte aussehen und wie man sich auf ihnen bewegt.

In diesem Kapitel ...
– übt ihr, Gegenstände zu beschreiben,
– verfasst ihr Personenbeschreibungen,
– beschreibt ihr Zaubertricks so, dass man sie nachmachen kann,
– trainiert ihr die Kommasetzung bei Aufzählungen.

4.1 Roller und Drahtesel – Gegenstände beschreiben

Bestandteile von Rollern benennen

Ayleen wünscht sich von ihren Großeltern einen Roller, um schneller in die Schule zu kommen. Über die folgenden drei Rollerarten hat sie sich informiert:

Klapproller (Scooter)

Kickboard

Waveroller

1 **a** Betrachtet die drei Roller und tauscht euch darüber aus, was ihr über diese Rollerarten wisst.
 b Worin unterscheiden sich Klapproller (Scooter), Kickboard und Waveroller?
 Übertragt die folgende Tabelle in euer Heft und ordnet die im Kasten genannten Bestandteile zu.
 Tipp: Einige Bestandteile sind bei zwei oder allen drei Rollern vorhanden.

Klapproller (Scooter)	Kickboard	Waveroller
Lenkstange	…	…

Lenkstange • Lenkknauf • Griffe • Griffüberzüge • Rollen • Brett • Vorder- und Hinterdeck • Hinterradbremse • geteilte Trittfläche • rutschfester Belag • Lackierung

2 Wählt einen der Roller oben und beschreibt ihn einer Partnerin oder einem Partner.
Geht auch darauf ein, wie man sich mit diesem Roller fortbewegt.
Verwendet Wörter aus den beiden Kästen und lasst euren Partner erraten, welchen Roller ihr meint.

grün • schwarz • rot • metallfarben • durchsichtig • klein • groß • klappbar • höhenverstellbar • weich • hart • rau • rutschfest

mit dem Fuß vom Boden abstoßen • Schwung holen • kreisen • stehen • lenken • bremsen

4.1 Roller und Drahtesel – Gegenstände beschreiben

Einen Waveroller beschreiben

1 Ayleen entscheidet sich für den Waveroller. Da ihre Großeltern diesen Roller nicht kennen, muss sie ihn genau beschreiben.

a Welche Bestandteile hat ein Waveroller?
Übertragt die Skizze in euer Heft und beschriftet sie mit Fachbegriffen aus dem Kasten.

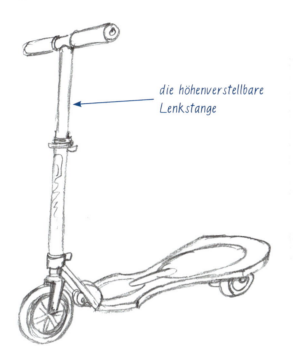

die höhenverstellbare Lenkstange

die höhenverstellbare Lenkstange •
die Inlinerollen •
die Radaufhängung (der Caster) •
die drehbare Radaufhängung •
das Vorderdeck •
das Hinterdeck •
das geteilte Griptape (die rutschfeste Trittfläche) •
die Griffüberzüge •
der Schnellspanner

b Welche Merkmale haben die einzelnen Bestandteile des Waverollers auf Seite 62?
Legt euer Heft quer und übertragt die folgende Tabelle.
Ergänzt zu jedem Bestandteil nach Möglichkeit Angaben zur Form, zum Material, zur Farbe und zu weiteren Besonderheiten. Die Angaben in den Kästen unten helfen euch.

Bestandteil	Form	Material	Farbe	Besonderheiten
die Lenkstange	*gerade*	*Metall*	*tiefschwarz*	*höhenverstellbar*
das Vorderdeck	*oval*	…	…	…
…	…	…	…	…

Formen
oval • gerade • rund •
eckig • abgerundet •
gebogen • spitz •
schräg • flach • breit •
wellenförmig

Materialien
Metall • Holz • Gummi • Plastik •
Schaumstoff • Stoff • Stein • Keramik •
Kunststoff • hart • weich • rau •
glatt • lackiert • glänzend • dünn •
dick • biegsam • griffig • stabil • robust

Farbangaben
hellrot •
dunkelrot •
weiß • gelb •
mattschwarz •
tiefschwarz

63

2 Bei der Beschreibung eines Gegenstands sollte man auf eine sinnvolle Reihenfolge achten.
  a Bewertet die folgenden Aussagen zur Reihenfolge:

> **A** Man sollte beim Beschreiben eine Richtung einhalten: von vorn nach hinten, von oben nach unten oder von links nach rechts.

> **B** Es ist sinnvoll, zunächst die allgemeinen Merkmale zu nennen und dann auf Einzelheiten und Besonderheiten einzugehen.

> **C** Man sollte zuerst alle Einzelheiten beschreiben und dann die allgemeinen Merkmale nennen.

> **D** Es ist egal, in welcher Reihenfolge man einen Gegenstand beschreibt.

> **E** Bestandteile, die zusammengehören, werden zusammenhängend beschrieben.

  b Nummeriert in eurer Tabelle von Aufgabe 1b (▶ S. 63), in welcher Reihenfolge ihr die Bestandteile beschreiben würdet.

3 In der folgenden Beschreibung werden immer wieder die Verben *sein* und *haben* verwendet. Überarbeitet den Text. Vermeidet Wiederholungen durch passende Verben aus dem Kasten.

Der Waveroller hat eine rutschfeste Trittfläche.
Das Brett hat ein Vorder- und ein Hinterdeck.
Dazwischen ist ein geteiltes Verbindungselement.
Die beiden Decks sind schwarz und haben ein weißes Spinnennetz-Muster.
Die Radaufhängung ist vorn und hinten unterschiedlich:
Vorn ist sie fest an der Lenkstange, hinten ist sie drehbar.

- besitzen
- sich befinden
- aufweisen
- bestehen aus
- verfügen über

4 Formuliert für Ayleens Großeltern eine vollständige Beschreibung des Waverollers von Seite 62. So könnt ihr beginnen:
Liebe Oma und lieber Opa, ich wünsche mir einen Waveroller. Ich habe ein tolles Modell im Schaufenster des Sportladens in eurer Straße gesehen. Der Roller ist eigentlich eine Mischung aus Waveboard und Roller ...

5 Überlegt, warum man manchmal nicht alle Einzelheiten eines Gegenstands beschreiben muss.

Methode   **Einen Gegenstand beschreiben**

In einer Gegenstandsbeschreibung wird ein Gegenstand so genau beschrieben, dass ihn andere sich vorstellen können, ohne ihn zu sehen.
- Beginnt mit **der Art** des Gegenstands, **der Größe, der Form, dem Hauptmaterial** und **der Hauptfarbe**.
- Beschreibt danach einzelne **Bestandteile** und deren **Farbe, Form** und **Material**. Geht dabei in einer **sinnvollen Reihenfolge** vor (z. B. von oben nach unten).
- Nennt zum Schluss **Besonderheiten** des Gegenstands.
- Formuliert im **Präsens**.

Eine Suchanzeige formulieren

Das folgende BMX-Fahrrad wurde gestohlen. Man kann die Polizei bei der Suche nach dem Fahrrad unterstützen, indem man eine Suchanzeige schreibt und am Ort des Diebstahls aufhängt.

der Rahmen • der Lenker •
die Gabel • der Sattel •
der Reifen • die Speiche •
die Felge • die Handbremse •
die Pedale • die Kette •
die Sattelstütze • die Griffe

Schritt 1: Planen – Bestandteile und ihre Merkmale auflisten

1 Plant die Suchanzeige:
a Übertragt dazu die folgende Mindmap in euer Heft und ergänzt die wichtigsten Merkmale:

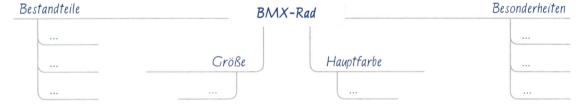

b Welche einzelnen Bestandteile des Fahrrads solltet ihr für die Suchanzeige genauer beschreiben? Ergänzt sie in der Mindmap mit Angaben zur Form, zum Material oder zur Farbe.
c Wie wollt ihr bei der Beschreibung vorgehen?
Nummeriert die Angaben in der Mindmap in einer sinnvollen Reihenfolge.

Schritt 2: Schreiben – Zusammenhängend formulieren

2 a Überlegt, welche der folgenden Angaben in einer Suchanzeige stehen sollten. Schreibt sie untereinander ins Heft und lasst dazwischen jeweils zwei Zeilen frei.

> Überschrift • Einleitungssatz • Beschreibung (Art, Größe, Form, Material, Farbe) • Neupreis des Fahrrads • Besonderheiten des Fahrrads • Adresse des Geschäfts, wo das Fahrrad gekauft wurde • Zeitpunkt der letzten Reparatur • Dank • Kontaktadresse

b Ordnet die folgenden Formulierungen den sechs Bestandteilen einer Suchanzeige zu:

- Besonders auffällig sind .../ Es weist eine ungewöhnliche ... auf.
- Es handelt sich um .../ Das Fahrrad besteht aus ...
- Ich bin dankbar für jeden Hinweis!
- Am ... wurde mein Fahrrad gestohlen.
- BMX-Rad gestohlen!/ Suche mein BMX-Rad
- Bitte melden Sie sich bei ...

3 Schreibt die vollständige Suchanzeige in euer Heft. Verwendet für die Beschreibung auch Verben aus dem Kasten:

> sich befinden • aufweisen • bestehen aus • verfügen über • befestigt sein • angebracht sein

Schritt 3: Überarbeiten

4 a Überarbeitet die folgenden Sätze aus einer Suchanzeige. Nutzt dazu die Hinweise im Methodenkasten unten:
Das Fahrrad hat einen neongrünen Rahmen. Das Fahrrad hat einen kleinen Rahmen in der Form eines Dreiecks. Das Fahrrad hat einen stark nach oben gebogenen Lenker. Das Fahrrad hat an dem Lenker zwei Gummigriffe.
b Überarbeitet eure eigene Suchanzeige mit Hilfe der Hinweise im Methodenkasten.

5 Verfasst eine weitere Suchanzeige zu einem Gegenstand eurer Wahl. Nennt den Gegenstand *Quatschi* und lasst eure Mitschüler raten, was ihr sucht.

Methode — Beschreibungen anschaulich und abwechslungsreich formulieren

- Verwendet **anschauliche Adjektive**, z. B.: *lang, kurz, rau, glatt, glänzend, matt*.
- Vermeidet die Wiederholung von *haben* und *sein*. Verwendet **abwechslungsreiche Verben**, z. B.: *Das Rad hat eine Gangschaltung.* → *Das Rad verfügt über eine Gangschaltung.*
- Ersetzt Nomen durch Pronomen, z. B.: *Das Fahrrad hat einen grünen Rahmen. Das Fahrrad besteht aus ...* → *Es besteht aus ...*
- Verwendet **abwechslungsreiche Satzanfänge**, z. B.: *Außerdem ..., Weiterhin ..., Darüber hinaus ..., Zusätzlich zu ...*

Personen beschreiben

1 Wer Kunststücke mit dem BMX-Fahrrad vorführt, macht auf sich aufmerksam. Betrachtet die zwei Fotos. Wer von den beiden Fahrern ist euer Favorit? Beschreibt ihn.

2 a Lest die folgenden Ausschnitte aus einer Personenbeschreibung und ordnet sie Einleitung, Hauptteil und Schluss zu:

> A Vermutlich ist er … Jahre alt. Er hat einen … Helm auf und … Haare. Sein Gesichtsausdruck ist … . Er trägt für diese Sportart angemessene Kleidung: ein … T-Shirt, … Handschuhe, eine … Jeanshose und … Turnschuhe.
> B Der Junge wirkt auf mich sehr … . Sicherlich ist er stolz darauf, dass er sein BMX-Rad so gut beherrscht.
> C Der BMX-Fahrer führt einen … Stunt vor.

b Bestimmt, in welcher Reihenfolge der BMX-Fahrer in Ausschnitt A beschrieben wird:
 – von unten nach oben   – vom Allgemeinen zum Besonderen
 – von vorn nach hinten   – von oben nach unten

c Wählt einen der beiden BMX-Fahrer und formuliert mit Hilfe der Ausschnitte A, B und C eine vollständige Personenbeschreibung. Folgende Wörter könnt ihr einsetzen:

> atemberaubend • gefährlich • großartig • konzentriert • angestrengt • gelassen • kräftig • sportlich • schwarz • bunt • weiß • rot • blau • blond • kurz • lang • verwaschen • alt • neu • sauber • schmutzig • modern • altmodisch

Der BMX-Fahrer führt Tricks auf der Halfpipe (halben Röhre) der Quarterpipe (Viertelröhre) oder auf einem Geländer vor.
Er trägt einen dunklen Helm ein weißes T-Shirt ohne Aufdruck eine lange Jeanshose sowie dunkle Turnschuhe. Auffällig sind auch seine schwarzen Handschuhe.
Er hat einen konzentrierten angestrengten Gesichtsausdruck und sein kräftiger schlanker Körper ist angespannt.
Seine Arme sind muskulös und seine Hände umschließen den Lenker mit festem Griff.

3 In der Personenbeschreibung oben fehlen die Kommas bei den Aufzählungen.
  a Schreibt die Sätze ins Heft und ergänzt die fehlenden Kommas.
  b Welcher BMX-Fahrer von Seite 67 wird hier beschrieben? Bestimmt das Foto.

Information — Das Komma bei Aufzählungen

- **Wörter und Wortgruppen in Aufzählungen** werden durch **Kommas** abgetrennt, z. B.:
  Der BMX-Fahrer wirkt groß, kräftig, sportlich. / Die BMX-Fahrerin trägt auf dem Kopf einen grünen Helm, an den Händen gelbe Handschuhe, an den Füßen rote Sneakers.
- Wenn Teile einer Aufzählung mit den **Konjunktionen *und, sowie*** oder ***oder*** verbunden werden, steht davor kein Komma, z. B.:
  Seine Kleidung besteht aus einem grünen T-Shirt, einer Jeans und Turnschuhen.

4 a Schneidet aus Zeitschriften Fotos von Sportlern aus und legt sie vor euch auf den Tisch.
  b Beschreibt reihum jeweils eine Sportlerin oder einen Sportler. Verwendet dabei Verben aus dem Kasten und beginnt so:
  Die Person auf dem Foto ... Er oder sie ...

  > aussehen • tragen • wirken • besitzen • bei sich haben • auffallen durch

  Lasst eure Gruppenmitglieder erraten, wen ihr beschrieben habt.
  c Gebt euch gegenseitig Rückmeldungen zu euren Beschreibungen. Verwendet dazu die folgenden drei Prüfkarten:

Vollständigkeit der Beschreibung:	Reihenfolge:	Wortwahl:
Wurden alle Einzelheiten beschrieben?	Wurden alle Einzelheiten in einer sinnvollen Reihenfolge beschrieben?	Wurden anschauliche Adjektive und abwechslungsreiche Verben verwendet?

Methode — Eine Person beschreiben

- **Einleitung:** Nennt zu Beginn den Anlass der Beschreibung oder gebt eine allgemeine Information.
- **Hauptteil:** Beschreibt mit treffenden Adjektiven einzelne Körpermerkmale und die Kleidung. Haltet dabei eine bestimmte Reihenfolge ein: Beschreibt am besten vom Kopf bis zu den Füßen.
- **Schluss:** Beschreibt, wie die Person auf euch wirkt oder wie sie sich verhält.
- Verwendet als Zeitform das **Präsens**.

Teste dich!

Eine Gegenstandsbeschreibung überarbeiten

Entwurf
Das Einrad hat eine Gabel aus Chrom und Gummireifen.
Die Sattelstütze ist mit einer Schraube in der Gabel befestigt.
Die Felgen und Speichen des Einrads sind aus demselben Material, aber nicht gleichfarbig.
Die Pedale sind aus Kunststoff.
Der Sattel hat eine spezielle Form.
Vorn und hinten am Sattel sind zwei Griffe.
Die Pedale haben auch Reflektoren.
…

1 In einem Katalog für Sportgeräte soll neben diesem Foto eines Einrads ein Text mit seiner genauen Beschreibung stehen.
Der Textentwurf ist noch nicht ganz gelungen.
  a Prüfe Satz für Satz:
  – An welchen Stellen fehlen Adjektive?
  – Welche Verben wiederholen sich?
  – Ist die Reihenfolge der Angaben sinnvoll?
  b Überarbeite die Beschreibung im Heft:
  Ordne die Sätze des Entwurfs so, dass das Einrad in einer sinnvollen Reihenfolge beschrieben wird.
  Ersetze einige Verben und ergänze passende Angaben aus dem Kasten:

  breit • schmal • lang • dünn • schwer • oval • gebogen • glänzend rot • hellrot

2 Schreibe die folgenden Sätze ins Heft und setze die fehlenden Kommas.

  A Mein Waveboard ist etwa 50 cm lang achtförmig und besteht aus schwarzem Kunststoff.
  B Die Oberfläche von Vorderdeck und Hinterdeck ist gelb grün und blau gemustert.
  C Auffällig sind die schwarzen genoppten Rutschhemmer auf den Decks.

3 Vergleiche deine Ergebnisse der Aufgaben 1 und 2 mit einer Lernpartnerin oder einem Lernpartner.

4.2 Einfach zaubern – Vorgänge beschreiben

Formen der Ansprache in Vorgangsbeschreibungen

1 Wer von euch kennt einen Zaubertrick?
  a Führt euren Trick der Klasse vor.
  b Beschreibt anschließend genau, wie ihr bei dem Trick vorgegangen seid.

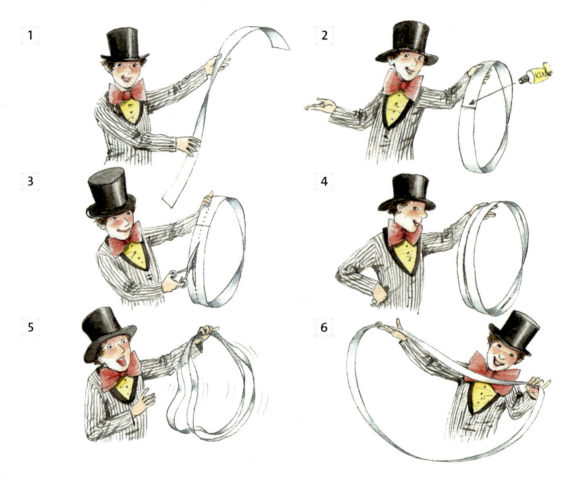

2 a Betrachtet die Zeichnungen 1–6. Was wird bei diesem Trick „gezaubert"?
  b Ordnet die folgenden Angaben den Zeichnungen zu und schreibt die sechs Schritte in der richtigen Reihenfolge in euer Heft.

> Ring entlang der Mitte zerschneiden •
> 1 m langen und 4 cm breiten Papierstreifen einmal in sich verdrehen •
> einen Ring aus den Fingern gleiten lassen, beide Ringe werden zu einem großen Ring •
> zerschnittenen Papierstreifenring in der Hand halten •
> verdrehten Streifen als Ring zusammenkleben und dem Publikum präsentieren •
> Hand mit beiden Papierstreifen hin- und herschwingen, Zauberspruch aufsagen

3 Verfasst eine vollständige Beschreibung des Riesenringtricks (▶ Aufgabe 2), sodass ihn eine andere Person nachmachen kann. Geht so vor:
   a Prüft, welche Materialien für diesen Trick notwendig sind, und notiert sie.
   b Probiert den Trick selbst aus. Prüft dabei, ob die Angaben von Aufgabe 2 vollständig sind oder ob weitere Erklärungen ergänzt werden müssen.
   c Überlegt euch, in welcher Ansprache ihr den Zaubertrick beschreiben wollt. Entscheidet euch für eine der folgenden Formen und schreibt den Textanfang ab:

   Man-Form:
   Man braucht für den Trick einen ein Meter langen Papierstreifen, …
   Zuerst dreht man den Papierstreifen einmal …

   Du-Form:
   Du brauchst für den Trick einen ein Meter langen Papierstreifen, …
   Zuerst drehst du den Papierstreifen einmal …

   Aufforderungsform (Imperativ):
   Besorg dir für den Trick einen ein Meter langen Papierstreifen, …
   Dreh den Papierstreifen zuerst einmal …

   d Setzt die Beschreibung in der gewählten Form fort. Verwendet dazu eure Notizen von Aufgabe 2 und Wörter aus dem Kasten:

   dann • danach • anschließend • nun • jetzt • währenddessen • schließlich • am Ende

   e Überlegt euch für den Zaubertrick eine treffende Überschrift, z. B.:
   Magischer Riesenring • Aus zwei mach einen

4 Überarbeitet eure Beschreibungen in Partnerarbeit. Prüft dabei, ob der Vorgang verständlich ist und ob alle Angaben im Methodenkasten unten beachtet wurden.

5 Formuliert die sechs Schritte von Aufgabe 2 noch einmal in der Passivform:
   1. Der 1m lange und 4 cm breite Papierstreifen wird einmal in sich verdreht.
   2. Der verdrehte Streifen wird als Ring …

Methode — Einen Vorgang beschreiben

In einer Vorgangsbeschreibung beschreibt ihr einen Vorgang so genau, dass andere Personen ihn leicht verstehen und nachmachen können.

Aufbau:
- Formuliert eine passende **Überschrift**.
- Nennt zuerst alle **Materialien**, die für den Vorgang notwendig sind.
- Beschreibt anschließend die einzelnen **Schritte des Vorgangs** genau und in der richtigen **Reihenfolge**.

Sprache:
- Formuliert **sachlich und verständlich**.
- Verwendet eine **einheitliche Form der Ansprache** (Man-Form, Du-Form oder Imperativ).
- Wählt **Satzanfänge**, die die Reihenfolge der Schritte deutlich machen, z. B.: *Zuerst …, Nun …*
- Schreibt die Vorgangsbeschreibung im **Präsens**.

Fordern und fördern – Einen Streichholztrick beschreiben

Auf einer Geburtstagsfeier soll jeder Gast einen Zaubertrick vorführen. Damit die Gäste ihre Tricks rechtzeitig einüben können, soll mit jeder Einladung eine Anleitung für einen Trick verschickt werden.

1 a Betrachtet die Zeichnungen zum Streichholztrick genau
und notiert alle notwendigen Materialien. ▷ Hilfe zu Aufgabe 1a auf Seite 73
b Probiert den Trick möglichst selbst aus. Notiert dabei stichwortartig die einzelnen Schritte, die ihr ausführen müsst. ▷ Hilfe zu Aufgabe 1b auf Seite 73

2 a Verfasst eine vollständige Vorgangsbeschreibung zu dem Streichholztrick in der Du-Form.
So könnt ihr beginnen: ▷ Hilfe zu Aufgabe 2a auf Seite 73
*Lieber Gast, so funktioniert dein Zaubertrick:
Du benötigst dafür eine 2-Euro-Münze, ein dünnwandiges Glas, ...
Zuerst stellst du die Münze auf ihren Rand ...*
b Ergänzt zum Schluss eine passende Überschrift. ▷ Hilfe zu Aufgabe 2b auf Seite 73

3 Überarbeitet eure Texte in Partnerarbeit. ▷ Hilfe zu Aufgabe 3 auf Seite 73

4 Welchen Zaubertrick kennt ihr? Formuliert eine Beschreibung in der Imperativ-Form.

Aufgabe 1a mit Hilfen
Betrachtet die Zeichnungen zum Streichholztrick genau.
Sucht die fünf notwendigen Materialien im Kasten und notiert sie ins Heft.

> die Tasse • der Flaschendeckel • die 2-Euro-Münze • der Stock • das Streichholz •
> das dünnwandige Glas • die Schüssel • das Tuch • der Spiegel • der Schuhlöffel

Aufgabe 1b mit Hilfen
Probiert den Trick möglichst selbst aus. Notiert dabei stichwortartig die einzelnen Schritte, die ihr ausführen müsst. Verwendet dazu Verben aus dem Kasten.

*1. Schritt: Münze auf Rand stellen,
Streichholz vorsichtig darauflegen
2. Schritt: dünnwandiges Glas über …*

> stellen • legen • stülpen • fragen •
> reiben • halten • sprechen • runterfallen

Aufgabe 2a mit Hilfen
Verfasst eine vollständige Vorgangsbeschreibung zu dem Streichholztrick in der Du-Form. Verwendet dazu passende Satzanfänge und Verbformen aus den Kästen.
So könnt ihr beginnen:
*Lieber Gast, so funktioniert dein Zaubertrick:
Du benötigst dafür eine 2-Euro-Münze,
ein dünnwandiges Glas, …
Zuerst stellst du die Münze auf ihren Rand ….*

Satzanfänge:
Zunächst … • Dann … • Danach … • Anschließend … • Nun … • Jetzt … • Währenddessen … • Schließlich … • Am Ende … • Zum Schluss …

Verbformen:
du stellst • du legst • du stülpst • du fragst • du reibst • du hältst • du sprichst • es fällt runter

Aufgabe 2b mit Hilfen
Ergänzt zum Schluss eine passende Überschrift. Wählt aus den folgenden Vorschlägen aus:

> Magisches Streichholz   Geisterhand im Glas   Zauberei im Glas

Aufgabe 3 mit Hilfen
Überarbeitet eure Texte in Partnerarbeit. Verwendet die folgende Checkliste:

Einen Vorgang beschreiben
Habt ihr …
- eine **Überschrift** formuliert?
- zu Beginn eurer Beschreibung alle notwendigen **Materialien** genannt?
- den Vorgang **vollständig, sachlich und verständlich** beschrieben?
- die richtige **Reihenfolge** der einzelnen Schritte eingehalten?
- in den **Satzanfängen** die Reihenfolge der Schritte deutlich gemacht?
- eine einheitliche Form der **Ansprache (Du-Form)** verwendet?
- die Beschreibung im **Präsens** formuliert?

4.3 Fit in …! – Einen Gegenstand beschreiben

Stellt euch vor, ihr bekommt in der nächsten Klassenarbeit die folgende Aufgabe gestellt:

Aufgabe
Stell dir vor, deiner Familie wurde das unten abgebildete Lastenfahrrad gestohlen. Schreibe eine Suchanzeige, in der du das Fahrrad so beschreibst, dass es eindeutig erkennbar ist. Formuliere auch in einem Einleitungssatz, worum es geht, und bitte zum Schluss den Finder, sich bei euch zu melden.

Die Aufgabe richtig verstehen

1 Habt ihr verstanden, was ihr machen sollt?
Sucht aus den folgenden Aussagen die richtigen heraus.
Die Buchstaben der richtigen Aussagen ergeben rückwärts gelesen ein Lösungswort.

AT	Ich soll berichten, wann, wo und wie es zu dem Diebstahl gekommen ist.
NE	Ich soll das Fahrrad so beschreiben, dass es von einem Finder eindeutig erkannt wird.
ET	Ich soll erzählen, wieso wir uns ein Lastenfahrrad gekauft haben.
FI	Ich soll die Merkmale des Fahrrads in einer sinnvollen Reihenfolge beschreiben.
KL	Ich soll das Fahrrad in allen möglichen Einzelheiten beschreiben, auch wenn sie unwichtig sind.
ER	Ich soll den Finder bitten, sich bei uns zu melden.

4.3 Fit in ...! – Einen Gegenstand beschreiben

Planen

2 a Übertragt die folgende Tabelle mit den Bestandteilen des Lastenfahrrads in euer Heft.
  b Ergänzt in der Tabelle passende Angaben zum Material und zum Aussehen.

Bestandteil	Material	Aussehen (Farbe, Form ...)
der Lenker	Metall, mit Schaumstoff ummantelt	schwarz, gebogen, an Transportkiste befestigt
der Sattel	Kunststoff	...
der Rahmen	...	...
die Schutzbleche	...	...
die Reifen	...	...
die Felgen	Metall	...
die Speichen	...	...
die Pedale	...	...
die Transportkiste	Sperrholz	...

Materialien:
Sperrholz • Kunststoff • Blech • Metall • Schaumstoff • Gummi • Plastik

Angaben zum Aussehen:
schwarz • rot • weiß • braun • matt • glänzend • auffällig • klein • groß • mittelgroß • gerade • krumm • gebogen • neu • gebraucht • zerkratzt • ungewöhnlich

  c Überlegt, welche Bestandteile aus der Tabelle ihr in der Suchanzeige unbedingt beschreiben solltet. Streicht Bestandteile, die nicht beschrieben werden müssen.

3 Plant in einem Schreibplan den Aufbau der Beschreibung.
Listet dazu die Bestandteile und Merkmale auf, die in der Suchanzeige genannt werden sollten.
Achtet dabei auf eine sinnvolle Reihenfolge.

Schreibplan
– Art des Gegenstands:
  schwarzes Lastenfahrrad mit ...
– Beschreibung einzelner Bestandteile:
  1. Rahmen: ...
  2. Transportkiste: ...
  3. Reifen: ...
  ...
– Besonderheiten: ...

Schreiben

4 Verfasst die Suchanzeige für das Lastenfahrrad.
Beachtet dabei die folgende Übersicht und die Formulierungshilfen:

Überschrift	*Lastenfahrrad vermisst! / Wir suchen …*
Einleitungssatz	*Am … wurde unser … gestohlen. / Seit … suchen wir …*
Beschreibung	*Es handelt sich um ein auffälliges, schwarzes Lastenfahrrad mit … Das Fahrrad hat / verfügt über / besteht aus / … An … ist befestigt / angebracht.*
Besonderheiten	*Besonders auffällig ist / sind …*
Kontaktdaten	*Bitte melden Sie sich bei … / Unsere Telefonnummer: …*
Dank	*Wir sind für jeden Hinweis dankbar. / Vielen Dank für Ihre Hilfe!*

Überarbeiten

5 Überarbeitet eure Suchanzeigen in einer Schreibkonferenz (▶ S. 276). Nutzt die Checkliste:

Einen Gegenstand in einer Suchanzeige beschreiben

Aufbau
- Habt ihr eine passende **Überschrift** formuliert?
- Gibt es einen **Einleitungssatz**, in dem steht, worum es geht?
- Habt ihr den Gegenstand so **genau beschrieben**, dass man ihn wiedererkennen kann?
- Sind die Merkmale des Gegenstands in einer **sinnvollen Reihenfolge** beschrieben?
- Habt ihr **Kontaktdaten** angegeben und einen **Dank** formuliert?

Sprache
- Ist die Beschreibung **sachlich** formuliert?
- Habt ihr **anschauliche Adjektive** und **abwechslungsreiche Verben** verwendet?
- Habt ihr als Zeitform das **Präsens** gewählt?
- Habt ihr die **Rechtschreibung** überprüft und **Kommas bei Aufzählungen** gesetzt?

Schreibwörter ▶ S. 242

das Waveboard	das Metall	verfügen über	befestigen	eckig
das Fahrrad	das Gummi	bestehen aus	glänzen	krumm
der Rahmen	das Holz	besitzen	veröffentlichen	auffällig

5 Unglaublich –
Lügengeschichten lesen und verstehen

1. Auf dem Bild seht ihr den berühmten Lügenbaron Münchhausen.
   a Was könnte er gerade erleben? Denkt euch eine Geschichte aus, die zu dem Bild passt.
   b Tragt eure Geschichten in der Klasse mündlich vor.

2. Welche anderen Meisterlügner kennt ihr? Erzählt von ihren unglaublichen Erlebnissen.

3. Stellt Vermutungen an, warum Lügengeschichten gern erzählt und gelesen werden.

In diesem Kapitel ...
- lest ihr alte und neue Lügengeschichten,
- untersucht ihr die Merkmale von Lügengeschichten,
- übt ihr, Lügengeschichten wirkungsvoll vorzutragen,
- schreibt ihr selbst Lügengeschichten.

5.1 Die Meisterlügner – Lügengeschichten untersuchen und vorlesen

Eine bekannte Lügengeschichte lesen

Ingrid Uebe

Münchhausens Ritt auf der Kanonenkugel

Der Baron Münchhausen gehört zu den bekanntesten Erzählern von Lügengeschichten. Er hat wirklich gelebt (1720–1797) und kämpfte als Offizier in verschiedenen Kriegen. Seine Geschichten werden immer wieder neu erzählt.

Im Krieg war ich ein tapferer Soldat. Ich kämpfte immer in vorderster Reihe. Von da aus sah ich allen Feinden furchtlos ins Auge und dachte niemals an Flucht. So mancher General schätzte sich glücklich, mich in seiner Truppe zu haben. Und selbst der russische Zar sprach mir bei einem Besuch seine Bewunderung aus.
Jeder, der mich kennt, weiß, dass ich ein vorzüglicher Reiter bin. Ich bin es nicht nur zu Pferd, wie mein nächstes Abenteuer beweist. Leider weiß ich nicht mehr, bei welchem Feldzug und in welchem Land die Geschichte passierte. Ich erinnere mich nur noch, dass wir eine Stadt belagerten, über die unser General gern Genaueres in Erfahrung gebracht hätte. Deshalb war er auf der Suche nach einem Spion. Der sollte herausfinden, wie viele Soldaten sich in der Festung aufhielten und wo sie ihre Waffen gelagert hatten.
Die Stadt war jedoch so durch Mauern, Vorposten und Wachen gesichert, dass kein Kundschafter eindringen konnte. Selbst wenn es einen Durchschlupf gegeben hätte, so wäre niemand bereit gewesen, einen derartig gefährlichen Auftrag anzunehmen.
Ich aber hatte eine Idee! Mag sein, dass ich sie allzu schnell in die Tat umsetzte. Geradezu glühend vor Eifer und Mut ging ich zu der großen Kanone, mit der man die feindliche Stadt beschießen wollte. Unbemerkt duckte ich mich daneben. Und genau in dem Moment, als sie abgefeuert wurde, sprang ich mit einem einzigen großen Satz auf die heraussausende Kugel und ließ mich der Festung entgegentragen.
Es war ein toller Ritt! Die Kugel bewegte sich schneller als mein schnellstes Pferd. Ich stieß einen Jubelschrei nach dem anderen aus. Als ich die Hälfte der Strecke zurückgelegt hatte, kamen mir allerdings große Bedenken. Vor mir lag die Stadt, in die ich nun zweifellos ohne Weiteres hineinkommen würde. Aber wie sollte ich wieder herauskommen?
Hinter den Festungsmauern lauerten die Feinde. Sicher würden sie mich auf den ersten Blick als Spion erkennen und sogar hinter Gitter bringen, vielleicht sogar an den Galgen hängen! Ich muss zugeben, dass mir eine Gänsehaut über den Rücken lief. In wenigen Sekunden würde ich mitten im Feindesland sein. Dennoch biss ich die Zähne zusammen und hielt die Augen nach einem Ausweg offen.
Ich tat es zu meinem Glück! Direkt vor mir flog nämlich eine Kanonenkugel aus der Festung

5.1 Die Meisterlügner – Lügengeschichten untersuchen und vorlesen

und nahm Kurs auf unser Lager. Genau in dem Augenblick, als sie an mir vorbeizischen wollte, schwang ich mich mit einem gezielten Sprung hinüber. Ich ritt auf der zweiten Kugel so gut wie auf der ersten und landete bald wohlbehalten bei unserer Armee.

Zwar war mein Plan nicht ganz aufgegangen, aber ich war recht zufrieden, wieder bei meinen Kameraden zu sein. Und ich musste auch zugeben, dass ich doch lieber auf einem Pferd als auf einer Kanonenkugel saß.

1
a Lest die Geschichte still und vergleicht:
Habt ihr euch zu dem Bild auf Seite 77 (Aufgabe 1a) ähnliche Geschichten ausgedacht?
b Lest euch die Geschichte mit einer Partnerin oder einem Partner abwechselnd vor.
c Besprecht zu zweit, was Münchhausen in dieser Geschichte angeblich erlebt hat.

2 Was könnte an der Geschichte wahr sein, was ist übertrieben oder sogar gelogen?
Übertragt die folgende Tabelle in euer Heft und ergänzt sie stichwortartig:

Das wirkt glaubhaft:	Das ist übertrieben oder gelogen:
– Münchhausen war Soldat	– Münchhausen sah seinen Feinden furchtlos in die Augen
– …	– …

3 Wer erzählt die Geschichte?
a Bestimmt die Erzählperspektive (▶ S. 17): Wird die Geschichte von einem Ich-Erzähler oder einem Er-/Sie-Erzähler erzählt?
b Formt die Zeilen 35–42 in die Er-Form um und vergleicht die Wirkung mit dem Originaltext:
Es war ein toller Ritt! Die Kugel bewegte sich schneller als sein schnellstes Pferd. Er stieß einen Jubelschrei nach dem anderen aus. …
c Überlegt, wem der echte Baron Münchhausen diese Geschichte erzählt haben könnte.

4 Mit welchem Ziel hat Münchhausen diese Lügengeschichte vermutlich erzählt?
Bewertet die folgenden Aussagen:

A Der Erzähler Münchhausen will im Mittelpunkt stehen und bewundert werden.

B Der Erzähler will mit seiner Lügengeschichte seine Zuhörer oder Leser gut unterhalten.

C Der Erzähler will die Zuhörer oder Leser täuschen. Sie sollen glauben, dass alles wirklich so passiert ist.

D Der Erzähler möchte die Zuhörer oder Leser darüber belehren, wie sie sich im Krieg verhalten sollten.

E Der Erzähler macht sich über andere lustig. Er will die Schwächen der Generäle im Krieg aufzeigen.

5 Übt den Lesevortrag der Geschichte. Wählt einen Abschnitt aus und lest ihn so vor, als wärt ihr Münchhausen und hättet alles selbst erlebt.

Den Aufbau von Lügengeschichten untersuchen

Hubert Schirneck

Eine Woche im Fuchsbau

Baldur Borin ist ein moderner „Lügenbaron". In einigen seiner haarsträubenden Flunkereien erzählt er auch über seine Kindheit.

Tag und Nacht könnte ich spannende Geschichten aus meinem Leben erzählen: Alle Erdteile habe ich bereist. Ich habe mit Staatspräsidenten und Königen gespeist, aber auch mit wilden Tieren. Ich habe Fische das Fliegen gelehrt und die Finsternis erfunden. Ich habe nach verschwundenen Sonntagen gesucht und in der baumlosesten aller Wüsten ein Baumhaus gebaut. Ich, der berühmte, einzigartige und unverwechselbare Baldur Borin.
Doch auch als Kind war ich schon ein Tausendsassa. Zum Beispiel ging ich auf jede Wette ein, die mir jemand anbot. Und ich muss wohl kaum erwähnen, dass ich sämtliche Wetten gewann.
Nur ein einziges Mal, da hätte ich mich fast selbst überschätzt. Mein Klassenkamerad Friedrich bot mir folgende Wette an: „Ich wette", sagte er, „dass du es keine vierundzwanzig Stunden in einer Erdhöhle aushältst, ohne Wasser und Essen."
„Ach was!", rief ich. „Wo ist denn da die Schwierigkeit? Zeig mir die Erdhöhle!"
Wir gingen in den Wald, zu einem unbewohnten Fuchsbau. Nun ja, besonders viel Platz war da nicht, aber laut rief ich: „Herrlich! Das ist ja besser als ein Einfamilienhaus. Ein richtiger Palast ist das. Da halte ich es nicht nur vierundzwanzig Stunden aus, sondern eine ganze Woche, wenn du willst." Friedrich lachte. Ich lachte nicht. „Eine ganze Woche? Ohne Nahrungsmittel?", fragte er deshalb zweifelnd.
„Klar", sagte ich lässig. „Hab schon Schlimmeres überstanden."
Die Wette galt und Friedrich drückte auf die Stoppuhr, als ich in den Fuchsbau kroch. Er war noch kleiner, als ich gedacht hatte. Drinnen war es ungefähr so eng wie in einer Colaflasche. Schon nach fünf Minuten schliefen mir die Füße ein. „He, aufwachen!", rief ich. „Geschlafen wird erst, wenn ich es sage!"
Meine Füße gehorchten. Trotzdem fühlte ich mich sehr unwohl. Man konnte sich nicht einmal auf die andere Seite drehen. Und als mir ein Regenwurm über das Gesicht kroch, konn-

te ich ihn nicht wegmachen, weil meine Hände eng am Körper anlagen.

Mir war klar: Wenn mir nichts einfiel, musste ich aufgeben. Und was wäre das für eine Blamage gewesen. Nein, niemals! Ich fing an, mühsam in der Erde zu buddeln, um die Höhle zu vergrößern. Natürlich konnte ich die Erde nicht nach draußen werfen. Das hätte Friedrich ja gemerkt. Zum Glück trug ich eine Jacke mit sehr großen Taschen. Da passte enorm viel Erde rein. Bald war der Fuchsbau so groß, dass ich darin stehen konnte. Dadurch konnte ich auch wieder besser denken, und mir kam eine gute Idee: Warum sollte ich eine ganze Woche lang auf Essen verzichten? Das war doch dumm! Also begann ich, einen Tunnel zu graben. Zum Glück habe ich Katzenaugen und kann auch im Dunkeln sehen. Trotzdem war das Graben sehr anstrengend, und ich kam mit der Arbeit nur langsam voran. Nach ein paar Stunden sagte plötzlich eine Stimme: „Hallo, Fremder!"

Ich erschrak, denn ich dachte, Friedrich hätte mich beim heimlichen Buddeln erwischt.

Aber der hätte mich wohl nicht „Fremder" genannt, denn wir kannten uns ja. Immerhin besuchten wir dieselbe Schule.

Ich sah hoch und erblickte einen Maulwurf. „Auch hallo!", sagte ich. Der Maulwurf hielt sich nicht mit weiteren Höflichkeiten auf und fragte: „Hast du eine Genehmigung für diese Erdgrabungsarbeiten?" „Genehmigung?", fragte ich.

Ich diskutierte eine Stunde lang mit dem Maulwurf und erreichte, dass er mich ohne Genehmigung weitergraben ließ. Er half mir sogar. Natürlich konnte er viel schneller graben als ich.

„So, jetzt müsste es reichen", sagte ich nach einer Weile. Jetzt gruben wir uns nur nach oben und kurz darauf durchstießen wir die Erdoberfläche. Vorsichtig sah ich mich um und entdeckte Friedrich in einhundert Meter Entfernung. Er saß dort mit einigen Freunden und bewachte den Höhleneingang. Der Maulwurf und ich schlichen uns davon und verbrachten den Rest der Woche bei mir. Dort ließen wir es uns richtig gut gehen. Wir aßen und tranken nach Herzenslust, spielten Schach und lasen Bücher. Nachts konnte ich in meinem bequemen Bett schlafen statt in der schmutzigen Erdhöhle, und der Maulwurf schlief bei meinem Meerschweinchen. Die beiden verstanden sich sehr gut.

Als die Woche vorbei war, gingen wir zurück in den Wald. Durch den Tunnel gelangten wir wieder in den Fuchsbau. Dort verschlossen wir den Eingang zum Tunnel und warteten.

Schließlich hörte ich Friedrich rufen: „He, Baldur, du kannst rauskommen! Die Woche ist vorbei!"

Ich krabbelte aus der Höhle und klopfte mir die Erde von der Jacke. Friedrich aber wunderte sich, dass ich so frisch und munter war und dass ich gar keinen Hunger hatte. „Ach, es gab genügend leckere Regenwürmer", sagte ich. „Die waren schön saftig." Friedrich wurde misstrauisch: „Hier stimmt doch irgendwas nicht!", rief er und kletterte in den Fuchsbau. Womöglich dachte er, dass er dort einen Kühlschrank finden würde. Aber nichts dergleichen, und auch den Tunneleingang entdeckte er nicht. Nur ein kleiner Maulwurf saß in der Höhle. Und so musste Friedrich anerkennen, dass ich die Wette gewonnen hatte.

Im Wald kann man den Eingang zu diesem Fuchsbau heute noch sehen. Und daran sieht man, dass diese Geschichte vollkommen wahr ist. So wahr ich der berühmte Baldur Borin bin.

1 Lest den Text und tauscht euch aus: Was gefällt euch an der Geschichte, was nicht?

> Mir gefällt die Geschichte (nicht), weil … • Mir gefällt (nicht) die Stelle in der Geschichte, an der … •
> Es ist lustig/interessant/albern/langweilig, wie …

2 Der Ich-Erzähler Baldur Borin baut seine Lügengeschichte geschickt auf.
Untersucht den Aufbau:
a Bestimmt Einleitung, Hauptteil und Schluss der Geschichte und notiert die Zeilenangaben.
b Ordnet die folgenden Funktionen den drei Teilen Einleitung, Hauptteil und Schluss zu:
   A Der Erzähler erzählt eine Lüge nach der anderen.
   B Der Erzähler beschwört die Wahrheit seiner Geschichte.
   C Der Erzähler stellt sich vor und nennt Beispiele dafür, was er angeblich schon Großartiges erlebt hat.

3 Im Hauptteil reiht der Erzähler Lügen aneinander wie Perlen an eine Kette.
Untersucht diese Lügenkette genauer:
a Zeichnet eine Perlenkette in euer Heft und notiert neben jeder Perle eine Lüge mit Zeilenangabe:

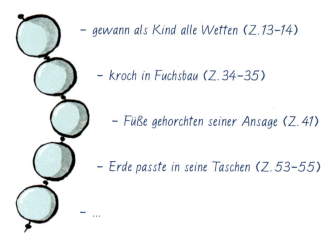

– gewann als Kind alle Wetten (Z. 13–14)

– kroch in Fuchsbau (Z. 34–35)

– Füße gehorchten seiner Ansage (Z. 41)

– Erde passte in seine Taschen (Z. 53–55)

– ...

b Vergleicht eure Lügenkette mit einer Partnerin oder einem Partner und überlegt, welcher Aussage ihr zustimmt:

| A Die Lügen werden im Laufe der Geschichte schwächer. Die größten Lügen werden zu Beginn des Hauptteils erzählt. | B Die Lügen steigern sich: Nach und nach folgen immer größere Lügen. Dadurch steigt die Spannung der Geschichte. | C Im Hauptteil sind die einzelnen Lügen gleich stark. |

4 Treibt die Lügen auf die Spitze: Was könnten Baldur und der Maulwurf noch alles erlebt haben? Denkt euch zu zweit unglaubliche Ereignisse aus und verlängert die Lügenkette von Aufgabe 3 a.

5 Wie versucht der Erzähler am Ende der Geschichte, seine Zuhörerinnen und Zuhörer von der Wahrheit der Geschichte zu überzeugen?
Lest noch einmal die Zeilen 120–124 und beendet die folgende Aussage:
Am Schluss der Lügengeschichte beteuert der Erzähler die Wahrheit, indem er ...

6 „Wetten, du schaffst es nicht, ...?" Stellt euch vor, ein Freund bietet euch eine Wette an.
Schreibt eine kurze Lügengeschichte dazu und reiht darin drei Lügen aneinander.

Die Gestaltung von Lügengeschichten untersuchen

Hubert Schirneck

Die tanzenden Eisbären

Ich machte mich mit vier Kameraden auf den Weg nach Hamburg. Wir waren guter Dinge, denn der Wind stand günstig. Wir setzten die Segel, banden das Steuerrad fest und gingen unter Deck. Schließlich hatten wir uns jahrelang nicht gesehen, weil ich mich in der weiten Welt herumgetrieben hatte. Es gab also immer noch genügend Neuigkeiten, die wir auszutauschen hatten.

Es dauerte nicht lange, da begannen wir, uns gegenseitig Geschichten zu erzählen. Es ging immer reihum, und wir merkten gar nicht, wie die Zeit verflog. Wir hielten es auch nicht für nötig, auf Deck nach dem Rechten zu sehen. Die See war ruhig, und schließlich ging es ja einfach nur immer geradeaus. Einer meiner Kameraden wollte noch etwas sagen, doch in diesem Augenblick gab es einen lauten Knall, wir fielen von unseren Stühlen und die Gegenstände in der Kabine purzelten durcheinander. Dann war alles still.

„Nanu, das Schiff steht ja", sagte ich, nachdem ich mich wieder aufgerappelt hatte. „Wer hat denn da gebremst?"

Wir gingen nach oben, und dort sahen wir die Bescherung: Wir waren doch tatsächlich an Hamburg vorbeigesegelt und bis ins Nordmeer gefahren. Wir waren vollkommen vom Eis eingeschlossen. Riesige Schollen türmten sich um uns herum, und so weit das Auge sehen konnte, war alles weiß.

„Hier kommen wir nie wieder heraus", sagte ich betrübt. „Das Eis schmilzt in hundert Jahren nicht. Auch nicht in tausend Jahren, es ist nämlich ewiges Eis." Als meine Kameraden, die noch nie zuvor Schnee oder Eis gesehen hatten, das hörten, wurden sie unsagbar traurig. Fassungslos starrten sie hinaus in diese unendlich weite und weiße Landschaft. Nie würden sie ihr geliebtes Lügistan wiedersehen! Ich dachte unterdessen darüber nach, wie lange wir noch zu leben hatten. Wir hatten nur geringe Vorräte dabei, denn mit einem längeren Aufenthalt im ewigen Eis hatten wir ja wirklich nicht gerechnet. Trotzdem war mir noch nicht klar, ob wir eher verhungern oder erfrieren würden.

Ein Unglück kommt bekanntlich selten allein. Während wir intensiv damit beschäftigt waren, uns gegenseitig zu bedauern, hatten wir gar nicht bemerkt, dass wir auf dem Schiff nicht mehr allein waren. Mindestens zwanzig oder dreißig Eisbären befanden sich bereits an Deck, und es wurden immer mehr. Die anderen erstarrten vor Schreck derart, dass man sie auch für Eisberge halten konnte. Nun, wer schon einmal einem Eisbären begegnet ist, weiß, dass sie sehr angriffslustig sind und alles fressen, was ihnen über den Weg läuft.

Ich erinnerte mich, dass ich mich schon einmal mit einem Bären unterhalten hatte, und sagte laut: „Geht nach Hause, ihr Bären. Ihr habt auf unserem Schiff nichts verloren."

Doch es stellte sich heraus, dass die Bären im Nordmeer eine andere Sprache benutzen als bei uns. Sie verstanden mich nicht, oder – noch schlimmer – sie verstanden mich falsch: „Geht nach Hause" hieß in ihrer Sprache offensichtlich „Wir wollen gern gefressen werden", denn sie rückten uns immer näher. Mir war klar, dass unser letztes Stündlein geschlagen hatte. Einer meiner Kameraden, ein leidenschaftlicher Musiker, holte seine Flöte heraus und begann zu spielen. Ein schönes, trauriges lügistanisches Lied. Er wollte uns die Stunde des Abschieds von der Welt ein wenig angenehmer gestalten.

Doch was war das? Die Bären ließen von uns ab und begannen, nach der Musik zu tanzen! Mein Kamerad hörte nicht auf zu spielen. Er verließ das Schiff, und alle Bären folgten ihm! Er ging um das Schiff herum und die ganze Bärenmeute hinterdrein. Der Bärenfänger von Lügistan.

Dann spielte er ein flotteres Lied, sodass sich die Bären immer schneller drehen mussten. Unter ihren Füßen erwärmte sich das Eis und begann zu tauen.

„Schneller!", riefen wir. „Schneller!"

Der Flötenspieler gab sein Bestes. Er spielte wie der Teufel, bis das Schiff völlig frei war und von all den Eismassen nur eine ganz kleine Scholle übrig geblieben war. Da hörte er auf zu spielen und bemerkte die Bescherung: Ganz allein auf dieser winzigen Eisscholle trieb er immer weiter von uns weg.

„Kümmert euch nicht um mich!", rief er. „Nehmt Kurs auf Hamburg, ich komme nach!"

Er zog sein Hemd aus und hielt es so in die Luft, dass er es als Segel verwenden konnte. Das funktionierte tatsächlich, und so segelte er also hinter uns her. Weil seine Scholle natürlich viel leichter war als unser Schiff, kam er sogar schneller voran, überholte uns und erreichte Hamburg eher als wir. Im Hafen war von seiner Eisscholle nur noch so viel übrig geblieben, dass er gerade noch mit einem Fuß darauf stehen konnte, aber er schaffte es im letzten Moment, trocken an Land zu kommen. Kurz darauf lagen wir uns in den Armen, überglücklich, diesem Abenteuer heil entkommen zu sein.

1 Was erlebt Baldur Borin in dieser Geschichte? Fasst sie in fünf Sätzen zusammen.
Ihr könnt dazu die folgenden Satzanfänge verwenden:

> In der Geschichte segeln ... • Aus Versehen landen sie ... • Sie werden bedroht von ... •
> Die Rettung erfolgt, indem ... • Am Ende der Geschichte ...

2 Was würdet ihr als Zuhörerin oder Zuhörer den Erzähler der Geschichte fragen?
a Formuliert Fragen an Baldur Borin. Verwendet die folgenden Fragewörter:

> Wer? • Wann? • Wo? • Wie? • Warum? • Woher? • Wohin? • Wie lange? • Wodurch?

b Stellt euch eure Fragen gegenseitig und überlegt, wie Baldur Borin sie beantworten würde.

3 Welche Lügen reiht der Erzähler Baldur Borin in seiner Geschichte aneinander?
Notiert alle Lügen stichwortartig ins Heft.

4 a Mit welchen Erzähltricks gelingt es Baldur Borin, seine Lügen spannend und unterhaltsam zu gestalten?
Untersucht den Text und ordnet den drei Erzähltricks jeweils ein Textbeispiel zu:

b Wie versucht der Erzähler, diese großartigen Lügen glaubhaft zu machen?
Sucht auch zu den folgenden Erzähltricks Beispiele aus dem Text:

5 Wie könnte Baldur Borin die Wahrheit zum Schluss seiner Geschichte beteuern?
Formuliert einen möglichen Schlusssatz, z. B.: *Dieses Ereignis ist ..., so wahr ich ... / Ich schwöre, dass ...*

6 Schreibt dem Ich-Erzähler einen Brief, in dem ihr aufführt, was euch an seiner Lügengeschichte besonders gut oder überhaupt nicht gefällt.

Information **Merkmale von Lügengeschichten**

Schon immer haben sich Menschen für unglaubliche und sensationelle Dinge interessiert. Deshalb sind Lügengeschichten seit Jahrhunderten beliebt.
Berühmt sind die Abenteuer- und Reisegeschichten des Barons von Münchhausen.
- Im Gegensatz zu den Lügen im Alltag wollen Erzähler von Lügengeschichten ihre Zuhörer oder Leser nicht wirklich täuschen, sondern **unterhalten.**
- In den meisten Lügengeschichten gibt es einen **Ich-Erzähler,** der vorgibt, die Ereignisse selbst erlebt oder gesehen zu haben.
- In der **Einleitung** stellt sich der Erzähler oft vor und betont, dass er die Wahrheit erzählt.
- Im **Hauptteil** reihen sich die Lügen aneinander wie Perlen an einer Kette (Lügenkette). Oft **steigern** sich die Lügen: Es folgen immer größere Lügen. Dadurch steigt die Spannung in der Geschichte.
- Am **Schluss** wird meist die Wahrheit der Geschichte noch einmal beteuert.
- Lügengeschichten wirken anschaulich und unterhaltsam durch die **Verwendung von Übertreibungen** und **Fantasienamen.** Oft werden die Zuhörer oder Leser **direkt angesprochen.**
- Um die Lügen glaubhaft zu machen, beschreibt der Erzähler häufig **Einzelheiten** ganz genau und nennt **Orte,** die es wirklich gibt.

Projekt – Für einen Vorlesewettbewerb trainieren

1 Welche Hörbücher kennt ihr? Erzählt, wann ihr sie hört und was euch an ihnen gefällt.

2 a Habt ihr schon einmal etwas vor einem Publikum vorgelesen? Berichtet davon.
b Erklärt, wie ihr euch auf den Lesevortrag vorbereitet habt.

3 Wie liest man gut vor? Und was kann man gegen Aufregung beim Vorlesen tun?
Notiert zu zweit Tipps und stellt sie der Klasse vor. Verwendet Verbformen aus dem Kasten:

Achte auf ... • Überlege ... • Denke an ... • Sprich ... • Atme ... • Halte ... • Übe ... • Mache ...

4 a Lest den folgenden Text aufmerksam durch.
b Welche Tipps für einen guten Lesevortrag gibt der Hörbuch-Sprecher Rufus Beck?
Ergänzt eure Tipps von Aufgabe 3.

Rufus Beck

Gutes Vorlesen ist eben, wenn sich keiner langweilt

Rufus Beck ist Schauspieler und ein bekannter Hörbuch-Sprecher. Er liest z. B. die Harry-Potter-Bände von J. K. Rowling und die Burg-Schreckenstein-Bücher von Oliver Hassencamp. Auch als Jurymitglied des bundesweiten Vorlesewettbewerbs war Rufus Beck tätig.

Wenn man als Vorleser überzeugen will, muss man sich auf die Geschichte einlassen. Insofern hat gutes Vorlesen nur zum Teil mit Talent oder einer guten Stimme zu tun. Das Wichtigste sind das Denken und die Fantasie. Die Zuhörer merken, wenn man etwas unbedacht oder fantasielos vorliest. Dann wird es langweilig. Gutes Vorlesen ist eben, wenn sich keiner langweilt.
Gegen die Aufregung beim Vorlesen habe ich ein einfaches Mittel. Ich teile den Text, den ich vorlesen muss, gedanklich immer in kleine Portionen ein. Denn wenn man einen langen Text vorzulesen hat, ist man ja meistens deshalb aufgeregt, weil man so einen Berg vor sich sieht, den man bewältigen muss. Dann wird man leicht nervös und kurzatmig. Deshalb ist es ganz wichtig, dass man den Text in verschiedene Abschnitte unterteilt und sich beim Lesen Zeit lässt. Man liest etwas, macht gedanklich und beim Lesen eine Pause, wenn zum Beispiel ein Punkt kommt oder ein Absatz zu Ende ist, und fängt danach in Ruhe mit dem nächsten Abschnitt an. Denn als Vorleser muss ich dem Zuhörer ja auch die Zeit lassen, das Gehörte zu verstehen. Die Pausen sind wie Trommelwirbel. Die machen die Geschichte spannend. Und rhythmisch, wie Musik.
Wenn man sich mal verspricht, macht das auch nichts – um solche kleinen Pannen kümmere ich mich gar nicht. Man darf sich als Vorleser nicht aus der Ruhe bringen lassen.

5 Erstellt ein Plakat mit Tipps für einen guten Lesevortrag.

5.1 Die Meisterlügner – Lügengeschichten untersuchen und vorlesen

Bei einem Vorlesewettbewerb geht es darum, einen Text mit eurer Stimme zum Leben zu erwecken. So könnt ihr bei der Vorbereitung vorgehen:

1. Schritt: Den Text auswählen

6
a Wählt eine Lügengeschichte aus diesem Kapitel.
b Notiert wichtige Angaben zum Text auf eine Karteikarte:

> *Autor: ...*
> *Titel: ...*
> *Ich habe diese Geschichte ausgesucht, weil ...*

2. Schritt: Den Lesevortrag vorbereiten und üben

7 Versucht euch in die Figuren der Geschichte einzufühlen. Legt zu allen wichtigen Figuren einen Steckbrief an wie im Beispiel rechts.

> *Name: Baldur Borin*
> *Geschlecht: männlich*
> *Alter: ...*
> *Aussehen: ...*
> *Eigenschaften: ...*
> *Stimme/Sprechweise: ...*

8
a Lest den Text mehrmals laut und probiert verschiedene Betonungsmöglichkeiten aus.
b Macht von dem Text eine Kopie und tragt Betonungszeichen ein. Nutzt dazu die Tipps aus dem Methodenkasten.
c Übt euren Vortrag mit einer Partnerin oder einem Partner.

Methode — Einen Lesevortrag vorbereiten

Wirkungsvoll vorlesen bedeutet, dass ihr einen Text **lebendig vortragt** und eure Stimme dem Geschehen und der Figur anpasst. Zum Beispiel könnt ihr lauter sprechen, wenn eine Figur mit ihren Taten angibt, und leiser, wenn sie Angst hat oder mit jemandem flüstert.

- Markiert im Text, wie ihr vorlesen wollt. Verwendet dazu die folgenden **Zeichen:**
  – Betonung, z. B. wichtiger Wörter: ☐Rahmen☐   – Stimme heben, z. B. bei einer Frage: ↑
  – Lautstärke: lauter oder leiser   – Stimme senken, z. B. am Satzende: ↓
  – Pausen, z. B. an spannenden Stellen: |
- Übt **lange und schwierige Wörter.** Entscheidet, welche Silbe betont werden muss.

---

3. Schritt: Den Lesevortrag durchführen und bewerten

9
a Tragt eure Geschichte vor der Klasse vor. Nennt zuerst den Autor und den Titel und gebt an, warum ihr diese Geschichte ausgewählt habt.
b Legt einen Bewertungsbogen an und gebt euch gegenseitig Rückmeldungen:

Bewertungsbogen für ...	☺	😐	☹
– *liest deutlich, flüssig und sicher*			
– *setzt die Stimmlautstärke sinnvoll ein*			
– *wechselt das Lesetempo sinnvoll*			
– *setzt Pausen wirkungsvoll ein*			
– *betont wichtige Wörter und Sätze*			
– *gibt der Figur / den Figuren eine passende Stimme*			

Teste dich!

Merkmale von Lügengeschichten

Erich Kästner

Münchhausen auf der Jagd

Als ich einmal auf der Jagd war, stieß ich ganz unerwartet auf einen kapitalen Hirsch, und ausgerechnet an jenem Morgen hatte ich gerade die letzte Flintenkugel verschossen! Das stattliche Tier schien das zu ahnen und blickte mir, statt auszureißen, beinahe ein bisschen unverschämt ins Gesicht. Weil mich das ärgerte, lud ich meine Büchse mit Pulver, streute eine Handvoll Kirschkerne drauf, die ich in der Rocktasche gehabt hatte, zielte zwischen das Geweih des Hirsches und schoss. Er taumelte, als sei er betäubt, trabte dann aber auf und davon.
Ein oder zwei Jahre danach jagte ich wieder einmal im gleichen Revier, und plötzlich tauchte vor mir ein prächtiger Hirsch auf mit einem veritablen Kirschbaum zwischen dem Geweih! Warte!, dachte ich. Diesmal entkommst du mir nicht! Ich streckte ihn mit einem Blattschuss nieder. Und da sein Kirschbaum voller Kirschen hing, gab es am nächsten Sonntag Hirschrücken mit Kirschtunke. Ich kann euch sagen, es war ein delikates Essen!

1 Lies die Geschichte und notiere stichwortartig drei Lügen, die darin erzählt werden.

2 a Zeige, dass es sich bei dem Text um eine Lügengeschichte handelt:
Notiere die Buchstaben der richtigen Aussagen ins Heft.
Sie ergeben rückwärts gelesen ein Lösungswort.

> Der Text „Münchhausen auf der Jagd" enthält folgende Merkmale einer Lügengeschichte:
> **USE** Der Text ist schon sehr alt.
> **IER** Ein Ich-Erzähler behauptet, die Ereignisse selbst erlebt zu haben.
> **BL** In der Geschichte gibt es Ereignisse, die wahr sein könnten, und welche, die gelogen sind.
> **ES** Es kommen Tiere vor, die sprechen können.
> **EF** Der Erzähler möchte die Leser oder Zuhörer mit der Geschichte unterhalten.
> **LK** Die Geschichte endet damit, dass der Erzähler etwas besonders Leckeres isst.
> **FO** Er enthält eine Lügenkette.
> **TR** Einer Lüge folgt immer eine stärkere Lüge.
> **AK** Er enthält Übertreibungen.

b Wähle zwei richtige Aussagen aus Aufgabe 2a und belege sie jeweils mit einer Textstelle.

3 Vergleiche deine Ergebnisse der Aufgaben 1 und 2 mit einer Lernpartnerin oder einem Lernpartner.

5.2 Lügen wie gedruckt – Lügensprache untersuchen und anwenden

Flunkern ist nicht lügen

1 Welche anderen Wörter gibt es für das Wort *lügen*?
  a Übertragt den nebenstehenden Wortstern in euer Heft und ergänzt weitere Beispiele.
  b Wählt ein Wort aus dem Wortstern und erklärt, in welcher Situation ihr es verwendet.

2 Das Lügen wird häufig auch mit Redewendungen umschrieben.
  a Ergänzt die folgenden Redewendungen jeweils mit einem passenden Verb aus dem Kasten:
   A etwas an den Haaren ...
   B jemanden an der Nase ...
   C jemanden hinters Licht ...
   D ein X für ein U ...
   E jemandem etwas ...

   führen • herbeiziehen • herumführen • vormachen (2 x)

  b Wählt zwei Redensarten und formuliert dazu jeweils einen Beispielsatz.

3 Auch Sprichwörter haben das Lügen zum Thema.
  a Ordnet den vier Sprichwörtern A bis D die jeweils passende Erklärung zu:

   A Eine Lüge zieht zehn andere nach sich. (Polen)
   B Wer einmal lügt, dem glaubt man nicht, und wenn er auch die Wahrheit spricht. (Deutschland)
   C Mit der Lüge kommst du durch die ganze Welt, aber nicht mehr zurück. (Russland)
   D Kein Zeuge ist besser als die eigenen Augen. (Äthiopien)

   – Wenn herauskommt, dass jemand gelogen hat, ist er nicht mehr willkommen.
   – Nur was man selber gesehen hat, stimmt mit Sicherheit. Was andere erzählen, könnte auch gelogen sein.
   – Wer beim Lügen erwischt wird, verliert seine Glaubwürdigkeit.
   – Wer einmal angefangen hat zu lügen, muss immer weiter lügen, damit die Lüge nicht auffliegt.

  b Besprecht zu zweit die Bedeutung der folgenden drei Sprichwörter:
   E Ein Lügner muss ein gutes Gedächtnis haben. (Spanien)
   F Gut lügen hat, wer von weit her kommt. (Italien)
   G Mehr als ein Speer verursacht die Lüge Schmerzen. (Nigeria)

4 Bestimmt die Herkunft und Bedeutung der folgenden Begriffe.
Ihr könnt in Wörterbüchern nachschlagen oder im Internet recherchieren.

   Ammenmärchen • Münchhausiade • Seemannsgarn • Jägerlatein • Zeitungsente

Fordern und fördern – Eine Lügengeschichte fortsetzen

 1 Lest die folgenden zwei Textanfänge von Lügengeschichten und ordnet sie den Bildern zu.

> **A** Letzten Sonntag haben mich meine Eltern schon morgens um neun aus dem Bett geschmissen. Ihr wisst ja, wie Eltern so sind. Ich sollte mich sofort anziehen, wir würden einen schönen Ausflug in einen tollen Wald machen. Wald? Toll? Wovon reden die?, fragte ich mich. Ich hätte so gern noch weitergeschlafen. Stundenlang musste ich dann mit meinen Eltern durch den Wald rennen. Überall nur Bäume, Bäume, Bäume. Aber plötzlich hörte ich aus der Ferne ein seltsames Summen und Klingeln. Ich schwöre euch, als wir auf die Waldlichtung traten, sah ich tatsächlich …

> **B** Skateboard fahren, das können viele, aber solch waghalsige Stunts, wie ich sie fahre, traut sich keiner. Das müsst ihr mir glauben! Neulich habe ich mir mein Board geschnappt und …

2 a Wählt Anfang A oder B aus und setzt die Lügengeschichte mit Hilfe des Bildes oben fort. Beachtet dabei die Merkmale von Lügengeschichten (▶ S. 85).
▷ Hilfe zu Aufgabe 2 a auf Seite 91

b Ergänzt eine passende Überschrift zu eurer Lügengeschichte.
▷ Hilfe zu Aufgabe 2 b auf Seite 91

 3 Überarbeitet eure Lügengeschichte mit Hilfe der Checkliste.   ▷ Hilfe zu Aufgabe 3 auf Seite 91

Eine Lügengeschichte fortsetzen
- Passt die **Fortsetzung** zum vorgegebenen Anfang der Lügengeschichte?
- Habt ihr die Geschichte in der **Ich-Form** geschrieben?
- Habt ihr im Hauptteil **mehrere Lügen** aneinandergereiht?
- Habt ihr in der Geschichte die **Wahrheit beteuert?**
- Habt ihr so stark **übertrieben,** dass alle Leser merken, dass die Geschichte erlogen ist?

Aufgabe 2 a mit Hilfen

Wählt Anfang A oder B aus und setzt die Lügengeschichte mit Hilfe des Bildes fort.
Beachtet dabei die Merkmale von Lügengeschichten (▶ S. 85). So könnt ihr vorgehen:
– Plant die Fortsetzung. Notiert stichwortartig eure Ideen und Antworten auf folgende Fragen:

Text A:
– Was ist auf der Lichtung zu sehen?
– Was können die sonderbaren Pflanzen?
– Wie reagiert der Erzähler auf diese Pflanzen?

Text B:
– Welche Hindernisse muss die Erzählerin mit dem Skateboard überwinden?
– Mit welchen Tricks schafft sie das?
– Welche gefährlichen Situationen oder Zusammenstöße passieren auf der Fahrt?

– Notiert zu euren Ideen Übertreibungen, die eure Lügen besonders anschaulich machen.
  Folgende Formulierungen könnt ihr dafür verwenden:

  unglaublich • unbeschreiblich • ungeheuerlich • unsagbar • unbegreiflich
  riesengroß • klitzeklein • winzig • gigantisch • unermesslich
  blitzschnell • pfeilschnell • schlagartig
  so groß wie … • so klein wie … • so schnell wie … • so schön wie …
  so strahlend, dass … • so hell, dass … • so laut, dass … • so schnell, dass … • so weit, dass …

– Überlegt euch Formulierungen, mit denen ihr betont, dass ihr die Wahrheit sagt:

  So wahr ich … heiße, schwöre ich, dass … • Es mag unglaublich klingen, aber … •
  Ihr werdet mir sicher zustimmen, dass … •
  Wenn ich es nicht mit eigenen Augen gesehen hätte, …

– Schreibt die Fortsetzung der Lügengeschichte in euer Heft.

Aufgabe 2 b mit Hilfen

Ergänzt eine passende Überschrift zu eurer Lügengeschichte, z. B.:

  Der wunderbare Ausflug … • Der Tag, an dem sich … • Meine unglaubliche Fahrt …

Aufgabe 3 mit Hilfen

Überarbeitet eure Lügengeschichte:
– Ergänzt Ausdrücke aus dem Kasten, um Übertreibungen zu verstärken:

  besonders • außerordentlich • äußerst • sehr • enorm • höchst • extrem

– Prüft, an welchen Stellen ihr Vergleiche einbauen könnt, z. B.:
  Das Klingeln der Schlüssel klang hell. → *Das Klingeln der Schlüssel klang hell wie Silberglöckchen.*
  Ich schoss mit meinem Skateboard auf den Berg zu. → *Schnell wie ein Pfeil schoss ich …*

5.3 Fit in …! – Eine Lügengeschichte untersuchen

Stellt euch vor, ihr bekommt in der nächsten Klassenarbeit folgende Aufgabe gestellt:

Untersuche die Münchhausen-Geschichte „Die Enten an der Schnur".
Gehe dabei in folgenden Schritten vor:
1. Fasse in deinen Worten zusammen, was in der Geschichte passiert.
2. Notiere jeweils zwei Beispiele aus der Geschichte für:
   – Geschehnisse, die wahr sein können,
   – Geschehnisse, die bestimmt gelogen sind.
3. Zeige an mindestens zwei weiteren Merkmalen, dass es sich bei der Geschichte um eine Lügengeschichte handelt.

Erich Kästner

Die Enten an der Schnur

Während der Jagd bemerkte ich eines schönen Morgens ein paar Dutzend Wildenten, die friedlich auf einem kleinen See herumschwammen. Hätte ich eine Ente geschossen, wären die anderen davongeflogen, und das wollte ich natürlich nicht. Da kam mir ein guter Gedanke. Ich dröselte eine lange Hundeleine auf, verknotete die Teile, sodass sie nun viermal so lang war wie vorher, und band an einem Ende ein Stückchen Schinkenspeck fest, das von meinem Frühstück übrig geblieben war.
Dann versteckte ich mich im Schilf und warf vorsichtig meine Leine aus. Schon schwamm die erste Ente herbei und verschlang den Speck. Da er sehr glatt und schlüpfrig war, kam er bald, samt dem Faden, an der Rückseite der Ente wieder heraus. Da kam auch schon die nächste Ente angerudert und verschlang das Speckstückchen. Auch bei ihr tauchte es kurz darauf hinten wieder auf, und so ging es weiter! Der Speck machte seine Reise durch alle Enten hindurch, ohne dass die Leine riss, und sie waren daran aufgereiht wie die Perlen an einer Schnur.

Ich zog meine Enten an Land, schlang die Leine sechsmal um mich herum und ging nach Hause. Die Enten waren sehr schwer, und ich war schon recht müde, da begannen die Enten, die ja alle noch lebendig waren, plötzlich mit den Flügeln zu schlagen und stiegen in die Luft! Mit mir! Denn ich hatte ja die Leine um mich herumgewickelt! Sie schienen zu dem See zurückfliegen zu wollen, aber ich benutzte meine langen Rockschöße als Ruder, und so mussten die Enten umkehren. Ich steuerte sie landeinwärts, bis wir nicht mehr weit von meiner Wohnung waren. Nun drehte ich der ersten Ente den Hals um, dann der zweiten, schließlich einer nach der anderen, und so sank ich sanft und langsam auf mein Haus herunter, mitten durch den Schornstein und haargenau auf den Küchenherd, wo die Enten ja hinsollten. Mein Koch staunte nicht schlecht! Zu meinem Glück brannte auf dem Herd noch kein Feuer. Sonst hätte es womöglich Münchhausenbraten gegeben statt Entenbrust mit Preiselbeeren!

Die Aufgabe richtig verstehen

1
a Lest euch die Aufgabenstellung auf Seite 92 genau durch.
b Habt ihr verstanden, was ihr machen sollt?
Wählt die richtigen Antworten aus und notiert die Buchstaben in euer Heft.
Sie ergeben rückwärts gelesen ein Lösungswort.

Um die Aufgabe richtig zu lösen, ...
- N schreibe ich mit meinen eigenen Worten knapp auf, was in der Geschichte passiert.
- R erzähle ich die Geschichte weiter.
- U beschreibe ich, was Münchhausen in Wahrheit passiert sein könnte.
- E prüfe ich, ob es sich um eine Lügengeschichte handelt.
- T nenne ich Textstellen, an denen Münchhausen vermutlich die Wahrheit sagt.
- B erfinde ich zwei weitere Lügen, die in die Geschichte passen.
- N begründe ich meine Aussagen mit Textstellen.
- H liste ich alle Merkmale von Lügengeschichten auf.
- E nenne ich Textstellen, an denen Münchhausen vermutlich lügt.

Planen

2 Bereitet die Antwort zu jeder Aufgabe gut vor. Übertragt dazu die drei Stichwortzettel in euer Heft und ergänzt sie.

Aufgabe 1
Das passiert in der Geschichte:
– Münchhausen will Enten jagen
– seine Idee: Enten mit Hilfe von Speck und einer Leine fangen
– Enten fressen nacheinander den Speck
– ...

Aufgabe 2
Das könnte wahr sein:
– Münchhausen versteckte sich im Schilf und ... (Zeile 13–14)
– ...

Das ist bestimmt gelogen:
– erste Ente schluckte den Speck und ... (Zeile 14–19)
– ...

Aufgabe 3
Daran erkennt man, dass es sich um eine Lügengeschichte handelt:
– Merkmal 1: Lügenkette
– Merkmal 2: Ich-Erzähler
– Merkmal 3: ...

Schreiben

3 Formuliert die Antworten zu den drei Aufgaben in vollständigen Sätzen.
Folgende Satzanfänge könnt ihr verwenden:

Aufgabe 1
Das passiert in der Geschichte:
- Die Geschichte beginnt damit, dass ...
- Münchhausen hat folgende Idee: ...
- Nachdem die erste Ente den Speck gefressen hat, ...
- Eine Ente nach der anderen ...
- Weil die Enten noch leben, ...
- Schließlich landen Münchhausen und die Enten ...

Aufgabe 2
Das könnte wahr sein:
- Münchhausen erzählt in seiner Geschichte einige Dinge, die wahr sein könnten. ...
- Vermutlich ist es wahr, dass ...
- Außerdem kann ich mir gut vorstellen, dass ...
- Ich nehme an, dass ... wahr ist.

Das ist bestimmt gelogen:
- Allerdings glaube ich nicht, dass ...
- Vermutlich lügt Münchhausen auch, wenn er erzählt, dass ...
- Ich glaube ihm nicht, dass ...
- Es ist bestimmt gelogen, dass ...
- Es ist unmöglich, dass ...

Aufgabe 3
Daran erkennt man, dass es sich um eine Lügengeschichte handelt:
- Die Lügengeschichte hat folgende Merkmale: ...
- Bei der Geschichte handelt es sich um eine Lügengeschichte, denn ...
- Außerdem ...
- Ein weiteres Merkmal der Geschichte ist, dass ...

Überarbeiten

4
a Lest noch einmal die Aufgaben auf Seite 92. Überprüft eure Antworten mit der Checkliste.
b Tauscht eure Antworten mit einem Partner und gebt euch gegenseitig Rückmeldung.

Eine Lügengeschichte untersuchen
Aufgabe 1:
- Habt ihr den Inhalt der Geschichte **kurz** und **mit eigenen Worten** wiedergegeben?
- Habt ihr dabei auf die **Reihenfolge der Handlungsschritte** geachtet?

Aufgabe 2:
- Habt ihr mindestens zwei Textstellen genannt, die **wahr** sein könnten?
- Habt ihr mindestens zwei Textstellen angegeben, die **gelogen** sind?

Aufgabe 3:
- Habt ihr mindestens zwei **Merkmale von Lügengeschichten** beschrieben?

Aufgaben 1, 2, 3:
- Habt ihr alle Aufgaben in **vollständigen Sätzen** beantwortet?
- Habt ihr die **Rechtschreibung** und **Zeichensetzung** überprüft?

Schreibwörter				▶ S. 242
die Wahrheit	der Zuhörer	lügen	ungeheuerlich	ehrlich
die Übertreibung	der Lesevortrag	schummeln	unglaublich	wirklich

6 Von Helden und Ungeheuern –
Sagen untersuchen

1 a Betrachtet das Bild. Welche Sagenfiguren kennt ihr?
   b Welche anderen Figuren aus Sagen sind euch bekannt?
      Erzählt euch gegenseitig die Geschichten dazu.

2 a Welche Menschen oder Figuren sind für euch Heldinnen oder Helden? Nennt sie und begründet eure Aussage.
   b Zählt Eigenschaften auf, die eure Heldinnen und Helden haben.

In diesem Kapitel …
– lest ihr Sagen über berühmte Helden,
– findet ihr heraus, woran man Sagen erkennt,
– erzählt ihr Sagen spannend nach,
– gestaltet ihr ein Hörspiel und einen Comic.

6.1 Helden und Götter – Sagen der Antike verstehen

Einen Helden der Antike kennen lernen

Herakles

Als die Götter noch auf Erden wandelten, lebte in Griechenland ein wunderbarer Held. Er war stärker als alle anderen Männer und schön von Angesicht und Gestalt. Sein Name war Herakles.

Herakles war kein gewöhnlicher Mensch, er war der Sohn des Göttervaters Zeus und der schönen Königstochter Alkmene, halb Mensch, halb Gott. Als Herakles geboren wurde, sprach es sich im Olymp[1] schnell herum, dass Zeus wieder einmal ein Kind mit einer Menschenfrau bekommen hatte. Hera, die Gemahlin[2] des Göttervaters, kochte vor Zorn und Eifersucht. Und um sich an Zeus zu rächen, beschloss sie, den kleinen Herakles zu töten. Deshalb schickte sie zwei giftige Schlangen aus, die das Kind erwürgen sollten. Mitten in der Nacht krochen die Schlangen in Alkmenes Haus. Als sie sich jedoch hinaufwanden in die Wiege, in der Herakles zusammen mit seinem Bruder Iphikles schlief, trat die Göttin Athene an das Bett der Kinder. Zeus hatte sie geschickt, um seinen Sohn vor Heras Rache zu beschützen, und auf ihren Wink hin erwachten die beiden Knaben.

Während Iphikles vor Angst laut weinte und schrie, spürte Herakles die Gegenwart der Göttin. Mut und Kraft, wie sie nur die Götter schenken können, durchfluteten ihn, und im nächsten Moment ergriff Herakles mit jeder Hand eine Schlange und erwürgte sie.

Herakles wuchs bald zu einem starken Jüngling heran. Ob im Reiten, im Bogenschießen, im Ringkampf oder im Umgang mit dem Schwert, immer war er allen anderen überlegen. Er wäre ein guter König gewesen, wenn nicht Hera alles darangesetzt hätte, Eurystheus zum Herrscher von Theben zu machen und Herakles zu seinem Untergebenen.

Kaum hatte Herakles das Mannesalter erreicht, kam er an den Königshof und bot Eurystheus seine Dienste an. Der König freute sich, den jungen Helden vor sich im Staub knien zu sehen. Hera hatte ihm aufgetragen, für Herakles eine so schwere Aufgabe zu finden, dass dieser dabei sterben würde.

---

1 der Olymp: Gebirge in Griechenland, galt als Wohnort der Götter
2 die Gemahlin: die Ehefrau

1 Was erfahrt ihr im Text über den Helden Herakles? Legt im Heft einen Steckbrief zu dieser Figur an.

2 Als erwachsener Held trug Herakles immer vier besondere Gegenstände bei sich. Welche waren das? Informiert euch darüber in Lexika oder im Internet.

> Steckbrief: Herakles
> Vater: Zeus (Göttervater)
> Mutter: ...
> Herkunftsort: ...
> Geschwister: ...
> Feinde: ...
> Unterstützer/Freunde: ...
> Fähigkeiten: ...

Herakles und der Kampf gegen den Nemeischen Löwen

Herakles erhielt von König Eurystheus zwölf Aufgaben, die er alle bewältigte. Von einigen dieser Aufgaben erzählen die folgenden Sagentexte.

Nun gab es zu der Zeit in der Gegend einen schrecklichen Löwen: den Löwen von Nemea. Jede Nacht brach er in die Ställe der Bauern ein und riss alles Vieh. Menschen und Tiere zitterten vor dem Ungeheuer, und niemand wagte es, ihm entgegenzutreten.
So schickte König Eurystheus nach Herakles. „Wenn du wirklich so stark bist, wie du behauptest", sagte der König und lächelte heimtückisch[1], „dann geh und töte den Nemeischen Löwen."
„Warum nicht?", antwortete Herakles, und ohne auch nur einen Moment zu zögern, griff er nach seinen Waffen. Er musste nicht lange suchen. Kaum hatte Herakles die Stadt verlassen, hörte er schon das Gebrüll des Löwen. Es war so laut, dass die Vögel aufflogen und der Boden vibrierte. Und dann sah er ihn. Der Löwe war groß wie ein Pferd, in seinem Rachen blitzten gefährliche Zähne, und die Krallen an seinen Pranken waren so scharf wie Dolche. Herakles hatte niemals zuvor ein so riesenhaftes Raubtier gesehen, doch er spürte keine Angst. Völlig ruhig zog er einen Pfeil aus seinem Köcher[2] und versuchte, das Untier damit zu erlegen. Doch die Göttin Hera hatte das Fell

des Löwen undurchdringlich gemacht, sodass alle Waffen von ihm abprallten wie von einem Schild aus Metall. Selbst mit dem Schwert konnte Herakles nichts gegen den Löwen ausrichten. Da spürte der junge Mann die Kraft seines göttlichen Vaters in sich. Er umklammerte den Kopf des Löwen mit beiden Armen, ganz so, wie er es beim Ringkampf gelernt hatte, drückte ihn zu Boden und erwürgte ihn. Dann zog er dem Ungeheuer das Fell ab und machte sich daraus einen Umhang, der ihn künftig vor allen Waffen beschützen sollte. Und seit jenem Tag war Herakles der Held mit dem Löwenmantel.

1 heimtückisch: hinterhältig, gemein
2 der Köcher: Behälter für Pfeile

1 Wie gut habt ihr die Sage verstanden? Besprecht zu zweit die folgenden Fragen:
— Wie lautet die Aufgabe, die König Eurystheus Herakles stellt?
— Wie sieht der Nemeische Löwe aus?
— Wie gelingt es Herakles, das gefährliche Tier zu töten?
— Was erhält Herakles für seinen Sieg?

2 Über welche Eigenschaften verfügt der Held Herakles in dieser Sage? Wählt passende Adjektive aus dem Kasten. Begründet eure Auswahl mit Textstellen.

mutig • tapfer • stark • gnadenlos • furchtlos • schlau • kühn • unerschrocken • scheu • feige • unsicher • verschreckt • wagemutig • vorsichtig • hilfsbereit

Handlung und Merkmale eines Sagentextes untersuchen

Herakles und die Äpfel der Hesperiden

König Eurystheus schickte Herakles ein weiteres Mal los: Er sollte die Äpfel der Hesperiden herbeischaffen. Die Äpfel der Hesperiden hatte einst Gaia, die Mutter Erde, als Hochzeitsgeschenk Zeus und Hera verehrt, und Zeus hatte sie an vier Nymphen[1], die Hesperiden, weitergereicht, die sie in einem Garten anpflanzten. Aus den Früchten wurden herrliche Bäume, die von einem hundertköpfigen Drachen bewacht wurden.

Nun waren Drachen oder andere Lebewesen mit vielen Köpfen für Herakles nichts Neues, damit wurde er fertig. Das Knifflige bestand darin, dass niemand wusste, wo sich dieser Garten überhaupt befand. Man wusste nur: am Ende der Welt.

Herakles forschte und fragte und erhielt schließlich von dem alten, weisen Meergott Nereus die Auskunft, der Garten befinde sich weit im Westen.

Herakles machte sich auf die beschwerliche Wanderschaft und hatte unterwegs viele Abenteuer zu bestehen. In Libyen kämpfte er mit Antaios, einem Riesen, der seine Kraft aus der Erde bezog und den man nur besiegen konnte, wenn man ihn hochhob – damit er den Kontakt zum Boden unter sich verlor.

Und als Herakles in den Kaukasus kam, befreite er den dort gefesselten Titanen[2] Prometheus von seinen Ketten und erschoss den Adler, der täglich dessen Leber fraß. Zum Dank gab ihm der allwissende Prometheus einen Rat: Wenn er weiter nach Westen wanderte, würde er auf seinen titanischen Bruder Atlas stoßen, der als Strafe für ein Vergehen in alle Ewigkeit das Himmelsgewölbe auf Kopf und Schultern zu tragen hatte. Atlas würde bestimmt gern bereit sein, die Äpfel für Herakles zu holen, denn er wusste, wo der Garten war – unter der Bedingung, dass Herakles währenddessen stellvertretend den Himmel tragen würde. Alles geschah wie vorhergesagt. Freudig machte sich Atlas auf den Weg und stahl ohne weitere Zwischenfälle die Äpfel. Aber dann fiel ihm ein, dass es ja eigentlich keinen Grund gab, warum er wieder ins alte Joch[3] zurückkehren sollte.

„Freund", sagte er zu Herakles, „ich habe jetzt erst gemerkt, wie sehr ich es satt bin, hier zu stehen und diese Last zu tragen. Ich werde die Äpfel selbst zu Eurystheus bringen. Du machst diese Sache ja ganz vortrefflich." Herakles konnte den Titanen gut verstehen, denn schon in der kurzen Zeit, in der ihm der Himmel auf den Schultern lag, war der Druck unerträglich geworden. Deshalb wollte er sich so schnell wie möglich aus seiner Lage befreien.

„Ich sehe ja ein", erwiderte Herakles listig, „dass du nicht wieder zurückkehren willst zu dieser Arbeit. Aber ich bin es nicht gewohnt! Erlaube mir, dass ich mir ein Polster mache, das ich mir auf Kopf und Nacken lege, um die Himmelslast auszuhalten. Sei so gut und übernimm währenddessen noch einmal das Tragen."

Atlas, der nicht besonders klug war, erklärte sich einverstanden. Aber kaum hatte er Herakles abgelöst, nahm dieser die Äpfel und machte sich aus dem Staub.

---

1 die Nymphe: weibliche Naturgottheit

2 der Titan: Riese in Menschengestalt, griechisches Göttergeschlecht

3 das Joch: die Belastung, die Bürde

6.1 Helden und Götter – Sagen der Antike verstehen

1. Die Bilder zeigen wichtige Episoden der Sage „Herakles und die Äpfel der Hesperiden".
   a Lest die Sage und notiert die Buchstaben der Bilder in der richtigen Reihenfolge untereinander.
   b Notiert zu jedem Buchstaben die Textstelle (Zeilenangabe) und
      ergänzt eine passende Bildunterschrift, z. B.:
      1) Bild C (Zeile 3–10): Die Äpfel der Hesperiden, bewacht von einem hundertköpfigen Drachen
   c Ein Bild zu einer wichtigen Episode fehlt.
      Zeichnet es in euer Heft und ergänzt darunter die Textstelle und eine Bildunterschrift.

2. Fasst die Sage zusammen. Verwendet das Präsens und schreibt nicht mehr als 150 Wörter.
   So könnt ihr beginnen:
   Herakles erhält von Eurystheus die Aufgabe, die Äpfel der Hesperiden zu holen. Der Meeresgott Nereus verrät ihm, dass sich der Garten weit im Westen befindet ...

3 In den Texten auf den Seiten 96–97 habt ihr Herakles vor allem als mutigen und starken Helden kennen gelernt.
Welche weiteren Eigenschaften dieses Helden werden in der Sage auf Seite 98 erkennbar?
Nennt sie und belegt eure Aussagen mit Textstellen:
In der Sage „Herakles und die Äpfel der Hesperiden" ist Herakles nicht nur mutig und stark, sondern auch ..., denn ... (Zeile ...–...).

4 Wie findet ihr Herakles als Helden? Begründet eure Meinung:
Herakles ist für mich ein/kein echter Held, denn ...

5 Weist nach, dass es sich bei dem Text „Herakles und die Äpfel der Hesperiden" um eine Sage handelt. Übertragt dazu die folgende Grafik in euer Heft und ergänzt Beispiele für die Sagenmerkmale aus dem Text:

Antike Sagen
Beispiel: „Herakles und die Äpfel der Hesperiden"

- handeln oft von bestimmten Helden, z.B. Herakles
- erzählen von Kampf, Bewährung oder Abenteuern, z.B. ...
- erzählen von Figuren mit übermenschlicher Stärke und von übernatürlichen Wesen, z.B. ...
- erzählen von Göttinnen, Göttern und Menschen, die von Göttern abstammen, z.B. ...
- spielen an wirklichen Orten, z.B. ...

6 Herakles trifft in der Sage auf die Titanen Prometheus und Atlas, zwei weitere berühmte Figuren aus der antiken Sagenwelt. Auch diese wurden von den Göttern bestraft.
Wählt eine Figur aus und findet heraus:
– Womit hat sich die Figur den Zorn der Götter zugezogen?
– Worin besteht die Strafe der Götter?
Tragt eure Ergebnisse der Klasse vor.

Information   **Antike Sagen**

- Sagen sind ursprünglich **mündlich überlieferte Erzählungen**.
- Die Sagen der Antike handeln vom **Anfang der Welt, von Göttinnen, Göttern und Helden** und ihren Taten.
- Stehen die Taten eines Helden im Mittelpunkt einer Sage, spricht man von **Heldensagen**.
- In Götter- und Heldensagen geht es meist um **Kampf** und **Bewährung, Sieg** und **Niederlage** und um **abenteuerliche Reisen**.
- Sagen haben häufig einen **wahren Kern**. Im Unterschied zum Märchen können wirkliche Orte, Personen und Begebenheiten vorkommen.
- In Sagen treten auch Menschen mit riesigen Kräften und **übernatürliche Wesen** wie Ungeheuer, Zauberinnen und Riesen auf.

Sich über Sagen der Antike informieren

Götter und Helden in antiken Sagen

Die ältesten literarischen Werke Europas entstanden im alten Griechenland und erzählen vom Kampf um Troja („Ilias") und von den Irrfahrten des Odysseus („Odyssee"). In diesen Sagen leben, streiten und kämpfen Götter, Halbgötter, Wesen wie Nymphen und auch Menschen miteinander. Der höchste unter den Göttern des griechischen Olymps war Zeus. Hera war seine Frau. Die Brüder und Schwestern von Zeus waren ebenfalls Götter. Jede Gottheit hatte besondere Aufgabengebiete. Poseidon war beispielsweise der Gott des Meeres, Aphrodite die Göttin der Schönheit und der Liebe.

Die Menschen in der Antike verehrten neben den Göttern auch zahlreiche Helden. Häufig stammten diese von den Göttern ab oder hatten aus anderen Gründen das Interesse der Götter geweckt. Zeus hatte beispielsweise zahlreiche

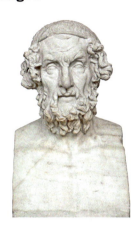

Kinder mit sterblichen Frauen. Diese Kinder waren mit besonderen Gaben ausgestattet. Herakles, der Lieblingssohn von Zeus, war unglaublich stark. Kassandra, eine Heldin aus Troja, wurde auf Grund ihrer Schönheit mit der Gabe der Weissagung beschenkt. Achill, ein Halbgott, war bis auf eine Stelle unverwundbar, da er ein Bad im Styx, dem Fluss der Unterwelt, genommen hatte.

Die mündlich überlieferten Sagen wurden vermutlich von dem griechischen Dichter Homer im 8. Jahrhundert vor Christus aufgeschrieben.

Auch heute noch gibt es in der Literatur Nachfahren dieser Helden. Moderne Helden wie Superman kämpfen ähnlich wie ihre Vorgänger aus der Antike mit außergewöhnlicher Stärke und List und erleben dabei spannende Abenteuer.

---

1 a Lest den Text und formuliert vier Fragen, die im Text beantwortet werden, z. B.:
Wo entstanden die ältesten literarischen Werke Europas?
b Wie gut habt ihr den Text verstanden?
Testet euch zu zweit: Deckt den Text ab und stellt und beantwortet euch gegenseitig eure Fragen von Aufgabe 1a.

2 a Erklärt, wodurch sich Götter und Helden in den Sagen unterscheiden.
b Überlegt, wieso es häufig unterschiedliche Fassungen zu einer Sage gibt.

3 Lest weitere Sagen der Antike und bereitet zu einem Helden oder zu einer Sage einen Kurzvortrag vor (▶ S. 255–256). Hier findet ihr einige Themenvorschläge:

Bekannte Heldinnen und Helden der Antike:	Berühmte Sagen der Antike:
Achill, Ariadne, Atlas, Kassandra, Odysseus, Orpheus, Prometheus, Theseus	Theseus und der Minotaurus, Daidalos und Ikaros, Das Trojanische Pferd, Die Irrfahrten des Odysseus

Teste dich!

Herakles und die Rinder des Geryon

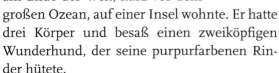

Eine weitere Arbeit stand an. Eurystheus hatte sich wieder etwas einfallen lassen. Diesmal sollte Herakles die Rinder des Geryon holen. Geryon war ein Riese, der am Ende der Welt, kurz vor dem großen Ozean, auf einer Insel wohnte. Er hatte drei Körper und besaß einen zweiköpfigen Wunderhund, der seine purpurfarbenen Rinder hütete.

Der unermüdliche Herakles zog also durch ganz Europa zur Wohnstatt des Riesen. An der engen Stelle, wo sich Europa und Afrika gleichsam gegenseitig in die Augen sehen können, zwischen Gibraltar und Ceuta, stellte er zwei Säulen auf zur Warnung vor den Meeresungeheuern, die sich vielleicht aus dem großen Ozean bis hierhin vorwagen sollten, und als Hinweis, dass keines der Schiffe das Mittelmeer verlassen sollte. Bis heute heißt dieser Punkt „die Säulen des Herakles".

Da die Sonne in diesen Landstrichen unbarmherzig heiß brannte, geriet Herakles außer sich und spannte seinen Bogen gegen den Sonnengott Helios, um ihn vom Himmel zu holen. Der Herr der Sonne bewunderte seine Verwegenheit und belohnte ihn, indem er ihm seine riesige goldene Schale als Boot schenkte. Auf der gelang Herakles dann die Überfahrt zur Insel des Geryon, und er trieb die Purpurrinder fort. Als ihn der Riese und sein Hund verfolgten, erschoss er beide. Er verlud die Tiere in die goldene Schale des Helios, setzte mit ihnen ans Festland über und gab dann dem Sonnengott sein Eigentum zurück. Auf der Heimfahrt musste er aber viele Hindernisse überwinden, denn die Rinder hatten ihren eigenen Kopf: Einmal trennte sich ein Stier von der Herde und gesellte sich anderen Kühen zu. Der Besitzer dieser Kühe gab den Stier erst nach einem Ringkampf mit Herakles heraus, denn er sah nicht ein, dass er so ein Prachttier nicht zur Zucht nutzen sollte. Ein anderes Mal machte Hera die ganze Herde so wild, dass es Herakles nur mit Mühe gelang, die Rinder bis Tiryns zu bringen. Dort wurden sie von Eurystheus der Hera geopfert.

1 Ordne die folgenden Handlungsschritte der Sage. Notiere die Buchstabenpaare in der richtigen Reihenfolge ins Heft. Rückwärts gelesen ergeben sie ein Lösungswort.
  RG Herakles kann die Rinder nur schwer wegbringen, da Hera die Tiere wild gemacht hat.
  AL Herakles erhält von Helios die Sonnenschale und fährt damit zur Insel des Geryon.
  DN Herakles reist zum Riesen Geryon und stellt an der Meerenge von Gibraltar zwei Säulen auf.
  EI Herakles muss gegen den Besitzer einer Rinderherde kämpfen.
  HC Herakles lädt die Tiere auf die Sonnenschale.
  NE Herakles wird von Geryon und seinem zweiköpfigen Hund verfolgt.

2 a Herakles gilt als Held der Antike. Notiere drei Textstellen, an denen er sich heldenhaft verhält.
  b Weise nach, dass der Text eine Sage ist. Gib zu den folgenden drei Merkmalen jeweils eine passende Textstelle an:
   A Es werden Orte angegeben, die wirklich existieren.
   B Es geht um Kämpfe und Abenteuer von Göttern und Halbgöttern.
   C Es treten übernatürliche Wesen auf.
  c Vergleiche deine Ergebnisse mit einer Lernpartnerin oder einem Lernpartner.

6.2 Deutsche Heldensagen – Sagen nacherzählen und gestalten

Eine Sage mündlich nacherzählen

Ein bekannter Held in der deutschen Literatur ist Siegfried. Lange erzählte man sich von seinen Heldentaten, bevor diese um das Jahr 1200 im berühmten „Nibelungenlied" aufgeschrieben wurden.

Wie Siegfried den Drachen tötete

Nach vielen Tagesreisen erreichte Siegfried den Ort mit dem Namen Gnitaheide. Er bat einen Köhler, der im Wald seine Holzkohle herstellte, ihn dahin zu führen, wo der Drache hauste. Erschrocken weigerte sich der Köhler: „Geh nur allein, du kannst ihn nicht verfehlen. Zu schrecklich ist der Drache, als dass ich mit dir gehen möchte."
So ging Siegfried allein weiter. Abends kam er an einen Felsenquell, der sich zu einem Teich staute. Da fand er endlich eine Spur des Drachen, den man Fafner nannte. Einen breiten Weg hatte sich das Tier durch Wald und Gebüsch zum Teich gebrochen, wo es morgens zu trinken pflegte. Oberhalb des Quells verlor sich die wüste Bahn im gähnenden Schlund einer finsteren Höhle. Am Quell wartete Siegfried auf den kommenden Morgen.
Am nächsten Tag stieg die Sonne aus dem feuchten Nebeldunst. Da vernahm Siegfried ein fernes Pfeifen und Zischen. Bald schwoll es zu einem gewaltigen Schnauben, Rasseln und Schleifen an: Der Drache kam. Und dann sah er ihn. Kurze, gekrümmte Krallenfüße schoben den gewaltigen Echsenkörper: Zackig zog sich ein grässlicher Stachelkamm vom Nacken bis zur Schwanzspitze. Dicke, schuppige Hornplatten schützten den schwarz-grünen Leib. Nur unten am Bauch ließen weißliche Streifen ahnen, wo das Ungeheuer verwundbar war. Nach links und rechts pendelte der platte Kopf auf dem dicken Hals. Grässlich starrten die Zahnreihen im geöffneten Rachen. Siegfrieds Herz raste vor Erregung, seine Faust presste den Schwertgriff. Jetzt hielt das Ungeheuer an, zog zischend den Atem ein: Es hatte den Menschen gewittert. Feuerdampf stießen die Nüstern aus, wütend schwoll sein Rückenkamm. Dann wälzte sich das Tier auf den Stein zu, hinter den Siegfried sich geduckt hatte.

Doch der sprang seitwärts aus seinem Versteck weg und suchte Fafner von der Flanke her anzugreifen. Blitzschnell wendete sich der Drache um und nun begann ein furchtbarer Kampf. Fafner war entsetzlich, giftig sein Geifer¹, brennend sein Atem, tödlich der Schlag seines Schwanzes und der Hieb seiner Klauen. Aber schnell und geschickt war Siegfried, scharf sein Blick, rasch und sicher sein Arm. Die Gnitaheide erbebte vom Gebrüll Fafners und von den Schwertschlägen, die wirkungslos an seinem Schuppenpanzer abprallten. Ringsum war der Boden zerstampft und durch den feurigen Atem des Drachen versengt.

Da! Eine unbedachte Wendung reißt den Drachen auf die Seite. Für einen Augenblick zeigt sich der weiße, weiche Bauch, und tief stößt Siegfried sein Schwert in den Leib des Ungeheuers. Dickes Blut schießt in mächtigem Strahl hervor, der Feueratem vergeht, das Tier bäumt sich auf, bis es sich streckt, ein letztes Mal zuckt und still liegen bleibt. – Fafner war tot.

Ein blutiger Bach floss zum Quellteich. Ohne an etwas zu denken, tauchte Siegfried seinen Finger hinein und leckte ihn ab. Da verstand er plötzlich die Sprache der Vögel. Erstaunt lauschte er, als eine Graumeise ihm zusang, dass das Drachenblut die Haut unverwundbar mache. Schnell streifte er sich die Kleider vom Leib und tauchte seinen ganzen Körper in den Bach. Er merkte nicht, dass dabei ein Lindenblatt auf seinen Rücken zwischen die Schulterblätter gefallen war. An dieser Stelle blieb er verwundbar wie die anderen Menschen. Sein übriger Körper aber war fortan gegen Hieb und Stich geschützt.

---

1 der Geifer: der Speichel, die Spucke

1
a Lasst euch die Sage von einer Partnerin oder einem Partner laut vorlesen und hört genau zu.
b Habt ihr alles verstanden? Vervollständigt die folgenden Satzanfänge A bis G.
Euer Partner prüft die Aussagen.
   A Der Held Siegfried reist nach Gnitaheide, um …
   B Er findet eine Spur …
   C Das Aussehen des Drachen ist Furcht erregend: Er hat …
   D Siegfried bekämpft das Ungeheuer mit …
   E Am Ende siegt …
   F Durch das Blut des Drachen …
   G Doch ein Lindenblatt …

2
a Was bedeuten die folgenden Aussagen in der Sage? Ordnet die passenden Umschreibungen zu.

A „verlor sich die wüste Bahn im gähnenden Schlund einer finsteren Höhle" (Z. 15–17) B „gewaltiges Schnauben, Rasseln und Schleifen" (Z. 22–23) C „wütend schwoll sein Rückenkamm" (Z. 38–39) D „von der Flanke her" (Z. 42–43)	– die Spitzen an seinem Rücken wurden größer – von der Seite – laute, merkwürdige Geräusche – führte die Spur zu einer tiefen, dunklen Höhle

b Besprecht zu zweit weitere Textstellen, die ihr nicht verstanden habt.

3 An einer Stelle in der Sage wechselt plötzlich die Zeitform. Bestimmt die Stelle und überlegt, welche Wirkung dieser Zeitformwechsel hat.

6.2 Deutsche Heldensagen – Sagen nacherzählen und gestalten

4 a Lest die beiden Ausschnitte aus Nacherzählungen der Sage:

> **A** … Und dann ist Siegfried zum Drachen gekommen. Der Drache war ziemlich schrecklich. Aber Siegfried hat ihn durch einen Trick besiegt. Er hat ihm einfach sein Schwert in den Bauch gerammt. Das Blut vom Drachen hat Siegfried geschützt …

> **B** … Lange suchte Siegfried nach dem gefährlichen Drachen. Schließlich traf er im Wald einen Köhler. Dieser berichtete ihm, wo der Drache zu finden war, wollte ihn aber nicht begleiten. „Geh allein", sagte er ängstlich, „du wirst ihn auch ohne meine Hilfe finden." Am späten Abend erreichte Siegfried im Wald schließlich die Stelle, von der ihm der Köhler berichtet hatte …

b In welchem Ausschnitt wird besser nacherzählt? Begründet eure Meinung.

5 Erzählt die vollständige Sage spannend und anschaulich nach. Geht dabei so vor:
- Unterteilt den Text in fünf Abschnitte.
- Notiert zu jedem Abschnitt eine Überschrift auf eine Karteikarte.
- Lest jeden Abschnitt noch einmal genau.
  Notiert dabei die wichtigsten Handlungsschritte auf die jeweilige Karteikarte.
- Markiert auf den Karteikarten Stellen, an denen ihr wörtliche Rede ergänzen könnt.
- Übt mit Hilfe der Karteikarten eure Nacherzählung.

Abschnitt 1: Auf der Suche
- *Siegfried reiste nach Gnitaheide*
- *fragte Köhler nach Drachen*
- *Köhler lehnte Begleitung ab*

Abschnitt 2: Spuren im Wald
- *erreichte Teich*
- *fand Drachenspur und Höhleneingang*
- *wartete auf nächsten Morgen*

6 Tragt euch in Gruppen eure Nacherzählungen gegenseitig vor.
Gebt euch Rückmeldungen und bestimmt den „Erzählhelden" der Gruppe.

7 Zeichnet ein Bild zu der Episode der Sage, die euch am besten gefällt.
Formuliert dazu eine Bildunterschrift.

Methode	Nacherzählen

- Haltet die **Reihenfolge der Ereignisse** ein.
- Erzählt alle wichtigen **Handlungsschritte** nach.
- Formuliert möglichst mit **eigenen Worten.**
- Teilt auch die **Gedanken und Gefühle** der Hauptfiguren mit.
  Dazu kann die **wörtliche Rede** verwendet werden.
- Formuliert **abwechslungsreiche Satzanfänge,** z. B.: *Als …, In dem Moment …, Später …*
- Verwendet möglichst die **Zeitform der Textvorlage** (meistens Präteritum).

Die Figuren einer Sage untersuchen

Im „Nibelungenlied" geht es nicht nur um große Heldentaten, sondern auch um Liebe: Siegfried, der Drachentöter, möchte die schöne Kriemhild heiraten, die Schwester des Burgunderkönigs Gunther. Gunther liebt Brünhild, die Königin von Island. Die wiederum träumt von Siegfried als Ehemann.

Wie Brünhild besiegt wurde

Gunther war verliebt. Er träumte von Brünhild, der schönen Königin von Island, und wollte alles daransetzen, sie zur Frau zu gewinnen. Allerdings war Brünhild dafür bekannt, dass sie alle Freier abwies. Nur denjenigen, der sie im Dreikampf schlagen konnte, würde sie heiraten. Gewann jedoch Brünhild den Wettstreit, so hatte der Bewerber sein Leben verwirkt[1]. Gunther war verzweifelt. Unzählige starke Männer hatten bereits um Brünhild geworben, und alle hatten den Versuch mit ihrem Leben bezahlt. In seiner Not wandte sich der König an Siegfried.

„Hilf mir, Brünhild zu besiegen, und dann wollen wir eine Doppelhochzeit feiern. Allerdings musst du in Island mein Gefolgsmann[2] sein. Wenn du als mein ebenbürtiger Gefährte[3] erscheinst, wird Brünhild Verdacht schöpfen."

Siegfried willigte ein, und schon bald setzten Gunther, Hagen, der treue Dankwart und er mit einem kleinen Schiff nach Island über. Brünhild war sehr erfreut, als sie hörte, Siegfried von Xanten würde an ihren Hof kommen. Schon einmal war Siegfried ihr Gast gewesen, doch hatte er niemals um ihre Hand angehalten. Insgeheim hoffte Brünhild nun, dass der schöne, starke Mann endlich gekommen war, um sie im Wettstreit zu besiegen und dann zu seiner Frau zu nehmen.

Doch es kam anders. König Gunther stellte sich ihr zum Wettkampf, und Siegfried, der wunderbare Held und Drachentöter, führte dessen Pferd am Zügel wie ein Stallbursche. Dennoch, die Werbung war ausgesprochen, und Brünhild blieb nichts anderes übrig, als sich mit Gunther zu messen.

„Um mein Gemahl zu werden, musst du mich im Steinwurf, im Weitsprung und im Speerwerfen übertreffen", sagte Brünhild, betrachtete Gunthers schwächliche Statur und lächelte spöttisch. „Verlierst du, werde ich dich töten."

Gunther blickte die schöne Königin an. Er wusste, dass sie über magische Kräfte verfügte, aber er wusste auch, dass Siegfried unsichtbar neben ihm stand, verborgen unter einer Tarnkappe. Deshalb griff er mutig nach einem Stein und spürte sogleich, dass Siegfried ihm den Stein unbemerkt aus der Hand nahm und an seiner Stelle warf. Und Brünhild unterlag.

---

1 sein Leben verwirken: sein Leben verspielen und verlieren

2 der Gefolgsmann: der Diener

3 der ebenbürtige Gefährte: Freund, der den gleichen Rang hat

Auch im Weitsprung siegte Gunther mit Siegfrieds Hilfe, und als sein Speer schließlich so weit flog, dass er mit bloßem Auge fast nicht mehr zu erkennen war, musste sich die Königin geschlagen geben.

Schon wenige Tage später führten Gunther und sein Gefolge die schöne Brünhild nach Worms.

König Gunther und seine Braut Brünhild wurden in Worms mit allen Ehren empfangen. Dennoch entging es Brünhild nicht, dass ihr künftiger Gemahl seinen vermeintlichen Gefolgsmann Siegfried plötzlich wie einen ebenbürtigen Freund behandelte. Schlimmer noch: Der Untergebene Siegfried sollte nun auch noch mit der Schwester des Königs, Kriemhild, verheiratet werden – am Tage ihrer eigenen Hochzeit mit Gunther. Sie, die stolze Herrscherin von Island, sollte eine Doppelhochzeit zusammen mit einem Vasallen[4] feiern?

Da vermutete Brünhild zum ersten Mal, dass sie getäuscht worden war. Um den vermeintlichen Betrug doch noch aufzudecken, beschloss Brünhild, ihren Gemahl in der Hochzeitsnacht auf die Probe zu stellen. Als Gunther ihre Kammer betrat, fesselte sie ihn mit ihrem Gürtel, hängte ihn an einen Nagel in der Wand und verlangte die Wahrheit. Doch Gunther schwieg. In der nächsten Nacht aber schlich Siegfried, verborgen unter der Tarnkappe, zu Brünhild, rang sie nieder und überließ sie dann Gunther. Als es Morgen wurde, hatte Brünhild ihre magischen Kräfte für immer verloren und musste Gunther nun wie eine normale Frau angehören.

---

4 der Vasall: der Gefolgsmann, der Diener

1 Wie gelingt es Gunther, Brünhild als Frau zu gewinnen? Lest die Sage und erklärt den Trick.

2 Untersucht die vier Hauptfiguren der Sage:
Welche Eigenschaften haben sie? Und wie stehen sie zueinander?
Legt euer Heft quer. Übertragt die folgende Figurenskizze und ergänzt die Angaben:

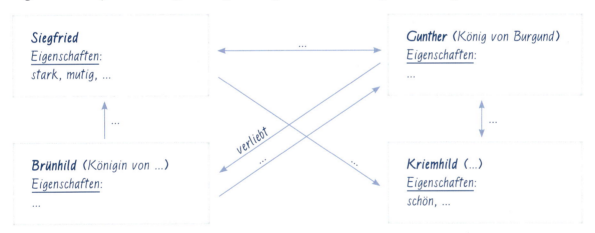

> **Methode** **Eine Figurenskizze erstellen**
>
> Die **Beziehungen zwischen Figuren** kann man in Figurenskizzen darstellen,
> um sie besser zu verstehen:
> - Zeichnet für jede Figur einen Kasten. Schreibt in den Kasten **Namen und Eigenschaften** der Figur.
> - Verbindet die Kästen durch Pfeile und beschriftet diese mit **Angaben zur Beziehung,** z. B.: *verliebt, befreundet, verfeindet, fremd, verwandt.*

Fordern und fördern – Eine Sage schriftlich nacherzählen

1 Bereitet eine schriftliche Nacherzählung der Sage „Wie Brünhild besiegt wurde" (▶ S. 106–107) vor:

a Gliedert die Sage in sechs Textabschnitte. Notiert die Zeilenangaben der Abschnitte auf sechs Zettel oder Karteikarten und formuliert zu jedem Abschnitt einen Satz, z. B.:

1) Zeile 1–13: Der Burgunderkönig Gunther will Brünhild, die Königin von Island, heiraten.

▷ Hilfe zu Aufgabe 1a auf Seite 109

b Lest die einzelnen Abschnitte genau und notiert wichtige Schlüsselwörter.
Ihr könnt auch zu jedem Abschnitt eine Skizze zeichnen und diese mit Schlüsselwörtern beschriften.

▷ Hilfe zu Aufgabe 1b auf Seite 109

2 In einer Nacherzählung solltet ihr nicht aus dem Ausgangstext abschreiben.
Formuliert die folgenden Sätze mit eigenen Worten:

> A „Allerdings war Brünhild dafür bekannt, dass sie alle Freier abwies." (Z. 4–5)
> B „In seiner Not wandte sich der König an Siegfried." (Z. 12–13)
> C „Siegfried willigte ein, und schon bald setzten Gunther, Hagen, der treue Dankwart und er mit einem kleinen Schiff nach Island über." (Z. 19–21)
> D „Da vermutete Brünhild zum ersten Mal, dass sie getäuscht worden war." (Z. 71–72)
> E „Doch Gunther schwieg." (Z. 78)

▷ Hilfe zu Aufgabe 2 auf Seite 109

3 Eure Nacherzählung wirkt lebendiger, wenn ihr wörtliche Rede einbaut.
Schreibt einen Dialog zwischen Brünhild und Gunther zu der Textstelle Zeile 51–55.

4 Verfasst eine vollständige Nacherzählung der Sage im Präteritum.

▷ Hilfe zu Aufgabe 4 auf Seite 109

5 Überarbeitet eure Nacherzählung.
Achtet dabei auf abwechslungsreiche Satzanfänge und die richtige Zeitform.

▷ Hilfe zu Aufgabe 5 auf Seite 109

6 Zeichnet oder skizziert eure Lieblingsfigur der Sage.
Ergänzt eine Denkblase und schreibt hinein, was die Figur am Ende der Sage über das Geschehen denkt.

Aufgabe 1a mit Hilfen

Bereitet eine schriftliche Nacherzählung der Sage „Wie Brünhild besiegt wurde" (▶ S. 106–107) vor: Gliedert die Sage in sechs Textabschnitte. Notiert die Zeilenangaben der Abschnitte auf sechs Zettel oder Karteikarten und ordnet ihnen die folgenden Sätze zu:
- Brünhild stellt Gunther in der Hochzeitsnacht zur Rede.
- Gunther muss in drei Disziplinen gegen die starke Brünhild antreten.
- Der Burgunderkönig Gunther will Brünhild, die Königin von Island, heiraten.
- Brünhild ist enttäuscht, dass nicht Siegfried gegen sie kämpfen will.
- Bei der Doppelhochzeit in Worms wird Brünhild misstrauisch.
- Gunther bittet Siegfried um Hilfe und verspricht ihm seine Schwester Kriemhild als Frau.

Aufgabe 1b mit Hilfen

Ordnet die folgenden Schlüsselwörter aus dem Text den sechs Abschnitten zu:
A Doppelhochzeit • Gefolgsmann • Island
B verliebt • Dreikampf • verzweifelt
C erfreut • Gunthers schwächliche Statur • Wettkampf
D Worms • Freund • Kriemhild • Doppelhochzeit
E Betrug • Hochzeitsnacht • Probe • Wahrheit • normale Frau
F Siegfried • unsichtbar • Tarnkappe • geschlagen

Aufgabe 2 mit Hilfen

In einer Nacherzählung solltet ihr nicht aus dem Ausgangstext abschreiben.
Formuliert die folgenden Sätze um. Verwendet dazu die Ausdrücke in Klammern.

A „Allerdings war Brünhild dafür bekannt, dass sie alle Freier abwies." *(ablehnen / Männer, die um ihre Hand anhielten)*
B „In seiner Not wandte sich der König an Siegfried." *(um Hilfe bitten)*
C „Siegfried willigte ein, und schon bald setzten Gunther, Hagen, der treue Dankwart und er mit einem kleinen Schiff nach Island über." *(einverstanden sein / fahren)*
D „Da vermutete Brünhild zum ersten Mal, dass sie getäuscht worden war." *(merken / hintergehen)*
E „Doch Gunther schwieg." *(nicht antworten)*

Aufgabe 4 mit Hilfen

Verfasst eine vollständige Nacherzählung der Sage im Präteritum. So könnt ihr beginnen:
Gunther wollte unbedingt Brünhild, die Königin von Island, heiraten. Da diese aber sehr stolz war, hatte sie erklärt, nur denjenigen als Mann zu nehmen, der sie im Dreikampf besiegen würde. König Gunther wusste, dass ...

Aufgabe 5 mit Hilfen

Überarbeitet die unterstrichenen Stellen der folgenden Sätze aus einer Nacherzählung.
Achtet dabei auf abwechslungsreiche Satzanfänge und die richtige Zeitform.
Dann bat Gunther Siegfried, ihm zu helfen. Siegfried verspricht ihm, in Island den Diener zu spielen und ihm im Kampf gegen Brünhild zu helfen. Dann soll Siegfried dafür Kriemhild heiraten dürfen. Dann fahren sie mit dem Schiff nach Island.

Hörspielszenen gestalten

1 Was unterscheidet Hörspiele von einem Buch oder einem Film?
Überlegt gemeinsam und listet die Besonderheiten von Hörspielen auf.

2 Geräusche machen ein Hörspiel lebendig.
  a Welche Geräusche werden auf den Bildern nachgeahmt? Äußert eure Vermutungen.

  b Welche weiteren Tricks kennt ihr, um Geräusche nachzuahmen? Sammelt Ideen.

3 Gestaltet ein Hörspiel zu der Sage „Wie Brünhild besiegt wurde" (▶ S. 106–107). Geht dabei so vor:
  a Verteilt die Textabschnitte auf einzelne Gruppen. Jede Gruppe entwirft zu ihrer Szene einen Regieplan. Überlegt dabei:
   – Wie könnt ihr die Handlung eurer Szene hörbar machen, ohne dass der Erzähler viel spricht?
   – Welche weiteren Figuren könnten sprechen (z. B. Zuschauer beim Kampf)?
   – Welche Geräusche und welche Musik sind zu hören (z. B. Trommeln beim Kampf)?
   – Mit welchen Tricks kann man diese Geräusche nachahmen?
  b Fertigt zu eurer Szene einen Hörspielplan wie im folgenden Beispiel an:

Hörspielplan zu Szene 1 (Zeile 1–21):
Sprechertexte: *Geräusche und Musik:*
Erzähler: *Am Hofe der Burgunder ruft König Gunther Siegfried zu*   *Eingangsmusik*
sich. Er will die Königin Brünhild aus Island heiraten. Dazu benötigt
er jedoch Hilfe ...
Gunther: *Siegfried! Endlich! Ich habe dich rufen lassen, weil ...*   *Schritte, sich öffnende Tür*
Siegfried: *Gern will ich dir helfen, wenn du mir ...*
...

---

  c Legt in der Gruppe fest, wer welche Aufgabe übernimmt (Regisseur, Sprecher, Geräuschemacher, technischer Leiter), und übt eure Hörspielszene ein.
  d Nehmt eure Hörspielszene auf oder spielt sie der Klasse hinter einem Vorhang vor.

Information   **Das Hörspiel**

Beim Hörspiel wird **alles,** was die Zuhörer erfahren sollen, **hörbar gemacht.**
- Was die Figuren sehen, denken und fühlen, erfahren die Hörer durch **Dialoge (Gespräche)** und **Monologe (Selbstgespräche).** Manchmal führt auch ein Erzähler durch die Handlung.
- Das **Hintergrundgeschehen** und die **Stimmungen** werden durch Geräusche und Musik in Szene gesetzt.

6.3 Projekt – Einen Helden-Comic gestalten

Brian Bendis u. a.

Spider-Man – Die Geheimidentität

1 a Was wisst ihr über Spider-Man?
　 b Beschreibt die Comic-Bilder. In welcher Situation befindet sich Spider-Man?

2 Was ist Spider-Man für ein Held? Begründet anhand des Comics. Verwendet Adjektive aus dem Kasten:

mutig • stark • furchtlos • gewalttätig • zweiflerisch • geschickt • schlau • ideenreich

3 Legt im Heft eine Tabelle an und vergleicht in Partnerarbeit das Aussehen, die Aufgaben und die Eigenschaften euch bekannter Helden.

	Aussehen	Aufgabe	Eigenschaften
Spider-Man	...	Menschen retten	...
Herakles	...	...	...
Siegfried	...	...	...
...	...	...	...

4 Erfindet eine Heldengeschichte zum Spider-Man-Comic auf Seite 111 und zeichnet dazu einen Comic. Geht so vor:

a Überlegt euch Antworten zu den nebenstehenden W-Fragen und notiert sie stichwortartig ins Heft.

Wer? • Wann? • Wo? • Was? • Wie? • Warum?

b Plant die Handlungsschritte. Notiert dazu stichwortartig:
Was ist vorher passiert? — Wie geht es weiter? — Wie soll die Geschichte enden?

c Plant euren Comic:
— Bestimmt, wie viele Bilder ihr benötigt.
— Legt eine Übersichtsskizze zu allen notwendigen Bildern an. Notiert zu jedem Bild kurz, was dargestellt werden soll (Figuren, Hintergrund, Sprech- und Denkblasen), z. B.:

Bild 1:
— Spider-Man sieht, wie sich Ungeheuer zur Schule schleicht
— Denkblase: Was macht der schon wieder hier? Will er etwa ...
— Hintergrund: graue Hochhäuser

Bild 2:
— Ungeheuer springt über Schulzaun
— Hintergrund: Schule

Bild 3:
...

d Zeichnet euren Comic.

5 Besprecht in der Klasse, wie ihr eure Comic-Geschichten präsentieren wollt. Wählt eine der folgenden Möglichkeiten und setzt sie um:

Bindung als Comic-Heft

Plakatausstellung im Schulhaus

Gallery-Walk (▶ S. 278): Präsentation an verschiedenen Stellen im Klassenraum

Schreibwörter ▶ S. 242

der Held	der Sieg	kämpfen	unerschrocken	während
der Gott	die Niederlage	befehlen	furchtlos	schließlich
das Ungeheuer	die Rache	bezwingen	tapfer	endlich

7 Tiere handeln wie Menschen –
Fabeln verstehen und ausgestalten

1. In Fabeln treffen meistens zwei Tiere aufeinander.
   a Betrachtet die Bilder. Welche Tiere begegnen sich hier jeweils?
   b Nennt die Eigenschaften, die den abgebildeten Tieren zugeschrieben werden, z. B.:
   schlau, fleißig, stark, schwach.

2. Kennt ihr Fabeln, in denen sich die abgebildeten Tiere begegnen? Erzählt sie.

In diesem Kapitel …
— lernt ihr Fabeln kennen und verstehen,
— findet ihr heraus, an welchen Merkmalen man eine Fabel erkennt,
— gestaltet ihr selbst Fabeln.

7.1 Von Füchsen und anderen Tieren – Merkmale von Fabeln kennen lernen

Fabeln von Äsop untersuchen

Äsop
Der Fuchs und der Bock im Brunnen

Ein Fuchs, der in einen Brunnen gefallen war, mochte sich noch so sehr bemühen und noch so hoch springen, er konnte sich nicht aus seinem Gefängnis befreien.
Nach einiger Zeit kam ein Ziegenbock zum Brunnen und sah den Fuchs unten hocken.
„Ist das Wasser gut?", fragte der Ziegenbock den Gefangenen.
Der Fuchs spitzte die Ohren und ließ sich nichts von seiner Verlegenheit anmerken.
„Ah, Ziegenbock!", rief er mit seiner sanftesten Stimme. „Das Wasser ist frisch und kalt. Komm zu mir und versuche es!"
Der Ziegenbock zögerte nicht lange und sprang zu dem Fuchs hinunter. Das Wasser war, wie der Fuchs gesagt hatte, frisch und kalt, aber nachdem der Ziegenbock getrunken hatte, wusste er nicht, wie er wieder aus dem Brunnen herauskommen sollte.
„Lass mich nur machen", befahl der Fuchs. „Stemm dich mit deinen Vorderbeinen gegen die Mauer und mache deinen Hals recht lang. Ich klettere über deinen Rücken und über deine Hörner hinauf. Wenn ich oben bin, werde ich dir helfen."
Der Ziegenbock richtete sich auf, stemmte seine Vorderbeine gegen die Mauer und reckte den Hals in die Höhe. Der Fuchs hüpfte auf den Rücken des Ziegenbockes, kletterte auf seine Hörner und sprang mit einem mächtigen Satz über den Rand des Brunnens.
Als er selbst in Sicherheit war, dachte er nicht daran, seinem Gefährten zu helfen. Er lief um den Brunnen herum und verhöhnte den Ziegenbock. „Warum hältst du dein Wort nicht?", jammerte der Ziegenbock. „Ich habe dir geholfen, warum hilfst du mir nicht?"
„Ziegenbock, alter Ziegenbock", spottete der Fuchs, „wenn du so viel Verstand in deinem Kopf hättest wie Haare in deinem Bart, dann würdest du nirgends hinunterspringen, bevor du nicht weißt, wie du wieder herauskommst!"

1 Wie überlistet der Fuchs den Bock? Erzählt mit eigenen Worten, was in der Fabel geschieht.

2 Über welche Eigenschaften verfügen Fuchs und Ziegenbock in dieser Fabel?
Wählt passende Adjektive aus dem Kasten:

> stark • schwach • mutig • feige • listig • dumm • gemein • gutmütig • fleißig • faul

3 Welche Lehre formuliert der Fuchs am Ende der Fabel? Bestimmt die zutreffende Aussage:
A Man sollte nie einem Fuchs trauen.
B Man sollte nachdenken, bevor man sich auf etwas einlässt.

Äsop

Der Fuchs und der Storch

Ein Fuchs hatte einen Storch zu Gast gebeten und setzte die köstlichsten Speisen vor. Er verwendete jedoch nur ganz flache Schüsseln, aus denen der Storch mit seinem langen Schnabel
5 nichts fressen konnte. Gierig fraß der Fuchs alles allein, obgleich er den Storch unaufhörlich bat, es sich doch schmecken zu lassen.
Der Storch fühlte sich betrogen, behielt aber trotzdem seinen Frohsinn, trug es mit Fassung
10 und lobte außerordentlich die Bewirtung.
Am nächsten Tag bat er seinen Freund zum Essen zu sich.
Als der Fuchs zum Storch kam, fand er ebenfalls die leckersten Gerichte aufgetischt – je-
15 doch nur in Gefäßen mit langen Hälsen und schmaler Öffnung.

„Mache es so wie ich", sprach der Storch, „und fühle dich wie bei dir."
Und er schlürfte mit seinem Schnabel ebenfalls alles allein, während dem Fuchs nur die 20 guten Gerüche zuteilwurden.
Hungrig stand er vom Tisch auf und musste sich eingestehen, dass ihn der Storch für seinen Mutwillen ausreichend gestraft habe.

1 a Betrachtet zuerst das Bild. Überlegt, um welchen Konflikt es in dieser Fabel gehen könnte.
  b Lest die Fabel und überprüft eure Vermutungen.

2 Fuchs und Storch treffen sich zweimal. Formuliert zu jedem Treffen eine Teilüberschrift und notiert, welche Eigenschaften Fuchs und Storch bei den Treffen jeweils zeigen:

	Teilüberschrift	Eigenschaften der Figuren
1. Treffen (Zeile 1–...)	...	Fuchs: listig, ... Storch: ...
2. Treffen (Zeile ...–...)	...	Fuchs: ... Storch: ...

3 Wie verhält sich der Storch bei beiden Treffen?
Besprecht, welche Absicht er mit diesem Verhalten vermutlich verfolgt.

4 Fabeln haben in der Regel den folgenden Aufbau: Ausgangssituation → Konflikt → Lösung → Lehre.
  a Untersucht den Aufbau der Fabel und ordnet den Bestandteilen die passenden Textstellen zu.
  b Welches Sprichwort könnte zur Verdeutlichung der Lehre noch ergänzt werden? Wählt aus:
    A Dem hungrigen Bauch schmeckt alles wohl.
    B Was du nicht willst, dass man dir tu', das füg auch keinem andern zu.

5 Was ist dem Fuchs beim zweiten Treffen vermutlich durch den Kopf gegangen?
Zeichnet ihn mit einer Denkblase und schreibt seine Gedanken hinein.

Äsop – Der „Erfinder" der Fabeln?

Äsop lebte vermutlich im 6. Jahrhundert vor Christus in Griechenland. Er war sehr arm und musste deshalb verschiedenen wohlhabenden Herren als Sklave dienen. Als Sklave hatte er keine Rechte.

Es ist nur wenig über sein Leben bekannt. Einige Forscher vermuten, dass Äsop freikam und auf Reisen ging. So soll er auch eine Weile am Hof des Königs Kroisos gelebt haben. Der König mochte Äsops Geschichten und seinen Witz sehr gern.

Auch über Äsops Tod ist nicht viel bekannt. Angeblich wurde er auf eine falsche Anschuldigung hin zum Tode verurteilt und in Delphi von einem Felsen hinabgestürzt.

Äsop wurde durch seine Fabeln sehr bekannt. Diese wurden zunächst mündlich weitererzählt. Jahrhunderte später wurden sie auch aufgeschrieben.

Da es gefährlich war, menschliche Schwächen oder gesellschaftliche Zustände offen zu kritisieren, kam Äsop auf die Idee, seine Kritik in seinen Texten zu „verkleiden". Er ließ in seinen Fabeln Tiere wie Menschen handeln und sprechen und gab ihnen typische menschliche Eigenschaften. So konnte er seine Kritik in indirekter Weise äußern.

Äsops Fabeln werden bis heute von Autorinnen und Autoren nacherzählt oder neu erzählt und auf der ganzen Welt gelesen.

1 Lest den Text über den Fabeldichter Äsop und beantwortet folgende Fragen:
– Wer war Äsop?
– Warum ist Äsop bis heute bekannt?

2 a Erklärt, warum Äsop in seinen Erzählungen Tiere statt Menschen auftreten lässt.
b Lest noch einmal die Äsop-Fabeln auf den Seiten 114–115 und besprecht, welches menschliche Verhalten darin kritisiert wird.

3 Arbeitet zu zweit und gestaltet den Inhalt des Textes als Interview: Einer ist Äsop und einer der Interviewer des berühmten Fabeldichters. Formuliert passende Fragen und Antworten und stellt das Interview der Klasse vor.

Information   Die Fabel

Eine Fabel ist eine **kurze, lehrhafte Erzählung.** Fabeln haben folgende Merkmale:
- Die Figuren sind in der Regel **Tiere,** z. B. Fuchs, Ziegenbock, Löwe.
- Tiere in Fabeln haben **menschliche Eigenschaften.** Sie handeln und sprechen wie Menschen.
- Meist haben Fabeln folgenden **Aufbau:**
  – **Ausgangssituation:** Zu Beginn der Fabel werden die Tiere kurz vorgestellt. Es treten mindestens zwei Tiere mit unterschiedlichen, meist gegensätzlichen Eigenschaften auf.
  – **Konfliktsituation und Lösung:** Zwischen den Tieren entsteht ein Konflikt. Dabei versucht oft ein Tier das andere zu überlisten oder zu besiegen.
  – Am Ende wird häufig eine **Lehre** formuliert. Der Leser soll etwas über ein bestimmtes Verhalten lernen.

Fabeln aus Afrika und Asien kennen lernen

Afrikanische Fabel

Wie die Spinne der Eidechse ihre Schulden mit einem Loch bezahlte

Die Spinne hatte einmal von der Eidechse Yams[1] gekauft, aber nicht gleich bezahlt. Nach einiger Zeit kam die Eidechse und forderte ihr Geld. „Ich kann nicht bezahlen", jammerte die Spinne, „ich habe keinen Pfennig."
Aber die Eidechse wusste, mit wem sie es zu tun hatte. „Auf der Stelle bekomme ich mein Geld oder irgendetwas anderes, das ebenso viel wert ist."
„Da kann ich dir höchstens mein Haus geben", antwortete die Spinne und deutete auf ihr Loch, „das ist das Einzige, was ich habe."
Natürlich nahm die Eidechse nicht an; was sollte sie mit einem Spinnenloch tun!?
Da rannte die Spinne davon und suchte den Adler in seinem Nest auf. „Freund Adler", sagte sie, „siehst du dort die Eidechse vor meinem Loch? Hol sie dir doch!"
„Fein", sagte der Adler, „danke schön!"
Als die Eidechse den Adler aus seinem Baume herabstürzen sah, floh sie in das Spinnenloch. Der Adler setzte sich davor und wartete. Da kam die Spinne zurückgekrabbelt: „Ah, Eidechse, hast du nun doch mein Haus in Besitz genommen!? Schön", höhnte sie, „dann wären wir ja quitt."
So hatte sie ihr Yams mit einem Loch bezahlt.

1 das Yams: Wurzelgewächs

Asiatische Fabel

Der Löwe und die Katze

In der Wüste wohnte einmal ein Löwe, der war schon so alt, dass er nicht einmal mehr das Fleisch, das ihm seine Söhne brachten, mit den Zähnen festhalten konnte. Und da nun auch viele Mäuse in der Wüste lebten, kamen sie heran, wenn der Löwe schlief, und zernagten die Fleischbrocken. Aber sie machten dabei einen solchen Lärm, dass der Löwe immer in seiner Ruhe gestört wurde. Da fragte der Löwe andere Tiere, die seine Hofleute waren, um Rat, wie man die Mäuse verjagen könne. Da sagte der Fuchs: „Es ist eine Katze da. Befehlt ihr, jede Nacht hier Wache zu stehen." Also ließ der Löwe die Katze kommen und ernannte sie zu seinem Hofmeister. Und als die Mäuse die Katze sahen, schlichen sie sich davon, und der Löwe konnte jetzt ungestört schlafen. Die Katze aber wurde befördert. Doch die war schlau und setzte die Mäuse nur in Schrecken. Zubeißen aber tat sie nie, denn sie dachte: Wenn ich die Mäuse ausrotte, dann braucht mich ja der Löwe nicht mehr und wird mich aus seinem Dienst entlassen, und ich werde wieder arm sein wie zuvor. Aber eines Tages musste sie zu ihrer kranken Mutter und übertrug ihrem Söhnchen alle Aufgaben. Und das Kätzchen fiel sofort über die Mäuse her, bis es keine mehr gab. Ja, da war die Mutter böse, als sie zurückkam, denn wenn es keine Mäuse mehr gab, da brauchte sie auch der Löwe nicht mehr. Und richtig, als der Löwe sah, dass es keine Maus mehr gab, da sagte er: „Liebe Katze, ich musste dir hohen Lohn zahlen, damit du mich vor den Mäusen beschützt. Aber jetzt, da es keine mehr gibt, brauche ich dich nicht mehr. Geh also wieder hin, wo du hergekommen bist."

1 Lest die zwei Fabeln. Besprecht jeweils die Eigenschaften und die Konflikte der Figuren.

Fabeln aus verschiedenen Zeiten vergleichen

Äsop (um 600 v. Chr.)

Die Ameise und die Grille

Es war kalter Winter und Schnee fiel vom Olymp¹. Die Ameise hatte zur Erntezeit viel Speise eingetragen und ihre Scheuern² damit angefüllt. Die Grille hingegen kauerte in ihrem Loch und litt gar sehr, von Hunger und arger Kälte geplagt. Sie bat darum die Ameise, ihr von ihrer Speise abzugeben, damit sie davon essen könne und nicht zu sterben brauche. Doch die Ameise sprach zu ihr: „Wo warst du denn im Sommer? Warum hast du zur Erntezeit nicht Speise eingetragen?" Darauf die Grille: „Ich habe gesungen und mit meinem Gesang die Wanderer erfreut." Da lachte die Ameise laut und rief: „So magst du im Winter tanzen!"

1 der Olymp: Gebirge in Griechenland
2 die Scheuern: die Scheunen (Lagerräume)

1 Lest die Fabel von Äsop und erklärt, in welcher Situation sich die Grille befindet.

2 Der französische Dichter La Fontaine hat Äsops Fabel umgestaltet.
  a Nennt die Gemeinsamkeiten beider Fabeln.
  b Beschreibt, worin sich beide Fabeln unterscheiden.
  c Welche Fassung gefällt euch besser? Begründet eure Meinung.

3 Wie würde die Lehre zu beiden Fabeln lauten? Formuliert sie.

Jean de La Fontaine (1621–1695)

Die Grille und die Ameise

Grillchen, das den Sommer lang
zirpt'¹ und sang,
litt, da nun der Winter droht,
harte Zeit und bittre Not:
nicht das kleinste Würmchen nur,
und von Fliegen keine Spur!
Und vor Hunger weinend leise
schlich's zur Nachbarin Ameise;
fleht sie an in ihrer Not
ihr zu leihn ein Körnlein Brot,
bis der Sommer wiederkehre.
„Glaub mir", sprach's, „auf Grillenehre,
vor dem Erntemond noch zahl
Zins² ich dir und Kapital³."
Ameischen, die, wie manche lieben
Leute, das Verleihen hasst,
fragt die Borgerin⁴: „Was hast
du im Sommer denn getrieben?"
„Tag und Nacht hab ich ergötzt⁵
durch mein Singen alle Leut."
„Durch dein Singen? Sehr erfreut!
Weißt du was? Dann – tanze jetzt!"

1 zirpen: kurze, helle Töne machen
2 der Zins: Geldabgabe für das Leihen
3 das Kapital: die Geldsumme
4 die Borgerin: *hier:* die Grille, die sich Brot leihen möchte
5 ergötzen: erfreuen

Georg Born (*1928)

Sie tanzte nur einen Winter

Es war Sommer. Auf einer Wiese, wo sich die Blumen im weichen Winde wiegten, saß eine Grille. Sie sang. Am nahen Waldrand eilte geschäftig eine Ameise hin und her. Sie trug Nahrung für den Winter zusammen. So reihte sich Tag an Tag. Der Winter kam. Die Ameise zog sich in ihre Wohnung zurück und lebte von dem, was sie sich gesammelt hatte. Die sorglose Grille aber hatte nichts zu nagen und zu beißen. In ihrer Not entsann sie sich der fleißigen Ameise. Sie ging zu ihr, klopfte an und bat bescheiden um ein bisschen Nahrung. „Was hast du im Sommer getan?", fragte die Ameise hintergründig, denn sie liebte die Tüchtigkeit über alles. „Ich habe gesungen", antwortete die Grille wahrheitsgetreu. „Nun gut, dann tanze!", antwortete die Ameise boshaft und verschloss die Tür. Die Grille begann zu tanzen. Da sie es gut machte, wurde sie beim Ballett engagiert. Sie tanzte nur einen Winter und konnte sich dann ein Haus im Süden kaufen, wo sie das ganze Jahr singen konnte.

Moral: Ein guter Rat ist oft mehr wert als eine Scheibe Brot.

4 Wie unterscheidet sich diese moderne Fabel von Georg Born von den Fassungen Äsops und La Fontaines? Notiert die Textstelle, an der die Fabel inhaltlich von den älteren Fassungen abweicht.

5 Wie gefällt euch das Ende von Borns Fabel? Begründet eure Meinung.

6 a Lest noch einmal die Lehre der Fabelfassung von Born und vergleicht sie mit der Lehre der beiden älteren Fassungen (▶ S. 118, Aufgabe 3).
b Zu welcher Lehre fallen euch Beispiele aus eurem Alltag ein? Erzählt sie euch gegenseitig.

Helmut Arntzen (*1931)

Grille und Ameise

„Was Singen und Arbeiten betrifft, so habe ich schon deiner Mutter gute Ratschläge gegeben", sagte die Ameise zur Grille im Oktober. „Ich weiß", zirpte die, „aber Ratschläge für Ameisen."

7 In der Fassung von Arntzen sagen Ameise und Grille jeweils nur einen Satz. Was denken sie dabei? Zeichnet zwei Denkblasen ins Heft und ergänzt die Gedanken der beiden Figuren.

8 Vergleicht abschließend alle vier Fabel-Fassungen: Notiert, welche Eigenschaften die Grille in jeder der vier Fabeln hat, und besprecht, wie sich die Figur der Grille in den Fabeln unterscheidet.

9 Schreibt eine weitere Fassung der Fabel. Was sagt eure Grille zur fleißigen Ameise? Und wie reagiert die Ameise darauf?

Teste dich!

Fabeln verstehen

R Da ärgerte sich der Löwe, fiel ihn an und fraß ihn auf und trug nun der Füchsin auf, die Beute neu zu verteilen.

A Ein Löwe und ein Esel und eine Füchsin taten sich zusammen und gingen auf die Jagd. Sie machten große Beute und der Löwe trug dem Esel auf, diese für sie zu verteilen.
Der machte drei Teile und bat ihn, sich seinen Teil auszusuchen.

L **Der Löwe, der Esel und die Füchsin**

O Die aber schichtete alles auf einen Haufen, ließ nur einen geringen Teil für sich übrig und bat ihn zu wählen.

M Als der Löwe fragte, wer sie denn so zu teilen gelehrt habe, antwortete die Füchsin: „Das Schicksal des Esels."

1 Setze die Textschnipsel zu einer Fabel zusammen und notiere die Buchstaben in der richtigen Reihenfolge.
Tipp: Rückwärts gelesen ergeben die Buchstaben eine andere Bezeichnung für *die Lehre*.

2 Welche Eigenschaften haben die drei Tiere in dieser Fabel? Notiere zu jeder Figur zwei Eigenschaften.

3 Wähle eine passende Lehre zu der Fabel und begründe deine Wahl.
Tipp: Zwei Aussagen passen.

A Man soll nicht übermütig sein.
B Aus fremdem Unglück kann man lernen.
C Löwen sind immer ungerecht.
D Mächtige und Starke verteilen Güter ungerecht.

4 Welche Aussagen treffen auf Fabeln zu? Notiere sie ins Heft.

A In Fabeln kommen immer Menschen vor.
B In Fabeln treten meistens Tiere auf.
C Fabeln sind immer kurze, gereimte Texte.
D In Fabeln haben Tiere übernatürliche Fähigkeiten.
E Fabeln erzählen von einem Konflikt zwischen den Figuren.
F Am Ende von Fabeln wird häufig eine Lehre formuliert.
G Aus Fabeln sollen die Leser etwas lernen.

5 Vergleiche deine Ergebnisse mit einer Lernpartnerin oder einem Lernpartner.

7.2 Schreibwerkstatt – Fabeln selbst erzählen

Eine Fabel zu Bildern schreiben

Der Löwe und die Maus

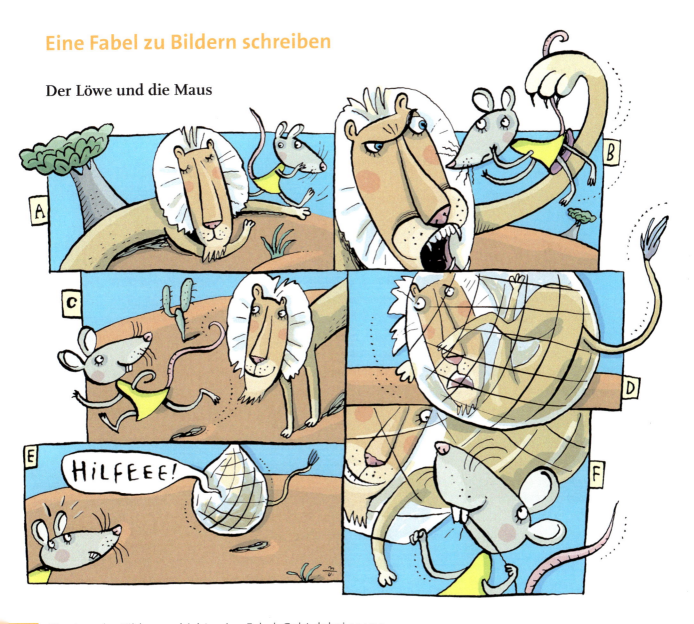

1 Plant zu der Bildergeschichte eine Fabel. Geht dabei so vor:
  a Betrachtet die sechs Bilder genau und macht euch Notizen zu den folgenden Fragen:
   – Welche beiden Tiere treten in der Fabel auf?
   – Welche Eigenschaften haben diese beiden Tiere?
   – Wie ist die Ausgangssituation?
   – Welcher Konflikt entsteht?
   – Welche Lösung gibt es am Ende?
  b Wählt eine passende Lehre für die Fabel:
   A Jeder kann einmal in Not geraten.
   B Manchmal können auch Kleine den Großen helfen.

2 Was könnten die Figuren auf den einzelnen Bildern sagen? Formuliert zu jedem Bild einen kurzen Dialog. Achtet dabei auf die Zeichensetzung (▶ S. 273) und verwendet in den Redebegleitsätzen Verben aus dem Kasten, z. B.:
Bild A: Der Löwe fragte: „Wer krabbelt hier an meiner Tatze und stört meinen Schlaf?"

> fragte • antwortete • entgegnete • sprach • rief • versprach • flüsterte • piepste • brüllte • fauchte • lachte

3 Verfasst eine vollständige Fabel zu der Bildgeschichte. Schreibt im Präteritum und verwendet abwechslungsreiche Satzanfänge. So könnt ihr beginnen:
Ein Löwe lag unter einem Baum und schlief. Plötzlich ...

> Als ... • Anschließend ... • Während ... • In diesem Moment ... • Schließlich ... • Einige Zeit später ... • Daraufhin ... • Auf diese Weise ...

4 Ergänzt zu eurer Fabel eine passende Überschrift.

Von Löwe und Maus

Ein Löwe lag unter einem Baum und schlief. Er hatte einen wunderbaren Traum: Tausende Rehe sprangen vor seiner Nase, und er brauchte nur kurz zuzuschnappen, um einen leckeren Happen zu erwischen. Plötzlich kommt eine neugierige Maus in seine Nähe. Sie beschließt, den Löwen ein wenig zu ärgern, denn sie hat die Nase voll davon, dass er sich immer als König aufspielt. Sie nimmt ihren ganzen Mut
5 *zusammen und huscht über seine Tatze. Da wird der Löwe wach. Blitzartig fängt er sie.*
Die Maus zitterte vor Furcht, versuchte es aber nicht zu zeigen. Sie dachte: „Ich darf jetzt auf keinen Fall die Nerven verlieren!" Sie bat den Löwen: „Bitte verschone mich!" Und sie fügt noch hinzu: „Ich werde dir einen Gegendienst erweisen." Der Löwe hält die kleine Maus für ganz schön überheblich. Aber schließlich musste er auch über sie lachen und ließ sie laufen.
10 *Einige Zeit später geriet der Löwe in eine Falle. Ganz in der Nähe lebte das Mäuschen. Es hatte sich eine kuschelige Höhle eingerichtet. Sie war gepolstert mit Haaren aus der Mähne des Löwen und weichen Federn. Die Maus sah ihre Stunde gekommen. „Nun werde ich mein Versprechen einlösen und den Löwen aus dem Netz befreien", sprach sie stolz und machte sich auf den Weg zum gefangenen Löwen. Sie zernagte das Netz so, dass der Löwe es zerreißen konnte und freikam. „Siehst du", sagte sie*
15 *schließlich zum Löwen, „nun konnte ich dir den Gegendienst erweisen."*

5 Lest die Fabel einer Schülerin genau und überarbeitet sie im Heft:
— Prüft, ob die Fabel ausreichend kurz ist. Streicht unnötige Angaben und Sätze.
— Achtet auf die richtige Verwendung der Zeitform (Präteritum).

6 Überarbeitet eure eigenen Fabeln nach der Textlupen-Methode (▶ S. 276):
— Listet auf einem Textlupenblatt folgende Überarbeitungsschwerpunkte auf:
   1. Inhaltliche Richtigkeit, 2. Kürze, 3. Verwendung von Präteritum.
— Reicht eure Fabel mit Textlupenblatt in der Gruppe herum und bittet um Rückmeldungen.
— Überarbeitet eure Fabel mit Hilfe der Hinweise eurer Mitschülerinnen und Mitschüler.

7 Wie könnte der Löwe auf seine Rettung durch die Maus reagieren?
Formuliert eine kurze Fortsetzung oder zeichnet ein weiteres Bild dazu.

Eine Fabel ausgestalten

Äsop

Die Schildkröte und der Hase

Schildkröte und Hase stritten sich, wer der Schnellste sei. Und nachdem sie eine Zeit und eine Strecke festgelegt hatten, liefen sie los.
Der Hase machte sich wegen seiner natürlichen Schnelligkeit keine Sorgen um den Lauf, sondern legte sich an den Wegesrand nieder und schlief. Die Schildkröte aber war sich ihrer Langsamkeit bewusst und lief immer weiter, und so lief sie am schlafenden Hasen vorbei und kam als Siegerin ins Ziel.
Die Fabel zeigt, dass oft Mühe und Arbeit das sorglose Talent besiegen.

1 Die Fabel wurde sehr kurz formuliert. Was könnten Schildkröte und Hase in den verschiedenen Situationen sagen? Gestaltet die Fabel aus, indem ihr wörtliche Rede (▶ S. 273) einfügt.

Eine eigene Fabel schreiben

1 a Betrachtet die Tiere und überlegt, welche Tiere als Gegenspieler in einer Fabel auftreten könnten. Notiert mögliche Tierpaare.
b Ergänzt weitere Tierpaare, die sich für eine Fabel eignen. Gebt zu den Tieren auch die typischen Eigenschaften an.

2 a Lest die folgenden Sprichwörter:
 A Wer anderen eine Grube gräbt, fällt selbst hinein.
 B Übung macht den Meister.
 C Wenn zwei sich streiten, freut sich der Dritte.
 D Wer zuletzt lacht, lacht am besten.
b Wählt ein Sprichwort aus und überlegt euch dazu eine Situation mit Tierfiguren von Aufgabe 1.

3 Verfasst mit Hilfe eurer Überlegungen aus den Aufgaben 1 und 2 eine eigene Fabel.
Nutzt das Sprichwort als Lehre am Schluss eurer Fabel.

Fordern und fördern – Einen Fabelanfang fortsetzen

Jean de La Fontaine

Der Fuchs und der Hahn

Ein Hahn saß auf einem hohen Gartenzaun und kündete mit lautem Krähen den neuen Tag an. Ein Fuchs schlich um den Zaun herum und blickte verlangend zu dem fetten Hahn empor.

„Einen schönen guten Morgen", grüßte der Fuchs freundlich, „welch ein herrlicher Tag ist heute!" Der Hahn erschrak, als er seinen Todfeind erblickte, und klammerte sich ängstlich fest.

„Brüderchen, warum bist du böse mit mir? Lass uns doch endlich Frieden schließen und unseren Streit begraben." Der Hahn schwieg noch immer. [...]

1 Um eine Fabel fortsetzen zu können, müsst ihr den Anfang genau verstehen:
   a Lest den Textanfang und notiert die Figuren, die darin auftreten.
   b Ergänzt zu beiden Figuren ihre Eigenschaften.   ▷ Hilfe zu Aufgabe 1b auf Seite 125
   c Formuliert einen Satz zur Ausgangssituation: *Zu Beginn der Fabel ...*

2 a Überlegt, wie die Fabel weitergehen könnte. Notiert stichwortartig verschiedene Ideen.
   b Wählt die beste Idee aus und kreist sie ein.   ▷ Hilfe zu Aufgabe 2 auf Seite 125

3 Plant die Fortsetzung der Fabel in einem Schreibplan.
Übertragt dazu den folgenden Schreibplan
in euer Heft und ergänzt ihn stichwortartig: ▷ Hilfe zu Aufgabe 3 auf Seite 125

> *Schreibplan*
> Konflikt: – Fuchs will Hahn fressen ...
> Lösung: – ...
> Lehre: – ...

4 Schreibt die Fortsetzung der Fabel:
   a Führt den Dialog zwischen Fuchs und Hahn fort. Verwendet dazu passende Redebegleitsätze:

> – *Der Fuchs beteuerte mit sanfter Stimme: „..."* – *Der Hahn rief mutig: „..."*
> – *„...", schmeichelte der Fuchs.* – *„...", entgegnete der Hahn ängstlich.*
> – *„...", antwortete der Fuchs scheinheilig.* – *„...", sprach der Hahn mit gespielter Freude.*

   b Erzählt, wie der Konflikt am Ende ausgeht, und
     formuliert eine Lehre zu der Fabel.   ▷ Hilfe zu Aufgabe 4 auf Seite 125

5 Überarbeitet eure Fabelfortsetzung.
Achtet auf die Zeitform und die Zeichensetzung
bei der wörtlichen Rede (▶ S. 273).   ▷ Hilfe zu Aufgabe 5 auf Seite 125

Fordern und fördern

Aufgabe 1b mit Hilfen
Ergänzt zu beiden Figuren, über welche Eigenschaften sie verfügen. Wählt passende Adjektive:

ehrlich • schmeichlerisch • listig • stark • gefräßig • schwach • ängstlich • mutig

Aufgabe 2 mit Hilfen
Überlegt, wie die Fabel weitergehen könnte.
Wählt aus den folgenden Ideen eine aus und übertragt sie ins Heft:
- *Hahn lenkt Fuchs ab und fliegt schnell davon*
- *Hahn täuscht den Fuchs, erzählt von Hunden in der Nähe*
- *Fuchs frisst Hahn*
- *ein weiteres Tier taucht auf und hilft dem Hahn*

Aufgabe 3 mit Hilfen
Plant die Fortsetzung in einem Schreibplan. Notiert dazu die folgenden Handlungsschritte in einer sinnvollen Reihenfolge:

Hahn berichtet von Wachhunden • Fuchs bittet Hahn, herunterzukommen und Frieden zu schließen • Fuchs berichtet, dass der König der Tiere Frieden ausgerufen hat • Fuchs flieht

Aufgabe 4 mit Hilfen
a Schreibt aus den folgenden Aussagen einen Dialog mit Redebegleitsätzen (▶ S. 273):

FUCHS: „Weißt du denn nicht, dass der König der Tiere Frieden ausgerufen hat? Er hat mich als seinen Boten geschickt."
HAHN: „Das überrascht mich!"
5 FUCHS: „Komm schnell zu mir herunter, wir wollen uns mit einem Kuss versöhnen."

HAHN: „Mein lieber Freund, ja, lass uns Frieden schließen. Dort hinten sehe ich zwei weitere Boten kommen. Wir wollen auf sie warten. Du kennst sie gut, es sind die Wachhunde." 10

b Erzählt, wie der Konflikt am Ende ausgeht, und wählt eine passende Lehre unten aus.
Die folgenden Stichworte helfen euch:

Fuchs bekommt einen Schrecken, läuft davon • ist verärgert, weil er den Hahn nicht erbeutet hat • schaut sich nach den Hunden um, aber sieht sie nicht • hat Wut auf den Hahn

A Man muss bei Angriffen nicht gleich verzweifeln.
B Man kann Feinde manchmal besiegen, indem man sich ihrer Waffen bedient.

Aufgabe 5 mit Hilfen
Passt die Zeitform an die Textvorlage an und ergänzt die Satzzeichen bei der wörtlichen Rede (▶ S. 273):
Als der Fuchs den Hahn so reden hört, bekommt er einen Schreck. Aus Angst vor den Wachhunden rennt er davon. Als der Hahn sieht, dass der Fuchs wegrennt, kräht er ihm noch hinterher He, warte doch. Aber der Fuchs ist nicht mehr aufzuhalten. Ich habe noch viel zu tun, ruft er und verschwindet.

Projekt – Ein Fabelbuch gestalten

In einem Fabelbuch könnt ihr eure Lieblingsfabeln und eure selbst geschriebenen Fabeln sammeln und gestalten.

1 Gestaltet ein Fabelbuch.
  a Überlegt gemeinsam:
    – Welche Fabeln sollen in das Buch aufgenommen werden?
    – Wann und wo kann das Fabelbuch präsentiert werden (z. B. am Tag der offenen Tür)?
    – Bis wann soll es fertig sein?
    – Wie viele Exemplare werden benötigt?
  b Legt einen Projektplan an. Führt darin alle Arbeitsschritte aus dem Kasten auf.

> Fabeln gestalten • Rechtschreibung und Zeichensetzung in Fabeln prüfen • Umschlag gestalten • Inhaltsverzeichnis anlegen • Fabeln kopieren oder ausdrucken • Fabelbuch heften • Bücher verteilen/verkaufen

Projektplan: Ein Fabelbuch für …

Arbeitsschritt	Wer?	Bis wann?	Kosten?
Fabeln gestalten	…	…	…

Es gibt viele Möglichkeiten, Fabeln zu gestalten.
Wählt aus den folgenden Vorschlägen aus oder entwickelt eigene Ideen:

A Eine Fabel am Computer gestalten
Gestaltet eine Fabel am Computer (▶ S. 276–277), indem ihr unterschiedliche Schriftarten, Schriftgrößen und Schriftfarben verwendet, z. B.:

Die Katze und die Mäuse
In einem HAUS gab es viele Mäuse. Eine Katze erfuhr davon, lief hinzu, fing eine nach der andern und fraß sie auf. Wie die Mäuse nun ständig aufgefressen wurden, tauchten sie in ihre Löcher ab. Da die Katze sie nun nicht mehr erreichen konnte, wurde ihr klar, dass sie sie mit einer List hervorlocken müsse …

B Eine Fabel als Comic gestalten
Ein Comic erzählt eine Geschichte in einer Bilderfolge. Gestaltet eine Fabel als Comic: Überlegt, welche Situationen ihr darstellen müsst, damit die Geschichte verständlich ist. Zeichnet die einzelnen Handlungsschritte. Ergänzt Sprech- und Denkblasen, in die ihr eintragt, was die Figuren sagen und denken.

C Eine Fabel mit Bildern versehen
Schreibt eine Fabel am Computer oder mit der Hand ab. Zeichnet zu der Fabel ein Bild oder sucht passende Fotos in Zeitschriften und klebt sie auf.

7.3 Fit in …! – Eine Fabel zu Bildern schreiben

Stellt euch vor, ihr bekommt in der nächsten Klassenarbeit die folgende Aufgabe gestellt:

Aufgabe
Schreibe zu der folgenden Bildergeschichte eine Fabel.
Beachte dabei typische Merkmale von Fabeln.

Die Aufgabe verstehen und planen

1 Was verlangt die Aufgabe von euch? Notiert die richtige Aussage.

Wir sollen …
A die Bilder sinnvoll ordnen.
B die Bildergeschichte fortsetzen.
C eine Fabel zu der Bildfolge schreiben.
D eine spannende Geschichte zu den Bildern schreiben.

2 a Betrachtet die Bilder genau und überlegt, was auf jedem einzelnen Bild passiert.
b Notiert die Figuren, die in der Bildfolge vorkommen, und ihre Eigenschaften.

3 Übertragt den folgenden Schreibplan in euer Heft und ergänzt ihn:

Schreibplan
Ausgangssituation: – hungriger Habicht fängt Spatz, Spatz hat Angst
Konflikt: – Habicht will …
Lösung: – Spatz hat Einfall: …
Lehre: …

Schreiben

4 a Setzt die folgenden Formulierungen zu den Bildern 1 und 2 auf Seite 127 ins Präteritum:

> zu einem Spatz fliegen • erschrocken sein • mit dünner Stimme piepsen •
> dem Habicht entgegnen • auf etwas in der Ferne zeigen • dem Spatz glauben

b Schreibt mit Hilfe der Formulierungen im Präteritum den Anfang der Fabel (zu den Bildern 1 und 2).

5 a Setzt die Fabel fort (Bilder 3 und 4). Verwendet dazu die folgenden Satzanfänge:

> *Der Habicht flog ...*
> *Er freute sich ...*
> *Der Spatz versteckte sich inzwischen ...*
> *Der Habicht suchte und suchte ..., aber er fand ...*
> *Er erkannte ...*
> *Immer noch hungrig kehrte er zurück in ... und dachte ...*

b Wählt eine passende Lehre und ergänzt sie unter eurer Fabel:

> **A** Die gebratenen Tauben fliegen einem nicht ins Maul.
> **B** Lieber den Spatz in der Hand als die Taube auf dem Dach.

Überarbeiten

6 Überarbeitet eure Fabel mit Hilfe der folgenden Checkliste:

Eine Fabel zu Bildern schreiben
- Folgt die Fabel der **Reihenfolge der Bilder**?
- Stimmt die Beschreibung der **Handlung** mit den Bildern überein?
- Wird die Situation, in der sich die **Tiere begegnen** (Ausgangssituation), beschrieben?
- Sprechen die **Tiere wie Menschen** miteinander? Wird die **wörtliche Rede** verwendet?
- Stimmt die **Zeichensetzung bei der wörtlichen Rede**?
- Wird deutlich, wie das eine Tier das andere **überlistet bzw. besiegt**?
- Wird am Ende der Fabel eine **Lehre** formuliert? Passt die Lehre zur Handlung?
- Ist die Fabel **kurz** formuliert?

Schreibwörter ▶ S. 242

die Fabel	die Lösung	entgegnen	fleißig	mächtig
der Konflikt	die Lehre	verspotten	gefräßig	listig

8 Wind und Wetter –
Naturgedichte verstehen, vortragen und gestalten

1. Auf diesem Bild seht ihr verschiedene Wetterereignisse. Welches Wetter mögt ihr am liebsten? Beschreibt es.

2. Sammelt in einer Mindmap (▶ S. 255), was ihr bereits über Gedichte wisst. Verwendet folgende Hauptpunkte:
   Aufbau • Reimformen • Gedichtformen • Weitere Besonderheiten

3. Beschreibt euer Lieblingswetter in zwei bis drei Gedichtversen, z. B.:
   Der Regen prasselt an das Fenster,
   ich lese ein dickes Buch über Gespenster.

In diesem Kapitel ...
– wiederholt ihr die Merkmale von Gedichten,
– lernt ihr Besonderheiten der Sprache in Gedichten kennen,
– tragt ihr Gedichte auswendig vor,
– verändert oder schreibt ihr selbst Gedichte,
– gestaltet ihr einen Gedichtkalender.

8.1 Die Natur hat viele Gesichter – Gedichtmerkmale erkennen

Heinz Erhardt

Mond über der Stadt

Ich hänge am Himmel und scheine – – –
Was soll ich auch anderes machen? ...

Die Stadt ist zu schnell,
zu laut und zu grell – – –
5 Neulich hielt mich eine ältere Dame
für Lichtreklame!

Wär's nicht so traurig, es wäre zum Lachen ...

Manchmal schießt man nach mir; doch die meisten
der weitgereisten
10 Raketen gehen daneben
und lassen mich leben.
Eben
kam wieder so eine – – –

Kein Pärchen mehr, das sich in meinem Lichte umschlingt ...
15 Kein Dichter mehr – außer diesem hier – der mich besingt ...
Ich frage mich, was ich hier oben eigentlich soll!
Man nimmt, auch als Vollmond, mich nicht mehr für voll.

Wem soll ich noch leuchten? Wen soll ich bewachen?

Ich hänge am Himmel und scheine –
20 gar keinen besonderen Eindruck zu machen ...

1 a Lest das Gedicht laut und bestimmt: Wer spricht in dem Gedicht?
b Wie wirkt das Gedicht auf euch? Begründet eure Aussage.

> gruselig • traurig • heiter • romantisch • lustig • bedrückend • spannend • geheimnisvoll • modern • altmodisch

2 Erklärt Vers für Vers mit euren eigenen Worten, worüber sich der Mond beschwert.

3 An welchen Stellen können Leser trotz der traurigen Stimmung des Mondes schmunzeln? Wählt einen Vers und erklärt, was die Leser daran vielleicht zum Schmunzeln bringt.

4 Das Gedicht enthält an mehreren Stellen Pausenzeichen: – – –. Erklärt deren Funktion.

Mascha Kaléko

Der Mann im Mond

Der Mann im Mond hängt bunte Träume,
Die seine Mondfrau spinnt aus Licht,
Allnächtlich in die Abendbäume,
Mit einem Lächeln im Gesicht.

5 Da gibt es gelbe, rote, grüne
Und Träume ganz in Himmelblau.
Mit Gold durchwirkte, zarte, kühne,
Für Bub und Mädel, Mann und Frau.

Auch Träume, die auf Reisen führen
10 In Fernen, abenteuerlich.
– Da hängen sie an Silberschnüren!
Und einer davon ist für dich.

1 Lest das Gedicht und formuliert euren ersten Leseeindruck:
Mir gefällt das Gedicht (nicht), denn … / Es wirkt auf mich (nicht) …

2 Was macht der Mann im Mond? Klärt Strophe für Strophe den Inhalt des Gedichts.

3 a Beschreibt den Aufbau der beiden Gedichte „Mond über der Stadt" und „Der Mann im Mond".
Verwendet dabei die Begriffe *Strophe, Vers* und *Reim*.
b Erklärt, worin sich die Gedichte in ihrer äußeren Form unterscheiden.

4 Lest die folgenden Aussagen zur Wirkung der beiden Mond-Gedichte. Welcher stimmt ihr zu?

A Durch den regelmäßigen Kreuzreim wirkt das Gedicht „Der Mann im Mond" ruhiger und harmonischer als „Mond über der Stadt".

B Durch den unregelmäßigen Aufbau wirkt das Gedicht „Mond über der Stadt" modern, aber auch ein bisschen durcheinander, so wie der Mond sich vielleicht fühlt.

C Ich sehe zwischen beiden Gedichten keinen großen Unterschied. Gedicht ist Gedicht.

Information **Aufbau und Form von Gedichten**

- Eine einzelne Zeile in einem Gedicht nennt man **Vers**: *Ich hänge am Himmel und scheine – – –*
- Mehrere Verse ergeben zusammen eine **Strophe.**
- Viele Gedichte haben **Reime**. Wörter reimen sich, wenn der letzte betonte Vokal und die folgenden Laute gleich klingen, z. B.: *Tr<u>äu</u>me – Abendb<u>äu</u>me.*
- Man unterscheidet folgende **Reimformen:**
  Paarreim: aabb   Kreuzreim: abab   umarmender Reim: abba

Sprachliche Bilder in Gedichten entdecken

Hermann Löns

Gewitter

Großmutter Natur im Lehnstuhl sitzt –
Wie langweilig ist es heute,
Sie gähnt, ganz unerträglich sind sie heute,
Die sonst so lustigen Leute:
5 Die Bäume brummen so geistlos und fad[1],
Die Bächlein schwatzen so weise,
Der Wind ist erkältet und stark verschnupft –
Die Großmutter lächelt leise.

Das Lächeln flackert als rotes Licht
10 Am Himmelsrande empor –
Dem Winde fällt etwas Lustiges ein,
Er sagt es den Bäumen ins Ohr,
Die Bäume nicken verständnisvoll,
Erzählen dem Bächlein es weiter,
15 Das Bächlein prustet lautlachend los –
Die Großmama wird jetzt heiter.

Großmutter ein uraltes Witzchen erzählt –
Ein Blitzschlag fährt herunter!
Großmütterchen kichert – der Donner rollt!
20 Die Tafelrunde wird munter –
Es toasten[2] die Bäume, der Bach wird berauscht,
Der Wind ist vollkommen bezecht[3],
Großmütterchen witzelt und kichert wie toll –
So ist ihr die Tischstimmung recht.

---

1 fad: langweilig

2 toasten: einen Trinkspruch sprechen

3 bezecht: betrunken

1
a Habt ihr Angst vor Gewitter?
  Beschreibt, was man bei einem Gewitter hören und sehen kann.
b Lest das Gedicht „Gewitter" und besprecht, wie das Gewitter darin beschrieben wird:

> bedrohlich • sachlich • heiter • Angst einflößend • fröhlich • aufregend • gefährlich

2 Untersucht, wie die Natur in dem Gedicht dargestellt wird:
a Erklärt, wer oder was mit „Großmutter" gemeint ist.
b Listet untereinander auf, was die einzelnen Dinge in der Natur tun.
  Ergänzt daneben, was vermutlich damit gemeint ist, z. B.:
  Bäume brummen (Vers 5) → *Blätter rascheln in den Bäumen*

3 Denkt euch weitere Personifikationen aus:
Notiert Dinge aus der Natur und ergänzt passende menschliche Tätigkeiten, z. B.:
Die Schneeflocken tanzen fröhlich. Der Wald atmet ruhig. ...

Information   **Die Personifikation**

Wenn beispielsweise Bäche etwas tun, was eigentlich **nur Menschen können** *(schwatzen)*,
dann nennt man das sprachliche Bild *„die Bäche schwatzen"* eine Personifikation.
Mit Hilfe von Personifikationen kann man Dinge lebendiger und anschaulicher beschreiben.

Georg Britting

Am offenen Fenster bei ...

Himmlisches Eis
Sprang mir auf den Tisch,
Rund, silberweiß.
Schoss wie ein Fisch

5 Weg von der Hand,
Die's greifen wollt,
Schmolz und verschwand.
Blitzend wie Gold

Blieb auf dem Holz
10 Nur ein Tropfen dem Blick.
Mächtig die Sonne
Sog ihn zurück.

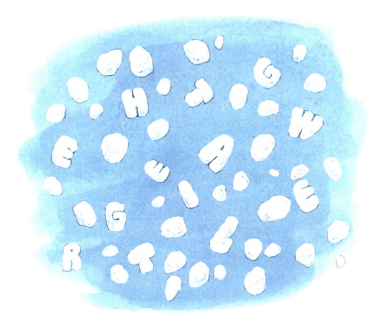

1 Welches Wetterereignis wird in dem Gedicht beschrieben? Ergänzt den Titel.
Tipp: Die Buchstaben im Bild ergeben das fehlende Wort.

2 Der Dichter formuliert, das Eis „schoss wie ein Fisch" (Vers 4).
  a Besprecht, warum er das Eis nicht einfach mit einem treffenden Adjektiv beschreibt, z. B.:
  Das glitschige Eis schoss ...
  b Sucht im Gedicht einen weiteren Vergleich und zwei Personifikationen.

3 Formuliert weitere Vergleiche zum Thema Wetter, z. B.:
  – *Der Wind jault auf wie ein verletzter Hund.*
  – *Frühlingswolken ziehen am Himmel wie Kindergewimmel.*
  Ihr könnt Ideen aus den Wolken nutzen:

Regenschauer • Sonnenstrahl • Blitze • Nebel • Tautropfen • Donner • Regenbogen • Schnee • Bäume

wie eine Himmelsleiter • wie ein Schleier • wie Diamanten • wie Gold • wie eine Brücke • wie Trommelschläge • wie ein Bettlaken • wie Feuerpfeile • wie eine Wand • wie alte Riesen

---

Information **Der Vergleich**

Vergleiche werden in der Regel **mit *wie* gebildet**, z. B.: *Ein Mann wie ein Löwe.*
Damit ist gemeint, dass der Mann so stark ist wie ein Löwe.
Das Wort *wie* zeigt also einen Vergleich an.
Mit Hilfe von Vergleichen kann man Dinge anschaulicher beschreiben.

Eine Ballade auswendig lernen und vortragen

Otto Ernst

Nis Randers

Krachen und Heulen und berstende Nacht,
Dunkel und Flammen in rasender Jagd –
Ein Schrei durch die Brandung!

Und brennt der Himmel, so sieht man's gut:
5 Ein Wrack auf der Sandbank! Noch wiegt es die Flut;
Gleich holt sich's der Abgrund.

Nis Randers lugt – und ohne Hast
Spricht er: „Da hängt noch ein Mann im Mast;
Wir müssen ihn holen."

10 Da fasst ihn die Mutter: „Du steigst mir nicht ein!
Dich will ich behalten, du bliebst mir allein,
Ich will's, deine Mutter!

Dein Vater ging unter und Momme, mein Sohn;
Drei Jahre verschollen ist Uwe schon,
15 Mein Uwe, mein Uwe!"

Nis tritt auf die Brücke. Die Mutter ihm nach!
Er weist nach dem Wrack und spricht gemach:
„Und seine Mutter?"

Nun springt er ins Boot und mit ihm noch sechs:
20 Hohes, hartes Friesengewächs;
Schon sausen die Ruder.

Boot oben, Boot unten, ein Höllentanz!
Nun muss es zerschmettern ...! Nein, es blieb ganz! ...
Wie lange? Wie lange?

25 Mit feurigen Geißeln peitscht das Meer
Die menschenfressenden Rosse daher;
Sie schnauben und schäumen.

Wie hechelnde Hast sie zusammenzwingt!
Eins auf den Nacken des anderen springt
30 Mit stampfenden Hufen!

Drei Wetter zusammen! Nun brennt die Welt!
Was da? – Ein Boot, das landwärts hält –
Sie sind es! Sie kommen!

Und Auge und Ohr ins Dunkel gespannt ...
35 Still – ruft da nicht einer? – Er schreit's durch die Hand: „..."

1 Um einen Text gut vortragen zu können, muss man den Inhalt genau verstehen.
  a Lest die Ballade mehrmals still.
  b Formuliert und beantwortet zu zweit Fragen zu der Ballade mit Hilfe von Fragewörtern:
  Wann? • Wo? • Wer? • Was? • Wie? • Warum?

2 a Notiert untereinander alle Figuren, die in der Ballade genannt werden.
  b Ergänzt zu jeder Figur, was man über sie erfährt.

3 Besprecht, wer oder was in den Strophen 9 und 10 mit den „menschenfressenden Rossen" (Vers 26) gemeint ist. Wie werden diese „Rosse" beschrieben?

4 Was genau passiert in den einzelnen Strophen?
  a Ordnet die folgenden Aussagen drei Strophen aus der Ballade zu:
  A *In einer Sturmnacht hört man einen Schrei.*
  B *Sieben Männer steigen ins Boot und rudern los.*
  C *Die hohen Wellen überschlagen sich.*
  b Formuliert zu allen weiteren Strophen jeweils einen Satz.
  c Überlegt, wie die Ballade ausgehen könnte: Was ruft die Stimme am Ende den Leuten zu? Notiert eure Vorschläge und vergleicht sie anschließend mit dem Originalvers:
  „Sagt Mutter, 's ist Uwe!" *(auf dem Kopf stehend)*

5 Wie ist die Stimmung in den einzelnen Strophen, wie solltet ihr sie jeweils vortragen? Ordnet jeder Strophe einen passenden Ausdruck aus dem Kasten zu.

düster • spannend • ruhig • ängstlich • verzweifelt • aufgeregt • traurig

6 a Setzt euch zusammen und übt die Ballade für einen Gedichtvortrag ein:
  – Verteilt die Sprecherrollen: Einer spricht Nis Randers, einer die Mutter, alle anderen übernehmen abwechselnd einzelne Strophen.
  – Lest die Ballade mehrmals laut mit verteilten Rollen.
  – Lernt euren Teil auswendig. Nutzt dabei die Tipps im Kasten unten.
  b Tragt die Ballade als Gruppe auswendig vor der Klasse vor.

7 Was denkt Nis Randers vermutlich in Strophe 6? Formuliert seine Gedanken:
Ich verstehe, dass Mutter sich solche Sorgen macht ...

Methode — **Ein Gedicht auswendig lernen**

Folgende **Tricks** helfen euch beim Auswendiglernen eines Gedichts:
- Lernt das Gedicht **in Etappen.**
- Lasst den Inhalt vor eurem **inneren Auge** wie einen Film ablaufen.
- Kombiniert einzelne Textstellen mit einer **unauffälligen Bewegung** (z. B. einzelne Finger antippen). Wenn ihr die Bewegung beim Vortrag ausführt, erinnert sie euch an die Textstelle.
- **Schreibt** den Text mehrmals auf. Lasst dabei immer mehr weg, bis ihr nur noch den Anfang eines jeden Verses schreibt.

Teste dich!

Rainer Maria Rilke

Das Märchen von der Wolke

Der Tag ging aus mit mildem Tone,
so wie ein Hammerschlag verklang.
Wie eine gelbe Goldmelone
lag groß der Mond im Kraut am Hang.

5 Ein Wölkchen wollte davon naschen,
und es gelang ihm, ein paar Zoll[1]
des hellen Rundes zu erhaschen,
rasch kaut es sich die Bäckchen voll.

Es hielt sich lange auf der Flucht auf
10 und sog sich ganz mit Lichte an; –
da hob die Nacht, die goldne Frucht auf:
Schwarz ward die Wolke und zerrann.

1 ein paar Zoll: einige Zentimeter

1 Ordne die folgenden Aussagen den Strophen zu. Notiere die drei Buchstaben.

Die Strophe beschreibt ...	Strophe 1	Strophe 2	Strophe 3
das Ende der Abenddämmerung und den Eintritt der Nacht.	K	B	H
die Stimmung einer beginnenden Abenddämmerung.	A	E	I
wie sich eine Wolke vor den hellen Mond schiebt.	S	L	M

2 Notiere die Buchstaben der richtigen Aussagen:

Das Gedicht besteht aus ...
G drei Strophen zu je drei Versen.
B drei Strophen zu je vier Versen.

Die Strophen sind verfasst in einem ...
H Paarreim.
M Kreuzreim.
E umarmenden Reim.

3 Ordne zu, um welches sprachliche Bild es sich jeweils handelt. Notiere den Buchstaben.

Vers	Personifikation	Vergleich
so wie ein Hammerschlag verklang. (Vers 2)	T	O
Wie eine gelbe Goldmelone (Vers 3)	E	N
Ein Wölkchen wollte davon naschen, (Vers 5)	D	F

4 Füge die richtigen Buchstaben zu einem Lösungswort zusammen und notiere es.

8.2 Was für ein Wetter! – Mit Sprache malen

Station 1: Schlechtwettergedichte – Ein Bildgedicht entwerfen

Max Bense
Wolke

```
wolke     wolke
    wolkewolkewolkewolke
    wolkewolkewolkewolke
    wolkewolkewolkewolke
    wolke     wolke
      B        B
      L       L b
      I      I l   t z
      T      T     i
      Z      Z    tz
```

Paul Maar
Regen

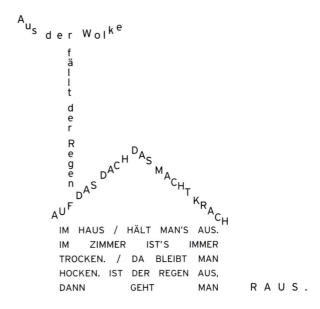

1. Betrachtet die zwei Bildgedichte genau und beschreibt, wie sie gestaltet sind.

2. a Lest das Bildgedicht „Regen" von Paul Maar und schreibt es in Versform ins Heft.
   b Vergleicht beide Fassungen: Welche gefällt euch besser? Begründet eure Aussage.

3. Welche Gemeinsamkeiten und welche Unterschiede haben beide Bildgedichte? Vergleicht Inhalt, äußere Gestaltung, Verse und Reim.

4. Gestaltet selbst ein Schlechtwetter-Bildgedicht. Geht dabei so vor:
   a Schlechtes Wetter am Morgen – was seht, hört, riecht, fühlt oder denkt ihr? Notiert alle Ideen in einem Ideenstern (▶ S. 278).
   b Bildet zu den Wörtern im Ideenstern Reimwörter.
   c Gestaltet wie Max Bense aus einzelnen Wörtern eures Ideensterns ein Bild oder dichtet mit Hilfe der Reimwörter Verse und gestaltet diese als Bildgedicht wie Paul Maar.

Station 2: Erkältungsgedichte – Ein Parallelgedicht verfassen

Christian Morgenstern

Der Schnupfen

Ein Schnupfen hockt auf der Terrasse,
auf dass er sich ein Opfer fasse –
und stürzt alsbald mit großem Grimm
auf einen Menschen namens Schrimm.
Paul Schrimm erwidert prompt: „Pitschü!"
und hat ihn drauf bis Montag früh.

1 Wie gefällt euch das Gedicht? Tauscht euch über euren Leseeindruck aus.

2 Untersucht den Aufbau des Gedichts und ergänzt die folgenden zwei Sätze:
Das Gedicht „Der Schnupfen" von Christian Morgenstern besteht aus ? *Strophe mit* ? *Versen. Es hat einen* ? *reim.*

3 a Schreibt das Gedicht ab und unterstreicht alle Prädikate (▶ S. 271).
b Begründet die folgende Aussage:
Im Gedicht wird der Schnupfen personifiziert.

4 Verfasst zu dem Gedicht „Der Schnupfen" ein Parallelgedicht. Geht so vor:
a Wählt aus dem Kasten ein weiteres Erkältungsanzeichen:

> der Halsschmerz • das Kopfweh • der Husten • das Fieber • der Schüttelfrost

b Überlegt, was das Erkältungsanzeichen alles machen könnte. Notiert passende Verben, z. B.:
jammern, träumen, lachen, schleichen …
c Sammelt weitere Wörter, die zu dem gewählten Erkältungsanzeichen passen, und bildet Reimwortpaare, z. B.:
der Schal – die Wahl, der Mund – der Hund, …
d Dichtet Verse und fügt sie zu einem Gedicht zusammen.
Achtet darauf, dass Aufbau und Reimform mit dem Gedicht „Der Schnupfen" übereinstimmen.
Ergänzt auch eine Überschrift.

> *Das Halsweh*
> *Das Halsweh hängt an Paulas Schal*
> *und grübelt: „Auf wen fällt meine nächste Wahl?"*
> *Und kriecht dann schnell …*

5 Zeichnet ein Bild zu eurem Parallelgedicht.

Station 3: Regenbogengedichte –
Ein eigenes Gedicht schreiben und gestalten

Christa Astl
Regenbogen

Regenbogen überm Land

Grauer Himmel, Donnergrollen,

Wasser stürzt dann aus den vollen,

kurz darauf erhellt sich's wieder.

Regen ist vorbeigezogen,

hältst die Welt ganz fest umspannt

regenschweren Wolken nieder,

lässt zurück den Regenbogen.

1 a Lest die acht Verse des Gedichts und bestimmt die richtige Reihenfolge.
  Tipp: Das Gedicht ist im Paarreim verfasst und beginnt mit dem Vers *Regenbogen überm Land*.
  b Schreibt das Gedicht in Regenbogenfarben in Schönschrift in euer Heft.

2 Verfasst ein eigenes Regenbogengedicht. So könnt ihr dabei vorgehen:
  a Übertragt die folgende Mindmap (▶ S. 278) ins Heft und sammelt Ideen und Wörter:

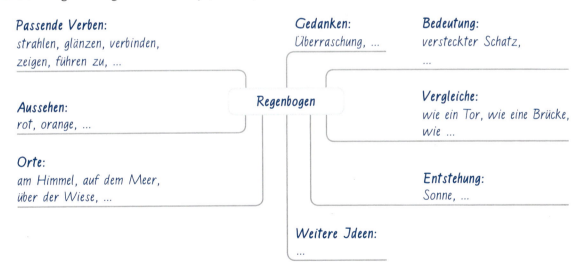

  b Notiert zu den Wörtern in der Mindmap Reimwörter, wenn euer Gedicht sich reimen soll.
  c Bildet aus den Wörtern Verse und fügt diese zu ein bis zwei Strophen zusammen.

3 a Schreibt euer Gedicht in Schönschrift auf und gestaltet es, z. B.:
  – Zeichnet ein Bild dazu.
  – Schreibt das Gedicht in eine Regenbogenlandschaft.
  – Bastelt aus Versen oder Strophen ein Mobile.
  – Schneidet Bilder zu dem Gedicht aus und fertigt eine Collage an.
  b Hängt eure Regenbogengedichte in der Klasse aus.

Station 4: Wolkengedichte –
Ein Gedicht begründet auswählen

Hans Manz

In die Wolken gucken:

Im Himmel schwimmen
Flockige Länder.
Bauschige Kontinente.
Ihre Grenzen verfließen,
5 lösen sich auf,
ballen sich neu
zu noch nie gesehenen
Inseln und Staaten. –
Und ich ihr Entdecker,
10 ganz allein.

Max Dauthendey

Ein Rudel kleiner Wolken

Ein Rudel kleiner Wolken
Schwimmt durch die Abendhelle,
Wie graue Fische im Meere
Durch eine blendende Welle.

5 Und Mückenscharen spielen
Im späten Winde rege,
Sie tanzen zierliche Tänze
Am warmen staubigen Wege.

Und zwischen Wolken und Erde,
10 Über die Bäume, die schlanken,
Ziehn auf der Straße zum Monde
Die uralten Liebesgedanken.

Frank Trautner

Schmolke Wolke

Auf einer dicken, weißen Wolke
turnt aus der Innenstadt Herr Schmolke.

Plötzlich beugt er sich über'n Rand,
kein Halt bietet sich seiner Hand.

Auf Wolke sechs fällt er von sieben
Und so steht es auch geschrieben.

1. Lest die drei Wolkengedichte und entscheidet, welches euch am besten gefällt.

2. Lest euer Lieblingsgedicht noch einmal genau:
   a Überlegt Vers für Vers, worum es geht.
   b Wählt ein Wort, das die Stimmung des Gedichts am besten beschreibt:

   > verträumt • gelangweilt • ängstlich • heiter • neugierig • sehnsüchtig • beleidigt • lustig

3. a Formuliert eine Begründung dazu, warum euch dieses Gedicht am besten gefällt:
   Ich habe das Gedicht ausgewählt, weil …   *Ich habe so etwas schon einmal gehört/gesehen/erlebt …*
   Wenn ich es lese, denke ich an …   *Ich kenne ein Lied / ein Bild / einen Film …*
   Das Gedicht erinnert mich an …
   b Stellt eure Begründung einem Partner vor. Lasst ihn erraten, welches Gedicht ihr meint.

4. a Schreibt euer Lieblingsgedicht in Schönschrift ab und gestaltet es.
   b Präsentiert eure Ergebnisse in einem Gallery-Walk (▶ S. 278) im Klassenraum.

Station 5: Drachengedichte – Stimmungen verändern

Georg Britting

Drachen

Die Drachen steigen wieder
Und mit den Schwänzen
Und brummen ? Lieder
Zu ihren ? .

Von wo der ? Wind herweht?
Von Bauerngärten schwer!
Jeder Garten prallfäustig voll Blumen steht,
Die Felder sind lustig ? .

Der hohe Himmel ist ausgeräumt,
Wasserblau, ohne Regenunmut.
Eine einzige weiße Wolke ? ,
Goldhufig, wie ein Ross gebäumt,
Glanzstrudlig durch die Luftflut.

Bertolt Brecht

Drachenlied

Fliege, ? , kleiner Drache
Steig mit Eifer in die Lüfte
Schwing dich, kleine blaue Sache
Über unsre ? !

Wenn wir an der Schnur dich halten
Wirst du in den Lüften bleiben
 der sieben Windsgewalten
? du sie, dich hochzutreiben.

Wir selbst liegen dir zu Füßen!
Fliege, fliege, kleiner Ahne
Unsrer großen Äroplane[1]
Blick dich um, sie zu !

schwanken – tanzen • stumme – helle •
Hochzeitstänzen – Geistertänzen •
knallende – leise • bunt – leer •
träumt – schäumt

hüpfe – fliege •
Häusergrüfte – Blumendüfte •
Knecht – Chef • Zwingst – Bittest •
begrüßen – versüßen

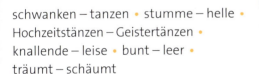

1
a Überfliegt die beiden Gedichte und entscheidet, welches ihr bearbeiten möchtet.
b Wählt für die Lücken Wörter aus dem Kasten darunter und schreibt es vollständig ins Heft.
c Vergleicht eure Gedichtfassung mit dem Original auf Seite 285.

2 Lest euer Gedicht zweimal laut: einmal mit den von euch gewählten Wörtern und einmal in der Originalfassung (▶ S. 285). Vergleicht die Wirkung.

3 Schreibt euer Gedicht so um, dass eine andere Stimmung entsteht:
a Entscheidet euch für eine Stimmung (z. B. fröhlich, gruselig) und sammelt passende Wörter.
b Ersetzt einzelne Wörter oder Verse eures Gedichts.
c Schreibt eure neue Fassung in Schönschrift auf. Gestaltet sie so, dass es zur Stimmung passt.
d Tragt eure Fassung vor. Achtet beim Vortrag darauf, dass die Stimmung deutlich wird.

8.3 Projekt – Einen Gedichtkalender gestalten

Ein Gedichtkalender mit Jahreszeitengedichten kann euren Klassenraum schmücken.
Ihr könnt ihn aber auch Eltern, Großeltern oder Freunden schenken oder auf Schulfesten verkaufen.

1. Gestaltet einen Gedichtkalender. Geht dabei so vor:
   – Besprecht, ob jeder Schüler einen eigenen Kalender anfertigt oder ob ihr einen Klassenkalender gestaltet und jeder Monat von einer Gruppe übernommen wird.
   – Überlegt, wie ihr die Kalenderblätter gestalten möchtet.
   Welche Feiertage oder Feste sollen markiert werden?
   – Verabredet in der Klasse einen Zeitplan und einigt euch auf eine einheitliche Kalendergröße.

2. a Lest die Jahreszeiten-Gedichte auf den folgenden Seiten. Ordnet sie einzelnen Monaten zu.
   b Wählt aus, welche Gedichte ihr für euren Kalender verwenden wollt. Ihr könnt auch Gedichte von den Seiten 130–141 oder selbst verfasste Gedichte wählen.

Hans Manz

Frühling

Die Knospen knospen und sind schon wach,
die Keime keimen noch schüchtern und schwach,
die Weiden weiden das Gras ab am Bach.

Die Bäume baumeln (das ist ihre Pflicht),
5 die Sträucher straucheln im Dämmerlicht,
die Stämme stammeln ein Frühlingsgedicht.

Die Hecke heckt neue Streiche aus,
der Rasen rast wie rasend ums Haus,
der Krokus croküsst die Haselmaus.

10 Die Drossel erdrosselt den Regenwurm
der Rebschoss erschoss nachts die Reblaus im Turm,
drum erlaubt sich das Laub ein Tänzchen im Sturm.

Es himmelt der Himmel ein Wölklein an,
es windet der Wind sich durch Löwenzahn,
15 und bereits blättern Blätter im Sommerfahrplan.

Rose Ausländer

April

Da kommt er
wirft Luftlappen ins Gesicht
drückt Sonne auf den Rücken
lacht überlaut wickelt den
5 Park in grünen Taft zerreißt
ihn wieder stellenweise
pufft die Kinder spielt mit den
Röcken erschreckter Gouvernanten
drückt alle Regenhebel
10 macht los die Nordhunde von den Ketten
und
lässt sie laufen nach Windlust
Ein toller Geselle
eine Art Eulenspiegel
15 auch gangsterhafte Gesten hat er
(ja ja mein Lieber du
machst es uns nicht leicht
dich liebzuhaben)
und doch und doch
20 im Großen und Ganzen
ein prächtiger Kerl
dieser April

Dietmar von Aist (1139–1171)
Ahî nu kumet uns diu zît

Ahî nu kumet uns diu zît,
der kleinen vogellîne sanc.
ez gruonet wol diu linde breit,
zergangen ist der winter lanc.

nu siht man bluomen wol getân:
an der héide üebent sie ir schîn.
des wirt vil manic herze frô:
des selben trœstet sich daz mîn.

Übertragung
Ahi, nun kommt die Wonnezeit

Ahi, nun kommt die Wonnezeit
das Vogellied mit Liederschall!
Es grünt die Linde hoch und breit:
Der Winter floh allüberall.

Nun sieht man Blumen holder Art:
Die Heide prangt von ihrem Schein.
Gar manches Herz wird endlich froh;
getrost soll meins auch fürder sein.

Ilse Kleberger
Sommer

Weißt du, wie der Sommer riecht?
Nach Birnen und nach Nelken,
nach Äpfeln und Vergißmeinnicht,
die in der Sonne welken,
5 nach heißem Sand und kühlem See
und nassen Badehosen,
nach Wasserball und Sonnenkrem,
nach Straßenstaub und Rosen.

Weißt du, wie der Sommer schmeckt?
10 Nach gelben Aprikosen
und Walderdbeeren, halb versteckt
zwischen Gras und Moosen,
nach Himbeereis, Vanilleeis
und Eis aus Schokolade,
15 nach Sauerklee vom Wiesenrand
und Brauselimonade.

Weißt du, wie der Sommer klingt?
Nach einer Flötenweise,
die durch die Mittagsstille dringt,
20 ein Vogel zwitschert leise,
dumpf fällt ein Apfel in das Gras,
der Wind rauscht in den Bäumen,
ein Kind lacht hell, dann schweigt es schnell
und möchte lieber träumen.

Christian Morgenstern
Butterblumengelbe Wiesen

Butterblumengelbe Wiesen,
sauerampferrot getönt, –
o du überreiches Sprießen,
wie das Aug dich nie gewöhnt!
Wohlgesangdurchschwellte Bäume,
wunderblütenschneebereift –
ja, fürwahr, ihr zeigt uns Träume,
wie die Brust sie kaum begreift.

Joachim Ringelnatz
Sommerfrische

Zupf dir ein Wölkchen aus dem Wolkenweiß,
Das durch den sonnigen Himmel schreitet.
Und schmücke den Hut, der dich begleitet,
Mit einem grünen Reis.

5 Verstecke dich faul in der Fülle der Gräser.
Weil's wohltut, weil's frommt.
Und bist du ein Mundharmonikabläser
Und hast eine bei dir, dann spiel, was dir kommt.

Und lass deine Melodien lenken
10 Von dem freigegebenen Wolkengezupf.
Vergiss dich. Es soll dein Denken
Nicht weiter reichen als ein Grashüpferhupf.

Eduard Mörike

Septembermorgen

Im Nebel ruhet noch die Welt,
Noch träumen Wald und Wiesen:
Bald siehst du, wenn der Schleier fällt,
Den blauen Himmel unverstellt,
Herbstkräftig die gedämpfte Welt
In warmem Golde fließen.

Friedrich Hebbel

Herbstbild

Dies ist ein Herbsttag, wie ich keinen sah!
Die Luft ist still, als atmete man kaum,
Und dennoch fallen raschelnd, fern und nah,
Die schönsten Früchte ab von jedem Baum.

O stört sie nicht, die Feier der Natur!
Dies ist die Lese, die sie selber hält,
Denn heute löst sich von den Zweigen nur,
Was vor dem milden Strahl der Sonne fällt.

Joseph Freiherr von Eichendorff

Weihnachten

Markt und Straßen steh'n verlassen,
Still erleuchtet jedes Haus,
Sinnend geh' ich durch die Gassen,
Alles sieht so festlich aus.

5 An den Fenstern haben Frauen
Buntes Spielzeug fromm geschmückt,
Tausend Kindlein steh'n und schauen,
Sind so wunderstill beglückt.

Und ich wandre aus den Mauern
10 Bis hinaus in's freie Feld,
Hehres Glänzen, heil'ges Schauern!
Wie so weit und still die Welt!

Sterne hoch die Kreise schlingen,
Aus des Schnees Einsamkeit
15 Steigt's wie wunderbares Singen –
O du gnadenreiche Zeit.

Marie Luise Kaschnitz

Tritte des Herbstes

Du lieber Herbst
Das Laub
Noch heiß vom Sommer
Und leuchtet feurig
Dann im Wind
Die feinen
Knöchernen Tritte
Zweigauf
Zweigab.

Frank Bubenheim

Schnee

Schnee rieselt leise in bekannter Weise
von oben nach unten, ohne Geräusche,
dass er niemand enttäusche.

Wenn der Schnee nun verkehrtrum rieselte
und von unten nach oben pieselte,
wäre das etwas Markantes,
etwas Neues und Unbekanntes.

So ist es besser, er rieselt schön leise
in der uns hinlänglich bekannten Weise.

Mascha Kaléko

Advent

Der Frost haucht zarte Häkelspitzen
Perlmuttergrau ans Scheibenglas.
Da blühn bis an die Fensterritzen
Eisblumen, Sterne, Farn und Gras.

Kristalle schaukeln von den Bäumen,
Die letzten Vögel sind entflohn.
Leis fällt der Schnee ... In unsern Träumen
Weihnachtet es seit gestern schon.

9 Alles Theater?! – Szenen spielen

1 **a** Betrachtet das Foto einer Theateraufführung.
Worum könnte es in diesem Theaterstück gehen? Äußert eure Vermutungen.
b Beschreibt das Foto:
– Welche Rollen spielen die Schauspielerinnen und Schauspieler vermutlich?
– Wie ist das Bühnenbild gestaltet?
– Welche Requisiten sind erkennbar?

2 **a** Wählt eine Schauspielerin oder einen Schauspieler aus und notiert, was sie oder er in diesem Moment sagen könnte.
b Stellt eure Aussage einem Partner vor und lasst ihn erraten, wen ihr meint.

In diesem Kapitel …
– untersucht und spielt ihr Theaterszenen,
– schreibt ihr eigene Szenen,
– bereitet ihr Schritt für Schritt eine Theateraufführung vor.

9.1 „Mit dem Taxi durch die Zeit" – Szenen spielerisch erfassen

Sabine Matthäus

Mit dem Taxi durch die Zeit: ...

Im Esszimmer, rechts am Tisch sitzt Niklas und tippt etwas auf dem Handy, links sitzt der Opa und liest die Zeitung, in der Mitte sitzen die Mutter, Karlchen und Lisa.

NIKLAS *(tippt etwas auf seinem Handy)*: Genial ... Das scheint eine echt coole App zu sein: Epochenreise mit dem Zeittaxi ... Cool! Das muss ich mir runterladen.
VATER *(kommt mit einem Topf herein)*: So, das ist der neue Auflauf à la Papa! Mit leckerem Gemüse.
KARLCHEN: Gemüse, muss das sein?
MUTTER: Karlchen, jetzt reicht es aber.
KARLCHEN UND MUTTER: Bei uns wird gegessen, was auf den Tisch kommt.
OPA: Das hätte ich mir früher mal erlauben sollen, über das Essen zu meckern. Ich habe immer alles gegessen!
MUTTER: Ja, ja, Opa! Niklas? *(rüttelt ihn)*
NIKLAS *(genervt)*: Was ist?
MUTTER: Kannst du nicht einmal dein Handy wegstecken? Ich glaube, du bist schon süchtig!
NIKLAS: Das stimmt doch gar nicht!
OPA: Gib doch nicht solche Widerworte! Das hätte ich mir früher mal erlauben sollen! Seinen Eltern widerspricht man nicht!
MUTTER: Ja, ja, Opa.
KARLCHEN: Das Essen schmeckt nicht, Papa!
VATER *(beleidigt)*: Danke!
LISA: Du, Papa!
VATER *(genervt)*: Ja?
LISA: Ich würde morgen gern zum Stadtfest gehen.
MUTTER: Was willst du denn da?
LISA: Erst wollen wir mit den Jungs ins Kino gehen und danach noch coole Bands anhören.
VATER: Mit Jungs ins Kino? Du bist doch erst dreizehn!
LISA *(empört)*: Erst? Schon!
VATER: Und danach noch auf dem Stadtfest herumlaufen und diese neumodische Musik hören?
LISA: Die ist cool!
OPA: Remmidemmi-Musik ist das, wenn ihr mich fragt.

1
a Lest die Szene mit verteilten Rollen und formuliert eine passende Überschrift.
b Erklärt, wodurch sich der Text von einer Erzählung oder einem Sachtext unterscheidet.

2
a Oft sind Eltern und Kinder nicht einer Meinung. Nennt Textstellen, wo dies deutlich wird.
b Überlegt, wie die Szene ablaufen würde, wenn Eltern und Kinder dieselbe Meinung hätten.

Information **Der Konflikt**

Anders als Erzählungen, Sachtexte oder Gedichte werden **Theaterstücke** dazu geschrieben, um sie auf einer **Bühne** aufzuführen.
Oft haben in diesen Stücken zwei oder mehr Figuren unterschiedliche Ziele und Interessen.
Den **Gegensatz dieser Ziele und Interessen,** aus dem oft Streit entsteht, nennt man **Konflikt**.

Mit dem Taxi durch die Zeit: Am Abendbrottisch

LISA: Darf ich jetzt also zum Stadtfest?
MUTTER *(zögernd)*: Also, ich weiß nicht so recht ...
VATER *(entschlossen)*: Nein!
LISA: Das ist gemein! *(zum Publikum)* Es gibt Tage, da könnte ich meine Eltern ...
NIKLAS *(sieht von seinem Handy auf)*: Bei Ebay versteigern ...
VATER *(?)*: Ebay, Ebay, du redest auch nur noch mit Internet-Vokabeln!
NIKLAS: Das Internet bestimmt nun mal die Gegenwart!
MUTTER: Deine Gegenwart bestimmt es vor allem ein bisschen zu viel!
NIKLAS: Na und? Besser als hinter dem Mond zu leben wie Opa!
VATER UND MUTTER *(?)*: Niklas!
NIKLAS: Ist doch wahr! An allem hat er was auszusetzen. Früher war dies, früher war das ...
OPA *(?)*: Ja, früher war vieles anders. Wir sind damals auch ohne diesen neumodischen Schnickschnack ausgekommen, Oma Hilde und ich.
NIKLAS: Ja, aber Oma Hilde ist jetzt zur Kur! Stell dir vor, sie hätte ein Handy, dann könnte sie dich jeden Tag anrufen und du würdest nicht immer jammern, wie sehr sie dir fehlt.
KARLCHEN: Die fehlt Opa doch nur, weil er jetzt seine Pantoffeln selber holen muss.
MUTTER UND VATER *(?)*: Karlchen!
MUTTER *(?)*: Kinder, räumt den Tisch ab!
(Der Vater, die Mutter und der Opa gehen hinaus.)
LISA *(nimmt genervt ein paar Teller vom Tisch)*: Ja, ja, zum Tischabräumen ist man nie zu jung ... *(geht)*
(Karlchen setzt sich zu Niklas)
KARLCHEN *(?)*: Niklas, zeig mal, wer schreibt dir denn da? Hast du eine Freundin?
NIKLAS: Karlchen, nerv nicht! Nein, ich habe keine Freundin!
KARLCHEN: Auch nicht mehr diese blonde Tussi, die du neulich angeschleppt hast?
NIKLAS: Wovon redest du?
KARLCHEN: Die mit diesen Absätzen, die mindestens einen halben Meter hoch waren ... *(stolziert albern durchs Esszimmer, mit hoher Stimme)* Niklas, du bist so cool!
NIKLAS: Raus mit dir!
(Karlchen geht, Niklas sieht wieder aufs Handy): Die Zeitreise-App wurde geladen! Super!

1
a Lest die Szene mit verteilten Rollen und nennt die Konflikte, um die es geht.
b Lest noch einmal alle Regieanweisungen und ordnet sie nach Angaben zur Sprechweise und Angaben zum Verhalten.
c Notiert für die Lücken mögliche Regieanweisungen zur Sprechweise.

2
a Setzt euch zu sechst in Gruppen zusammen und vergleicht eure Regieanweisungen.
b Einigt euch auf Regieanweisungen. Übt die Szene ein und setzt die Anweisungen dabei um.

3 Wählt eine Figur und verfasst in einem Monolog ihre Gedanken während dieser Szene.

Information — Dialoge, Monologe und Regieanweisungen in Bühnentexten

- Wenn zwei oder mehr Figuren auf einer Bühne miteinander sprechen, nennt man das einen **Dialog**. Wenn eine Figur mit sich selbst spricht oder längere Zeit allein redet, bezeichnet man das als **Monolog**.
- **Regieanweisungen** geben den Schauspielern Hinweise darauf, wie sie sprechen und wie sie sich auf der Bühne bewegen und verhalten sollen. Sie stehen meistens in Klammern.

Mit dem Taxi durch die Zeit: Im Klassenraum

Im Klassenraum von Niklas: Die Schüler sitzen auf ihren Plätzen. Vor ihnen steht Frau Dyck, die Lehrerin. Niklas spielt mit dem Handy. Die Lehrerin stellt der Klasse eine Frage. Einige melden sich, während die Lehrerin bemerkt, dass Niklas unaufmerksam ist. Sie wiederholt die Frage an Niklas gerichtet. Er reagiert nicht. Die Lehrerin geht auf ihn zu und fragt ein weiteres Mal. Niklas bemerkt nun, dass er gemeint ist, doch er weiß die Antwort nicht und redet sich heraus. Die Lehrerin bemerkt das Handy und reagiert ärgerlich.

1
a Lest die Beschreibung der Szene und versucht sie euch genau vorzustellen.
b Spielt die Szene mit der ganzen Klasse als Pantomime. Achtet dabei auf eure Körperhaltung und auf eure Bewegungen (Gestik) sowie auf euren Gesichtsausdruck (Mimik).
c Bildet Gruppen und stellt das Ende der Szene als Standbild dar, indem ihr Mimik und Gestik „einfriert".

Mit dem Taxi durch die Zeit: Nach dem Unterricht

(Vor der Schule, Niklas sitzt auf einer Bank, sieht auf sein Handy, zwei Freunde kommen dazu.)

LEON: Niklas, jetzt beeil dich! Der Bus kommt gleich!
NIKLAS: Gleich, gleich!
BILAL: Was hast du denn da?
NIKLAS: Eine Wahnsinns-App, Reise durch die Zeit! Damit kannst du durch die Epochen reisen und Aufgaben bewältigen.
LEON: Ein Adventure-Spiel also. Klingt cool!
NIKLAS: Ist es auch!
LEON: Trotzdem solltest du dich jetzt beeilen. Wir verpassen den Bus!
NIKLAS: Ja, ja, geht schon mal vor!
BILAL *(während er geht)*: Pass auf, wenn du es weiter so übertreibst, dann landest du irgendwann mal mitten in so einem Adventure-Spiel und kommst nicht mehr raus ...
NIKLAS: Haha! *(schaut weiter aufs Handy)*
STIMME *(während plötzlich Nebel aufkommt)*: Willkommen im Spiel ...

2
a Setzt euch zu dritt zusammen und erstellt Rollenkarten für die drei Figuren dieser Szene. Notiert darauf:
 – Allgemeine Angaben zur Figur (Name, Alter, Geschlecht)
 – Angaben zur Szene: Was will die Figur in diesem Moment? Was denkt oder fühlt sie?
b Zieht eine Rollenkarte und stellt die beschriebene Figur in der Szene pantomimisch dar. Lasst die anderen raten, wen ihr spielt.

Methode	Mimik und Gestik in Pantomime-Szenen einsetzen

- **Pantomime** ist eine Form von Theater, bei der vollständig auf Worte verzichtet wird. Die Schauspieler spielen ihre Rolle nur mit Mimik und Gestik.
- **Mimik** nennt man den Gesichtsausdruck eines Menschen. An der Mimik kann man erkennen, wie sich jemand gerade fühlt oder was er denkt.
- Als **Gestik** bezeichnet man die Körperhaltung und alle Bewegungen.
- Bei einem **Standbild** werden die Figuren (ihre Mimik und Gestik) „eingefroren" und so aufgestellt, dass das Verhältnis der Figuren zueinander deutlich wird.

Mit dem Taxi durch die Zeit: In der Steinzeit

Niklas reist mit der Zeitreise-App seines Handys durch verschiedene Zeitepochen. Das Zeittaxi bringt ihn auch in die Steinzeit, wo er seine Vorfahren trifft.

(Die Mutter und Karlchen sitzen vor einer Höhle. Der Vater kommt mit einer Keule über der Schulter hinzu.)

VATER: Hallo, Karlchen, wie war es in der Steinschule? *(legt die Keule weg, setzt sich zu Karlchen)*
KARLCHEN: Äh ... ganz gut ...
VATER: Sei ehrlich ...
5 KARLCHEN: Also, Frau Stein meinte, ich muss das Diktat noch einmal üben.
VATER: Das habe ich mir gedacht! Lass uns gleich damit beginnen.
MUTTER: Schatz, nun setz dich doch erst einmal.
10 Wie war die Büffeljagd heute?
VATER: Sehr erfolgreich. Ich habe drei Büffel erlegt!
KARLCHEN: Ein Festtag, das sollten wir feiern!
VATER: Aber zuerst üben wir für das Diktat!
15 KARLCHEN: Öh ... *(steht auf)* Mama, wo sind denn die Steintafeln?
VATER: In der Höhle.
KARLCHEN *(geht, kommt mit einer Steintafel zurück)*: Papa, warum muss ich für das Diktat
20 üben? In Büffelkunde und Höhlenmalerei bin ich der Beste!
VATER: Das reicht aber nicht. So, meißele schon mal die Überschrift: Diktat! Ich hoffe, du bist morgen früh damit fertig. In der Zwischenzeit gehe ich mal die Büffel zerlegen. 25
(Karlchen meißelt)
NIKLAS: Hallo, Karlchen!
KARLCHEN: He, wer bist du denn?
NIKLAS: Ich komme ... von weit her. Was machst du denn da? 30
KARLCHEN: Ich muss schreiben.
NIKLAS: Ich würde sagen, du meißelst.
KARLCHEN: Ja klar, wie soll ich denn sonst das Wort auf diese Steintafel kriegen?
NIKLAS: Na, hiermit zum Beispiel! *(holt einen* 35 *Filzstift aus der Tasche)* Ich zeige es dir.
(schreibt mit Filzstift auf die Tafel)
KARLCHEN: Oh! Für so ein Wort brauche ich normalerweise zehn Stunden! Wenn wir in der Schule ein Diktat schreiben, dann dauert es 40 drei Wochen! ... Danke! Papi, Papi, bitte diktiere mir das zweite Wort!
VATER *(kommt erstaunt um die Ecke)*: Wie bitte? Du kannst doch nicht schon fertig sein ...

1 a Fasst zusammen, was in dieser Szene passiert.
b Nennt Textstellen, die die Zuschauer zum Lachen bringen, und erklärt, was daran lustig wirkt.

2 Setzt euch zu viert zusammen und improvisiert eine Szene, in der Karlchen seinem Vater erklärt, wie er das Wort *Diktat* in so kurzer Zeit „meißeln" konnte.

Methode	Das Improvisieren

Improvisieren bedeutet, zu einem Thema oder einer Situation **spontan etwas zu spielen.** Dabei wird meistens nur das Thema vorgegeben. Die Schauspieler besprechen kurz, was sie sagen wollen, und spielen, ohne vorher etwas zu notieren und einzuüben.

Aufwärmübungen

Wenn ihr Theaterszenen spielt, sollt ihr nicht nur euren Text richtig sprechen. Mindestens genauso wichtig ist es, dass ihr eure Stimme sowie Mimik und Gestik bewusst einsetzt. Diese Aufwärmübungen helfen euch dabei. Ihr solltet sie vor jeder Probe durchführen:

Atemübung
- Stellt euch im Kreis mit genügend Abstand zueinander auf.
- Haltet die Arme gerade und schwingt sie langsam vor und zurück.
- Schwingen die Arme zurück, atmet ihr ein. Schwingen die Arme nach vorn, atmet ihr aus.
- Lasst die Schwingungen langsam größer werden, bis die Arme über den Kopf gehen.

Sprechübungen
- Bildet Kleingruppen.
- Sprecht Zungenbrecher vor und lasst die anderen sie nachsprechen, z. B.: „Blaukraut bleibt Blaukraut und Brautkleid bleibt Brautkleid."
- Sprecht Gedichte, z. B.:

Detlev von Liliencron

Ballade in U-Dur

Es lebte Herr Kunz von Karfunkel
Mit seiner verrunzelten Kunkel
Auf seinem Schlosse Punkpunkel
In Stille und Sturm.
Seine Lebensgeschichte war dunkel,
Es murmelte manch Gemunkel
Um seinen Turm.

Übung zum Einsatz von Mimik und Gestik
Bildet zwei Gruppen: Während die eine Gruppe den folgenden Text spricht, stellt die andere Gruppe die Aussagen mit Mimik und Gestik dar:

Sabine Matthäus

Mein Handy ist mein bester Freund

Wenn wir telefonieren,
dann um zu imponieren.
Wir youtuben und chatten,
da sind wir nicht zu retten.
5 Wir filmen und wir googeln
bis wir uns vor Lachen kugeln.

Wir s(i)msen und „whats Appen"
mit jedem coolen Deppen.
Wir facebooken und twittern,
10 bis unsere Hände zittern.
Wir spielen Games und zocken,
weil uns die Punkte locken!

Teste dich!

Wissenswertes für Theaterfans

Theaterstücke werden dafür geschrieben, um sie auf einer ? aufzuführen.
In einem Theaterstück schlüpft jeder Schauspieler in eine besondere ? . Die ? geben an, wie die Figur spricht und wie sie sich verhalten soll. ? werden benötigt, um die Szene anschaulich zu gestalten. Wenn die Figuren in einem Theaterstück unterschiedliche Ziele und Interessen haben, aus denen ein Streit entsteht, spricht man von einem ? .
Eine Form von Theater, bei der ganz auf Worte verzichtet wird, nennt man ? . Die Schauspieler spielen ihre Rollen dann nur mit Mimik und Gestik und verzichten ganz auf ihre ? . ? nennt man den Gesichtsausdruck eines Menschen. Man kann daran erkennen, wie jemand sich gerade fühlt oder was er denkt. Auch Körperhaltung und Bewegungen (Kopfschütteln, Schulterzucken, Handbewegungen usw.) sollte ein Schauspieler bewusst einsetzen. Das nennt man ? . Bei einem ? sind die Figuren stumm und „eingefroren". Dabei wird ihr ? zueinander deutlich.
? bedeutet, zu einem Thema oder einer Situation spontan etwas zu spielen.

Improvisieren • Verhältnis • Rolle • Gestik • Regieanweisungen • Standbild • Requisiten • Stimme • Konflikt • Mimik • Pantomime • Bühne

1 Schreibe den Text in dein Heft. Ergänze die Lücken mit Begriffen aus dem Kasten.

2 Gespräch im Theater – wer sagt was?
Ordne die Aussagen zu: Regisseur (R) oder Schauspielerin (S).

A „Du musst deutlicher sprechen!"

B „Du hast die Regieanweisungen ausreichend beachtet."

C „Bitte sprich mehr zum Publikum!"

D „Wenn ich bei der Aufführung einmal meinen Text vergesse, dann improvisiere ich."

E „Manche Szenen stelle ich erst nur pantomimisch dar, denn dabei kann ich an meiner Mimik und Gestik arbeiten."

F „Mit Sprech- und Atemübungen wärme ich mich vor jeder Aufführung auf."

G „Prima, das war eine deutliche Geste!"

H „Mach eine Pause beim Sprechen!"

I „Wir proben diese Szene noch einmal!"

3 Vergleiche deine Lösungen zu den Aufgaben 1 und 2 mit einer Lernpartnerin oder einem Lernpartner.

9.2 Stück für Stück – Eigene Szenen erfinden

Eine Szene fortsetzen

Mit dem Taxi durch die Zeit: Bei den Rittern

Das Zeittaxi bringt Niklas in das Mittelalter.

HOFNARR *(läuft auf die Bühne, rollt ein Plakat auf)*: Alle mal herhören, gleich gibt es wieder die tolle Show GSDS, Germanien sucht den Super-Ritter!
(Burgfräulein kommen von rechts, Ritter von links im Gleichschritt auf die Bühne)
RITTER *(sehen Niklas)*: Hilfe! Ein Gespenst! *(weichen zurück)*
BURGFRÄULEIN 1: Typisch Ritter! Vor allem haben sie Angst! *(zu Niklas)* Wer bist du?
NIKLAS: Habt keine Angst! Ich bin kein Gespenst, ich komme nur aus einer anderen Zeit.
RITTER KARLCHEN: Aus einer anderen Zeit?
NIKLAS: Karlchen!
KARLCHEN: Woher weißt du, wie ich heiße?
NIKLAS: Ähm ... ich kenne einen Verwandten von dir.
KARLCHEN: Ach so. Möchtest du auch mitmachen bei GSDS?
NIKLAS: Was muss ich denn da tun?
BURGFRÄULEIN LUISA *(ruft aus dem Turm)*: Mich befreien, bitte!
NIKLAS: Wie denn?
RITTER 1: Du musst klug sein. Der böse Ritter Dieter, der Schreckliche, wird uns eine Aufgabe stellen. Wenn du sie lösen kannst, wird das Burgfräulein befreit und du bist der neue Super-Ritter!
BURGFRÄULEIN 1: Denn bisher hat noch keiner dieser schlappen Truppe *(zeigt auf die Ritter)* auch nur eine einzige Aufgabe lösen können!
RITTER 1 UND 2 *(weinerlich)*: Du bist gemein!
BURGFRÄULEIN 2: Es stimmt aber doch!
(zu Niklas) Mach doch einfach mit!
NIKLAS: Ich bin doch gar kein Ritter, ich habe ja noch nicht einmal eine Rüstung.
BURGFRÄULEIN 1: Das macht nichts! Mit einer Rüstung kann man doch sowieso nicht nachdenken.
BURGFRÄULEIN 2: Nur, das haben unsere Ritter noch nicht kapiert!
RITTER: Haha ...

1 Lest die Szene. Formuliert und beantwortet zu zweit Fragen zur Szene mit Hilfe der folgenden Fragewörter: Wer? Wann? Wo? Was? Wie? Warum?

2 Schreibt eine Fortsetzung für die Szene:
   a Überlegt zu zweit, wie es weitergehen könnte. Notiert eure Ideen in einem Ideenstern (▶ S. 278).
   b Wählt die beste Idee und schreibt die Fortsetzung. Formuliert dabei auch notwendige Regieanweisungen.
   c Lest eure Fortsetzung mit verteilten Rollen laut und überarbeitet Stellen, die noch nicht verständlich sind.

Fordern und fördern – Eigene Szenen erfinden

Mit dem Taxi durch die Zeit: Besuch bei …

Niklas befreit das Burgfräulein Luisa.
Diese begleitet Niklas nun auf weiteren Zeitreisen und zurück in die Gegenwart.

1 a Wählt eine der folgenden drei Möglichkeiten für eine eigene Szene:

A Bei Mozart
Niklas und Luisa besuchen Mozart. Während Mozarts Musik für Niklas altmodisch klingt, ist sie für Luisa, das Burgfräulein aus der Ritterzeit, sehr modern.

B Im Jahr 1970
Niklas und Luisa besuchen das Jahr 1970. Hier treffen sie Niklas' Opa. Dieser ist ein Jugendlicher und benimmt sich so ähnlich, wie Niklas und seine Geschwister sich in den ersten Szenen (▶ S. 146–147) verhalten haben.

C Zurück in der Gegenwart
Niklas und Luisa erreichen die Gegenwart. Doch Luisa findet sich in dieser Zeit der Technik nicht zurecht und möchte zurück nach Hause in die Zeit der Ritter.

b Setzt euch mit drei oder vier Mitschülerinnen und Mitschülern zusammen, die dieselbe Szene gewählt haben. Entscheidet euch für Aufgabe 2 oder 3:

2 Improvisiert eine Szene zu dem von euch gewählten Thema:
– Verteilt die Rollen: Wer ist Niklas, wer ist Luisa? Welche weiteren Figuren benötigt ihr?
– Spielt die Szene spontan, ohne etwas zu notieren.

3 a Schreibt einen vollständigen Bühnentext für eine Szene zu dem gewählten Thema:
– Notiert eure Ideen in einer Mindmap (▶ S. 278):

– Formuliert den Bühnentext für die Szene. Lasst zwischen den Aussagen jeweils eine Zeile frei.
– Ergänzt in den freien Zeilen Regieanweisungen zum Verhalten und zur Sprechweise.
b Lest eure Szene mit verteilten Rollen und übt sie ein.

4 Spielt eure Szene der Klasse vor. Die Zuschauer achten auf den Inhalt der Szene, auf Sprechweise, Mimik und Gestik und notieren Tipps für die Schauspieler.

5 Denkt euch weitere Zeitreisestationen für Niklas und Luisa aus und improvisiert Szenen dazu.

9.3 Projekt – Theaterszenen aufführen

Würdet ihr eure eingeübten Theaterszenen gern vor einem Publikum aufführen?
Hier findet ihr Tipps dazu, wie ihr bei der Vorbereitung vorgehen solltet:

1. Schritt: Aufgaben verteilen und einen Projektplan anlegen

1
a Einigt euch, welche Szenen ihr aufführen wollt, und besetzt die Rollen.
  Plant auch Zweitbesetzungen ein, falls eine Schauspielerin oder ein Schauspieler ausfällt.
b Bildet Gruppen, die unterschiedliche Aufgaben übernehmen, z. B. Schauspiel und Regie, Technik, Bühnenbild und Requisiten, Werbung.
c Erstellt einen Projektplan, in dem ihr notiert, welche Aufgaben wann erledigt werden müssen:

Projekt: Aufführung von Szenen aus „Mit dem Taxi durch die Zeit"			
Gruppen	Gruppenmitglieder: Wer?	Aufgaben: Was?	Termine: Wann und wo?
Schauspiel, Regie	...	...	
...			

2. Schritt: Einen Flyer zur Aufführung anfertigen

2 Gestaltet einen Flyer als Einladung zur Aufführung:
a Notiert, welche Angaben auf dem Flyer notwendig sind.
b Formuliert den vollständigen Text für den Flyer und korrigiert ihn.
c Gestaltet den Flyer handschriftlich oder am Computer (▶ S. 276–277) so, dass er die Leute neugierig auf die Aufführung macht. Kopiert und verteilt ihn anschließend.

3. Schritt: Das Stück proben

3
a Lernt eure Texte auswendig (▶ S. 277) und probt die Szenen immer wieder. Dabei achten die Regisseure auf die Sprechweise, Mimik und Gestik sowie auf die Einhaltung der Regieanweisungen.
b Bestimmt eine Souffleuse oder einen Souffleur, der den Schauspielern weiterhilft, wenn sie ihren Text vergessen haben.
c Gestaltet ein Bühnenbild und besorgt passende Requisiten und Kostüme.
d Testet die Lichteinstellungen und plant, an welchen Stellen Geräusche und Musikeinspielungen notwendig sind.
e Führt eine Generalprobe durch, bei der alle Szenen ohne Unterbrechung geprobt werden.

Schreibwörter				▶ S. 242
das Theater	der Regisseur	die Pantomime	proben	wütend
die Szene	der Streit	der Flyer	improvisieren	traurig

10 Rund um den Computer –
Sachtexte verstehen und untersuchen

1. a Beschreibt das Foto.
   b Was machen das Mädchen und der Junge am Tablet-Computer? Stellt Vermutungen dazu an.

2. Die meisten Jugendlichen kommunizieren regelmäßig online miteinander. Berichtet, welche Möglichkeiten ihr im Internet nutzt, um euch mit Freunden auszutauschen.

3. In sozialen Netzwerken, Chats oder Foren kann man sich online treffen und sich selbst darstellen, chatten oder mailen. Welche Vorteile und welche Nachteile hat die Kommunikation im Internet? Listet sie auf.

In diesem Kapitel ...
- lest ihr Texte über Kommunikation im Internet,
- beschäftigt ihr euch mit der besonderen Sprache im Internet,
- untersucht ihr Texte und Diagramme zum Thema Computerspiele.

10.1 Online kommunizieren – Texte zu einem Thema lesen und vergleichen

Einen Sachtext verstehen

Die Welt wird kleiner

Sobald die Schule aus ist, geht Jule online. Ein Klick, und ihre Pinnwand öffnet sich. Ihr erster Blick gilt der Statusmeldung und den neuen Bildern ihrer Freundin Sarah. Sie klickt auf „Gefällt mir". Dann erst teilt sie das lustige Foto, das Tom gepostet hat. Und in der Gruppe ihrer Schulklasse gibt sie einen Kommentar ab.
So wie Jule sind viele Jugendliche in ihrer Freizeit in sozialen Netzwerken unterwegs. 70 Prozent aller 12- bis 24-Jährigen nutzen ihre Profile dort mehrmals pro Woche. Täglich verbringen sie rund zwei Stunden im Internet, um Informationen auszutauschen und Kontakte zu knüpfen und zu erhalten.
„Meine beste Freundin Sarah ist vor fünf Wochen nach Australien gezogen", erklärt Jule. „Jetzt können wir nicht mehr im Schulbus quatschen oder uns nachmittags mal eben verabreden. Das müssen wir nun online machen. Am Wochenende können wir morgens über das Internet telefonieren, chatten, uns Kurznachrichten schreiben oder online zusammen spielen. Das haben wir früher auch manchmal gemacht. Dann ist es fast so, als wohnte Sarah noch zwei Straßen weiter und nicht in Sydney."
Die enorme Zeitverschiebung von neun Stunden macht das Telefonieren unter der Woche fast unmöglich. Aber über soziale Netzwerke können die beiden Mädchen täglich miteinander kommunizieren. Beide haben ihr Profil mit Fotos, Texten und persönlichen Angaben gestaltet. Dort können sie einander Nachrichten hinterlassen oder über Chats in Kontakt treten. So hat Jule das Gefühl, über alle wichtigen Punkte in Sarahs Leben informiert zu sein. Schließlich ist bei Sarah in Sydney alles neu: ihre Schule, ihre Freunde, ihr Zimmer und ihre Lieblingsjeans.
Mit der Nutzung sozialer Netzwerke sind Jule und Sarah Teil des „Web 2.0". Damit ist ein Internet „zum Mitmachen" gemeint: Der Nutzer nimmt nicht nur Informationen auf. Er stellt auch selbst welche zur Verfügung. Das aber birgt auch Gefahren. Denn was einmal ins Netz hochgeladen wurde, bleibt vielleicht ewig in Umlauf. „Generation Sorglos" hat eine Zeitung einmal die Jugendlichen von heute genannt. Denn so mancher postet Fotos und Texte, die eigentlich nicht für die Öffentlichkeit bestimmt sind. Jule hat deshalb in den Privatsphäre-Einstellungen ihres Profils festgelegt: Manches wird öffentlich angezeigt, manches darf nur Sarah sehen. So verhindert sie, dass ihre Daten in falsche Hände geraten.
Zum Geburtstag wünscht Jule sich ein Smartphone. „Denn dann kann ich sofort sehen, was Sarah postet, und bin noch näher an ihr dran. Nur in der Schule geht das leider nicht, denn da dürfen wir keine elektronischen Geräte benutzen."
Bis dahin muss Jule sich noch ein paar Monate gedulden. Auf ihrer Pinnwand über dem Schreibtisch klemmt seit gestern eine echte Postkarte von Sarah – aus Sydney. „Die war ewig lange unterwegs, aber ich find sie cool!"

10.1 Online kommunizieren – Texte zu einem Thema lesen und vergleichen

1 a Lest den Text „Die Welt wird kleiner" und tauscht euch zu zweit über den Inhalt aus: Welche Informationen erhaltet ihr über Jule? Und was erfahrt ihr über Sarah?
b Berichtet euch gegenseitig, wie ihr Kontakt zu Freunden oder Verwandten haltet, die weit entfernt leben.

2 Worum geht es in dem Text? Wählt die zutreffende Hauptaussage aus:

A Jule und Sarah sind beste Freundinnen.
B Freunde können trotz räumlicher Trennung über das Internet miteinander kommunizieren.
C Das Web 2.0 ist eine geniale Erfindung.
D Jule möchte gern mit ihrer Freundin Sarah in Australien leben.

3 Die folgenden Begriffe sind Schlüsselwörter in dem Text. Sucht sie im Text und erklärt, was sie bedeuten:

Pinnwand • Statusmeldung • soziale Netzwerke • Web 2.0 • Profil • Zeitverschiebung • Privatsphäre • posten • Chat • kommunizieren

Mit „Pinnwand" in Zeile 2 ist eine Fläche auf der Profilseite gemeint, auf der Freunde eine Nachricht hinterlassen können.
In Zeile 61 bezieht sich der Begriff „Pinnwand" jedoch auf eine echte Pinnwand, an die beispielsweise Postkarten, Fotos und Zettel geheftet werden können.

4 Lest den Text noch einmal genau und entscheidet, ob die Aussagen A bis E richtig oder falsch sind:

A 12- bis 14-Jährige verbringen etwa drei Stunden am Tag im Internet.
B Die Zeitverschiebung zwischen dem australischen Sydney und Deutschland beträgt neun Stunden.
C Im „Web 2.0" nehmen Nutzer nicht nur Informationen auf, sie veröffentlichen auch selbst welche.
D Jule hat ihr Profil so eingestellt, dass jeder Nutzer alle Fotos, Texte und persönlichen Angaben einsehen kann.
E Der Name „Generation Sorglos" bezieht sich auf Jugendliche von heute, die private Fotos und Texte ohne Nachdenken ins Internet stellen.

5 Der Text nennt verschiedene Möglichkeiten, wie man im Internet Kontakte pflegen kann.
a Listet die genannten Online-Aktivitäten im Heft auf, z. B.: *– über das Internet telefonieren*
b Hakt die Möglichkeiten ab, die ihr auch nutzt, und ergänzt weitere Kommunikationsmöglichkeiten, die im Internet möglich sind.

6 „Die Welt wird kleiner" – Erklärt, worauf sich die Überschrift des Textes bezieht.

7 Jule freut sich über Sarahs Postkarte aus Sydney. Welche Unterschiede bestehen zwischen einer Nachricht auf der virtuellen Pinnwand und einer echten Postkarte aus Pappe? Überlegt und notiert sie stichwortartig ins Heft.

Eine Aufforderung untersuchen

klicksafe-Tipps: So verhältst du dich richtig im Internet

Du findest, das Internet ist 'ne verdammt großartige Sache, weißt aber manchmal nicht, wie du mit den vielen Informationen und Möglichkeiten, die das WWW bietet, zurechtkommen sollst?
Außerdem bist du ab und zu verunsichert darüber, wie viel du in Chats und sozialen Netzwerken über dich verraten darfst?
Und du hast auch schon Sachen im Internet gesehen, die dich beunruhigt haben?
Wir haben zu diesen und anderen Themen ein paar Tipps zusammengestellt, die dich zu einem echt fähigen Netzspezialisten machen!

Dein klicksafe-Team

1 Verhalte dich fair im Internet!
2 Gib nie deine persönlichen Daten (wie Name, Adresse, Telefonnummer, Fotos oder Passwörter) im Internet weiter!
3 Frage andere Menschen vorher, ob du Bilder oder Videos von ihnen im Internet veröffentlichen darfst!
4 Sei immer misstrauisch gegenüber Behauptungen, die du im Netz findest!
5 Sei kritisch gegenüber Angeboten im Internet, die toll und kostenlos aussehen!
6 Sei misstrauisch gegenüber Angeboten zum kostenlosen Herunterladen von Musik und Filmen!
7 Öffne nie E-Mails und Anhänge, wenn du nicht weißt, von wem sie stammen oder welchen Inhalt sie haben!
8 Sprich unbedingt mit einem Erwachsenen, wenn dir beim Surfen etwas komisch vorkommt oder du im Internet beleidigt wirst!
9 Triff dich niemals allein mit Menschen, die du im Internet kennen gelernt und noch nie zuvor gesehen hast!

1
a Wie verhält man sich richtig im Internet?
Tauscht euch aus und notiert stichwortartig, was ihr bereits darüber wisst.
b Lest die klicksafe-Tipps. Welche Tipps sind neu für euch? Ergänzt eure Notizen.
c Überlegt gemeinsam und formuliert, welche Gründe es für die neun Tipps im Text gibt:
Man sollte (nicht) ..., denn/weil/da ...

2
a Erlaubt oder nicht? Wählt vier Tipps aus dem Text aus und überlegt euch jeweils ein Beispiel dazu, das entweder erlaubt ist oder nicht, z. B.:
Zu Tipp 2: Ich gebe beim Chatten nur einen Spitznamen an.
Zu Tipp 3: Ich stelle unser Klassenfoto auf mein Profil.
b Setzt euch mit einer Lernpartnerin oder einem Lernpartner zusammen. Stellt euch abwechselnd eure Beispiele vor und lasst den anderen einschätzen, ob das erlaubt ist oder nicht.

10.1 Online kommunizieren – Texte zu einem Thema lesen und vergleichen

3 Habt ihr alle klicksafe-Tipps verstanden und euch gemerkt?
Deckt Seite 158 ab und ergänzt die folgenden Sätze:

   A Wenn jemand aus dem Netz meine Telefonnummer wissen möchte, ? .
   B Wenn ich Behauptungen über einen Freund oder eine Freundin im Internet lese, ? .
   C Wenn mich mein Chatpartner einmal treffen möchte, ? .
   D Wenn mir ein Film zum kostenlosen Download angeboten wird, ? .
   E Wenn ich ein Foto einer Freundin oder eines Freundes auf meine Profilseite stellen möchte, ? .

4 Der klicksafe-Text stammt aus einem Flyer für Jugendliche. An welchen sprachlichen Besonderheiten erkennt man, dass der Text sich an Jugendliche richtet? Nennt Beispiele.

5 a Der klicksafe-Text fordert Jugendliche zum richtigen Verhalten im Internet auf.
Welche Verbformen werden für diese Aufforderungen verwendet? Sucht sie im Text.
   b Schreibt aus den neun Tipps alle Verben im Imperativ heraus, die zu etwas auffordern.
Ergänzt jeweils den Infinitiv, z. B.:
Verhalte …! – verhalten

6 Welche sprachlichen Möglichkeiten gibt es außer dem Imperativ, um zu etwas aufzufordern?
Wählt Satzanfänge aus dem Kasten und formuliert die neun Tipps um.

   Man darf/muss … • Du solltest … • Es ist wichtig, dass … • Es ist notwendig, dass …

7 Vergleicht die Sprache der Texte „Die Welt wird kleiner" (▶ S. 156) und „klicksafe-Tipps: So verhältst du dich richtig im Internet" (▶ S. 158). Ordnet die Aussagen A bis G den Texten zu:

   A Der Text soll die Leser informieren.
   B Der Text soll die Leser zu etwas auffordern.
   C Der Text spricht die Leser direkt an.
   D Der Text wurde sachlich formuliert.
   E Ein Teil der Verben steht im Imperativ.
   F Der Text enthält Fach- und Fremdwörter.
   G Der Text enthält umgangssprachliche Ausdrücke.

Information — Funktionen von Texten

Man kann Sachtexte nach ihrer **Funktion** unterscheiden:
- Manche Texte sollen die Leser **informieren** (z. B. Bericht, Reportage, Gebrauchsanweisung, Sachbuch). Sie sind meistens **sachlich** formuliert.
- In anderen Texten sollen die Leser zu etwas **aufgefordert** werden (z. B. Flyer, Rede, Einladung). In solchen Texten werden die Leser **direkt angesprochen.** Dazu wird häufig die **Imperativform** des Verbs verwendet, z. B.: *Verhalte dich fair! Sei kritisch!*

Ein Internet-Profil untersuchen

coolsite   Suche

Leon Hüsges
Spitzname: Hüsi

Anzahl meiner Freunde: 229

Allgemeine Angaben

Geschlecht: männlich   Geburtstag: 18.10.2003
Handynummer: 0171 123 45 67 89   Mail: keinplan@coolmail.de
Beziehungsstatus: solo
Lieblingsmusik: Hip-Hop
Lieblingsbücher: Gregs Tagebücher, Prinzessin Lillifee und das kleine Einhorn ;o)
Lieblingsfilme: Fluch der Karibik
Hobbys: Chillen, Skateboard, Xbox, Schlagzeug

Schule

Klasse: Gesamtschule Bonn, Klasse 6e
Lieblingsfach: Mathe, Sport, Hitzefrei
Hassfach: Französisch :o(

Über mich selbst

Zu clever für meine Lehrer, zu gut aussehend für die Mädchen in meiner Klasse und zu gut am Schlagzeug für die Band-AG!

Gruppen

Ordnung ist das halbe Leben – ich lebe in der anderen Hälfte! "gg"
Lernen wird überbewertet
98 % der Menschen sind so interessant wie Knäckebrot. :op
Du hast zwar Recht, aber ich finde meine Meinung besser.

1 a Betrachtet Leons Profilseite und fasst zusammen, was ihr über ihn erfahrt.
b Wie schätzt ihr Leon ein?
Beschreibt euren Eindruck mit Hilfe von Adjektiven im Kasten. Begründet eure Aussagen anhand der Angaben im Profil:
Leon wirkt auf mich ..., denn ...
Er scheint ... zu sein, weil ...

> bescheiden • intelligent • faul • fleißig • interessant • kontaktfreudig • ernst • schüchtern • engagiert • langweilig • dumm • kritisch • selbstbewusst • witzig • leichtsinnig • zuverlässig • sportlich • unsportlich • eingebildet • ordentlich

2 Formuliert Tipps, wie Leon sein Profil verbessern kann. Bedenkt dabei auch die Fotoauswahl und nutzt die klicksafe-Tipps von Seite 158: *Ich rate/empfehle Leon, .../Leon sollte ...*

3 Leon verwendet in seinem Profil auch verschiedene internettypische Zeichen. Übertragt sie ins Heft und findet heraus, was sie bedeuten.

Ein Interview lesen

„omg", „hdgdl" und „lol"

Robin, du hast dich mit der Sprache Jugendlicher im Internet beschäftigt. Was ist typisch für diese „Internet-Sprache"?
Im World Wide Web hat sich tatsächlich eine besondere Sprache entwickelt. Typisch sind die vielen Abkürzungen und die Verwendung von Emoticons[1].

Und wie lernt man diese Abkürzungen und Zeichen?
Wir Jugendlichen von heute werden da hineingeboren. Wir können in Chats und Foren kommunizieren, ohne dass wir diese „Sprache" mühsam lernen müssen. Man sieht, wie die anderen schreiben und welche Zeichen sie verwenden, und macht das einfach nach. Manche denken sich auch selbst neue Begriffe oder Zeichen aus.

Was ist das Besondere an der „Internet-Sprache"?
Die Internet-Sprache wird von allen gleich verwendet. Es spielt keine Rolle, aus was für einer Familie du kommst, auf welche Schule du gehst, ob du gut oder schlecht in der Schule bist. Als User muss man nur ein gutes Profil gestalten. Jeder kann mitmachen, und fast alle möchten dabei sein. Widerstand ist „swaglos".

Sind solche Ausdrücke nicht ziemlich schnell veraltet?
Die Internetsprache verändert sich ständig. Jeder User ist an diesem Wandel beteiligt.

Und was sagt euer Deutschlehrer dazu?
Eltern und Lehrer machen sich angeblich Sorgen, dass unser Wortschatz verkümmert. Ihrer Meinung nach können Jugendliche, die stundenlang „was geht alder" oder „hdgdl" *(hab dich ganz doll lieb)* eintippen, keine vollständigen Sätze formulieren. Zugegeben, manchmal taucht ein „omg" *(o mein Gott)* oder „lol" *(laughing out loud – lautes Lachen)* auch mal im Unterricht auf. Aber es gibt doch auch viele Menschen, die Dialekt sprechen und trotzdem in der Lage sind, Hochdeutsch zu reden – je nach Situation. Das lässt sich auf uns Jugendliche heute übertragen: Wir können täglich chatten, simsen, googeln, skypen und twittern und trotzdem Referate halten, Interpretationen schreiben, PowerPoint-Präsentationen gestalten und kluge Gespräche mit Lehrern, Eltern und Freunden führen. Und wenn wir englische Liedtexte googeln, dann erweitert das sogar unseren Wortschatz in der Fremdsprache.

---

1 das Emoticon: Smiley aus Satzzeichen (engl.: *emotion, icon*)

---

1 Lest das Interview zunächst still, dann in Partnerarbeit mit verteilten Rollen.

2 Was sagt Robin im Interview zu den folgenden Punkten? Fasst seine Aussagen zusammen.

Merkmale der Internet-Sprache • Erlernen der sprachlichen Besonderheiten • Besonderheit der Internet-Sprache • Veränderungen • Sorgen der Eltern und Lehrer

3 Robin nennt Beispiele für die Internet-Sprache. Welche Ausdrücke oder Abkürzungen verwendet ihr? Listet fünf Beispiele auf und notiert dazu, was sie bedeuten.

Teste dich!

Rund um Kommunikation im Internet

1 Ergänze die folgenden Sätze mit passenden Begriffen aus dem Bildschirm.
Die Buchstaben in Klammern ergeben die Bezeichnung, die du tragen darfst, wenn du diese Aufgabe korrekt löst.

A   Mit Fotos, Texten und persönlichen Angaben erstellen User in sozialen Netzwerken ihr eigenes …
B   Das Internet „zum Mitmachen" bezeichnet man als …
C   Wer aufpasst, dass seine Daten im Internet nicht für jeden User zugänglich sind, schützt seine …
D   Wer in Chats, Foren oder sozialen Netzwerken aktiv ist, heißt auch …
E   Eine andere Bezeichnung für „Internet" ist …
F   Einen Smiley innerhalb eines Textes nennt man …
G   Die Sprache in einem informativen Text ist …
H   Einen auffordernden Text erkenne ich beispielsweise an der Verwendung von …

2 Formuliere die folgenden Tipps für einen auffordernden Text im Imperativ.

A   Du solltest im Internet keine negativen Aussagen über deine Mitschüler veröffentlichen.
B   Es wird empfohlen, keine privaten Fotos hochzuladen.
C   Man sollte im Internet nicht die Telefonnummern von Freunden angeben.
D   Es ist wichtig, in Chats Spitznamen anstatt des eigenen Namens zu verwenden.

3 Vergleiche deine Lösungen der Aufgaben 1 und 2 mit einer Lernpartnerin oder einem Lernpartner.

10.2 Computerspiele – Sachtexte und Diagramme verstehen

Diagramme auswerten

1. Lest die Überschrift und betrachtet das Balkendiagramm.
   Worüber informiert es? Bestimmt die richtige Aussage:

   A Das Diagramm zeigt die fünf beliebtesten Mädchenspiele.
   B Das Diagramm gibt an, wie viele Schülerinnen und Schüler gern Computerspiele spielen.
   C Das Diagramm zeigt die fünf beliebtesten Computerspiele einer 6. Klasse.
   D Das Diagramm informiert über die fünf Lieblingsspiele von Jugendlichen in ganz Deutschland.

2. Wertet das Diagramm aus und formuliert eine Zusammenfassung dazu im Heft:
   Das Balkendiagramm zeigt, welche Computerspiele die Schüler/-innen einer 6. Klasse ...
   An der Umfrage haben ... teilgenommen.
   Das Spiel „FIFA" liegt an ... Stelle mit ... Nennungen. Den zweiten Platz belegt ... mit ... Nennungen.
   An dritter Stelle liegt das Spiel ... Kurz dahinter teilen sich die Spiele ...
   Auffällig an diesem Diagramm ist ... Mich überrascht (nicht), dass ...

Methode   **Ein Diagramm auswerten**

In Diagrammen werden Angaben (z. B. Mengen) bildlich dargestellt. Man unterscheidet zwischen
Balkendiagramm, Säulendiagramm und Kreisdiagramm:
So könnt ihr Diagramme entschlüsseln:
1. Schritt: Betrachtet das Diagramm genau. Lest die Überschrift und alle Angaben.
2. Schritt: Untersucht das Diagramm: Welche Angaben werden gemacht?
Wofür stehen die Zahlen? Welche Informationen werden gegeben?
3. Schritt: Wertet das Diagramm **aus.** Vergleicht die Angaben und notiert, was euch auffällt.

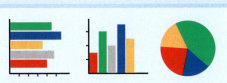

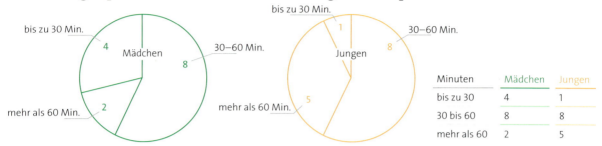

Wie lange spielst du an einem normalen Tag am Computer?

Minuten	Mädchen	Jungen
bis zu 30	4	1
30 bis 60	8	8
mehr als 60	2	5

3 Arbeitet zu zweit und stellt euch gegenseitig eins der Kreisdiagramme vor:
  a Entscheidet, wer welches Diagramm übernimmt.
  b Untersucht euer Diagramm genau. Macht euch Notizen zu den folgenden Fragen:
    – Was zeigt das Diagramm?
    – Wer wurde befragt?
    – Wofür stehen die Zahlenangaben?
    – Welche Informationen werden gegeben?
    – Was fällt euch auf oder was überrascht euch (nicht)?
  c Stellt euer Diagramm eurer Partnerin oder eurem Partner vor.

4 Vergleicht die Angaben in beiden Diagrammen. Welche Unterschiede und welche Gemeinsamkeiten gibt es bei Mädchen und Jungen? Formuliert zu zweit vollständige Sätze.

Gemeinsamkeiten	Unterschiede
– *Die meisten Mädchen und Jungen spielen …* – *Sowohl Mädchen als auch Jungen …*	– *Mehr Mädchen/Jungen als … spielen …* – *Insgesamt spielen Mädchen/Jungen täglich länger/kürzer als …*

5 Führt in eurer Klasse eine Umfrage zu den beliebtesten Computerspielen bei Mädchen und Jungen durch. Geht so vor:
  a Legt folgende Tabelle an, tragt die Namen der beliebten Spiele ein und führt eine Strichliste. Achtung: Jeder darf nur ein Spiel nennen.

Name des Spiels	Mädchen	Jungen
Die SIMS	‖‖ I	‖‖
…	…	…

  b Wertet die Angaben in eurer Tabelle aus und fasst eure Ergebnisse schriftlich zusammen:
    Wir haben in unserer Klasse eine Umfrage zum Thema „Die beliebtesten Computerspiele bei Mädchen und Jungen" durchgeführt. Dabei stellte sich heraus, dass …

6 Stellt eins der in Aufgabe 5 genannten Computerspiele in einem Minivortrag vor. Geht dabei auf die nebenstehenden Punkte ein.

> Titel des Spiels • Version • Figuren • Ziel • Aufgaben des Spielers • Besonderheit des Spiels

Einen Sachtext erschließen und zusammenfassen

Hauptsache, der Diamant leuchtet grün!

Nick arbeitet heute in der Schule gut mit. Nachmittags spielt er mit seinem Freund noch ein wenig Schach. Das schult seine Logikfähigkeiten. Und wenn er so weitermacht, kann er zum Geburtstag damit rechnen, dass er ein neues Persönlichkeitsmerkmal erhält. „Ordentlich" oder „naturliebend" zum Beispiel. Er könnte auch ein begabter Koch oder ein Bücherwurm werden. Hauptsache, Nick hat gute Laune – und das erkennt man am grün leuchtenden Diamanten über ihm. So funktioniert das zumindest in Sunset Valley, der Kleinstadt aus „Die SIMS 3".

Will Wright hat die erfolgreiche Computerspielreihe „SIMS" erfunden und im Jahr 2000 zum ersten Mal veröffentlicht. Seitdem sind unterschiedliche Versionen und Erweiterungspakete dazu erschienen. Das Spiel beruht auf einer einfachen Idee: Der Spieler erstellt Spielcharaktere, die so genannten „Sims". Diese bewegen sich in einer virtuellen Welt und meistern Probleme des Alltags. Da brennt ein Herd, gleichzeitig klingelt das Handy, da wurde der Briefkasten nicht geleert und die Rechnungen nicht bezahlt, da müssen Jobs her, damit sich die Figuren das Leben leisten können, das sie führen.

Die Faszination des Spiels liegt in den unzähligen Gestaltungsmöglichkeiten: Der Spieler bestimmt zu Beginn das Alter, den Namen, das Geschlecht, das Aussehen und die Persönlichkeit seiner „Sims". Wenn er eine Familie in den Mittelpunkt stellen möchte, legt er einen Stammbaum fest, um die Verhältnisse untereinander deutlich zu machen. Auch das Haus samt Garten kann mit viel Fantasie erschaffen und mit Liebe zum Detail eingerichtet werden. So können Figuren entstehen, die in Flipflops und Anzug unterwegs sind, Angst im Dunkeln haben oder zwanghaft im Müll wühlen. Wie witzig und verrückt die Figuren sind und handeln, entscheidet allein der Spieler.

Und der sollte vor allem eins im Auge haben: das Wohlbefinden seiner Schützlinge. Die Laune eines „Sims" ist davon abhängig, ob seine Grundbedürfnisse und Wünsche erfüllt sind. Die kann der Spieler an einer Leiste ablesen und bei Bedarf darauf eingehen. So muss Nicks kleine Schwester auf Toilette, gleichzeitig hat sein Bruder Hunger, seine Mutter Kopfschmerzen, sein Vater pflegt Kontakt mit dem Nachbarn und er selbst möchte gern ins Schwimmbad gehen. Der Diamant begleitet die „Sims" überall und leuchtet je nach Laune rot, gelb oder grün.

Der Spieler darf gestalten, entscheiden, muss Konsequenzen tragen und Probleme lösen. Er ist Designer und Verwalter und kann in seine Welt eintauchen. Dort sprechen die „Sims" „simlisch" und bezahlen in „Simoleons" – und die virtuelle Parallelwelt ist perfekt. So kann jeder Spieler ein romantisches, vernünftiges oder witziges Leben simulieren, zum Beispiel mit Nick als Hauptfigur.

1. Schritt: Vermutungen zum Text anstellen

1 Lest die Überschrift auf Seite 165 und betrachtet das Bild zum Text. Notiert in Stichworten, worum es in dem Text gehen könnte und was ihr über dieses Thema bereits wisst.

2. Schritt: Den Text zügig lesen und das Thema bestimmen

2 a Lest den Text einmal zügig durch und verschafft euch einen Überblick über den Inhalt.
b Worum geht es in dem Text? Wählt den Satz aus, der das Thema am besten wiedergibt:
   A Der Text stellt die Besonderheiten des Computerspiels „Die SIMS" vor.
   B Im Text geht es um die Anfänge des Computerspiels „Die SIMS".
   C Der Text ist eine Spielanleitung für das Computerspiel „Die SIMS".
   D Der Text stellt den Spieler Nick vor, dessen Lieblingsspiel „Die SIMS" ist.

3. Schritt: Den Text genau lesen und Schlüsselwörter markieren

3 a Lest den Text ein zweites Mal gründlich und notiert Wörter, die ihr nicht versteht.
b Klärt die unbekannten Wörter zu zweit oder schlagt sie im Wörterbuch nach.

4 a Welche Wörter sind im ersten Abschnitt (Zeile 1–14) am wichtigsten? Prüft die Vorschläge im Kasten und notiert eure Auswahl ins Heft.
b Bestimmt die Schlüsselwörter im restlichen Text. Legt dazu eine Folie über den Text und markiert sie oder schreibt die Wörter mit Zeilenangabe ins Heft.

> nachmittags • Logikfähigkeiten • Persönlichkeitsmerkmal • ordentlich • gute Laune • grün leuchtenden Diamanten • Sunset Valley • Die SIMS 3

c Vergleicht abschnittsweise mit einem Partner, welche Schlüsselwörter ihr ausgewählt habt.

4. Schritt: Den Text in Sinnabschnitte gliedern und Zwischenüberschriften suchen

5 Der Text besteht aus fünf Sinnabschnitten.
a Bestimmt die Sinnabschnitte und notiert die Zeilenangaben im Heft untereinander.
b Formuliert zu jedem Sinnabschnitt eine passende Zwischenüberschrift, z. B.:
Nick, der „Sim" / Worum geht es in „Die SIMS"? / …

Methode   **Die Fünf-Schritt-Lesemethode**

1. Schritt: Lest zuerst die Überschrift und betrachtet die Abbildungen zum Text. Vermutet, worum es in dem Text gehen könnte. Überlegt, was ihr über dieses Thema bereits wisst.
2. Schritt: Lest den Text einmal zügig durch und verschafft euch einen Überblick über den Inhalt. Bestimmt das Thema des Textes.
3. Schritt: Lest den Text ein zweites Mal gründlich. Klärt unbekannte Wörter durch Nachdenken, Nachfragen oder Nachschlagen. Markiert oder notiert Schlüsselwörter.
4. Schritt: Gliedert den Text in Sinnabschnitte und formuliert Zwischenüberschriften.
5. Schritt: Fasst den Inhalt des Textes mit euren eigenen Worten zusammen.

Fordern und fördern

5. Schritt: Den Inhalt des Textes zusammenfassen

Schreibt zu dem Text „Hauptsache, der Diamant leuchtet grün!" (S. 165) eine Zusammenfassung:

1 Formuliert einen Einleitungssatz, in dem ihr das Thema des Textes nennt:
In dem Text „Hauptsache, der Diamant leuchtet grün!" geht es um ...

2 Schreibt die folgende Zusammenfassung des ersten Textabschnitts (Zeile 1–14) in euer Heft und ergänzt sie: *Im ersten Abschnitt wird ? vorgestellt. Nick lebt in ? . Abhängig davon, wie der Computerspieler Nicks ? gestaltet, erhält die Figur weitere ? . Der Spieler muss dafür sorgen, dass Nick ? hat und sein ? grün leuchtet.*

▷ Hilfe zu Aufgabe 2 Seite 168

3 Schlüsselwörter helfen bei der Zusammenfassung der einzelnen Abschnitte. Fasst den zweiten Textabschnitt (Zeile 15–29) mit Hilfe der nebenstehenden Schlüsselwörter zusammen.
▷ Hilfe zu Aufgabe 3 Seite 168

erfolgreiche Computerspielreihe • Jahr 2000 • unterschiedliche Versionen • Will Wright • erstellt Spielcharaktere („Sims") • virtuelle Welt • Probleme des Alltags

4 a Welche Umschreibung gibt die folgende Textstelle zutreffend wieder: „Die Faszination des Spiels liegt in den unzähligen Gestaltungsmöglichkeiten" (Z. 30–31)? Notiert sie ins Heft.

    A Die Sims sind Gestalten, deren Persönlichkeit sich im Laufe des Spiels weiterentwickelt.
    B Die Spieler sind fasziniert von den Charakteren und sorgen deshalb für deren Wohlbefinden.
    C Das Besondere an diesem Spiel ist, dass der Spieler vieles erschaffen und entwickeln kann.

b Gebt die folgenden zwei Textstellen mit euren eigenen Worten wieder:
    A „Wie witzig und verrückt die Figuren sind und handeln, entscheidet allein der Spieler." (Z. 43–45)
        – *Der Spieler bestimmt ...*
    B „Dort sprechen die ‚Sims' ‚simlisch' und bezahlen in ‚Simoleons' – und die virtuelle Parallelwelt ist perfekt." (Z. 63–66)
        – *Die „Sims" haben eine eigene Währung ...*
▷ Hilfe zu Aufgabe 4 b Seite 168

5 Fasst die Abschnitte 3 bis 5 zusammen. Verwendet dazu auch Satzanfänge aus dem Kasten:

Im ... Absatz wird erklärt/vorgestellt/beschrieben/darüber informiert, ... • Weiterhin ... • Schließlich ... • Anschließend ... • Am Ende des Textes ...

▷ Hilfe zu Aufgabe 5 Seite 168

6 Entwickelt zu dem Inhalt des Textes eine Mindmap (▶ S. 278). Verwendet dazu die nebenstehenden Hauptpunkte.

Entstehung • Faszination des Spiels • Figuren • Spielidee • Aufgaben des Spielers

Fordern und fördern

Aufgabe 2 mit Hilfen
Schreibt die folgende Zusammenfassung des ersten Textabschnitts (Zeile 1–14) in euer Heft und ergänzt sie. Nutzt die Angaben aus dem Kasten.

Im ersten Abschnitt wird ? vorgestellt. Nick lebt in ? . Abhängig davon, wie der Computerspieler Nicks ? gestaltet, erhält die Figur weitere ? . Der Spieler muss dafür sorgen, dass Nick ? hat und sein ? grün leuchtet.

> Persönlichkeitsmerkmale • Sunset Valley • Alltag • gute Laune • Diamant • die „Sims"-Figur Nick

Aufgabe 3 mit Hilfen
Schlüsselwörter helfen bei der Zusammenfassung der einzelnen Abschnitte. Fasst den zweiten Textabschnitt (Zeile 15–29) mit Hilfe der nebenstehenden Schlüsselwörter zusammen:
Will Wright ist der Erfinder …
Seit dem Jahr 2000 wurden …
In jeder Version …

> erfolgreiche Computerspielreihe • Jahr 2000 • unterschiedliche Versionen • erstellt Charaktere („Sims") • virtuelle Welt • Will Wright • Probleme des Alltags

Aufgabe 4 b mit Hilfen
Gebt die folgenden zwei Textstellen mit anderen Worten wieder.
Notiert dazu den jeweils passenden Satz ins Heft:

A „Wie witzig und verrückt die Figuren sind und handeln, entscheidet allein der Spieler." (Z. 43–45)
 – *Der Spieler bestimmt über die Persönlichkeit und das Verhalten seiner Figuren.*
 – *Der Spieler hat wenig Einfluss darauf, wie sich die Figuren verhalten.*

B „Dort sprechen die ‚Sims' ‚simlisch' und bezahlen in ‚Simoleons' – und die virtuelle Parallelwelt ist perfekt." (Z. 63–66)
 – *Die „Sims" haben eine eigene Währung und Sprache. Deshalb wirkt ihr Leben so echt.*
 – *Das Spiel macht viel Spaß, weil man „Simoleons" sammeln kann und man eine Sprache spricht, die niemand versteht, der das Spiel nicht kennt.*

Aufgabe 5 mit Hilfen
Fasst die Abschnitte 3 bis 5 zusammen. Verwendet dazu folgende Formulierungshilfen:

Abschnitt 3 (Zeile 30–45)	*Im anschließenden Absatz wird erklärt, was das Besondere an dem Spiel ist: Der Spieler darf entscheiden, …*
Abschnitt 4 (Zeile 46–59)	*Die Aufgabe des Spielers ist … Wenn ein Sim zufrieden ist, …*
Abschnitt 5 (Zeile 60–69)	*Am Ende des Textes werden noch einmal die Möglichkeiten des Spielers genannt: Er …*

Methode — Einen Sachtext zusammenfassen

- Gebt den Inhalt des Textes mit **möglichst wenigen Sätzen** wieder. Verwendet dabei **eigene Wörter**, schreibt den Text nicht ab.
- Beachtet die **Reihenfolge der Aussagen**. Fügt keine Informationen hinzu.
- Schreibt im **Präsens**.

10.3 Fit in …! – Einen Sachtext und Diagramme untersuchen

Stellt euch vor, ihr bekommt in der nächsten Klassenarbeit die folgende Aufgabe gestellt:

Lies den folgenden Text aufmerksam und untersuche die Diagramme.
Bearbeite anschließend die drei Aufgaben:
1. Welche drei Berufe sind für die Entwicklung eines Computerspiels wichtig? Nenne sie und ihre Hauptaufgaben.
2. Fasse zusammen, wie man diese Berufe erlernen kann und welche Voraussetzungen man dafür benötigt.
3. Betrachte beide Diagramme aufmerksam und vergleiche die Angaben.

Traumberuf: Entwickler für Computerspiele

Spieleentwickler zu werden – das ist der Traum von vielen Computerspiel-Fans. Was viele nicht wissen: Bis ein Computer- oder Konsolenspiel fertiggestellt ist, haben eine Menge Menschen mit ganz unterschiedlichen Berufen aus vielen verschiedenen Abteilungen daran gearbeitet.
Zuerst beschäftigen sich die Game-Designer mit einem Spiel. Sie überlegen sich die Grundlagen und die Spielregeln. Wo soll das Spiel stattfinden? Was sind die unterschiedlichen Levels und Stationen, die der Spieler im Spiel durchlaufen muss? Und was ist das Ziel des Spiels?
Die Arbeit eines Game-Designers muss man sich in etwa so vorstellen wie die Arbeit eines Regisseurs beim Film. Der Game-Designer entwickelt das Konzept, hat den Überblick über das Spiel und weiß genau, wie es umgesetzt werden muss. Nur, dass er damit nicht allein beschäftigt ist: Ihm steht ein ganzes Team aus Grafikern und Game-Developern zur Seite.
Die Grafiker etwa entwerfen das Aussehen des Spiels. Je nach Art des Spiels kann es sein, dass sehr viele Grafiker mit einzelnen Details beschäftigt sind. So werden beispielsweise Häuser, Menschen, Tiere oder Landschaften entworfen und bekommen ein ganz eigenes, an das Grunddesign des Spiels angepasstes Aussehen.
Sind die Grafiker mit ihrer Arbeit fertig und steht der Spielablauf, beginnen die Game-Developer ihre Arbeit. Übersetzt heißt „Game-Developer" eigentlich „Spieleentwickler". Sie sind für die technische Umsetzung des Spieledesigns verantwortlich. Nach den Vorgaben des Game-Designers und den Vorlagen der Grafiker programmieren sie die virtuellen[1] Welten und lassen so das Spiel entstehen. […]
Die Berufe im Bereich Computerspielent-

---
1 virtuell: von einem Computer simuliert

wicklung sind relativ neu, deswegen sind die meisten in diesem Bereich beschäftigten Menschen Informatiker. Sie haben also eine Ausbildung als Informatiker gemacht oder das Fach Informatik an der Universität studiert. Mittlerweile bilden aber auch private Schulen Softwareentwickler und Game-Developer aus. Diese Schulen sind neu und kosten Geld. Eine weitere Möglichkeit ist ein direkter Ausbildungsplatz bei einem Spieleunternehmen. Und wer dort keinen Platz bekommt, kann beispielsweise eine Ausbildung zum Mediengestalter machen und sich danach auf Computerspiele spezialisieren. Es gibt also verschiedene Wege, Spieleentwickler zu werden.

Welche Voraussetzungen sollte man grundsätzlich mitbringen, wenn man in der Computerspielbranche[2] tätig werden will? „Zuerst einmal ist es natürlich ganz wichtig, dass man Spaß am Spielen hat", erklärt Nils Sonntag von der Agentur für Arbeit in Köln. „Und man braucht Liebe fürs Detail, denn oft muss man tüfteln und knobeln, um zu überlegen, wie man eine Kleinigkeit besser umsetzen kann – technisch und grafisch. [...] Die englische Sprache ist außerdem sehr wichtig, damit man sich mit den Entwicklern aus anderen Ländern verständigen kann. Denn oft sind die Unternehmen international, und dann muss man sich mit den Kollegen in Amerika oder Japan unterhalten können – egal, ob man Game-Designer oder Game-Developer ist."

2 die Branche: der Bereich, das Gebiet

Könntest du dir vorstellen, Spieleentwickler zu werden?
Umfrageergebnis einer 6. Klasse

Die Aufgaben richtig verstehen

1 Prüft, ob ihr die Aufgabenstellung auf Seite 169 richtig verstanden habt. Schreibt die richtigen Aussagen ins Heft. Die Buchstabenpaare ergeben rückwärts gelesen ein Lösungswort.

BO Ich soll die drei Berufe nennen, die für die Entwicklung eines Computerspiels wichtig sind.
JM Ich soll die Hauptaufgaben von Game-Designern, Grafikern und Game-Developern nennen.
EL Ich soll erklären, warum man Informatik studieren muss, um Spieleentwickler zu werden.
UA Ich soll dem Text entnehmen, welche Fähigkeiten jemand mitbringen muss, wenn er im Bereich Spieleentwicklung arbeiten möchte.
RT Ich soll beide Diagramme auswerten und miteinander vergleichen.
KL Ich soll zeigen, was das Diagramm mit dem Text gemeinsam hat.

Text und Diagramme lesen und verstehen

2 Lest den Text auf Seite 169–170 sorgfältig. Geht nach der Fünf-Schritt-Lesemethode (▶ S. 166) vor:
– Lest die Überschrift und betrachtet das Bild zum Text.
– Lest den Text einmal zügig durch. Verschafft euch einen Überblick und bestimmt das Thema.
– Lest den Text ein zweites Mal gründlich. Klärt unbekannte Wörter.
– Gliedert den Text in Sinnabschnitte und formuliert Zwischenüberschriften.

3 Habt ihr den Text richtig verstanden? Prüft die Aussagen und notiert die richtigen ins Heft:

    A Jede Abteilung entwickelt ein eigenes Computerspiel.
    B Die Grafiker sind die Ersten, die etwas zu einem Computerspiel beitragen.
    C Der Game-Designer behält den Überblick über die Entwicklung des Computerspiels.
    D Die Grafiker bestimmen die Spielregeln des Spiels.
    E Die Game-Developer sind für die technische Umsetzung des Spiels verantwortlich.
    F Wenn man an einem Computerspiel mitarbeiten möchte, muss man dazu bereit sein, an Einzelheiten lange zu tüfteln.

4 Betrachtet die beiden Diagramme genau:
– Lest die Überschrift und alle Angaben.
– Untersucht und notiert stichwortartig:
   – Welche Angaben werden gemacht?
   – Wofür stehen die Zahlen?
   – Welche Informationen werden gegeben?
– Wertet die Diagramme aus: Vergleicht die Angaben und notiert, was euch auffällt.

Die Aufgaben bearbeiten

5 Bearbeitet nacheinander die Aufgaben 1 bis 3 von Seite 169. Geht Schritt für Schritt vor:

Zu Aufgabe 1:
a Sucht im Text, in welchen Abschnitten Informationen zu dieser Aufgabe stehen, und schreibt die drei Berufe auf drei Stichwortzettel.
b Lest die Textabschnitte genau und notiert Informationen zu den einzelnen Berufen stichwortartig auf die Zettel.
c Formuliert die Antwort zu Aufgabe 1 in vollständigen Sätzen:
An der Entwicklung eines Computerspiels arbeiten ...
Der Game-Designer überlegt sich am Anfang ...
Anschließend entwerfen die Grafiker ...
Am Ende programmieren ...

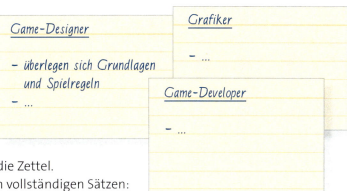

Game-Designer
– überlegen sich Grundlagen und Spielregeln
– ...

Grafiker
– ...

Game-Developer
– ...

Zu Aufgabe 2:

a Sucht die Textstelle mit den Informationen zu dieser Aufgabe und legt nebenstehende Tabelle an.

b Lest die Textstelle noch einmal genau. Ergänzt stichwortartig Informationen zu den Ausbildungsmöglichkeiten und den Voraussetzungen.

Ausbildungsmöglichkeiten	Voraussetzungen
– Ausbildung als Informatiker – ...	– ...

c Formuliert mit Hilfe eurer Stichworte vollständige Sätze zur Beantwortung von Aufgabe 2:
Wenn man Computerspiele entwickeln möchte, kann man ... Eine wichtige Voraussetzung für einen solchen Beruf ist ... Außerdem ist es wichtig, ... Und schließlich sollte man ...

Zu Aufgabe 3:

a Übertragt die nebenstehende Tabelle ins Heft und notiert stichwortartig jeweils zwei Gemeinsamkeiten und zwei Unterschiede in den Informationen der Diagramme.

Gemeinsamkeiten	Unterschiede
– Thema beider Diagramme: ...	– ...

b Formuliert eure Ergebnisse in vollständigen Sätzen:
*In den beiden Diagrammen geht es darum, ... Gefragt wurden ...
Die Mehrheit der Jungen / der Mädchen ...*

Die Antworten zu den Aufgaben überarbeiten

6 Lest noch einmal die Aufgaben auf Seite 169 und prüft eure Antworten mit Hilfe der Checkliste:

Checkliste

Einen Sachtext untersuchen und Diagramme vergleichen

Einen Sachtext untersuchen
(Aufgabe 1 und 2, S. 169)
- Habt ihr alle Fragen ausreichend beantwortet?
- Habt ihr nur Informationen genannt, die wirklich im Text stehen?
- Habt ihr mit eigenen Worten formuliert und nicht aus dem Text abgeschrieben?

Diagramme auswerten
(Aufgabe 3, S. 169)
- Habt ihr das Thema der Diagramme genannt?
- Habt ihr angegeben, wer befragt wurde?
- Habt ihr die wichtigen Informationen richtig wiedergegeben?
- Habt ihr die Ergebnisse verglichen und ausgewertet?

Aufgaben lösen
- Habt ihr vollständige und verständliche Sätze geschrieben?
- Habt ihr die Sätze sinnvoll miteinander verknüpft, z. B. mit Wörtern wie *weil, da, denn, deshalb, allerdings, obwohl*?
- Sind Rechtschreibung und Zeichensetzung korrekt?

Schreibwörter ▶ S. 242

die Kommunikation	die Privatsphäre	das Diagramm	kommunizieren
das Netzwerk	das Computerspiel	der Spieleentwickler	entwickeln

11 Grammatiktraining –
Wortarten und Satzglieder unterscheiden

1 Betrachtet die Memory-Karten. Welche zwei Karten gehören jeweils zusammen?
  a Schreibt die zusammengehörenden Angaben nebeneinander ins Heft.
  b Formuliert für jedes Kartenpaar einen Beispielsatz, in dem die grammatische Form vorkommt. Unterstreicht sie.

2 a Denkt euch zu zweit weitere Kartenpaare aus.
  b Notiert auch zu euren eigenen Karten jeweils einen Beispielsatz.

3 a Fertigt zu euren Ideen von Aufgabe 2 Kärtchen an.
  b Setzt euch mit anderen Lernpaaren zusammen und spielt mit euren Karten Memory.

In diesem Kapitel ...

— wiederholt ihr die wichtigsten Wortarten und Satzglieder und lernt neue kennen,
— lernt ihr, wie Wörter und Sätze aufgebaut sind,
— übt ihr, genau und abwechslungsreich zu formulieren.

11.1 Ferne Welten – Wörter untersuchen und bilden

Nomen und ihre vier Fälle

Unerforschte Welten

Einem ? werden die folgenden ? gestellt:
Wo ist unser ? noch weitgehend unerforscht?
Den allergrößten ? unserer ? hat noch niemand ganz gesehen oder gar betreten: Es handelt sich um die ? . Unterhalb von 800 ? fängt sie an.
Warum wissen wir so wenig darüber?
Dort unten ist es stockfinster und eiskalt. Es ist schwierig, so tief zu tauchen, da der ? des ? sehr groß ist.
Lebt dort überhaupt irgendetwas?
Aber ja! Die ? der ? zeigen den ? die erstaunlichsten ? .
Der ? sieht beispielsweise aus wie ein ? .

Seeungeheuer •
Forscher •
Lebewesen •
Fragen • Wasser •
Planet • Erde •
Riesenkalmar •
Tiefsee • Meter •
Druck • Fotos •
Taucher • Teil •
Meeresforscher

1
a Lest das Interview. Vermutet, worüber die beiden Gesprächspartner sprechen.
b Erklärt, was in dem Text fehlt.
c Schreibt das vollständige Interview mit den Wörtern aus dem Kasten ins Heft.
   Bildet dabei die jeweils passende Form und unterstreicht sie.
d Die eingesetzten Wörter sind Nomen. Listet auf, woran man Nomen erkennen kann.

2 Alle Nomen stehen in einem bestimmten Fall. Mit Fragewörtern könnt ihr den Fall bestimmen.
a Ordnet den Fällen Nominativ, Genitiv, Dativ und Akkusativ die folgenden Fragewörter zu:
   Wer? Wen? Wem? Was? Wessen?
b Sucht mit Hilfe der Fragewörter zu jedem Fall ein Beispielnomen aus dem Text oben.
c Bestimmt die Fälle aller Nomen in dem oben unterstrichenen Satz.

Information — Nomen und Artikel

- Nomen bezeichnen **Lebewesen, Gegenstände, Gedanken, Ideen, Zustände** usw.
- Nomen werden **großgeschrieben.**
- Nomen stehen häufig mit einem **Begleiter,** an dem man sie erkennen kann:
  der, die, das (bestimmter Artikel) oder *ein, eine, ein* (unbestimmter Artikel).
  Der Artikel richtet sich nach dem **grammatischen Geschlecht (Genus)** des Nomens:
  Maskulinum: *der/ein Hai;* **Femininum:** *die/eine Sonne;* **Neutrum:** *das/ein Schiff.*
- In Sätzen erscheinen Nomen immer in einem **bestimmten Fall** (in einem Kasus).
  Mit **Fragewörtern** kann man den Fall eines Nomens bestimmen:

Fall (Kasus)	Nominativ	Genitiv	Dativ	Akkusativ
Fragewort	Wer oder was ...?	Wessen ...?	Wem ...?	Wen oder was ...?

Adjektive und ihre Steigerungsstufen

Reise um die Welt

Einmal um die Welt reisen – das ist ein Menschheitstraum. Doch wie schnell geht das? Das schnellste Flugzeug der Welt, die Concorde, benötigte vor einigen Jahren 31 Stunden. Etwas langsamer – nämlich 66 Stunden – ist die Reise mit Linienflügen. Ein Fesselballon braucht 19 Tage. Sehr langsam ist dagegen der Fahrradfahrer: Der Rekord liegt bei 105 Tagen. Auf dem Wasser geht es schneller: Mit dem Segelboot braucht man 45 Tage. Am langsamsten ist man zu Fuß: Würde man täglich sechs Stunden laufen, wäre man über drei Jahre unterwegs. Menschen, die diese langsame Reise gewagt haben, benötigten sogar zehn Jahre und mehr. Am schnellsten geht die Reise mit der Internationalen Raumstation ISS, die in 400 km Höhe fliegt. Sie schafft es in 91 Minuten.

1
a Lest den Text: Welche ist die schnellste Möglichkeit, einmal um die Erde zu reisen?
b Zeichnet einen Geschwindigkeitspfeil ins Heft und ordnet die verschiedenen Möglichkeiten der Weltumrundung ein. Notiert dazu die jeweilige Dauer.

langsam   *schnell*

zu Fuß: über drei Jahre   ...   ...

c Beim Ordnen der im Text genannten Möglichkeiten haben euch sicherlich die unterschiedlichen Formen der Adjektive *langsam* und *schnell* geholfen.
Übertragt die Tabelle ins Heft und sortiert alle Formen der zwei Adjektive aus dem Text ein.

Positiv (Grundstufe)	Komparativ (Vergleichsstufe)	Superlativ (Höchststufe)
langsam	...	...

2 Viele Vögel gehen jedes Jahr auf große Reise. Wer reist am weitesten, wer fliegt am höchsten? Vergleicht und formuliert Sätze zu den Angaben in der Tabelle unten. Verwendet dabei den Komparativ und den Superlativ und unterstreicht diese Formen, z. B.:
Der Storch fliegt weiter als ... / Die weiteste Flugstrecke legt ... zurück.

Langstreckenflieger	(Flugstrecke hin und zurück)	Flughöhe	
Küstenseeschwalbe	50 000 km (Rekord)	Wildgans	9 000 Meter
Rotkehlchen	2 000 km	Star	1 000 Meter
Storch	4 000 km	Mauersegler	3 000 Meter

> **Information**   **Adjektive und ihre Steigerungsstufen**
>
> - Mit Adjektiven kann man Lebewesen, Dinge usw. **genauer beschreiben,** z. B.:
>   der *seltene* Fisch, das *warme* Meer. Adjektive werden **kleingeschrieben.**
> - Die meisten Adjektive kann man **steigern** und damit **Vergleiche** ausdrücken:
>   **Positiv** *(kalt)* – **Komparativ** *(kälter als)* – **Superlativ** *(am kältesten)*

Rund um Pronomen

Personalpronomen und Possessivpronomen

Das Rennen zum Pol

1911 gab es eines der spannendsten Wettrennen der Geschichte: Wer erreicht zuerst den Südpol?
Der Norweger Roald Amundsen und der Brite Robert Falcon Scott waren die Teilnehmer.
Scott und seine Männer verloren Zeit, denn Scott und seinen Männern fielen die Motoren aus.
Amundsen wollte die 1300 km zum Pol auf Hundeschlitten zurücklegen.
5 Als Beweis stellte Amundsen die norwegische Fahne auf.
Mitte Januar 1912 erreichten Scott und seine Männer den Pol.
Amundsen gelang es nach fünf Wochen, den südlichsten Punkt zu erreichen.
Amundsen und Scott fühlten sich beide bestens vorbereitet auf die Reise durch das ewige Eis.
Scott und seine Männer brachen im November auf.
10 Scott und seine Männer hatten Motorschlitten und Ponys dabei.
Amundsen verließ im Oktober das Basiscamp.

1 Im Text oben stehen die Sätze in der falschen Reihenfolge. Wer gewann das Rennen zum Südpol, Amundsen oder Scott?
Arbeitet zu zweit: Einer schreibt die Geschichte von Amundsen auf, der andere die von Scott. Geht so vor:
– Schreibt die jeweils passenden Sätze in der richtigen Reihenfolge ab.
– Streicht in euren Sätzen Wortwiederholungen und ergänzt sie durch geeignete Personalpronomen, z. B.: *Der Norweger Roald Amundsen und der Brite Robert Falcon Scott waren die Teilnehmer. Sie fühlten sich beide bestens vorbereitet auf ...*
– Lest euch eure Texte gegenseitig vor und bestimmt den Gewinner des Wettrennens.

2 a Was mussten die Polarforscher alles in ihre Rucksäcke packen? Spielt in der Gruppe:
Schüler 1: *Der Polarforscher packt in seinen Rucksack sein Fernrohr.*
Schüler 2: *Er packt in seinen Rucksack sein Fernrohr und seinen Kompass.*
Schüler 3: *Er packt in seinen Rucksack sein Fernrohr, seinen Kompass und ...*
b Die in den Sätzen oben unterstrichenen Wörter sind Possessivpronomen. Besprecht, welche Aufgabe sie im Satz haben. Vergleicht eure Aussage mit der Angabe im Merkkasten unten.
c Spielt eine weitere Runde „Rucksack packen". Wechselt dieses Mal bei jedem Schüler zusätzlich das Personalpronomen *(ich, du, er, sie, es, wir, ihr, sie)*:
1 *Ich packe in meinen Rucksack ...* → **2** *Du packst in deinen Rucksack ...* → **3** *Er ...*

Information   **Personalpronomen und Possessivpronomen**

- **Personalpronomen** *(ich, du, er, sie, es, wir, ihr, sie)* sind **Stellvertreter** für Nomen, z. B.: *Amundsen erreichte als Erster den Südpol.* ~~Amundsen~~ *Er wurde berühmt.*
  Sie treten wie Nomen in verschiedenen Fällen auf, z. B.: *ich* (Nom.), *mir* (Dativ), *mich* (Akk.).
- **Possessivpronomen** wie *mein, dein, sein, ihr, unser, euer* geben an, zu wem etwas gehört, z. B.: *sein Sieg*. Sie begleiten Nomen und stehen dann im gleichen Fall.

Demonstrativpronomen

Das Hundeschlitten-Team

Hundeschlitten sind in der Antarktis das wichtigste Fortbewegungsmittel. Nur mit diesen ist eine schnelle Fortbewegung auf dem Eis möglich. Im Hundeteam hat jedes Tier eine bestimmte Aufgabe: Besonders wichtig sind die Führungshunde. Diese laufen ganz vorn und werden *Leader* genannt. Die *Wheeler* laufen dagegen direkt vor dem Schlitten. Die übrigen Hunde heißen *Swinger* oder *Teamdogs*.

1
a Lest den Text laut vor und überlegt, wie die markierten Wörter gesprochen werden sollten, betont oder unbetont?
b Skizziert einen Hundeschlitten im Heft und beschriftet ihn wie in der Abbildung rechts.
c Unterstreicht in den Beschriftungen jeweils das erste Wort:
Das sind Demonstrativpronomen.
d Übersetzt die Bezeichnungen *Leader* und *Wheeler*. Nutzt ein Englisch-Wörterbuch.

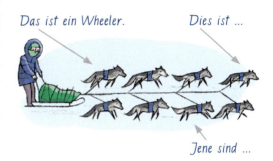

2
a Legt euer Heft quer und schreibt die folgenden Satzpaare so ab, dass sie nebeneinanderstehen. Ersetzt die markierten Nomen durch passende Demonstrativpronomen aus dem Kasten und achtet auf die Großschreibung am Satzanfang.
  A Als „Leader" werden Hunde mit viel Laufwillen eingesetzt.
  „Leader" treiben mit ihrer Energie das ganze Team an.
  B „Wheeler" und „Leader" sind die wichtigsten Tiere im Team.
  „Leader" müssen leiten und gehorchen können, „Wheeler" sollten stark sein.
  C Amundsen trainierte monatelang mit Schlittenhunden.
  Das Training führte zum Sieg, denn Scott hatte auf Ponys gesetzt.
b Zeichnet Pfeile von den Pronomen zu den Wörtern, auf die sie sich beziehen.

diese • jene • das

Information   Demonstrativpronomen

- Demonstrativpronomen **weisen** besonders deutlich **auf eine Person,** einen **Gegenstand** oder einen **Umstand hin** und werden deshalb beim Sprechen **betont**, z. B.:
  Wer ist der Mann? Den kenne ich nicht.
- Beispiele für **Demonstrativpronomen:** *dieser, diese, dieses • jener, jene, jenes • der, die, das* (ohne Nomen) • *derselbe, dieselbe, dasselbe • solch, solcher, solche, solches*
- Demonstrativpronomen können sich auch auf **ganze Sätze** beziehen, z. B.:
  Schlittenhunde fressen Robbenfleisch. Das ist ideal in der Antarktis.
- Nutzt man *diese(r)* und *jene(r)* gemeinsam, bezieht sich *dieser* auf das zuletzt genannte Wort, z. B.: *Amundsen und Scott waren Rivalen. Dieser war Brite, jener Norweger.*

Rund um Verben

Mit Verben Vergangenes ausdrücken: Das Präteritum und das Perfekt

A Stell dir vor, was ich gestern beim Schnorcheln gefunden habe! Zuerst habe ich gedacht, dass es eine Glasscherbe ist. Ich habe die Münze dann zu einem Museum gebracht. Die haben sie untersucht und ...

B **Sensationsfund am Strand**

Die 15-jährige Svenja K. fand gestern Nachmittag beim Schnorcheln eine Münze. Sie brachte das Fundstück zu einem Museum. Fachleute untersuchten es und kamen zu einem verblüffenden Ergebnis: ...

1
a Habt ihr auch schon einmal etwas Wertvolles gefunden? Erzählt davon.
b Ordnet die folgenden Zeitformen den beiden Textausschnitten A und B zu: Präteritum, Perfekt.
c Begründet eure Zuordnung und nennt Verbformen als Beispiele für jede Zeitform.

2 Wie könnten die Texte weitergehen? Arbeitet zu zweit und wählt Aufgabe a oder b:
a Setzt die mündliche Erzählung des Mädchens (Text A) fort. Überlegt, was sie weiter erlebt haben könnte. Verwendet das Perfekt.
b Schreibt den Zeitungsbericht (Text B) weiter. Erfindet interessante Informationen zur Münze. Verwendet das Präteritum.
c Setzt euch mit einem anderen Lernpaar zusammen und tragt euch eure Texte gegenseitig vor. Prüft dabei die richtige Verwendung der Zeitformen Perfekt oder Präteritum.

> leben • sagen • machen • träumen • tanzen • erzählen • telefonieren • haben • sammeln • kümmern • zeichnen • untersuchen • kaufen • fotografieren • lieben • kochen

3
a Bildet reihum die Präteritumformen der Verben im Kasten und formuliert dazu jeweils einen Satz. Für jeden richtigen Satz im Präteritum gibt es einen Punkt.
b Bildet reihum die Perfektformen der Verben und formuliert dazu jeweils einen Satz. Für jeden richtigen Satz im Perfekt gibt es wieder einen Punkt.
Wer wird Zeitformenkönigin oder -könig in eurer Gruppe?

4 Wählt fünf Verben aus dem Kasten von Aufgabe 3 und schreibt mit diesen eine Mini-Geschichte im Präteritum.

| Information | Zeitformen der Vergangenheit: Präteritum und Perfekt |

- **Präteritum** und **Perfekt** sind **Zeitformen der Vergangenheit**.
- Das **Perfekt** verwendet man in der Regel, wenn man **mündlich** erzählt, z. B.:
  Gestern habe ich etwas Tolles erlebt. Ich bin wie immer zur Schule gegangen. Auf einmal ...
- Das **Präteritum** verwendet man in der Regel, wenn man **schriftlich** erzählt oder berichtet, z. B.: *Gestern erlebte die Schülerin S. etwas Außergewöhnliches. Auf dem Schulweg traf sie ...*

11 000 Meter unter dem Meer

Am 23. Januar 1960 hielt Jacques Piccard die Welt in Atem. Mit seinem U-Boot „Trieste" tauchte er in eine bis dahin nie erreichte Tiefe von fast 11 Kilometern. Vorbei an gigantischen Klippen und Spalten sank die „Trieste" in weniger als 5 Stunden dorthin, wo klirrende Kälte und Stille herrschen – und ein ungeheurer Wasserdruck. 20 Minuten blieben Piccard und sein Begleiter auf dem Grund der Tiefsee und erlebten auch noch eine wissenschaftliche Sensation: Sie sahen im Schlamm einen Plattfisch. Das war der Beweis für Leben in der Tiefsee! Länger aber ertrugen die Männer die Kälte nicht und kamen zähneklappernd wieder an die Oberfläche.

5 Sucht die zehn Verben im Text und sortiert sie in die folgende Tabelle ein.
b Ergänzt alle weiteren Formen in der Tabelle.

Infinitiv	Präsens	Präteritum	Perfekt
...	er ...	er hielt	er ...

c Sieben Verben im Text sind starke Verben. Markiert sie in eurer Tabelle und erklärt, woran ihr sie erkannt habt.
d Wie würde Jacques Piccard mündlich über seinen Tauchgang berichten? Formuliert im Perfekt.

6 Bildet reihum die Präteritumformen und die Perfektformen der starken Verben im Kasten. Einer in der Gruppe prüft die Richtigkeit mit Hilfe der hinteren Umschlagklappe.

treffen • streiten • bieten • schneiden • nehmen • kennen • essen • schwimmen • fließen • singen • sitzen • leiden • fliehen • bringen • lassen • gelingen • vergessen • wissen • sein • lesen

7 Bildet zu starken Verben im Kasten von Aufgabe 6 fünf Reimpaare nach folgendem Muster:
Aus schneiden wird geschnitten, aus streiten wird gestritten. Aus ...

Ein Reporter berichtet: „52 Jahre nach dem Weltrekord *(geben)* es erneut einen Wagemutigen: Heute Morgen *(tauchen)* der Regisseur James Cameron mit einem Spezial-U-Boot zur tiefsten Stelle des Meeres. Diese Tiefe *(erreichen)* vor dem ‚Titanic'-Regisseur erst zwei Menschen. Cameron *(wagen)* allerdings als Erster allein das Abenteuer."

8 a Schreibt den Bericht des Reporters ab und setzt die Verben in Klammern im Perfekt ein.
b Unterstreicht die Perfektformen mit *haben* und mit *sein* in unterschiedlichen Farben.

Information — Die Bildung von Perfekt

- Die **Perfektform** von Verben besteht immer aus **zwei Teilen**:
  Präsensform von **haben** oder **sein** + Partizip II: *wir haben/sind + gestaunt/getaucht*.
- Bei **starken** Verben verändert sich der Vokal im Wortstamm, wenn man eine Vergangenheitsform bildet, z. B.: *sie sinkt – sie sank – sie ist gesunken*.
- Bei **schwachen** Verben verändert sich der Vokal im Wortstamm nie, z. B.: *lachen – lachte – gelacht*.

Eine Abfolge in der Vergangenheit zeigen: Das Plusquamperfekt

In die Höhe, in die Tiefe, einmal rundherum

Die Familie Piccard ist bemerkenswert: Jacques Piccard tauchte 1960 zum tiefsten Punkt des Meeres, nachdem schon sein Vater Auguste Piccard 1932 mit einem Ballon in eine Rekordhöhe aufgestiegen war. Sein Sohn Bertrand Piccard arbeitet heute daran, als Erster mit einem Solarflieger die Welt zu umrunden.

1 Wer erreichte wann seinen Rekord?
Übertragt den folgenden Zeitstrahl mit den Angaben ins Heft und setzt die im Text markierten Verben richtig ein. Ergänzt anschließend die Vornamen und Zeitangaben.

... Piccard:
war in Rekordhöhe ...

... Piccard:
... zum tiefsten Punkt des Meeres

... Piccard:
... an Weltumrundung mit Solarflieger

2 Im Text oben wird von zwei Ereignissen in der Vergangenheit berichtet.
  a Prüft, mit welcher Verbform ausgedrückt wird, welches Ereignis früher stattgefunden hat. Kreist sie auf eurem Zeitstrahl ein. Diese Form nennt man Plusquamperfekt.
  b Untersucht, wie das Plusquamperfekt gebildet wird. Übertragt die richtige Aussage ins Heft:
  So wird das Plusquamperfekt gebildet: ...

  A Man verwendet *haben* oder *sein* im Präsens und das Partizip II.

  B Man verwendet *haben* oder *sein* im Präteritum und das Partizip II.

  C Man verwendet *haben* oder *sein* im Präteritum und den Infinitiv des Verbs.

3 a Formuliert aus den folgenden Satzpaaren A bis C jeweils einen Satz. Zeigt mit Hilfe des Plusquamperfekts und des Wortes *nachdem,* was sich zuerst ereignet hat, z.B.:
  A Nachdem Bertrand Piccard 1999 ... umrundet hatte, wurde er weltweit bekannt.
  A Bertrand Piccard umrundete 1999 als Erster in einem Ballon die Erde. Er wurde weltweit bekannt.
  B Er brach zwei Ballonflüge ab. Er schaffte beim dritten Anlauf die Weltumrundung.
  C Er landete erfolgreich in der Wüste in Ägypten. Bald dachte er schon über neue Pläne nach.
  b Unterstreicht die Verbformen im Plusquamperfekt.

Information **Das Plusquamperfekt (die Vorvergangenheit)**

- Wenn in der **Vergangenheit** zwei Handlungen stattgefunden haben, verwendet man für die **frühere der beiden Handlungen** das **Plusquamperfekt,** z. B.:
  Nachdem wir lange gespart hatten,   kauften wir den Heißluftballon.
  (zeitlich frühere Handlung)   (zeitlich spätere Handlung)
- Das **Plusquamperfekt** wird so gebildet: **Präteritumform** von *haben* oder *sein* + Partizip II, z. B.:
  Sie hatten die Erde umrundet. Er war in Rekordtiefe getaucht.

Mit Verben Zukünftiges ausdrücken: Das Präsens und das Futur

Was bringt die Zukunft? – Fragen an den Chef der deutschen Raumfahrt

„Flugzeuge werden schneller und höher fliegen. Bald erreichen wir so in 90 Minuten Australien! Wir werden zukünftig mit so genannten Zero-Accident-Autos (Null-Unfall-Autos) fahren. Autos werden cleverer sein. Sie werden Gefahren frühzeitig erkennen und automatisch fahren. Auch Haushaltsgeräte werden uns in der Zukunft weitere Arbeiten abnehmen, z. B. die Waschmaschine, die die Wäsche vorher sortiert, und die Pfanne, die das Spiegelei auf den Punkt genau brät. Der Mensch wird eines Tages zum Mars reisen. Menschen werden dort in geschlossenen Systemen in Kolonien leben. Das werden wir schaffen. Allerdings wird das noch 50 bis 100 Jahre dauern."

1
a Lest den Text. Wie denkt ihr über diese Zukunftsaussichten? Tauscht euch aus.
b An welchen sprachlichen Mitteln erkennt ihr im Text, dass von der Zukunft die Rede ist? Nennt Beispiele.

2
a Übertragt die nebenstehende Tabelle ins Heft und sortiert die im Text markierten Verbformen richtig ein.
b Ergänzt die fehlenden Verbformen in der Tabelle.
c Beschreibt, wie das Futur gebildet wird.

Infinitiv	Präsens	Futur
fliegen	*sie fliegen*	*sie werden fliegen*
…	*wir erreichen*	…

3
a Zukünftiges kann man auch mit dem Präsens und einer Zeitangabe ausdrücken. Nennt dafür ein Beispiel aus dem Text oben.
b Schreibt den Text so um, dass alle Verbformen im Präsens stehen.
c Vergleicht die zwei Texte im Futur und im Präsens: Wie unterschiedlich wirken sie?

4 Was glaubt ihr, wie eure Zukunft aussehen wird? Formuliert Sätze im Präsens oder Futur. Verwendet dabei Zeitangaben aus dem Kasten.

bald • nächste Woche • in einem Jahr • im nächsten Jahr • in einigen Jahren • in fünf Jahren • in der Zukunft • zukünftig • in naher Zukunft • im Jahr 20..

5 Wie stellt ihr euch die Welt in 100 Jahren vor? Schreibt dazu einen kurzen Text. Denkt an Dinge wie das Wetter, die Umwelt, den Verkehr. Verwendet Formulierungen aus dem Kasten.

Ich vermute, dass … • Ich glaube, dass … • Ich denke, dass … • vermutlich • sicherlich

---

Information   Zeitformen der Zukunft: Präsens und Futur

- Mit der Zeitform **Futur** drückt man **Zukünftiges** aus, z. B.: *Ich werde den Mond besuchen*.
- Das Futur wird gebildet aus: **Präsensform** von **werden** + Infinitiv (Grundform).
- Man kann auch im **Präsens** über die Zukunft sprechen. Dann verwendet man zusätzlich **Zeitangaben** wie *zukünftig, bald* oder *nächste Woche*, z. B.: *Bald besuche ich dich.*

Rund um Präpositionen

Aus dem Tagebuch eines jungen Tauchers

Es war faszinierend, zum ersten Mal so tief zu tauchen. Neben Felsen ließ ich mich tief hinuntersinken. Neben mir blitzten unzählige kleine Fische. Einige Seepferdchen tummelten sich unter mir. Am Meeresgrund sah ich einen Tintenfisch, der in einer großen Muschel saß. Hinter einem Stein wartete ein Raubfisch auf Beute, so gut versteckt, dass ich ihn fast übersehen hätte

1 a Lest den Tagebucheintrag des Tauchers und vergleicht die Aussagen mit dem Bild. Einige Angaben im Text stimmen nicht ganz. Nennt die Wörter, an denen ihr das erkennt.
   b Schreibt den Text so ins Heft, dass er zu dem Bild passt. Verwendet dazu die Wörter aus dem Kasten.
   c Die Wörter, die ihr ausgetauscht habt, heißen Präpositionen. Überlegt, welche Aufgabe die Präpositionen in diesem Text haben.

zwischen • neben • über • auf • vor

> ❓ Langem hatte ich nicht so etwas Schönes gesehen wie heute beim Tauchen. Morgen werde ich ❓ dieselbe Zeit wieder ins Wasser gehen. Am liebsten würde ich jeden Tag direkt ❓ dem Aufstehen tauchen, aber das kann ich leider nur ❓ den Ferien. ❓ der Schulzeit kann ich aber ins Schwimmbad gehen und Schnorcheln üben, das mache ich auch ❓ fast jedem Wochenende. Meinen Schnorchel habe ich zum Geburtstag bekommen.

an • seit • um • in • nach • während

2 In dem Textauszug fehlen sechs Präpositionen, die ein zeitliches Verhältnis ausdrücken.
   a Schreibt den Text ins Heft und ergänzt passende Präpositionen aus dem Kasten.
   b Markiert im Heft drei weitere Präpositionen, die mit einem Artikel verschmolzen sind. Schreibt sie heraus wie im folgenden Beispiel: *beim = bei dem*

3 Bildet zu jeder Präposition im Kasten einen Beispielsatz. Markiert ...
   – Sätze, in denen die Präposition ein räumliches Verhältnis ausdrückt, blau,
   – Sätze, in denen die Präposition ein zeitliches Verhältnis ausdrückt, grün,
   – alle anderen Sätze gelb.

an • auf • um • hinter • in • neben • vor • über • unter

> **Information** **Präpositionen (Verhältniswörter)**
>
> Wörter wie *auf, in, nach, vor, seit* nennt man Präpositionen. Sie drücken oft ein Verhältnis aus, z. B. ein **räumliches Verhältnis** (Wo?): *auf der Mauer, in der Höhle, neben dem Stein* oder ein **zeitliches Verhältnis** (Wann?): *seit gestern, in zwei Tagen, nach dem Mittagessen*.

Ein Fisch mit lebender Zahnbürste

Eine Muräne lebt mehr oder weniger versteckt in *(eine Höhle)* oder in *(eine Felsspalte)* im Meer. Sie kommt höchstens nachts aus *(der Unterschlupf)*, um zu jagen. Tagsüber ragt meist nur der Kopf aus *(das Versteck)*. Muränen kommen immer wieder zu *(der gleiche Ort)* zurück. Diese schlangenähnlichen Knochenfische leben oft dauerhaft mit *(mehrere Putzergarnelen)* zusammen. Von *(diese kleinen Tierchen)* lassen sie sich ihre Zähne säubern. Die Putzergarnelen kriechen während *(die Zahnpflege)* in *(das weit geöffnete Maul)* des Fisches. Sie werden dabei nicht gefressen.

4 a Lest euch die Sätze abwechselnd vor. Setzt dabei die Nomen in Klammern und ihre Begleiter in den richtigen Fall. Sprecht laut und deutlich.
b Schreibt den Text richtig in euer Heft und unterstreicht die Wortgruppen mit Präpositionen.

5 Präpositionen verlangen immer einen bestimmten Fall. Übertragt die folgende Übersicht in euer Heft und ergänzt darunter zu jeder Präposition eine Wortgruppe als Beispiel.

Genitiv-Präpositionen:	Dativ-Präpositionen:	Akkusativ-Präpositionen:
wegen • während • unterhalb • oberhalb • trotz	mit • nach • bei • von • zu • aus • außer • seit	durch • für • ohne • um • gegen
wegen des schlechten Wetters, während ...	*mit meinem besten Freund, nach ...*	*durch seine große Hilfe, für ...*

6 a Lest die folgenden Sätze und bestimmt die jeweils richtige Form:
  A Der Fisch zwängt sich unter dem/den Stein.
  B Der Fisch wartet unter dem/den Stein auf Beute.
  C Die Garnele kriecht in dem/das Maul.
  D Sie sitzt in dem/das Maul.
b Übertragt die richtigen Sätze ins Heft und ergänzt zu jedem das passende Fragewort und den Fall: *Wo? (Dativ)* oder *Wohin? (Akkusativ)*.

Information   **Präpositionen mit Genitiv, Dativ oder Akkusativ**

- Nach einer Präposition folgt immer ein bestimmter Fall (Kasus):
  – der **Genitiv** nach den Präpositionen *wegen, während, unterhalb, oberhalb, trotz,*
  – der **Dativ** nach den Präpositionen *mit, nach, bei, von, zu, aus, außer, seit,*
  – der **Akkusativ** nach den Präpositionen *durch, für, ohne, um, gegen.*
- Diese Präpositionen **wechseln** den Fall (Dativ oder Akkusativ):
  an, auf, hinter, neben, in, über, unter, vor, zwischen.
  – Auf die Frage **Wo?** folgt der **Dativ:** *Wo bist du? – Ich stehe auf dem Berg.* (Dativ)
  – Auf die Frage **Wohin?** folgt der **Akkusativ:** *Wohin gehst du? – Ich gehe auf den Berg.* (Akkusativ)

Mit Adverbien genaue Angaben machen

Ein Job auf dem Meeresgrund

Spezial-Taucher werden immer beauftragt, wenn unten im Meer Leitungen zu reparieren oder gesunkene Schiffe zu bergen sind. Dies ist eine besonders anstrengende und gefährliche Arbeit. Spezielle Ausbildungsschulen nehmen deswegen nur die Bewerber, die absolut fit sind. Beim Tauchen geschehen oft Unfälle. In diesen Momenten müssen die Taucher sehr gut reagieren können.

1 a Lest euch den Text gegenseitig einmal mit und einmal ohne die markierten Wörter vor. Besprecht zu zweit, welche Aufgabe diese Wörter haben.
b Übertragt die folgende Tabelle ins Heft. Überlegt, welche Auskunft die markierten Wörter jeweils geben, und sortiert sie in die Tabelle ein.

Adverbien des Ortes (Wo? / Wohin?)	Adverbien des Grundes (Warum?)	Adverbien der Art und Weise (Wie?)	Adverbien der Zeit (Wann? / Wie oft?)
...	...	...	immer

Der Einsatz vor Ort

Der Körper des Spezial-Tauchers wird in einer Druckkammer an Bord eines Schiffes auf den enormen Wasserdruck vorbereitet, den er während des Tauchens aushalten muss. In einer Tauchglocke geht es danach hinunter zum Meeresgrund. Wenn die Tagesarbeit erledigt ist, muss der Taucher sofort hinein in die Druckkammer an Bord. Die Körper der Taucher müssen immer denselben Druck haben, wie er in der Tiefe herrscht. Folglich müssen sie manchmal mehrere Wochen in der engen Druckkammer leben. Die Kammern sind deshalb wie winzige Wohnungen komplett eingerichtet. Einige Spezial-Taucher gehen gern in gesunkenen Schiffen auf Schatzsuche nach kostbaren Gegenständen.

2 a Sucht zu zweit die zehn Adverbien im Text. Bestimmt sie mit Hilfe der Fragewörter: Wo? Wohin? Warum? Wie? Wann? Wie oft? Wie lange?
b Ordnet die Adverbien in die Tabelle von Aufgabe 1 ein.

3 Schreibt eine kurze Erzählung zum Thema Tauchabenteuer, in der ihr sieben Adverbien aus den Aufgaben 1 und 2 verwendet.

> **Information**   **Adverbien (Umstandswörter)**
>
> Adverbien wie *dann, gern* geben **genauere Angaben** zu Wörtern, Wortgruppen oder ganzen Sätzen. Sie erklären, wo, warum, wie und wann etwas geschieht. Sie verändern nicht ihre Form.

Wörter bilden: Ableitungen

fahren • der Finder • bedenken • verfahren • denken • erfinden • befahren • undenkbar • der Fahrer • die Denkerin • befahrbar • bedenklich • befinden • die Fahrt • die Fahrerin • denkbar • die Befahrung • finden • der Denker • die Finderin • unbedenklich • die Erfindung

1 a Lest die Wörter im Kasten und überlegt, wie man sie ordnen könnte.
   b Zeichnet einen „Wortbaum" in euer Heft und tragt Wörter einer Wortfamilie aus dem Kasten oben ein.
   c Untersucht die Wörter in eurem Baum: Welche Vorsilben und welche Nachsilben stehen vor und nach dem Wortstamm?

2 Gestaltet weitere Bäume zu den Wortstämmen
-schreib-, -les-, -leb-, -end-, -heil- und -bau-.
Nutzt dazu die Endung -en und folgende Vorsilben und Nachsilben:

Vorsilben:
be- • ver- • un- • zer- • er-

Nachsilben:
-er • -in • -ung • -schaft • -nis • -bar • -haft • -lich • -ig

3 Führt ein Wettspiel in der Gruppe durch:
Wer findet die meisten Ableitungen zu folgenden Wortstämmen: -glück-, -dank-, -acht-?
Stoppt die Zeit (1 Minute pro Wortstamm).

4 Das Wissen über Wortstämme und Wortfamilien hilft, Wörter richtig zu schreiben, z. B.:
Lesbar schreibt man mit „s", denn es kommt von „le sen".
Erklärt die folgenden Schreibungen wie im Beispiel. Zerlegt dazu die Wörter und schwingt sie (▶ S. 217).

das Ergebnis • die Erbschaft • die Sammlung • der Liebling • schaffbar • glaubhaft

---

Information   **Bildung von Ableitungen**

- Manche Wörter bestehen aus mehreren **Bausteinen.** Der Grundbaustein eines Wortes heißt **Wortstamm.** Wörter mit demselben Wortstamm bilden eine **Wortfamilie,** z. B.:
denken, bedenken, gedenken, der Denker, denkbar, undenkbar.
- Fügt man an den Wortstamm eine **Vorsilbe (Präfix)** und/oder **Nachsilbe (Suffix)** an, so nennt man das eine **Ableitung:**

Vorsilbe (Präfix) +	Stamm	+ Nachsilbe (Suffix)	= abgeleitetes Wort
Er-	find	-ung	= Erfindung (Nomen)
un-	denk	-bar	= undenkbar (Adjektiv)

Wörter bilden: Wortzusammensetzungen

> **1** Welchen Fisch gibt es in Wirklichkeit?
> A Bohrerbarsch
> B Hammerhai
> C Sägewal
> D …

> **2** Auf welchem Platz im Meer kann man nicht wirklich sitzen?
> A Algen… C Sand…
> B Stein… D Kiesel…

> **3** Wie nennt man den Luftwirbel, der großen Schaden anrichten kann?
> A … C …
> B … D …

1 In Quizshows werden häufig neben der richtigen Antwort falsche Antworten genannt, die der richtigen ähneln.
a Lies die Frage 1: Welche Antwort ist richtig, A, B oder C?
b Beschreibt, wie die Lösungswörter aufgebaut sind.
c Erfindet eine Antwort für D.

2 a Erfindet Antworten für die Quizfrage 2. Verwendet dazu Wörter aus dem nebenstehenden Kasten. Wie lautet die richtige Antwort?
b Überlegt euch die richtige Antwort für Quizfrage 3 und denkt euch weitere ähnliche Antworten aus. Nutzt die Wörter im Kasten.

> Hocker • Insel • Bank • Liege • Stuhl • Sitz • Sessel

> Wind • Sturm • Wirbel • Luft • Hose • Jacke • Kappe • Schnecke

3 Entwickelt weitere Quizfragen und Antworten zur Auswahl wie in den Beispielen oben.

4 a Schreibt zu dem Wort *Ball* möglichst viele Wortzusammensetzungen auf, z. B.: *Wasserball, Gummiball*. Achtet darauf, dass *Ball* immer an der letzten Stelle steht. Wer findet die meisten?
b Beschreibt eure Bälle nach dem folgenden Beispiel:
Ein Wasserball ist ein Ball, den man im Wasser nutzt. Ein Gummiball ist ein Ball, der …
c Die Wörter, die ihr vor das Wort *Ball* gesetzt habt, nennt man die Bestimmungswörter einer Zusammensetzung. *Ball* ist das Grundwort.
Prüft die folgenden Aussagen und notiert die richtigen ins Heft:
A Der Artikel des zusammengesetzten Nomens richtet sich nach dem Bestimmungswort.
B Das Grundwort bestimmt den Artikel des zusammengesetzten Nomens.
C Das Bestimmungswort erklärt die Bedeutung des Wortes genauer.
D Das Grundwort erklärt die Bedeutung des Wortes genauer.

> **Information** **Aufbau von Wortzusammensetzungen (Komposita)**
>
> - Viele Wörter bestehen **aus zwei oder mehr Wörtern**, z. B.: *der Gummiball, die Sandbank*.
> - Sie werden gebildet aus: **Bestimmungswort** (*Gummi*) **+ Grundwort** (*Ball*).
>   Das Grundwort gibt an, worum es sich handelt. (*Es ist ein Ball.*)
>   Das Bestimmungswort erklärt die Bedeutung genauer. (*Dieser Ball ist aus Gummi.*)
> - Man versteht die Wortzusammensetzung „von hinten nach vorn":
>   *Gummiball = ein Ball aus Gummi.*

5 a Bildet aus den Puzzleteilen sieben zusammengesetzte Wörter und notiert sie.
  b Untersucht die Wörter zu zweit:
  – Bestimmt die Wortart des zusammengesetzten Wortes (Nomen oder Adjektiv)
    und prüft die Groß- oder Kleinschreibung.
  – Ergänzt vor zusammengesetzten Nomen jeweils den Artikel.
  – Markiert Wörter, bei denen sich durch die Zusammensetzung etwas verändert hat.

die Taube • der Hauch • der Bär • der Hund • der Himmel • der Zucker • die Feder • der Riese • der Stern • die Spindel • das Pech • das Messer • das Bild • die Kugel • die Butter • die Zitrone • der Stein • das Blut • der Pfeil • das Herz	gut • rot • schnell • hart • gelb • weich • rund • schön • scharf • schwarz • dürr • klar • groß • leicht • weit • müde • stark • dünn • blau

6 a Bildet aus den Nomen im linken Kasten und den Adjektiven im rechten Kasten zusammengesetzte Wörter und notiert sie. Beachtet dabei:
  – Bei manchen Wörtern müsst ihr Fugenelemente ergänzen oder Buchstaben weglassen,
    z. B.: *taube̱nblau*.
  – Bestimmt die Wortart der Zusammensetzungen und überprüft die Groß- oder Kleinschreibung.
  b Beobachtet und besprecht, wie sich die Adjektive durch die Zusammensetzungen ändern.
  Welche Funktion haben solche Zusammensetzungen?

7 Spielt das Wortkettenspiel: Alle stehen auf. Der Älteste beginnt und nennt ein zusammengesetztes Wort. Der Nächste verwendet das Grundwort für eine neue Zusammensetzung, z. B.:
der Gummiball – das Ballspiel – das Spielfeld – die Feldmaus – …
Wer nicht schnell genug antwortet, muss sich setzen.

8 Bildet Fantasiezusammensetzungen aus möglichst vielen Wörtern. Wer erfindet das längste Wort?

Information **Bildung von Wortzusammensetzungen**

- Man kann Zusammensetzungen aus **verschiedenen Wortarten** bilden, z. B.:
  Windhose (Nomen + Nomen), *meerblau* (Nomen + Adjektiv), *tiefdunkel* (Adjektiv + Adjektiv).
- Das Grundwort bestimmt die **Groß- oder Kleinschreibung.** Bei Nomen bestimmt das Grundwort das **Geschlecht** (Genus) und damit den Artikel: *der Gummiball*, weil: *der Ball*.
- Manchmal braucht man zwischen den Wörtern ein **Fugenelement,** das die Aussprache erleichtert, z. B.: *Schiff̱sdeck, Pirate̱nschiff, Meere̱stiefe*.
- Wortzusammensetzungen verwendet man, um **genauer** und **kürzer** zu formulieren.

Eine Welt, viele Sprachen

1 Die Schülerin spricht den Satz in vier verschiedenen Sprachen.
  a Übersetzt den Satz ins Deutsche.
  b Welche Sprachen erkennt ihr? Nennt sie.
  c Könnt ihr den Satz noch in anderen Sprachen sagen?

2 Untersucht die Sätze aus Aufgabe 1.
Bearbeitet Aufgabe a oder b:
  a Vergleicht, wie die **Personalpronomen** (▶ S. 176) verwendet werden. Nennt die Sprachen, in denen ihr für *ich spielte*
    – wie im Deutschen zwei Wörter findet,
    – nur ein Wort findet. Wo steht in diesen Sprachen das Personalpronomen *ich*?
  b Vergleicht, ob **Artikel** (▶ S. 174) vorkommen.
    – In welchen Sprachen kommen in dem Satz Artikel vor?
    – Erklärt mit Hilfe der ersten vier Zeilen der Tabelle, weshalb das Türkische ohne Artikel auskommt.

	Deutsch	Türkisch
Nominativ	der Wald	orman
Genitiv	des Walds	ormanın
Dativ	dem Wald	ormana
Akkusativ	den Wald	ormanı
Lokativ	–	ormanda (im Wald)
Ablativ	–	ormandan (vom Wald her)

3 Vergleicht, wie die **Präpositionen** (▶ S. 182) verwendet werden:
In welchen Sprachen findet ihr in den Sätzen aus Aufgabe 1 für *auf der Straße*
  – wie im Deutschen drei Wörter,
  – zwei Wörter,
  – ein Wort?

4 Denkt euch einen weiteren Satz aus und übersetzt ihn in eine euch bekannte Sprache. Vergleicht beide Sätze und stellt euren Vergleich der Klasse vor.

Teste dich!

Tandembogen: Wortarten bestimmen und Wörter bilden

Partner A	Partner B
1 Bestimme die Wortarten dieser Wörter: *Der junge Tiefseetaucher zeigt seine Fotos.*	**Lösung zu 1:** bestimmter Artikel, Adjektiv, Nomen, Verb, Possessivpronomen, Nomen
Lösung zu 2: bestimmter Artikel, Adjektiv, Nomen, Verb, Personalpronomen, Nomen	2 Bestimme die Wortarten dieser Wörter: *Die interessierten Zuhörer stellen ihm Fragen.*
3 Bestimme den Kasus der markierten Wörter: *Er berichtet von seltenen Tieren der Tiefsee.*	**Lösung zu 3:** Nominativ, Genitiv
Lösung zu 4: Dativ, Akkusativ	4 Bestimme den Kasus der markierten Wörter: *Der Taucher erklärt ihnen die Ausrüstung.*
5 Ergänze die Superlativform von *tief*: *Die … Stelle im Meer liegt bei 11 km.*	**Lösung zu 5:** *tiefste*
Lösung zu 6: *gefährlicher*	6 Ergänze die Komparativform von *gefährlich*: *Tiefseetauchen ist … als normale Tauchgänge.*
7 Setze den Satz ins Futur: *Sie besucht einen Tauchkurs.*	**Lösung zu 7:** *Sie wird einen Tauchkurs besuchen.*
Lösung zu 8: *Ich hatte viele Geschichten über das Meer erzählt.*	8 Setze den Satz ins Plusquamperfekt: *Ich erzählte viele Geschichten über das Meer.*
9 Ergänze jeweils die Präposition und den bestimmten Artikel: *Sie lässt sich … … Boot … … Wasser fallen.*	**Lösung zu 9:** *Sie lässt sich von dem Boot in das Wasser fallen.*
Lösung zu 10: *Er schwimmt von dem Strand zu der Insel.*	10 Ergänze jeweils die Präposition und den bestimmten Artikel: *Er schwimmt … … Strand … … Insel.*
11 Bilde eine Ableitung zum Wortstamm *-acht-*.	**Lösung zu 11:** Beispiele: *beachten, die Achtung*
Lösung zu 12: Beispiele: *das Segelboot, das Ruderboot*	12 Bilde eine Zusammensetzung mit dem Grundwort *das Boot*.

1 Testet euch gegenseitig in Partnerarbeit. Geht so vor:
– Partner A deckt mit einem Blatt Papier die rechte Hälfte des Tandembogens ab. Partner B deckt die linke Seitenhälfte ab.
– Partner A liest die Aufgabe 1 vor und löst sie, Partner B prüft die Lösung.
– Danach liest Partner B die Aufgabe 2 vor und löst sie, Partner A prüft die Lösung.
Tipp: Übt so lange, bis ihr alle Aufgaben richtig lösen könnt. Tauscht einmal die Rollen A und B.

Fordern – Wortarten bestimmen

Alltag im Weltall – Interview mit einem Astronauten

Was essen Astronauten im All?
Meist Konserven. Weil es sehr teuer ist, Sachen ins All zu bringen, versucht man, überall Gewicht zu sparen. Der Kirschsaft besteht deshalb aus feinem Pulver. Bevor wir ihn trinken können, müssen wir das Wasser wieder hinzufügen. Wir trinken dann den Saft aus der Tüte mit einem Strohhalm. In einer Tasse würde er umherschweben. Unser Essen ist in Konservendosen, die wir aufwärmen.

Schwebt das Essen denn nicht davon?
Nein, dieses spezielle Essen enthält Gelatine und klebt am Löffel. Schwierig wäre „Huhn mit Reis" – wie alle Gerichte ohne Soße. Kaum wäre die Dose geöffnet, würde der Reis Korn für Korn aufsteigen und als Wolke davonfliegen. Bei „Huhn mit Reis" gilt deshalb höchste Gefahrenstufe!

  a Lest das Interview. Was wusstet ihr bereits, welche Information ist neu für euch?
Formuliert dazu zwei bis drei Sätze, z. B.: *Ich wusste (nicht), dass ... / Mich hat (nicht) überrascht, dass ...*
b Sucht aus dem Text zu jeder der folgenden Wortarten ein Beispiel heraus und notiert es mit Zeilenangabe ins Heft.

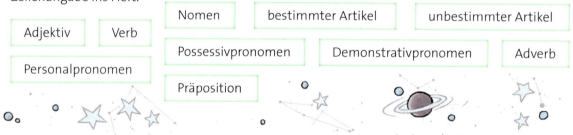

Wann schlafen Astronauten im All?
Auf einer Raumstation können die Astronauten täglich ❓ *(viele Sonnenuntergänge)* beobachten. ❓ *(Kein Weltraumreisender)* weiß, wann Schlafenszeit ist. Deshalb ist der Zeitplan ❓ *(die Astronauten)* streng: Alle 16 Stunden werden ❓ *(die müden Astronauten)* acht Stunden Bettruhe verordnet. Dafür brauchen sie ❓ *(kein Bett)*. ❓ *(Ein festgebundener Schlafsack)* dient ❓ *(sie)* als Schlafstätte.

 Lest die Fortsetzung des Interviews. In welchem Fall müssen die Wörter in Klammern jeweils eingesetzt werden?
a Bestimmt den Fall durch Fragen (Wer oder was ...? / Wessen ...? / Wem ...? / Wen oder was ...?).
Notiert die Fragen und den Fall wie im Beispiel: *Wen oder was können die Astronauten auf einer Raumstation täglich beobachten? → viele Sonnenuntergänge (Akkusativ)*
b Schreibt die Fortsetzung des Interviews vollständig in euer Heft.

3 Was würdet ihr einen Astronauten gern einmal fragen?
Notiert eure Fragen ins Heft und unterstreicht Nomen, Adjektive, Verben, Pronomen und Präpositionen in unterschiedlichen Farben.

4 Betrachtet die Abbildung und formuliert Sätze dazu, wie weit die Planeten von der Sonne entfernt sind. Verwendet dabei die Steigerungsformen der Adjektive *weit* und *nah*.

5 a Schreibt die folgenden Sätze A bis F ins Heft und unterstreicht die Verbformen.
  A Vor etwa 45 Jahren betraten Menschen zum ersten Mal ein Gebiet außerhalb der Erde: den Mond.
  B Auf diese Reise hatten sich die Astronauten lange vorbereitet.
  C Als nächstes großes Ziel gilt der Mars.
  D Die Amerikaner haben bereits Sonden auf den roten Planeten geschickt.
  E Vielleicht werden eines Tages Menschen dort landen.
  F Zunächst einmal ist nur eine Mars-Umrundung geplant.
  b Bestimmt zu jedem Satz die Zeitform.
  c Ergänzt die folgenden drei Aussagen zur Verwendung der Zeitformen im Heft:

  A In schriftlichen Erzählungen verwendet man …
  B In mündlichen Erzählungen verwendet man …
  C Zukünftiges kann man mit folgenden Zeitformen ausdrücken: …

Der Aufenthalt der Raumfahrer weit weg ? der Erde ist nicht einfach. ? dem All herrscht Schwerelosigkeit. Das ist so ähnlich, wie wenn man ? die Wasseroberfläche taucht. Getränke kann man nur ? speziellen Trinkflaschen trinken. Sonst würden sich die Tröpfchen überall ? dem Raumschiff verteilen.

unter •
aus •
von •
in (2x)

6 Im Text fehlen fünf Präpositionen.
  a Schreibt den Text ins Heft und ergänzt passende Präpositionen aus dem Kasten.
  b Notiert, was die Präpositionen hier angeben: zeitliche oder örtliche Verhältnisse?

7 Ergänzt in den folgenden Satzpaaren A, B und C das in Klammern angegebene Nomen mit Begleiter im richtigen Fall.
  Tipp: Wenn ihr fragen könnt *Wohin?*, folgt der Akkusativ, bei *Wo?* der Dativ.
  A Der Astronaut kriecht in ? .
    Der Astronaut schläft in ? .   *(der Schlafsack)*
  B Er heftet den Stift mit Klettband an ? .
    Der Stift klebt an ? .   *(ein Tisch)*
  C Er bindet das Werkzeug an ? .
    Das Werkzeug hängt an ? .   *(sein Arm)*

Fördern – Wortarten bestimmen

A ... sind Stellvertreter für Nomen.

B ... können von einem Adjektiv oder einem Artikel begleitet werden.

C ... zeigen oft ein örtliches oder zeitliches Verhältnis an.

D ... kann man in eine Vergangenheits- oder Zukunftsform setzen.

E ... kann man steigern.

Nomen •
Adjektive •
Verben •
Pronomen •
Präpositionen

1 Ergänzt die Aussagen A bis E mit Hilfe des Kastens und schreibt sie ins Heft. Lasst dabei unter jeder Aussage eine Zeile frei.

Arbeit und Freizeit im Weltall

Hunderte von Astronauten sind schon frei im Weltraum geschwebt, z. B. bei Reparaturarbeiten an Raumschiffen. Die Astronauten tragen dabei einen Schutzanzug und sind mit einem starken Drahtseil an ihr Raumschiff gekettet, damit sie nicht in das Weltall abdriften. Der Schutzanzug sorgt für die richtige Körpertemperatur des Trägers. Er ermöglicht dem Astronauten das Atmen im luftleeren Raum des Alls und schützt ihn vor schädlicher Strahlung. Die Schutzanzüge werden für jeden Astronauten einzeln angefertigt. Ein Anzug kostet etwa zehn Millionen Dollar.

2
a Lest den Text und ergänzt die folgenden zwei Sätze:
Ich wusste (nicht), dass ... / Mich hat (nicht) überrascht, dass ...
b Bestimmt die Wortarten der markierten Wörter. Ordnet jedes Wort der passenden Aussage von Aufgabe 1 zu.
c Sucht im Text auch zu folgenden drei Wortarten jeweils ein Beispiel und notiert es.

bestimmter Artikel Possessivpronomen
unbestimmter Artikel

Astronauten im All verbringen (*ihre freien Stunden*) genauso wie die Menschen auf der Erde: Sie sehen (*Filme*), hören Musik oder lesen ein Buch. Am meisten Spaß macht (*die Astronauten*) jedoch, aus dem Fenster zu schauen und den wunderbaren Anblick (*die Erde*) von oben zu sehen.

3 Lest die Fortsetzung des Textes. In welchem Fall müssen die Wörter in Klammern jeweils eingesetzt werden?
a Bestimmt den Fall durch Fragen (Wer oder was ...? / Wessen ...? / Wem ...? / Wen oder was ...?). Notiert die Fragen und den Fall wie im Beispiel: *Wen oder was verbringen Astronauten im All genauso wie die Menschen auf der Erde?* → *ihre freien Stunden (Akkusativ)*
b Schreibt die Fortsetzung vollständig in euer Heft.

Wie weit haben sich bemannte Raumschiffe schon von der Erde entfernt?

1966 legte das Raumschiff Gemini die ? Strecke von 1372 km zurück. Das war bis dahin die ? Entfernung von der Erde. 1968 legte die Apollo 8 jedoch eine viel ? Strecke zurück, als sie zum 378 504 km entfernten Mond flog. Die Apollo 13 machte bislang die ? Reise. Das Raumschiff war 1970 über 400 000 km von der Erde entfernt.

4 Schreibt den Text ab und ergänzt passende Steigerungsformen des Adjektivs *lang*.

5 a Schreibt die folgenden Sätze A bis E ins Heft ab und unterstreicht alle Verbformen.
   A Am 21. Juli 1969 betraten erstmals Menschen den Mond.
   B Vorher hatten zahlreiche Probeflüge ins All stattgefunden.
   C Heutzutage fliegen sogar Touristen ins Weltall.
   D Solche Weltraumreisen sind jedoch sehr teuer.
   E Vielleicht werden Astronauten bald auf dem Mars landen.
 b Ordnet jedem Satz die richtige Zeitform aus dem Kasten zu.
 c Formuliert die nebenstehende Aussage im Perfekt.

> Plusquamperfekt •
> Präteritum •
> Präsens (2x) •
> Futur

> Ich saß an diesem Tag wie Millionen Menschen vor dem Fernseher. Wir alle hielten die Spannung kaum aus.

Traum von der Reise zum Mars

Wo ? All gibt es weiteres Leben? ? dem Mars vermutlich nicht. Er besteht ? etwa 16 % Eisen. Das gibt ihm die rote Farbe, denn auch ? diesem fernen Planeten rostet Eisen. Bilder zeigen große Vulkan-Berge ? riesigen Canyons. ? den „Roten Planeten" kreisen zwei Monde. Eine Reise ? dem Mars ist der Traum vieler Astronauten.

6 Im Text fehlen sieben Präpositionen. Schreibt ihn ins Heft und ergänzt passende Präpositionen aus dem Kasten.

> auf (2x) • im • um • aus • zu • mit

7 a Lest die beiden Sätze A und B und ordnet sie den Bildern 1 und 2 zu.
   A Der Astronaut schwebt vor das Raumschiff.
   B Der Astronaut schwebt vor dem Raumschiff.
 b Schreibt die Sätze ins Heft und unterstreicht die Unterschiede.
 c Bestimmt für die unterstrichenen Wörter den Fall. Ergänzt die folgenden zwei Aussagen mit *Dativ, Akkusativ, Wo?, Wohin?*.
   – „das Raumschiff" in Satz A steht im …, denn man fragt …
   – „dem Raumschiff" in Satz B steht im …, denn man fragt …

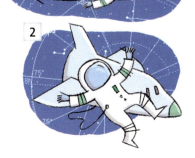

11.2. Detektivgeschichten – Satzglieder ermitteln und Sätze untersuchen

Mit der Umstellprobe die Satzglieder bestimmen

Eine geheimnisvolle Entdeckung

Mattis und Janna sind beste Freunde und begeisterte Krimileser. Einen echten Fall lösen – das wäre ein Traum! Dann passiert es: Am Samstagmorgen des letzten Ferienwochenendes finden sie in ihrem Lieblings-Eiscafé *De Fanti* am Nachbartisch eine Zeitung, aus der jemand Wörter herausgeschnitten hat. „Das sieht aus, als hätte jemand einen Erpresserbrief gebastelt", flüstert Janna aufgeregt. Sie kaufen sich die gleiche Zeitung noch einmal um herauszubekommen, welche Wörter herausgeschnitten wurden.

| in einer Tasche | WIR | morgen | hinterlassen | im Papierkorb des |
| IHRE KATZE | 1.000 Euro | HABEN | Sie | Eiscafés De Fanti |

1 a Wie lautet die ausgeschnittene Botschaft? Ordnet die Schnipsel zu zwei Sätzen.
  b Beschreibt, wie ihr beim Ordnen der Schnipsel vorgegangen seid.
  c Verändert die Reihenfolge der Schnipsel und notiert alle Möglichkeiten für zwei sinnvolle Sätze.

| A Wir benachrichtigen die Polizei. | B Wir brechen am besten sofort auf. |
| C Wir zeigen ihr die Zeitung. | D Wir treffen hoffentlich die Kommissarin. |

2 a Lest Jannas Vorschläge. Wie viele Satzglieder enthalten ihre Sätze A bis D jeweils? Ermittelt die Anzahl, indem ihr die Umstellprobe anwendet.
  b Jannas Sätze klingen etwas eintönig. Formuliert sie abwechslungsreicher, indem ihr die Satzglieder umstellt.

Methode — Satzglieder bestimmen: Die Umstellprobe

- Sätze bestehen aus mehreren **Bausteinen,** den Satzgliedern.
- Diese Satzglieder kann man durch die **Umstellprobe** ermitteln:
  Die Wörter, die bei der Umstellprobe zusammenbleiben, bilden ein **Satzglied**, z. B.:

  | Die beiden Kinder | machen | im Eiscafé | eine aufregende Entdeckung |
  | Eine aufregende Entdeckung | machen | die beiden Kinder | im Eiscafé |

- Mit der Umstellprobe kann man Satzglieder umstellen und so auch den **Satzbau abwechslungsreicher** gestalten.

Prädikat und Subjekt erfragen

Im Polizeibüro

Janna und Mattis ? mit ihrer aufregenden Entdeckung, einem möglichen Erpresserbrief, zum Polizeipräsidium. Sie ? die Kommissarin. Im Büro ? nur der Assistent Moritz. Er ? die beiden freundlich. Die Kinder ? ihm die Zeitung mit den ausgeschnittenen Wörtern und dem nachgebastelten Erpressertext.

1
  a Lest den Text und überlegt euch, wie ihr nach den fehlenden Wörtern fragen könnt.
  b Schreibt den Text ab und setzt passende Verben aus dem nebenstehenden Kasten ein. Das sind die Prädikate.
  c Überprüft, an welcher Satzgliedstelle die Prädikate in allen Sätzen stehen.

> sitzt • laufen • begrüßt • zeigen • suchen

2 Untersucht den Erpresserbrief oben und beantwortet folgende Fragen:
– An welcher Satzgliedstelle steht das Prädikat im zweiten Satz?
– Welche Wirkung hat diese Stellung des Prädikats auf die Leser?
– Wie nennt man diese Satzart?

> Ich werde alles der Kommissarin berichten. Aber hat der Erpresser den Brief überhaupt verschickt? Irgendein Scherzbold hat vielleicht nur einen Spaß gemacht. Die Polizei hat keinen Anruf erhalten.

3
  a Notiert die Aussage des Assistenten und unterstreicht die vier zweiteiligen Prädikate.
  b Der Assistent hinterlässt seiner Chefin eine kurze Nachricht über den Vorfall. Vervollständigt seine Sätze und unterstreicht die Prädikate:
  Zwei Kinder sind heute ...   Sie haben in einem Eiscafé ...   Vermutlich ...

4 Die Kinder überlegen, wer der Täter sein könnte. Bestimmt die Subjekte in den folgenden vier Sätzen mit Hilfe der Frage *Wer oder was ...?*
Der Erpresser kannte die Katze. Vielleicht hat der Täter Geldnot. Die betreffende Person war schon einmal im Eiscafé De Fanti. Sicherlich kennt der Unbekannte den Wert der Katze.

Information   **Prädikat und Subjekt**

- Das **Prädikat** ist der **Kern des Satzes.** Es ist immer die **Personalform eines Verbs** und steht im Aussagesatz an **zweiter Satzgliedstelle,** z.B.: *Die Kinder | laufen | zur Polizei* .
- Ein Prädikat kann aus einem oder mehreren Teilen bestehen. **Mehrteilige Prädikate** bilden eine Prädikatsklammer, z.B.: *Sie | haben | die Zeitung | mitgebracht* .
- Das **Subjekt** erfragt man mit **Wer oder was ...?**. Es bestimmt die **Form des Prädikats.**

Dativobjekte und Akkusativobjekte unterscheiden

A Was haben die Kinder gefunden?

B Wem wurde der Erpresserbrief übergeben?

C Wen haben die Kinder bisher informiert?

D Wem gehört das Eiscafé?

E Wen haben die Kinder in dem Eiscafé gesehen?

F Was fordert der Entführer?

1 Die Kommissarin Ellafina wurde über den Erpresserbrief informiert. Sie fragt genau nach.
a Bestimmt mit Hilfe der Fragewörter: Welche ihrer Fragen (A bis F) erfragen ein Dativobjekt, welche ein Akkusativobjekt?
Tipp: Dativobjekte erfragt man mit *Wem …?*, Akkusativobjekte mit *Wen oder was …?*.
b Ergänzt die folgenden Antworten mit passenden Objekten aus der Randspalte.
  A Die Kinder haben ? gefunden.
  B Vermutlich wurde der Erpresserbrief ? übergeben.
  C Die Kinder haben ? informiert.
  D Das Eiscafé gehört ? .
  E Die Kinder haben in dem Eiscafé ? gesehen.
  F Der Entführer fordert ? .
c Schreibt die Sätze ins Heft und unterstreicht die Dativobjekte grün und die Akkusativobjekte blau.

> dem Katzenbesitzer •
> keine weiteren Gäste •
> eine Zeitung mit ausgeschnittenen Wörtern •
> 1.000 € • nur die Polizei •
> dem 45-jährigen Antonio

Die Kommissarin Ellafina nimmt *(der Fall)* sehr erst. Schon dreimal hat ein Unbekannter *(wertvolle Siamkatzen)* entführt. Die Besitzer haben *(der Erpresser)* das Lösegeld gegeben. Keiner hatte *(die Polizei)* informiert – aus Angst, dass *(das Tier)* dann etwas zustoßen würde.

2 a Schreibt den Text ab und setzt die Objekte in Klammern im richtigen Fall ein.
b Unterstreicht die Dativobjekte grün und die Akkusativobjekte blau.
c Bestimmt alle Subjekte und unterstreicht sie orange.

3 Die Polizei stellt dem Eiscafébesitzer Antonio Fragen. Bestimmt die markierten Satzglieder in seiner Aussage. Notiert zu jedem Satzglied die passende Frage, z. B.:
Wer oder was erschien mir verdächtig? – Eine Frau (Subjekt)

> Also, äh … Eine Frau erschien mir verdächtig. Sie las so lange ihre Zeitung. Die Dame hat eine Sonnenbrille getragen.

Information	Dativobjekte und Akkusativobjekte

- Manche Sätze bestehen nur aus **Subjekt und Prädikat,** z. B.: *Die Kinder überlegen.*
- Die meisten Sätze brauchen aber weitere Satzglieder, damit sie vollständig sind: **die Objekte.** Diese kann man durch **Fragen** bestimmen:
  Sie geben dem Assistenten ihren Fund. → **Wem** geben sie ihren Fund? = **Dativobjekt**
  Die Kinder finden eine Zeitung. → **Wen oder was** finden die Kinder? = **Akkusativobjekt**

11.2 Detektivgeschichten – Satzglieder ermitteln und Sätze untersuchen

Adverbiale Bestimmungen kennen und verwenden

1 Die Kommissarin Ellafina wird zu einem Tatort gerufen. Die wertvolle Siamkatze von Frau Catmur wurde gestohlen. Die Kommissarin macht sich Notizen.

a Formuliert aus den nebenstehenden Notizen vollständige Sätze:
*Heute ... (Wann?) kam es ... (Wo?) zu einem Diebstahl.
Der Einbruch erfolgte ... (Wie?).
Vermutlich wurde die Siamkatze ... (Warum?) gestohlen.*

b Unterstreicht in den Sätzen die Angaben zu den Fragen *Wann?*, *Wo?*, *Wie?* und *Warum?*. Diese Satzglieder nennt man adverbiale Bestimmungen.

*Notizen
Diebstahl Siamkatze Lara
– in der Wohnung, Gladiolenweg 14
– heute zwischen 14 und 16 Uhr
– Einbruch durch die Terrassentür
– aus Geldgier?*

2 Die Polizei muss den Tatort genau untersuchen, denn jede Einzelheit kann wichtig sein.

a Betrachtet das Bild oben und beschreibt mit Hilfe der Angaben im Kasten genau, **wo** sich die Dinge im Zimmer befinden, die die Polizei nummeriert hat:
Man sieht ... / Man erkennt ... / Man findet ...

b Die Kommissarin versucht herauszufinden, **wie** die Tat abgelaufen sein könnte. Schreibt eure Vermutungen auf und verwendet dabei die nebenstehenden adverbialen Bestimmungen.

c Unterstreicht in euren Sätzen die adverbialen Bestimmungen zum Ort (Wo?) rot und zur Art und Weise (Wie?) grün.

von Terrassentür zum Katzenkorb •
im Katzenkorb • auf dem Kissen •
auf dem Boden neben der Tür •
vor der Tür • auf dem Teppich

durch die Terrassentür •
mit einem Hammer •
mit ihren Krallen • mit dem
Betäubungsmittel Chloroform

Information	Adverbiale Bestimmungen – Angaben zu näheren Umständen

- Adverbiale Bestimmungen geben die **genaueren Umstände** eines Geschehens an.
- Sie können aus einzelnen Wörtern *(heute)* oder aus Wortgruppen *(seit gestern)* bestehen, z. B.: *Seit gestern sucht die Polizei in Köln mit Hubschraubern den Täter wegen eines Raubs.*

Adverbiale Bestimmung	Fragen	Beispiel
der Zeit	Wann? Wie lange? Seit wann?	seit gestern
des Ortes	Wo? Woher? Wohin?	in Köln
der Art und Weise	Wie? Woraus? Womit?	mit Hubschraubern
des Grundes	Warum? Warum nicht?	wegen eines Raubs

A Ich habe im Briefkasten einen Erpresserbrief gefunden! Jemand hat meine süße Lara aus Geldgier entführt. Ich habe das Haus heute um 14 Uhr verlassen. Ich wollte schnell frische Brezeln holen. Die werden nur samstags verkauft.

B Die arme Frau Catmur! Es ist eine sehr wertvolle Katze, wissen Sie! Ich kenne mich gut aus. Hoffentlich kann sie das Lösegeld schnell aufbringen. Ich selbst habe den ganzen Tag ferngesehen.

C Ich hasse Katzen wie die Pest. Natürlich war ich nur in meiner Wohnung. Ich habe das Haus zu keinem Zeitpunkt verlassen.

D Wegen eines Staus war ich erst gegen 14.30 Uhr im Gladiolenweg. Ich habe in Eile die Briefe eingeworfen und bin wieder gegangen.

3 Die Kommissarin befragt die Hausbewohner.
Lest deren Aussagen: Wer ist die Täterin oder der Täter? Begründet eure Vermutung.

4 Untersucht die Aussagen der Befragten. Welche Informationen zur Zeit, zum Ort, zur Art und Weise und zum Grund geben sie?
  a Übertragt die folgende Tabelle ins Heft und ordnet die in Aussage A markierten adverbialen Bestimmungen richtig ein.

Adverbiale Bestimmung ...			
der Zeit (Wann?)	des Ortes (Wo?)	der Art und Weise (Wie?)	des Grundes (Warum?)
...	*im Briefkasten*	...	...

  b Ermittelt die adverbialen Bestimmungen in den Aussagen B, C und D und ergänzt sie in der Tabelle.

5 a Verfasst zu zweit eine eigene kleine Kriminalgeschichte. Geht so vor:
  – Sammelt Ideen für eure Geschichte: Legt einen Zettel nach dem nebenstehenden Beispiel an. Entscheidet euch pro Frage für jeweils eine Idee. Ihr könnt auch eigene Ideen verwenden.
  – Schreibt auf der Grundlage eurer Notizen eine Geschichte und verwendet dabei adverbiale Bestimmungen.

> *Wann? Tatzeit:*
> *z.B. mitten in der Nacht, früh am Morgen ...*
> *Wo? Tatort:*
> *z.B. in der Villa, im Museum ...*
> *Wie? Tatwerkzeug bzw. Art und Weise der Tat:*
> *z.B. mit einem Baseballschläger, eilig, heimlich ...*
> *Warum? Tatmotiv:*
> *z.B. aus Rache, aus Neugier, aus Eifersucht ...*

  b Setzt euch mit einem anderen Lernpaar zusammen und lest euch eure Geschichten gegenseitig vor.

6 Formuliert einen Satz mit möglichst vielen adverbialen Bestimmungen.
Wer findet den Satz mit den meisten?

Hauptsätze und Nebensätze unterscheiden

Der englische Meisterdetektiv Sherlock Holmes

A	Krimifans lieben Sherlock Holmes,		er bereits in der Londoner Baker Street wohnte.
B	Dieser Privatdetektiv trug stets Schirmmütze, Umhang und Pfeife,	weil	er auf Verbrecherjagd war.
		wenn	kein Detektiv je besser war.
		wie	er genau beobachtete und klug schlussfolgerte.
C	Seine Fans fasziniert vor allem,	als	
D	Seinen 1. Fall bearbeitete er 1887,	da	er zum Vorbild für viele Detektivfiguren wurde.
E	Holmes war erfolgreich,	dass	
F	Seine Untersuchungsmethoden waren so modern,		er mit Scharfsinn auch den kompliziertesten Fall löste.

1
a Welche berühmten Detektive kennt ihr? Tauscht euch aus.
b Lest die Sätze oben. Welcher Kasten enthält Hauptsätze, welcher Nebensätze? Begründet.
c Verbindet jeweils einen Hauptsatz mit einem passenden Nebensatz. Verwendet dazu die Konjunktionen im mittleren Kasten und notiert die Sätze ins Heft, z. B.:
A Krimifans lieben Sherlock Holmes, weil kein Detektiv je besser war.
d Unterstreicht die Personalformen der Verben in euren Sätzen und ergänzt die zwei Aussagen: Einen Hauptsatz erkennt man daran, dass ❓.   Einen Nebensatz erkennt man daran, dass ❓.

Ein Beispiel für Sherlock Holmes' Scharfsinn

Holmes fand den Hut eines Verdächtigen, den er gründlich untersuchte. Aus seinen Beobachtungen zog er folgende Schlüsse: Der Verdächtige hatte vor Kurzem noch viel Geld. Das sieht man daran, dass er sich vor einiger Zeit diesen sehr teuren Hut leisten konnte. Nun macht er schlechte Zeiten durch, da er sich sonst längst einen neuen Hut gekauft hätte. Der Mann geht nur selten fort, weil auf dem Hut Hausstaub liegt. Der Mann kommt gerade vom Friseur. Das erkennt man an den winzigen Haarspitzen, die am Hutrand kleben.

2 Lest den Text und untersucht ihn zu zweit:
a Einer schreibt alle Hauptsätze heraus, der andere alle Nebensätze.
b Unterstreicht die Personalformen der Verben in euren Sätzen und vergleicht eure Ergebnisse.

Information — **Hauptsätze und Nebensätze**

- Als **Hauptsatz** bezeichnet man einen Satz, der **allein stehen** kann.
- Nebensätze können **nicht ohne Hauptsatz** stehen. Sie werden oft durch **Konjunktionen** wie *weil, da, als, wie, wenn, dass* eingeleitet.
- Im **Hauptsatz** steht die Personalform des Verbs an **2. Satzgliedstelle**, z. B.: *Er rennt zur Tür.*
- Im **Nebensatz** steht die Personalform des Verbs **am Satzende**, z. B.: *…, weil er sich fürchtet.*

Ein besonderer Nebensatz: Der Relativsatz

Der Erfinder von Sherlock Holmes: Arthur C. Doyle
A Arthur C. Doyle war ein Arzt. Arthur C. Doyle schrieb gern Romane und Geschichten.
B Der Engländer dachte sich 1886 die erste Sherlock-Holmes-Geschichte aus. Die erste Sherlock-Holmes-Geschichte wurde bereits zu einem großen Hit.
C Er hatte nicht geahnt, welchen Erfolg er mit der Erfindung dieses Detektivs haben würde. Dieser Detektiv wurde einer der bekanntesten Helden der Kriminalliteratur.
D Doyles Kriminalgeschichten erreichten weltweit Millionenauflagen. Die Millionenauflagen machten Doyle zum reichen Mann.

1 a Lest die Satzpaare A bis D laut vor. Was fällt euch auf?
b Im folgenden Beispiel wurde das Satzpaar A umgeschrieben. Beschreibt, wie.
A Arthur C. Doyle war ein Arzt, der gern Romane und Geschichten schrieb.
c Schreibt den Satz ab und unterstreicht den Nebensatz. Gebt an, woran ihr ihn erkannt habt.

2 a Verbindet die Satzpaare B bis D wie im Beispiel in Aufgabe 1. Achtet darauf, Kommas zu setzen und Prädikate umzustellen.
b Unterstreicht die Nebensätze und kreist jeweils das Wort ein, das sie einleitet.
c Die Nebensätze (Relativsätze) bestimmen alle ein Nomen im Hauptsatz näher. Untersucht eure Sätze und kreist das näher bestimmte Nomen im Hauptsatz ein.

Arthur C. Doyle beschloss 1893, Sherlock Holmes in einer letzten Geschichte sterben zu lassen. Viele Menschen, ? den Detektiv liebten, waren entsetzt. Es hagelte Protestbriefe. „Sie Biest!" gehörte noch zu den harmlosen Schimpfwörtern, ? der Krimiautor lesen musste. In vielen englischen Städten sah man Holmes-Fans, ? zum Zeichen der Trauer schwarze Armbinden trugen. Also ließ Doyle in einer Geschichte seinen Helden wieder auferstehen, ? nun wundersamerweise seinen Unfall überlebt hatte. Es erschien das Buch „Der Hund von Baskerville", ? sein bekanntester Kriminalroman werden sollte.

3 a Schreibt den Text mit passenden Relativpronomen ins Heft. Lasst unter jedem Satz eine Zeile frei.
b Kreist die Relativpronomen ein und zeichnet Pfeile zu den Wörtern, auf die sie sich beziehen.

4 Denkt euch drei Satzpaare zum Thema Meisterdetektive aus, die jeweils durch ein Relativpronomen verbunden werden können. Stellt sie der Klasse vor und lasst sie verbinden.

Information **Nebensätze mit Pronomen: Die Relativsätze**

- Relativsätze sind Nebensätze, die ein Bezugswort (Nomen oder Pronomen) im Hauptsatz näher erklären, z.B.: *Holmes kannte die Frau, die er am Tatort gesehen hatte, sehr gut.*

- Relativsätze werden mit einem **Relativpronomen** *(der, die, das; welcher, welche, welches)* eingeleitet und durch ein **Komma** vom Hauptsatz abgetrennt.

Satzreihen und Satzgefüge bestimmen und verwenden

A Kein Fingerabdruck ähnelt einem anderen, denn die Rillen und Linien an der Fingerkuppe sind bei jedem Menschen anders geformt.
B Die Polizei hat einen sicheren Beweis gegen den Täter in der Hand, wenn sie seine Fingerabdrücke findet.

1 a Wisst ihr, wie man Fingerabdrücke sichtbar machen kann? Beschreibt das Vorgehen.
b Welches der folgenden Satzmuster passt zu Satz A, welches zu Satz B? Ordnet zu und begründet: Satzreihe: Hauptsatz + Hauptsatz, Satzgefüge: Hauptsatz + Nebensatz.

A	Fingerabdrücke entdeckte man früher nur mit einer Lupe. Mit bloßem Auge sieht man sie kaum.	*(denn)*
B	Inzwischen finden Ermittler auch verborgene Spuren. Sie verwenden bestimmte Chemikalien.	*(wenn)*
C	Ein amerikanischer Gangster verätzte sich einst seine Fingerkuppen mit Säure. Er wollte keinen Fingerabdruck hinterlassen.	*(weil)*
D	Die Schmerzen waren vergebens. Die Polizei fand noch genug Linien und Rillen.	*(da)*
E	Sie überführte den viel gesuchten Bankräuber. Er musste lebenslang hinter Gitter.	*(und)*
F	Heute werden Fingerabdrücke vorsorglich gescannt. Früher verwendete man Stempelfarbe.	*(während)*

2 a Verbindet die Satzpaare A bis F. Verwendet dazu die Konjunktionen in Klammern und schreibt die Sätze ins Heft. Achtet auf die Kommasetzung.
A Fingerabdrücke entdeckte man früher nur mit einer Lupe, denn mit bloßem Auge sieht man sie kaum.
b Kreuzt alle Satzreihen an.
c Unterstreicht in jedem Satzgefüge den Hauptsatz blau und den Nebensatz grün.

3 Formuliert ein möglichst langes Satzgefüge mit mehreren Nebensätzen. Verwendet:
Der Kommissar ..., nachdem ..., weil ..., obwohl ..., damit ...

Information   **Satzreihen und Satzgefüge**

- Eine **Satzreihe** ist ein Satz, der **aus zwei oder mehr Hauptsätzen** (▶ S. 199) besteht. Sie werden oft durch **Konjunktionen** wie *und, oder, aber, denn* miteinander verbunden und durch **Komma** voneinander abgetrennt. Nur vor *und* oder *oder* darf das Komma entfallen.
  Ein Fingerabdruck hat schon viele Täter überführt , denn er ist einzigartig.
             Hauptsatz   Komma   Hauptsatz

- Sätze aus **Hauptsatz und Nebensatz** (▶ S. 199) heißen **Satzgefüge.**
  Zwischen Hauptsatz und Nebensatz steht immer ein **Komma**, z. B.:
  Die Spurensicherung sperrt den Tatort ab , damit niemand ihre Arbeit behindert.
      Hauptsatz   Komma   nachgestellter Nebensatz
  Damit niemand ihre Arbeit behindert , sperrt die Spurensicherung den Tatort ab.
    vorangestellter Nebensatz   Komma   Hauptsatz

Texte mit Hilfe von Proben überarbeiten

Jemand verübte am Mittwochnachmittag gegen 16 Uhr in der Wohnung von Herrn Oskar Schmidt, Kreuzsteige 45, einen Einbruch. Die Wohnung ist wunderschön. Alle Möbel sind sehr wertvoll. Der Täter kam vermutlich durch das Fenster. Der Täter hatte einen Hammer bei sich. Der Täter brach den Tresor auf. Der Täter raubte wertvollen Schmuck aus dem aufgebrochenen Tresor. Niemand hat den Täter gesehen. Der Täter entkam, ohne dass ihn jemand gesehen hat.

1
a Beschreibt das Bild und vermutet, was passiert ist.
b Lest den Bericht, den der junge Assistent des zuständigen Kommissars zu dem Vorfall verfasst hat. Besprecht, was euch auffällt.

2
a Überlegt zu zweit, wie ihr den Bericht des Assistenten verbessern könnt.
Nutzt die folgenden Prüfkarten und schreibt den überarbeiteten Text ins Heft.

> **Umstellprobe:** Prüft den Satzbau:
> Gibt es Wiederholungen bei Satzanfängen?
> → Stellt Satzglieder um.

> **Erweiterungsprobe:** Prüft den Inhalt der Sätze:
> Sind alle Aussagen genau und anschaulich?
> → Ergänzt notwendige Angaben.

> **Ersatzprobe:** Prüft die Wortwahl:
> Werden Wörter häufig wiederholt?
> → Ersetzt diese Wörter durch andere, z. B. Nomen durch Pronomen, Verben durch andere Verben.

> **Weglassprobe:** Prüft die Sätze:
> Gibt es Informationen oder Wörter, die überflüssig sind oder umständlich klingen?
> → Streicht diese Wörter, Wortgruppen oder Sätze.

b Setzt euch zu viert zusammen und stellt euch gegenseitig eure Überarbeitungen vor.
c Der Kommissar ermittelt, dass Herr Schmidt in Geldnot und der Schmuck hoch versichert war. Betrachtet das Bild genau und überlegt gemeinsam, was wirklich passiert sein könnte.

Methode   Texte mit Hilfe von Proben überarbeiten

- **Umstellprobe:** Stellt Satzglieder so um, dass die Satzanfänge nicht immer gleich sind, z. B.:
  Der Dieb kam mitten in der Nacht. → Mitten in der Nacht kam der Dieb.
- **Ersatzprobe:** Ersetzt Wörter, die im Text häufig wiederholt werden, durch andere Wörter, z. B.:
  Der Unbekannte (Dieb, Täter, er) zerschlug (zerbrach) das Fenster.
- **Erweiterungsprobe:** Prüft, ob eine Aussage genau und anschaulich ist oder ob ihr noch etwas ergänzen solltet, z. B.: *Der Täter hinterließ Fußspuren.*
  → *Der Täter hinterließ auf dem Boden des Zimmers deutlich sichtbare Fußspuren.*
- **Weglassprobe:** Prüft, welche Wörter in einem Text gestrichen werden sollten, weil sie überflüssig sind oder umständlich klingen, z. B.:
  Der Täter entkam ohne Spuren ~~und hinterließ nichts am Tatort~~.

Den Satzbau im Deutschen und Englischen vergleichen

A Mein Vater füttert den Hund.   **B** Den Hund füttert mein Vater.

1 Vergleicht die beiden Sätze:
  a Schreibt beide Sätze ins Heft. Unterstreicht:
    das Prädikat schwarz, das Subjekt orange, das Akkusativobjekt blau.
  b Erklärt, worin sich die Sätze unterscheiden: in ihrem Aufbau oder in ihrem Inhalt?
  c Erläutert: Welches Bild passt zu den Sätzen A und B?

2 a Ordnet zu: Welcher englische Satz passt zu welchem Bild?

  C My father is feeding the dog.   **D** The dog is feeding my father.

  b Schreibt die Sätze ins Heft. Unterstreicht wie bei den deutschen Sätzen in Aufgabe 1a
    das Prädikat schwarz, das Subjekt orange, das Akkusativobjekt blau.
  c Warum verändert die Umstellung im Englischen den Sinn und im Deutschen nicht?
    Tipp: Beachtet, dass Satz D im Deutschen heißen müsste: Der Hund füttert meinen Vater.

3 Betrachtet die griechischen Sätze:
  a Gleicht der Satzbau eher dem Deutschen
    oder eher dem Englischen?
  b Beherrscht ihr noch andere Sprachen?
    Könnte man dort den Satz umstellen wie im
    Deutschen?

Ο πατέρας ταΐζει τον σκύλο.
(Der Vater füttert den Hund.)

Τον σκύλο τον ταΐζει ο πατέρας.
(Den Hund, den füttert der Vater.)

Information   Der Satzbau im Deutschen und im Englischen

- **Der Satzbau im Deutschen** ist sehr **beweglich:** Im Aussagesatz steht die Personalform des
  Verbs an zweiter Stelle. Die anderen Satzglieder kann man umstellen (▶ S. 194).
  Der Sinn ändert sich dabei nicht, z. B.:
  Der Hund beißt den Briefträger. Oder: *Den Briefträger beißt der Hund.*
- **Der Satzbau im Englischen** ist eher **starr:** Subjekt – Prädikat – Objekt.
  Der Sinn ändert sich, wenn die Satzglieder umgestellt werden und z. B. das Objekt zum
  Subjekt wird: *The dog is biting the postman.* Aber: *The postman is biting the dog.*

Teste dich!

Tandembogen: Satzglieder und Satzarten unterscheiden

Partner A	Partner B
1 Bestimme Subjekt und Prädikat: *Die Überwachungskamera zeigte den Dieb.*	**Lösung zu 1:** Subjekt: *die Überwachungskamera* Prädikat: *zeigte*
Lösung zu 2: Subjekt: *Er*, Prädikat: *hat vergraben*	**2** Bestimme Subjekt und Prädikat: *Er hat etwas im Wald vergraben.*
3 Bestimme das Akkusativobjekt: *Man konnte die vermummte Gestalt klar sehen.*	**Lösung zu 3:** *die vermummte Gestalt*
Lösung zu 4: *der Polizei*	**4** Bestimme das Dativobjekt: *Sie meldete ihre Beobachtung der Polizei.*
5 Bestimme das markierte Satzglied: *Der Dieb kletterte* **geschickt** *über den Zaun.*	**Lösung zu 5:** adverbiale Bestimmung der Art und Weise
Lösung zu 6: adverbiale Bestimmung der Zeit	**6** Bestimme das markierte Satzglied: *Der Dieb hatte* **spätabends** *Kleidung vergraben.*
7 Wie lautet der folgende Satz ohne die adverbiale Bestimmung der Zeit? *Die Polizei hofft, den Täter sehr bald zu finden.*	**Lösung zu 7:** *Die Polizei hofft, den Täter zu finden.*
Lösung zu 8: *Die Polizei fand einen Zettel.*	**8** Wie lautet der folgende Satz ohne die adverbiale Bestimmung des Ortes? *In seiner Hosentasche fand die Polizei einen Zettel.*
9 Verbinde die Sätze, indem du Satz B in einen Relativsatz umwandelst. A *Eine Frau beobachtete einen Mann.* B *Er benahm sich verdächtig.*	**Lösung zu 9:** *Eine Frau beobachtete einen Mann, der sich verdächtig benahm.*
Lösung zu 10: *Auf diesem Zettel stand die Adresse des Täters, der den Einbruch sofort gestand.*	**10** Verbinde die Sätze, indem du Satz B in einen Relativsatz umwandelst. A *Auf diesem Zettel stand die Adresse des Täters.* B *Er gestand den Einbruch sofort.*

1 Testet euch gegenseitig in Partnerarbeit. Geht so vor:
– Partner A deckt mit einem Blatt Papier die rechte Hälfte des Tandembogens ab. Partner B deckt die linke Seitenhälfte ab.
– Partner A liest die Aufgabe 1 vor und löst sie, Partner B prüft die Lösung.
– Danach liest Partner B die Aufgabe 2 vor und löst sie, Partner A prüft die Lösung.
Tipp: Übt so lange, bis ihr alle Aufgaben richtig lösen könnt. Tauscht einmal die Rollen A und B.

Fordern – Satzglieder bestimmen und Satzgefüge bilden

1 Lest den Zettel. Wo und wann findet ein Treffen statt? Und wie lautet der Plan?
Löst das Rätsel, indem ihr die folgenden Aufgaben bearbeitet:

a Übertragt die ersten beiden Spalten der Tabelle ins Heft. Bestimmt die Satzglieder von Satz B und ermittelt so das Lösungswort für Satz A: den Ort des Treffens.

A Wir treffen uns in der ? .
B Ich verrate euch an diesem Ort eine geniale Idee.
C Unsere Verabredung findet frühmorgens um ? Uhr statt.
D Ich werde euch dort meinen neuen Komplizen vorstellen.

Satz B	Satzglied	Lösungswort
Ich	...	3. Buchstabe des Satzglieds
verrate	...	7. Buchstabe des Satzglieds **+ R**
euch	...	10. Buchstabe des Satzglieds
an diesem Ort	...	1. + 9. Buchstabe des Satzglieds
eine geniale Idee	...	10. Buchstabe des Satzglieds

b Wie viele Satzglieder enthält Satz D? Ermittelt die Anzahl mit Hilfe der Umstellprobe. Die Zahl ergibt die Uhrzeit für Satz C.

c Notiert die Sätze A bis D mit den Angaben, die ihr herausgefunden habt. Markiert in allen Sätzen das Subjekt und das Prädikat.

2 Findet heraus, was die Bande vorhat.

a Lest den zweiten Zettel. Ergänzt die adverbialen Bestimmungen an den passenden Stellen im Lückentext und schreibt den Text ins Heft.

b Um welche adverbialen Bestimmungen handelt es sich? Unterstreicht sie in eurem Text mit den folgenden Farben:
– adverbiale Bestimmungen der Zeit: blau,
– adverbiale Bestimmung der Art und Weise: grün,
– adverbiale Bestimmung des Grundes: orange.

c Ermittelt den Buchstabencode, mit dem man den Autotresor knacken kann: Schreibt dazu die Anfangsbuchstaben der eingesetzten Satzglieder in der richtigen Reihenfolge auf.

Ich habe ? erfahren, dass ein Geldtransporter ? einen Supermarkt verlässt. ? bringt der Transporter die Wocheneinnahmen zur Bank. ? fährt der Wagen ? nur mit zwei statt mit drei Wachleuten.

immer am Samstagabend um 20 Uhr
während meiner Gefängniszeit
wegen eines Krankheitsfalls
getarnt als Lieferwagen
im Moment

3 Formuliert den Plan des Bandenchefs. Verwendet und markiert in euren Sätzen fünf adverbiale Bestimmungen: *Ich warte auf euch ...*

| A Der Wagen verließ pünktlich den Supermarkt. B Die Wachleute waren jedoch in der Überzahl. C Es war ein Zufall. D Sie waren sofort zur Stelle. | dass weil als und | Die Bande tauchte wie geplant auf. Lehrlinge fuhren ausnahmsweise mit. Polizisten kauften gerade im Supermarkt ein. Der Notruf ging ein. |

4 Wie ist der Fall ausgegangen?
a Verbindet die Sätze A bis D mit einem passenden Satz aus dem rechten Kasten. Verwendet dazu die Konjunktionen im mittleren Kasten und notiert die Sätze ins Heft. Denkt an die Kommasetzung vor Nebensätzen.
b Unterstreicht in den Sätzen alle Prädikate.
c Die Bande wurde geschnappt. Zählt die Nebensätze, dann wisst ihr, wie viele Jahre alle Beteiligten im Gefängnis sitzen müssen.

Wie man sich vor Fahrraddieben schützt	Tipps für die Überarbeitung
Du solltest dein Fahrrad immer unbedingt anschließen, auch wenn du nur für eine Minute ganz kurz weggehst.	Wende die **Weglassprobe** an.
Du solltest dabei darauf achten, dass Rahmen und Vorder- oder Hinterrad des Fahrrads an einen festen Fahrradständer oder fest verankerte Gegenstände angeschlossen werden.	Wende die **Umstellprobe** an.
Stell dein Fahrrad nicht an einsamen oder versteckten Plätzen ab. Diebe können dort unbeobachtet handeln.	Verbinde die zwei Sätze.
Zu Hause steht dein Fahrrad am besten angeschlossen in einem wirklich absolut sicheren, abschließbaren, geschlossenen Raum (Fahrradkeller, Garage).	Wende die **Weglassprobe** an.
Du solltest es vermeiden, dein Fahrrad am selben Ort abzustellen.	Wende die **Erweiterungsprobe** an: Ergänze eine adverbiale Bestimmung der Zeit (Wie oft? Wie lange?).
Notiere alle wichtigen Informationen zu deinem Fahrrad (Fabrikat, Rahmennummer). Notiere auch besondere Merkmale.	Wende die **Ersatzprobe** an.
Wenn es doch zum Schlimmsten kommt, benötigt die Polizei diese Angaben. Die Polizei sucht mit diesen Angaben dann dein Fahrrad.	Wende die **Ersatzprobe** an.

5 Ein Schüler hat für die Schülerzeitung einen Text zum Thema Schutz vor Fahrraddiebstahl verfasst. Lest den Text gründlich und überarbeitet ihn mit Hilfe der Tipps am Rand.

6 Kennt ihr noch weitere Tipps zum Schutz vor Fahrraddieben? Notiert sie.

Fördern – Satzglieder bestimmen und Satzgefüge bilden

1 Lest den Zettel. Wo und wann findet ein Treffen statt? Und wie lautet der Plan?
Löst das Rätsel, indem ihr die folgenden Aufgaben bearbeitet:

a Übertragt die ersten beiden Spalten der Tabelle ins Heft. Ordnet die richtigen Fachbegriffe aus dem Kasten ein und ermittelt so das Lösungswort für Satz A: den Ort des Treffens.

A Wir verabreden uns im ? .
B Unser Treffen findet frühmorgens um ? Uhr statt.
C Ich verrate euch an diesem Ort meinen Plan.

Prädikat • adverbiale Bestimmung • Akkusativobjekt • Subjekt • Dativobjekt

Satzgliedfrage	Satzgliedbezeichnung	Lösungswort
Wer oder was?	…	1. + 2. Buchstabe des Satzglieds
Was macht …?	…	1. Buchstabe des Satzglieds
Wann? Wo? Wie? Warum?	…	4. + 5. + 16. Buchstabe des Satzglieds
Wem?	…	2. Buchstabe des Satzglieds **+ R**
Wen oder was?	…	3. + 7. Buchstabe des Satzglieds

b Wie viele Satzglieder enthält Satz C? Ermittelt die Anzahl mit Hilfe der Umstellprobe. Die Zahl ergibt die Uhrzeit für Satz B.
c Notiert die Sätze A, B und C mit den Angaben, die ihr herausgefunden habt. Markiert in allen Sätzen das Subjekt und das Prädikat.

2 Findet heraus, was die Bande vorhat.

a Lest den zweiten Zettel. Ergänzt die adverbialen Bestimmungen an den passenden Stellen im Lückentext und schreibt den Text ins Heft.
b Um welche adverbialen Bestimmungen handelt es sich? Unterstreicht sie in eurem Text mit den folgenden Farben:
– adverbiale Bestimmungen der Zeit: blau,
– adverbiale Bestimmung des Ortes: rot,
– adverbiale Bestimmung der Art und Weise: grün,
– adverbiale Bestimmung des Grundes: orange.
c Ermittelt den Buchstabencode, mit dem man den Autotresor knacken kann: Schreibt dazu die Anfangsbuchstaben der eingesetzten Satzglieder in der richtigen Reihenfolge auf.

Ich habe erfahren, dass ? (Wann?) ein Geldtransporter einen Supermarkt verlässt. ? (Wie?) bringen Wachleute das Geld zur Bank. ? (Wo?) lagert viel Geld. ? (Warum) ist der Tresor ? (Wann?) nicht ausreichend gesichert.

<u>au</u>f geheimen Wegen

<u>j</u>eden Dienstagabend um 20 Uhr

<u>w</u>egen einer kaputten Tür

<u>i</u>m Tresor

<u>i</u>m Moment

A Die Sache ist todsicher. Ich habe die Informationen aus erster Hand. **B** Zwei von uns treffen sich am Supermarkt. Zwei warten in der Nähe. **C** Wir folgen dem Lieferwagen in zwei Autos. Wir bleiben über Handy in Kontakt. **D** Wir steigen durch das Kellerfenster. Wir nutzen den Seiteneingang.	denn und oder aber

3 Welche Anweisungen gibt der Bandenchef?
Verbindet die Satzpaare A bis D jeweils zu einer Satzreihe. Verwendet dazu passende Konjunktionen aus dem Kasten und setzt vor *denn* und *aber* das Komma.

A Der Transporter hatte Geld zum Supermarkt gebracht, weil … **B** Es war genau 20 Uhr, als … **C** Der Raubüberfall war aber nicht erfolgreich, da … **D** Der Tipp war falsch, weil …	– Der Lieferwagen verließ wieder den Supermarkt. – Im Tresor lag kein Geld. – Dort wurde Wechselgeld benötigt. – Die Wachleute hatten kein Geld abgeholt.

4 Wie ist der Fall ausgegangen?
a Verbindet die Sätze A bis D jeweils mit einem passenden Satz aus dem rechten Kasten. Schreibt die Sätze ins Heft.
b Unterstreicht in den Satzgefügen alle Nebensätze. Prüft, ob darin das Prädikat am Ende steht.
c Formuliert die Sätze A bis D noch einmal so um, dass jeweils der Nebensatz am Anfang steht.

So schützt du dich vor Taschendieben	**Tipps für die Überarbeitung**
1. Nimm nicht viel Bargeld mit. Nimm nur das Notwendige mit.	Wende die **Ersatzprobe** an: Ersetze die Wiederholung durch andere Wörter.
2. Sei aufmerksam und achte auf Taschendiebe.	Wende die **Erweiterungsprobe** an: Füge adverbiale Bestimmungen ein, z. B.: *besonders / ganz bewusst / im Gedränge / in Warteschlangen / auf Bahnsteigen.*
3. Bezahle so, dass Fremde, die in deiner Nähe sind, oder andere Leute, die vorbeikommen, nicht in deine Geldbörse schauen können.	Wende die **Weglassprobe** an: Streiche Überflüssiges.
4. Verstecke Geld und Handy! Verstecke Geld und Handy in verschlossenen Innentaschen.	Wende die **Ersatzprobe** an: Ersetze Wiederholungen, z. B. durch *tragen*.
5. Du solltest Taschen und Rucksäcke verschließen und vorn am Körper tragen.	Wende die **Umstellprobe** an: Beginne mit *Taschen*.

5 Eine Schülerin hat für die Schülerzeitung einen Text zum Thema Schutz vor Taschendieben verfasst. Lest den Text in der linken Spalte gründlich und überarbeitet ihn mit Hilfe der Tipps rechts.

11.3 Fit in ...! – Einen Text überarbeiten

Stellt euch vor, ihr bekommt in der nächsten Klassenarbeit die folgende Aufgabe gestellt:

Aufgabe
Eine Klasse hat beschlossen, eigene Krimigeschichten zu verfassen, sie in einem Buch zu sammeln und auf dem Schulfest zu verkaufen.
Ein Schüler hat dafür eine Geschichte geschrieben. Diese soll nach einer Schreibkonferenz überarbeitet werden.
Verbessere den Text mit Hilfe der Hinweise in der rechten Spalte.

	Tipps für die Überarbeitung:
1 Ich saß am Küchentisch. Ich machte Hausaufgaben. Ich war allein. Es dämmerte schon.	1 Verbinde jeweils zwei Sätze miteinander.
2 Da sah ich durch das Fenster einen Mann. Der Mann stand vor unserem Nachbarhaus.	2 Formuliere einen Relativsatz, um die Wiederholung zu vermeiden.
3 Er hat geklingelt, aber niemand öffnete ihm.	3 Korrigiere die Zeitform.
4 Der Mann schaute sich um. Der Mann ging zur Gartentür. Der Mann versuchte die Gartentür zu öffnen. Aber die Gartentür war verschlossen.	4 Wende die Ersatzprobe an, um die Wortwiederholungen zu vermeiden.
5 Er holte aus dem Auto einen riesigen Schlüsselbund und probierte einige Schlüssel aus. Er konnte schließlich die Tür öffnen.	5 Wende die Umstellprobe an, um Wiederholungen am Satzanfang zu vermeiden.
6 Ich sah, wie er vorsichtig vom Garten aus ein Fenster im Erdgeschoss öffnete. Das Fenster war leicht angekippt.	6 Formuliere einen Relativsatz, um die Wiederholung zu vermeiden.
7 Das ist ein Einbrecher, dachte ich. Ich muss die Polizei rufen! Ich holte das Telefon aus dem Wohnzimmer und wollte wählen: 110. Da klopfte es an unserem Küchenfenster. Ich erschrak. Kam der Mann nun zu mir? Hatte er mich gesehen?	7 Wende die Erweiterungsprobe an: Ergänze passende adverbiale Bestimmungen.
8 Es war Papa, der nach Hause kam. Er hatte heute den ganzen Tag auf einer Baustelle am Rande der Stadt gearbeitet. Aufgeregt berichtete ich ihm von dem seltsamen, komischen Mann. Papa beruhigte mich: Er hatte kurz eine Minute mit dem Mann gesprochen. Es war der Sohn des Bewohners gewesen.	8 Wende die Weglassprobe an: Streiche überflüssige Sätze und Wörter.
9 Er hatte den Wohnungsschlüssel ...	9 Vervollständige den Schlusssatz und denke dir eine passende Überschrift aus.

Die Aufgabe richtig verstehen

1 Was verlangt die Aufgabe von euch?
Ordnet den Satzanfängen A bis G die jeweils passende Fortsetzung zu.
Tipp: Bei richtiger Anordnung der Sätze ergeben die Buchstaben in Klammern den Ort, für den ihr jetzt gut ausgebildet seid!

A	Bei 1 muss ich ...	... prüfen, welche Informationen oder Ausdrücke überflüssig oder doppelt sind. (RO)
B	Bei 2 und 6 soll ich ...	... andere Wörter überlegen. (TEK)
C	Bei 3 muss ich ...	... Angaben zu näheren Umstände ergänzen. (BÜ)
D	Bei 4 soll ich ...	... den 1. und 2. Satz sowie den 3. und 4. Satz miteinander verbinden. (PRI)
E	Bei 5 muss ich ...	... die Reihenfolge der Satzglieder verändern. (TIV)
F	Bei 7 soll ich ...	... das markierte Verb in die richtige Zeitform setzen. (DE)
G	Bei 8 soll ich ...	... aus beiden Sätzen einen Satz machen. (VAT)

Planen und schreiben

2 Bearbeitet Abschnitt 1: Verbindet jeweils zwei Sätze mit Hilfe der nebenstehenden Konjunktionen.

> und • denn • während • als

3 Prüft in den Abschnitten 2 und 6, auf welches Nomen sich der Relativsatz beziehen soll. Wählt jeweils ein passendes Relativpronomen aus dem Kasten.

> der • die • das • den • dem

4 a Prüft in Abschnitt 3, welche der beiden Handlungen eher stattgefunden hat.
b Wählt die geeignete Zeitform aus dem rechten Kasten.

> klingelt • klingelte • hatte geklingelt

5 a Prüft in Abschnitt 4, welche Wörter ersetzt werden müssen.
b Wählt geeignete Ersatzformen aus dem Kasten aus.

> er • sie • es • ihn • ihr

6 Bestimmt in Abschnitt 5 die vier Satzglieder im zweiten Satz. Prüft, mit welchem Satzglied man beginnen kann.

7 Wählt für Abschnitt 7 passende adverbiale Bestimmungen aus dem Kasten.

> voller Angst • gerade • schnell • sofort • laut • leise • energisch

8 Schreibt eure Überarbeitung ins Heft und ergänzt eine Überschrift und einen Schlusssatz.

Überarbeiten

9 a Stellt euch gegenseitig eure Überarbeitungen vor. Wurden alle Tipps berücksichtigt?
b Tauscht eure Texte und überprüft die Rechtschreibung.

12 Rechtschreibstrategien trainieren – Regeln erarbeiten

Schreibt man:
- *der Sommer* oder *der Somer*?
- *der Hunt* oder *der Hund*?
- *die Papnase* oder *die Pappnase*?
- *die Welder* oder *die Wälder*?
- *beim schreiben* oder *beim Schreiben*?

Wie können uns die Rechtschreibstrategien bei diesen Fragen helfen?

Strategisch vorgehen heißt:
deutlich in Silben sprechen · Wörter verlängern · Wörter zerlegen · ableiten · Ausnahmen kennen · Nomenproben · im Wörterbuch nachschlagen

1 Nennt die Strategien, die ihr kennt, um Carolins Fragen zu beantworten.

2 Betrachtet die Bälle, die der Jongleur in die Luft wirft. Kennt ihr die Zeichen auf den Bällen? Ordnet die sieben Strategien auf dem Podest den sieben Bällen zu.

In diesem Kapitel ...
- wiederholt ihr Rechtschreibstrategien, mit denen ihr die Schreibweise der meisten Wörter erklären und sehr viele Fehler vermeiden könnt,
- nutzt ihr die Strategien, um Rechtschreibregeln zu erforschen,
- findet ihr mit Hilfe der Strategien eure Fehlerschwerpunkte.

12.1 So geht es! – Rechtschreibstrategien wiederholen und vertiefen

Strategie: Schwingen – Wörter in Silben sprechen

> der Winter • der Sommer • die Birne • die Kerne • der Schlitten •
> die Bilder • das Rennen • die Sterne • der Himmel • die Seide •
> die Raupe • das Kamel • das Telefon • die Farbe • das Signal • die Kerze •
> das Wunder • die Paprika • das Aroma • die Geschichte • die Karawane

1 a Sprecht die Wörter im Kasten deutlich in Silben.
  b Prüft, ob man alle Wörter schreibt, wie man sie spricht.

2 a Bildet aus den Wörtern oben zusammengesetzte Wörter (▸ S. 186), z. B. *die Winterbilder*.
  b Prüft in den Wortzusammensetzungen:
   – Welcher Buchstabe muss manchmal eingefügt werden?
   – Welches Wort bestimmt den Artikel der Wortzusammensetzung?
  c Übertragt die folgende Tabelle in euer Heft und ordnet eure zusammengesetzten Wörter mit Artikel ein. Zeichnet die Silbenbögen unter die Wörter.

Wörter mit vier Silben	Wörter mit fünf Silben	Wörter mit sechs Silben
die Win ter bil der	…	…

3 a Bereitet euch auf ein Partnerdiktat mit euren Wörtern aus Aufgabe 2 vor:
   – Lest jedes Wort deutlich in Silben: *Win ter bil der*.
   – Zieht beim Sprechen mit eurer Schreibhand für jede Silbe einen Bogen durch die Luft.
  b Diktiert euch die Wörter gegenseitig. Sprecht die Silben beim Schreiben leise mit.
  c Tauscht eure Hefte und korrigiert die Wörter eurer Partnerin oder eures Partners. Zeichnet dabei unter jedes Wort die Silbenbögen ein.

4 a Sucht drei Wörter mit mindestens acht Silben. Notiert sie ins Heft und zeichnet die Silbenbögen ein.
  b Diktiert eure Wörter einem Lernpartner und kontrolliert sie Silbe für Silbe.

Methode   **Wörter schwingen**

- **Vor** dem Schreiben: Sprecht die Wörter deutlich in Silben. Zeichnet Silbenbögen in die Luft.
- **Beim** Schreiben: Sprecht die Silben leise mit. Sprecht nicht schneller, als ihr schreibt.
- **Nach** dem Schreiben: Prüft, ob ihr richtig geschrieben habt:
  Zeichnet dazu Silbenbögen unter jede Silbe und sprecht dabei leise mit.

Tipp: Das Schwingen hilft euch auch **beim Korrigieren** eurer Texte und **beim Abschreiben** von längeren Texten.

Wenn wir keine Vokale hätten … – Silben untersuchen

Josef Guggenmos

Das o und alle drei e

Das o und alle drei e
gingen auf Urlaubsreise –
da knurrte das Dnnrwttr
nur noch merkwürdig leise.

1
a Lest das Gedicht und findet heraus, wie das Wort mit den fehlenden Buchstaben heißt.
b Warum knurrte „das Dnnrwttr" nur noch leise?
Versucht das Wort laut mit betonten Silben zu lesen. Dann findet ihr eine Erklärung.
c Ergänzt den folgenden Satz: *Wenn wir keine Vokale hätten, …*

2 Übertragt die Tabelle ins Heft und ordnet die Buchstaben aus der Gewitterwolke richtig ein.

a eu d ü ei n e i o u ä au äu r w t ö ai

Konsonanten	Vokale	
	Umlaute	Zwielaute
d, …	a, … ü, …	eu, …

3 Welche Vokale (auch Umlaute oder Zwielaute) fehlen in den nebenstehenden Wörtern? Schreibt die Wörter richtig ins Heft.

Schlttenhnd • Mrchnrzhlr • Bttrmlch • Hmmlbttn • Smmrgwttr • Rgnschrm • Lngwl • Bchstbn

4
a Untersucht die Vokale in folgenden Silben. Wie werden sie gesprochen, lang oder kurz?

blu – ka – me – quä – se – te – qua – sä – lei

Die Silbe endet mit einem …
Sie ist … Der Vokal wird … gesprochen.

gen – brem – wel – ter – len – zel – ten – sel – schul – ter – ken – den

Die Silbe endet mit einem …
Sie ist … Der Vokal wird … gesprochen.

b Übertragt die Tabelle ins Heft und ergänzt die Aussagen mit Hilfe der folgenden Begriffe: *Konsonanten, Vokal, offen, geschlossen, kurz, lang.*
c Bildet aus den Silben zweisilbige Wörter und schreibt sie ins Heft.
Markiert offene erste Silben grün und geschlossene erste Silben orange.

Information — Offene und geschlossene Silben

Aus Lauten bildet man Silben. Das Zentrum einer Silbe ist der Vokal (auch Umlaut, Zwielaut).
- Enden Silben mit einem **Vokal**, nennt man sie **offen**. Man spricht den Vokal lang, z. B. *le sen*.
- Enden Silben mit einem **Konsonanten**, sind sie **geschlossen**. Der Vokal ist kurz, z. B. *mer ken*.

Strategie: Verlängern – Einsilber und unklare Auslaute

der Stab • hell • der Weg • das Muster • schnell • der Brand • gelb • die Reise •
das Band • krumm • die Rose • die Wand • dünn • die Armut • dumm • nett •
das Bad • die Nase • nass • der Wall • glatt • der Ball • schlimm • der Fall •
der Mond • die Erde • still

1 a Sprecht die Wörter in Silben. Nennt die sechs Wörter, die man so schreibt, wie man sie spricht.
  b Schreibt alle weiteren Wörter ins Heft und markiert die unklaren Stellen.
  c Ergänzt die folgenden zwei Aussagen im Heft:
   Die unklaren Wörter haben alle ? (eine Silbe / zwei Silben).
   Die unklaren Stellen befinden sich ? (in der Wortmitte / am Wortende).

2 a Vergleicht eure Ergebnisse von Aufgabe 1b, c mit einem Lernpartner. Überlegt zu zweit, welche Fehler auftreten können, wenn man die Wörter schreibt, wie man sie spricht.
  b Notiert Ideen, wie man die richtige Schreibweise herausfinden kann.

3 Oft kann man den unklaren Auslaut hören, wenn man an das Wort eine weitere Silbe hängt, z. B.:
  der Sta p/b? – die Stä be.
  Verlängert die Einsilber aus dem Kasten oben. Übertragt dazu die folgende Tabelle ins Heft und ordnet die Einsilber mit Verlängerungswort ein.

Nomen verlängern: Die Pluralform bilden	Adjektive verlängern: Das Wort steigern
der Stab – die Stä be	hell – hel ler

4 a Sprecht die einsilbigen Verbformen im Kasten und prüft, an welcher Stelle im Wort die Schreibweise unklar ist.
  b Schreibt die Verbformen ins Heft, markiert jeweils die unklare Stelle und ergänzt ein Verlängerungswort, z. B.: *er lebt – wir le ben.*

er lebt • es lügt • er nennt • er zeigt •
sie schwimmt • es kommt • es stimmt •
sie singt • sie bringt • er rollt • sie kann •
er muss • es will

Frantz Wittkamp

Rings um Haus und Hof

Bellt er jetzt aus Übermut oder Freude oder Wut? Oder aber bellt der Hund wieder ohne jeden Grund?

5 a Schreibt den Text in Gedichtform ab.
   Tipp: Das Gedicht hat vier Verse.
  b Markiert alle Wörter, die man verlängern muss, um die Schreibweise zu begründen. Notiert die Verlängerungswörter unter das Gedicht.

12.1 So geht es! – Rechtschreibstrategien wiederholen und vertiefen

der Anzug • der Anschub • der Betrug • der Abend • der Urlaub • der Abschied • der Nebel • der Umschlag • der Regen • der Mittag • der Monat • der Anfall • der Anschluss • die Zeitung • dreckig • munter • hungrig • niedrig • heftig • kaputt • selten • komplett • dunkel

6
a Sprecht die Wörter in Silben. Nennt die sechs Wörter, die man so schreibt, wie man sie spricht.
b Schreibt alle weiteren Wörter ins Heft und markiert die unklaren Stellen.
c Ergänzt die folgenden zwei Aussagen im Heft:
Die unklaren Wörter haben alle ? Silben.
Die unklaren Stellen befinden sich ? .
d Vergleicht eure Ergebnisse mit einer Lernpartnerin oder einem Lernpartner.

7 Auch bei mehrsilbigen Wörtern kann man unklare Auslaute hören, wenn man die Wörter um eine Silbe verlängert, z. B.: *der Anzu g/k? – die An zü ge*.
a Verlängert die Wörter mit unklaren Auslauten aus dem Kasten oben.
Übertragt dazu die folgende Tabelle ins Heft und ordnet die Wörter mit Verlängerungswort nach den Problemen, die man durch Verlängern lösen kann.
b Markiert die unklaren Auslaute.

Wörter mit *b/d/g* am Wortende	Wörter mit Doppelkonsonant am Wortende
der Anzug – An zü ge	der Anfall – An fäl le

Es singt wie eine Amsel, es gurrt wie eine Taube, es quakt wie ein Frosch, es bellt wie ein Hund, ist nicht spitz und nicht rund. Es klappert wie ein Storch, es brüllt wie ein Ochse, es wiehert wie ein Pferd, es muht wie eine Kuh, es lacht so laut wie du!

8
a Überlegt, wie die Lösung des Rätsels lauten könnte (▶ S. 287).
b Schreibt das Rätsel in Gedichtform ins Heft. Markiert die Verlängerungswörter.

Methode — Wörter verlängern

- Beim **Schwingen** kann man in der Regel jeden Buchstaben deutlich hören, z. B.: *der Som mer*.
- Bei **Einsilbern** und auch bei einigen zweisilbigen Wörtern kann man **Buchstaben am Wortende (Auslaute)** nicht immer sicher zuordnen, z. B.: *der Berg, still*.
- Dann hilft die **Strategie Verlängern**: Dabei fügt man an das Wort eine Silbe an:
  – Bei **Nomen** bildet man die Pluralform, z. B.: *der Berg* – denn: *die Ber ge*.
  – **Adjektive** steigert man, z. B.: *hell* – denn: *hel ler als*.
  – **Verben** setzt man in die Wir-Form, z. B.: *rennt* – denn: *wir ren nen*.
- Das Verlängern hilft bei folgenden **Problemen**:
  – **Unklarer Auslaut:** Schreibe ich *b* oder *p*, *g* oder *k*, *d* oder *t* am Wortende?
    Z. B.: *der Urlaub – die Ur lau be, wenig – we ni ger, das Bad – die Bä der*
  – **Doppelkonsonant am Wortende:** Schreibe ich *m* oder *mm*, *l* oder *ll*, *p* oder *pp* …?
    Z. B.: *der Damm – die Däm me, schnell – schnel ler, das Bett – die Bet ten*

Strategie: Zerlegen – Zusammengesetzte Wörter

der Sommerhimmel • die Windkraft • die Radkappe • der Strandkorb • die Alpenwege • der Berggipfel • die Radwanderkarte • die Wandtapete • der Zirkuselefant • der Hemdkragen • die Heftseiten • die Heftrandbreite • der Schokoladenosterhase

1
a Sprecht die Wörter in Silben. Nennt die fünf Wörter, die man so schreibt, wie man sie spricht.
b Schreibt alle weiteren Wörter ins Heft und markiert die unklaren Stellen.
c Vergleicht eure Ergebnisse mit einem Lernpartner und überlegt: Wie kann man vorgehen, um die unklaren Stellen richtig zu schreiben? Notiert eure Ideen.

2 Übertragt die folgende Tabelle ins Heft und ordnet die Wörter von Aufgabe 1 ein. Ergänzt in der rechten Spalte Verlängerungswörter, die bei der richtigen Schreibung helfen.

Wörter, die man nur schwingen muss	Wörter, die man zerlegen und dann verlängern muss
der Som mer him mel	die Wind | kraft – denn: die Win de

Nora Clormann-Lietz

Langeweile? Tu was!

Roll möpse
Speise eis
Mal stifte
Rate spiele
5 Bau klötze
Fang körbe
Schüttel reime
Lösch blätter
Schnür senkel
10 Weck gläser
Angel ruten
Back erbsen
Füll hörner
Wähl scheiben
15 Zieh federn
Zerr spiegel
Dreh türen
Tritt bretter
Kipp schalter
20 Tipp fehler
Gieß kannen
[...]
Fahr spuren
Stoß stangen
25 Klammer beutel
Lenk stangen
Schaukel pferde
Puste blumen
Kneif zangen

3
a Wie lauten eure Tipps gegen Langeweile? Tauscht euch aus und lest anschließend das Gedicht.
b Bildet aus den Gedichtversen zusammengesetzte Wörter. Notiert sie mit Artikel untereinander in euer Heft.
c Markiert Stellen, an denen ihr die Wörter zerlegen und verlängern müsst, um die Schreibweise zu beweisen. Notiert die Verlängerungswörter daneben, z. B.:
die Roll/möpse – denn: rol len.

4 Übt, das Gedicht gestaltend zu lesen, und tragt es der Klasse vor.

Strategie: Zerlegen – Wörter mit Bausteinen

endlos • stimmlos • waldlos • randlos • blattlos • bildhaft • fassbar • schädlich • feindlich • kindlich • stündlich • täglich • herrlich • Kundschaft • Freundschaft • Feindschaft • Mannschaft • Landschaft • Herrschaft • Kindheit • Wildheit • Blindheit • Trägheit

1 a Sprecht die Wörter deutlich in Silben.
b Überlegt zu zweit:
– Was unterscheidet diese Wörter von zusammengesetzten Wörtern wie z. B. *Endlauf*?
   Tipp: Denkt dabei an „Wörter" und „Bausteine".
– Welche Stellen schreibt man in den Wörtern anders, als man sie spricht?
– Wie kann man bei diesen Wörtern vorgehen, um hilfreiche Verlängerungsstellen zu finden?
c Setzt euch mit ein oder zwei anderen Lernpaaren zusammen und tauscht euch über eure Ergebnisse aus.

2 a Legt die folgende Tabelle im Heft an und sortiert die Wörter aus Aufgabe 1 mit Verlängerungswort richtig ein.
b Markiert jeweils den Baustein, den ihr beim Verlängern abgetrennt habt.

Adjektive	Nomen
end**los** – das En_de_	Kund**schaft** – der Kun_de_

3 a Bildet aus den Wörtern im Kasten unten neue Wörter, indem ihr passende Bausteine anhängt. Achtet auf die Groß- und Kleinschreibung.
b Markiert mögliche Verlängerungsstellen mit dem Strategiezeichen, z. B.: *die Wildheit*.

wild • bekannt • fremd • dumm • taub • Neid • Land • Schuld • Freund • Feind • Bild • Fett

-heit   -bar   -lich
 -los   -haft

4 Übt die Strategie Zerlegen in der Gruppe:
– Jeder schreibt zehn Wörter aus den Aufgaben 1 und 3 auf einzelne Kärtchen.
– Mischt die Kärtchen und legt sie verdeckt auf den Tisch.
– Zieht reihum eine Karte. Lest euer Wort vor, begründet die Schreibweise und nennt die Wortart.
– Wer alles richtig sagt, darf die Karte behalten.
Wer hat am Ende die meisten Karten?

> Mein Wort lautet: …
> Man schreibt …, denn das Verlängerungswort heißt …
> Das Wort ist ein Adjektiv/Nomen.

Methode — Wörter zerlegen, Bausteine abtrennen

- Die unklaren Laute in **zusammengesetzten Wörtern** findet man, indem man die Wörter **zerlegt**, z. B.: *der Handball* – denn: *die Hän_de_, die Bäl_le_*.
- Auch wenn man **Bausteine** abtrennt, kann man **Verlängerungsstellen** finden, z. B.: *end lich* – denn: *das En_de_; die Freund schaft* – denn: *die Freun_de_*.

Strategie: Ableiten – Wörter mit *ä* und *äu*

> der Wecker • der Bäcker • er hält • er bellt • kämmen • kennen •
> die Leute • läuten • die Reuse • die Mäuse • heute • die Häute

1 a Sprecht die Wörter in Silben und nennt die Buchstaben, die man verwechseln kann.
b Überlegt zu zweit, wie man die richtige Schreibweise herausfinden kann.

2 Schreibt die nebenstehenden Wörter mit *ä* ins Heft und begründet die Schreibweise durch ein Beweiswort, z. B.: *die Schwäne – denn: der Schwan.*

> die Schwäne • die Plätze • kräftig • mächtig • ängstlich • gefährlich • schälen • erklären

3 a *eu* oder *äu*? Schreibt die folgenden Wörter richtig untereinander in euer Heft:

> die R ? me • die Z ? ne • das Geb ? de • das Gem ? er • die Z ? gen •
> die B ? te • die L ? se • die Kr ? ter • die Wilds ? e • ? ßern • aufr ? men •
> s ? bern • m ? tern • anh ? fen • str ? en • l ? gnen

b Ergänzt neben den Wörtern mit *äu* jeweils ein Beweiswort, z. B.: *die Räume – denn: der Raum.*
c Sucht weitere Wörter mit *eu* oder *äu* und ergänzt die Liste.

4 Wörter einer Wortfamilie behalten meistens ihre Schreibweise:

Bildet zu zweit Wortfamilien zu den folgenden drei Wörtern. Wer findet die meisten Wörter?

5 a Bildet Sätze zu Wörtern mit *e, ä, eu* und *äu* aus den Aufgaben 1 bis 4.
b Diktiert die Sätze einer Lernpartnerin oder einem Lernpartner und lasst euch die Schreibweise der Wörter mit *ä* und *äu* erklären.

Methode   **Wörter mit *ä* und *äu* ableiten**

Ableiten heißt: verwandte Wörter suchen. Der Vokal *e* und der Zwielaut *eu* sind leicht mit *ä* und *äu* zu verwechseln, denn man spricht sie gleich aus.
- Normalerweise schreibt man *e* oder *eu*, z. B.: *bellen, heute, die Leute*.
- Wenn es verwandte Wörter mit *a* oder *au* gibt, dann schreibt man *ä* oder *äu*, z. B.:
  die Kälte – denn: *kalt; die Träume* – denn: *der Traum*.

Nomen erkennen und großschreiben

Erik Orsenna

Die Grammatik ist ein sanftes Lied

Jeanne und Thomas haben nach einem Schiffsunglück ihre Sprache verloren. Sie landen auf einer Insel, auf der nicht nur Menschen, sondern auch Wörter leben. Monsieur Kasimir besucht mit ihnen die Stadt der Wörter und erzählt von ihnen und ihren Aufgaben.

Die erste Aufgabe von Wörtern besteht darin, den Dingen ihre Namen zu geben. Ihr habt wahrscheinlich schon einmal einen botanischen Garten besucht. Dort steckt vor jeder seltenen Pflanze ein kleines Schild, eine Bezeichnung. Dieselbe Aufgabe haben die Wörter: Sie heften allen Dingen eine Bezeichnung an, damit man sich in der Welt zurechtfinden kann. Das ist die schwierigste Aufgabe. Es gibt so viele und so komplizierte Dinge und auch Dinge, die sich unablässig verändern, und für alle muss eine Bezeichnung gefunden werden! Die Wörter, denen diese fürchterliche Arbeit zufällt, heißen *Nomen*. Der Stamm der Nomen ist der vornehmste und größte Stamm. [...] Dann gibt es Nomen, die den Menschen ihre Namen geben: die Vornamen. [...]
Die anderen Wortstämme müssen kämpfen, um sich Platz zu verschaffen. Zum Beispiel der ganz kleine Stamm der Wörter, die das Geschlecht anzeigen, die *Artikel*. Ihre Rolle ist eigentlich ziemlich überflüssig, das müsst ihr zugeben. Sie marschieren vor den Nomen her und schwingen eine Glocke: Achtung, das Nomen, das mir folgt, ist ein Maskulinum, Achtung, dieses ist ein Femininum und dieses ein Neutrum! Der Tiger, die Kuh, das Schaf.

1 Was machen Nomen? Und was machen Artikel? Lest den Text und benennt ihre Aufgaben.

2 Zu jedem Nomen gehört ein Artikel (*der, die* oder *das*). Wendet die Artikelprobe an: Wählt fünf Nomen aus dem Text und schreibt sie mit ihrem Artikel ins Heft.

3 Nomen können in Texten verschiedene Begleiter haben.
   a Untersucht die Nomen im Text und notiert:
      A fünf Nomen, die im Text nur von ihrem Artikel (bestimmt oder unbestimmt) begleitet werden,
      B fünf Nomen, die durch ein Adjektiv genauer beschrieben werden,
      C zwei Nomen, vor denen ein bestimmtes oder unbestimmtes Zahlwort steht,
      D drei Nomen, die im Text gar keinen Begleiter haben.
   b Tauscht eure Notizen mit einem Lernpartner und kontrolliert die Beispiele des anderen.

Methode   **Nomen durch Proben erkennen**

Nomen bezeichnen **Lebewesen, Gegenstände, Ideen** ... Man schreibt sie **groß**.
- **Artikelprobe:** Vor Nomen kann man einen Artikel setzen, z. B.: *der Tiger, eine Kuh*.
  Achtung: Artikel können sich auch „verstecken", z. B.: *zur* (= zu der), *beim* (= bei dem).
- **Adjektivprobe:** Nomen kann man durch Adjektive genauer beschreiben, z. B.: *der alte Tiger*.
- **Zählprobe:** Vor Nomen kann man fast immer bestimmte oder unbestimmte Zahlwörter setzen wie *drei/zwölf/tausend Tiger* oder *einige/wenige/viele/alle Kühe*.

Erik Orsenna

Die Grammatik ist ein sanftes Lied (Fortsetzung)

Jeanne und Thomas beobachten in der Stadt der Wörter, wie das Nomen „Haus" in einen Laden geht, um sich attraktiver zu machen.

Das nomen „haus" beginnt mit der anprobe. Welche unschlüssigkeit! Wie schwierig ist es, sich zwischen den verschiedenen adjektiven zu entscheiden! Das haus geht mit sich zu rate.
5 Die auswahl ist groß. Will es „blau", „hoch", „befestigt", „bayrisch", „kinderfreundlich", „blumengeschmückt" nehmen? Die adjektive tanzen verführerisch um das haus herum, um von ihm erwählt zu werden. Der lustige tanz
10 dauerte zwei stunden, dann verließ das haus den laden mit der eigenschaft, die ihm am meisten gefiel: „verhext". Hocherfreut über seinen kauf wiederholte es, zu seinem ständigen begleiter, dem artikel, gewandt: „*Verhext,* denk nur, wo ich gespenster doch so gerne mag, ich 15 werde nie mehr einsam sein. *Haus,* das ist gewöhnlich. *Haus* und *verhext,* verstehst du? Ich werde von jetzt an das interessanteste haus in der ganzen stadt sein, ich werde den kindern angst einjagen, ach, ich bin ja so glücklich." 20

1 Was machen Adjektive mit Nomen? Lest den Text und schreibt die zutreffenden Aussagen ins Heft. Begründet sie mit Hilfe des Textes.

A Adjektive können den Inhalt eines Textes nicht verändern.

C Ein vorangestelltes Adjektiv kann die Bedeutung eines Nomens völlig verändern.

D An Adjektiven kann man Nomen erkennen.

B Adjektive beschreiben genauer, wie die Nomen sind.

E Texte, in denen viele Adjektive vor Nomen stehen, werden interessanter.

2 Bestimmt mit Hilfe der Nomenproben (▶ S. 219) die Nomen im Text und schreibt sie mit der richtigen Großschreibung ins Heft.

3 Verändert den letzten Satz des Textes, indem ihr den vier Nomen verschiedene Adjektive zuordnet. Beobachtet, wie sich die Wirkung des Satzes verändert.

4 Nomen kann man auch an typischen Nachsilben wie *-keit, -schaft, -heit, -nis, -ung* erkennen.
a Sucht zwei Beispiele für Nomen mit solchen Nachsilben im Text und notiert sie.
b Bildet aus den grün markierten Wörtern Nomen, indem ihr eine typische Nachsilbe anhängt.

Methode   **Nomen an Nachsilben erkennen**

Wörter mit den **Nachsilben *-heit, -keit, -nis, -schaft, -tum, -in, -ung*** sind Nomen, z. B.:
die Dunkelheit, die Heimlichkeit, das Geheimnis, die Freundschaft, die Erzählerin, die Umgebung.
Man erkennt sie auch mit Hilfe der Artikelprobe, der Adjektivprobe oder der Zählprobe (▶ S. 219).

Verben und Adjektive als Nomen verwenden

A bellen • zwitschern • stechen • füttern • krächzen • gurren

B weich • interessant • wertvoll

1 a Bestimmt die Wortarten der Wörter in den Kästen A und B.
b Ersetzt die Lücken in den folgenden Wortgruppen durch passende Wörter aus den beiden Kästen. Überlegt, was dabei passiert.

das laute ? des Hundes   das leise ? der Tauben   das fröhliche ? der Vögel
das ? der Raben   das lästige ? der Insekten   beim ? der Jungvögel
etwas ? fühlen   etwas ? entdecken   viel ? sehen

c Notiert Sätze zu den Wortgruppen ins Heft. Achtet dabei auf die Großschreibung der nominalisierten Verben und Adjektive.
d Woran erkennt man in den Sätzen, dass aus den Verben und Adjektiven Nomen geworden sind? Unterstreicht die Begleiter.

Maria Lypp

Anfangen

WENN ICH NICHT MEHR WEITERWEISS,
WAS FANGE ICH DANN AN?
WAS ALTES, WAS NEUES?
WAS KRUMMES, WAS DUMMES?
5 WAS SCHLAUES, WAS GRAUES?
WAS HARTES, WAS ZARTES?
WAS ROHES, WAS HOHES?
WAS ELFTES, WAS ZWÖLFTES?
WENN ICH EINEN ANFANG WEISS,
10 IST DER KREIS ZU ENDE.
SPRING ICH AUS DER BAHN:
JA. DAS FANG ICH AN.

2 Schreibt das Gedicht in der richtigen Groß- und Kleinschreibung ins Heft. Markiert die Adjektive, die wie Nomen gebraucht werden, mit ihrem Begleiter.

Information Nominalisierte Verben und Adjektive

Verben in ihrer Grundform (Infinitiv) und Adjektive können als Nomen verwendet werden. Das nennt man **Nominalisierung**.
- Nominalisierte Verben und Adjektive schreibt man **groß**.
- Nominalisierungen kann man mit Hilfe der **Artikelprobe**, der **Adjektivprobe** oder der **Zählprobe** erkennen, z. B.: *lachen → das Lachen – das laute Lachen – alles Lachen; schön → das Schöne – das geheimnisvolle Schöne – etwas Schönes.*
- Nominalisierte Adjektive stehen oft mit unbestimmten Zahlwörtern: *viel Gutes, wenig Böses.*

Im Wörterbuch nachschlagen

Das Alphabet trainieren

Ihr seid euch weiterhin über die Schreibung eines Wortes unsicher, obwohl ihr die Strategien angewendet habt?
Dann schaut im Wörterbuch nach. Dazu solltet ihr das Alphabet sehr gut beherrschen.

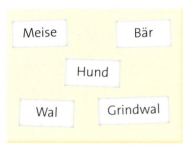

1 Ordnet die Wörter aller drei Pinnwände nach dem Alphabet. Schreibt in euer Heft.
Tipp: Man ordnet nach dem 1., dann nach dem 2., 3., 4. Buchstaben usw.
Ä, äu, ö, ü werden wie *a, au, o, u* behandelt.

2 Schreibt fünf eigene Wörter auf Zettel. Lasst sie von eurem Partner alphabetisch ordnen. Wechselt euch ab. Ihr könnt auch die Zeit stoppen.

3 Gebt an, wo ihr das Wort *Bayern* im Wörterbuch sucht: zu Beginn, in der Mitte oder am Ende?

Zweifelsfälle prüfen

Wort mit *f, pf* oder *v*?
? iffe • ? ink • ? laume • ? oto
? effer • (er) ? iel • ? ifferling
? au • ? izekönig • ? iertel • ? anne
? aulpelz • ? irsich • ? oran • ? alle

Wort mit *k, c* oder *ch*?
? omputer • ? rist • ? upfinale
? rom • ? ool • ? urry • ? ontern
? lown • ? ontakt • ? neifen
? or • ? röte • ? lor • ? uchen

1 Manchmal kann man Buchstaben nicht sicher zuordnen, so deutlich man auch spricht.
a Sucht im Wörterbuch, wie die einzelnen Wörter richtig geschrieben werden.
   Tipp: Beginnt zunächst mit *f* bzw. *k*. Schlagt dann erst bei *pf* oder *v* bzw. *c* oder *ch* nach.
b Schreibt alle Wörter, alphabetisch geordnet, ins Heft. Achtet auf die Großschreibung von Nomen.

Wort mit *i* oder *y*?
Z ? pern • Lab ? r ? nth • L ? b ? en • Rh ? thmus • Z ? l ? nder • Ph ? s ? k

2 Sucht diese Wörter im Wörterbuch und schreibt sie richtig ins Heft.

Nomen, Verben und Adjektive nachschlagen

Nomen	Verb	Adjektiv
Pol|ka, die; -, -s <poln.-tschech.> (ein Tanz)	**neh|men**; du nimmst, er nimmt; ich nahm, du nahmst; du nähmest; genommen; nimm!	**pa|tent** <lat.> (*ugs. für* praktisch, tüchtig, brauchbar)

1 Diese Einträge stammen aus einem Wörterbuch.
Beschreibt, welche Informationen ihr zu den einzelnen Wortarten findet.

Nomen	Verb	Adjektiv
Dialekt	hielt	kälter
Plempe	stahl	am zähesten
Trosse	befahl	glatter

2 Macht euch zu Spezialisten für eine Wortart.
  a Sucht euch eine Wortart aus und schlagt die drei Beispiele im Wörterbuch nach.
    Tipp: Beachtet die Methode unten auf der Seite.
  b Notiert, in welcher Form die Wörter im Wörterbuch stehen und was man über sie erfährt.
  c Vergleicht eure Ergebnisse mit einem Lernpartner, der die gleiche Wortart gewählt hat.
  d Setzt euch mit Spezialisten für die beiden anderen Wortarten zusammen.
    Erklärt euch gegenseitig, wie ihr vorgegangen seid und was ihr herausgefunden habt.

3 Schlagt im Abkürzungsverzeichnis eures Wörterbuchs nach:
  a Was bedeuten die folgenden Abkürzungen: *ital. • engl. • franz. • lat. • span. • chin. • hebr.* ?
  b Sucht zu mindestens zwei Abkürzungen Wortbeispiele im Wörterbuch. Notiert sie.

4 Das Wort *Frieden* gibt es in allen Sprachen der Erde, z. B.:
pace (ital.), peace (engl.), paix (franz.), pax (lat.), paz (span.), paqe (alb.).
  a Wer weiß, wie man die Wörter richtig ausspricht? Sprecht sie deutlich vor.
  b Vergleicht, wie die Wörter geschrieben sind. Welche Ähnlichkeiten entdeckt ihr?
  c Fragt eure Eltern, Nachbarn oder Mitschüler, in welchen Sprachen sie das Wort *Frieden* kennen.

5 Sucht im Internet oder in Wörterbüchern, wie folgende Begriffe in anderen Sprachen lauten:
Mutter, Vater, Meer, Sonne.
Entscheidet euch für ein Wort und gestaltet ein Poster mit den verschiedenen Lautungen.

Methode — **Wörter im Wörterbuch suchen**

- Bei **Nomen** sucht ihr die **Einzahl** (den Singular), z. B.: *die Häuser → das Haus*.
- Bei **Verbformen** sucht ihr die **Grundform** (Infinitiv), z. B.: *bellt → bellen*.
- Bei **Adjektiven** sucht ihr die **Grundform**, z. B.: *kälter → kalt*.

12 Rechtschreibstrategien trainieren – Regeln erarbeiten

Teste dich!

hell • das Land • das Bett • der Berggipfel • die Ampel • endlos • die Bremse • der Zug • die Freundschaft • der Wagen • der Abend • genug • der Balljunge • der Betrug • der Abschied • schnell • die Wunderkerze • er lebt • komplett • die Windkraft

1 a Lies die Wörter in Silben. Prüfe, welche Stellen man anders schreibt, als man sie spricht.
b Übertrage die folgende Tabelle ins Heft und ordne die Wörter aus dem Kasten ein. Markiere in den Wörtern in der zweiten und dritten Spalte die schwierigen Stellen.

Wörter, die ich nur 👂 muss	Wörter, die ich 👁 muss	Wörter, die ich 🧠 muss

2 *e* oder *ä*, *eu* oder *äu*? Schreibe die folgenden Wörter richtig ins Heft und notiere zu den Wörtern mit *ä* oder *äu* jeweils ein Beweiswort.

die F?lder • die Bl?tter • die M?ntel • die Schn?cken • die Schw?ne • die Str??cher • die Z??ne • die B??me • die L??te • die K??fer

Wie kommt das Wort ins Buch?

A Die eltesten Bücher wurden nicht gedruckt, sondern von Hant geschrieben. Das dauerte natürlich sehr lange und machte dem schreiber viel arbeit. Einige Mönche zum Beispiel taten ihr ganzes Leben nichts anderes, als Bücher abzuschreiben. Kein Wunder, dass der Wert alter Bücher sehr groß ist. Hantgeschriebene Bücher sind für Bibliotheken von unermeslichem Wert.
5 Werden sie zerstört, sind sie nicht ersetzbar, es gipt sie einfach nicht mehr.
Erst ab dem 15. Jahrhundert gap es Bücher, wie wir sie kennen. In den ersten Druckereien musste noch jeder Buchstabe von Hant gesetzt werden. Das dauerte zwar auch lange, aber man konnte mehrere exemplare eines Buches herstelen. Dazu wurde jede Seite mit einer Hantpresse gedruckt.
10 B Heute setzen leistungsstarke computer die seiten und richtige druckmaschinenstraßen übernehmen die herstellung der bücher. Nach dem druck bekommen sie einen einband. Und auch dabei spielt die handarbeit keine rolle mehr, alles wird mit maschinen gemacht.
Die technik ermöglicht heute das drucken von großen auflagen. Deswegen ist das einzelne buch meistens nichts wertvolles mehr. Wer es verloren hat, kann es schnell ersetzen.

3 a Lies den Text und berichtige die markierten Fehlerwörter in Abschnitt A:
– Schreibe die Wörter in der richtigen Schreibweise untereinander.
– Zeichne neben jedes Wort das Symbol für die Strategie, die dir bei der Korrektur geholfen hat.
b Schreibe Abschnitt B in der richtigen Groß- und Kleinschreibung ins Heft.
Wende dazu die Nomenproben an. **Tipp:** Der Abschnitt enthält 15 Nomen und Nominalisierungen.

4 Vergleiche deine Ergebnisse der Aufgaben 1 bis 3 mit einer Partnerin oder einem Partner.

224

Fordern – Strategiewissen anwenden

Folgende Schülertexte zum Thema Verständigung zwischen Tieren enthalten Rechtschreibfehler und müssen überarbeitet werden:

> **Haben Tiere eine Sprache?**
> Katzen schnuren, Schweine grunzen, Kühe muhen. Jeder weiß, dass Tiere Laute von sich geben. Aber handelt es sich dabei auch um Sprachen? Darüber sind sich Wisenschaftler nicht einig. Während Biologen finden, dass die Tiere eine Sprache haben, denken Sprachforscher, dass sich die Ausdrucksweise der Tiere nicht mit der menschlichen Sprache vergleichen lesst. Deshalb wollen sie die tierischen Verstendigungsmöglichkeiten auch nicht als Sprache bezeichnen. Wie auch imer: Der Mensch kann sich mit Hilfe der Sprache sicher sehr genau ausdrücken, aber auch die Tiere könen sich mit Hilfe von Tönen etwas mitteilen.

1 a Sucht in dem Textentwurf „Haben Tiere eine Sprache?" zwei Ableitungsfehler und vier Fehler, die man durch Schwingen vermeiden kann.
b Schreibt den Text richtig ins Heft und markiert die korrigierten Wörter. Zeichnet unter die zu schwingenden Wörter die Silbenbögen ein.

> Tiere, die in einer Gruppe leben, verständigen sich mit Lauten. Sie können damit Artgenossen auf Abstand halten, sie anlocken, warnen oder ihnen auch drohen. Sie können aber auch ihrer ganzen Gruppe wichtige Mitteilungen machen. Besonders die Warnlaute sind ausgepräkt. Die Grünen Meerkatzen alarmieren sofort ihre Gruppenmitglieder, wenn sich ein Fresfeind nähert. Dabei können sie sogar Informationen darüber geben, woher die Gefahr komt. Nähert sich beispielsweise ein Leopart, wählen sie einen Laut, der alle Meerkatzen sofort auf die Bäume treipt. Kommt der Angrif von einem Raupvogel aus der Luft, machen sie ein ganz anderes Geräusch, und die Gruppe versteckt sich in Büschen am Boden.

2 a Sucht in der Textfortsetzung sechs Fehler, die man durch Verlängern, und zwei Fehler, die man durch Zerlegen korrigieren kann.
b Schreibt die acht Fehlerwörter richtig ins Heft und ergänzt jeweils ein Verlängerungswort als Beweis.

> Wusstest du, dass auch Fische sprechen können? Wir Menschen glauben ja, sie wären stum, aber das ist nicht so. Auch sie verstendigen sich mit tönen, nur sind diese laute so leise, dass der Mensch sie nicht hören kann. Sie stoßen Laute aus, wenn sie einen geschlechtspartner suchen. Sie verteidigen ihr Revier, indem sie Drohlaute von sich geben, und sie orientieren sich mit Hilfe von lauten in ihrer umgebung oder in ihren Schwermen.

3 a Sucht die acht Fehlerwörter im letzten Teil des Textes.
b Bestimmt den Fehlerschwerpunkt: Verlängern, Ableiten oder Großschreibung?

Fördern – Strategiewissen anwenden

Die Erforschung der Elefantensprache
Jeder weiß, dass Elefanten trompeten können. Sie können aber auch grollen, brüllen, grunzen und kreischen. Elefantenforscher beschäftigen sich mit dieser Sprache. Sie nehmen die Elefantenlaute auf und untersuchen sie. Sie haben zehn Grundtöne herausgefunden, die aber in verschiedenen Situationen unterschiedlich ausgeführt werden. Insgesamt haben die Elefantenspracherforscher 70 Töne zu einem Elefanten-ABC zusammengestellt. Um sie zu verstehen, muss man aber auch sehen, ob der Elefant mit den Ohren wackelt, sie abspreizt oder mit den Beinen stampft.

1 a Schreibt die markierten Wörter ins Heft, zeichnet die Silbenbögen ein und notiert zu jedem Wort die Anzahl der Silben.
b Welche zwei Wörter muss man zerlegen und verlängern , um die Schreibweise zu beweisen? Kreist sie ein und markiert die schwierigen Stellen.

VORSICHT FEHLER!

Daneben haben Elefanten für ihre Verstendigung Laute zur Verfügung, die so tief sind, dass das menschliche Ohr sie nicht hört. Diese haben den Vorteil, dass sie in der Savanne nicht von Hitze, Wint und Pflanzen verschluckt werden, sondern über mehrere Kilometer für andere Elefanten zu hören sind. Man kann sie als Sprache für Ferngespräche bezeichnen. Zwar müssen Elefanten nicht auf Gebühren achten, aber auch für sie gipt es gute und schlechte Gesprächszeiten: Am Morgen und am Abent ist es kühl, der Wind lesst nach, und in Bodennehe bildet sich ein helhöriger Schalkanal. Das ist die Zeit der Elefantenkommunikation, in der sich die Schwingungen am besten durch Luft und Boden ausbreiten.

2 Übertragt die folgende Tabelle ins Heft und ordnet die im Text markierten Fehlerwörter richtig ein.

Drei Wörter, die ich muss	Drei Wörter, die ich muss	Zwei Wörter, die ich muss

VORSICHT FEHLER!

Die meisten tiere können nicht sofort nach der geburt sprechen. Sie haben zwar eine grundausstattung an lauten, die ihnen angeboren ist, aber sie müssen lernen, sie in den richtigen situationen einzusetzen. Außerdem lernen sie im laufe ihres lebens, ihrer stimme einen unverwechselbaren klang zu geben. Das führt dazu, dass tiere, die einen gemeinsamen lebensraum haben, wie die menschen unterschiedliche dialekte sprechen, an denen sie sich erkennen. Dadurch hören sie die fremden sofort heraus. Die jungen elefanten müssen drei bis vier monate üben, bis es ihnen gelingt, einen weit hörbaren elefantenstoß herauszuposaunen.

3 a Schreibt das Ende des Textes in der richtigen Groß- und Kleinschreibung ins Heft.
b Unterstreicht im Heft Begleiter, die auf Nomen hinweisen.

12.2 Rechtschreibung erforschen – Regeln finden

Wann schreibt man Doppelkonsonanten?

beten – die Betten • die Töne – die Tonne • die Stile – die Stille • die Hüte – die Hütte • der Reiter – die Ritte • die Pfeife – die Pfiffe • kamen – kommen • raten – die Ratte

1 a Sprecht die Wörter deutlich und bestimmt, ob die erste Silbe jeweils offen oder geschlossen ist.
Tipp: Offene Silben enden mit einem Vokal, geschlossene Silben mit einem Konsonanten.
b Übertragt die folgende Tabelle ins Heft und ordnet die Wörter aus dem Kasten oben ein. Markiert jeweils die erste Silbe.

Wörter mit nur einem Konsonanten in der Wortmitte	Wörter mit Doppelkonsonant in der Wortmitte
be ten	die Bet ten
Wenn die erste Silbe mit einem ? endet, ist sie ? . Man spricht den Vokal ? .	Wenn die erste Silbe mit einem ? endet, ist sie ? . Man spricht den Vokal ? .

c Ergänzt unter jeder Tabellenspalte die zutreffende Regel mit Hilfe der folgenden Begriffe: *Konsonanten/Vokal, offen/geschlossen, kurz/lang.*

der Schlüssel • die Bremse • das Ende • die Liste • das Kissen • die Kiste • der Morgen • die Welle • die Wanne • die Tante • die Tanne • die Quelle • rennen • müssen • murren • binden

2 a Sprecht die Wörter deutlich in Silben. Prüft, ob die erste Silbe offen oder geschlossen ist.
b Untersucht die Wörter in der Wortmitte (an der Silbengrenze).
Übertragt dazu die folgende Tabelle ins Heft und ordnet die Wörter ein.

Wörter mit verschiedenen Konsonanten an der Silbengrenze	Wörter mit Doppelkonsonant an der Silbengrenze
die Brem se	der Schlüs sel

c Ergänzt die folgende Regel. Verwendet: *verschieden, kurz, gleich, Konsonanten.*
Wenn die erste Silbe geschlossen ist, endet sie mit einem ? . Man spricht den Vokal ? .
Nach dem Vokal schreibt man immer zwei Konsonanten. Sie sind entweder ? oder ? .

3 Bereitet einen Minivortrag vor zu der Frage: Wann schreibt man Doppelkonsonanten?
Erklärt die Regel anhand von Wörtern aus dem folgenden Zungenbrecher:
Hätten Tanten Trommeln statt Trompeten, täten Tanten trommeln, statt zu tröten.

Wörter mit *ck* und *tz*

backen • schlucken • wecken • die Glocke • petzen • blitzen • die Katze

1 a Sprecht die Wörter deutlich in Silben. Prüft, ob die erste Silbe jeweils offen oder geschlossen ist.
b Untersucht die Wörter an der Silbengrenze und ergänzt die folgenden Aussagen:
Den Doppelkonsonanten kk schreibt man in deutschen Wörtern immer ...
Den Doppelkonsonanten zz schreibt man in deutschen Wörtern immer ...

spuken • spucken • hacken • der Haken • die Luke • die Lücke • die Brezel • die Netze • heizen

2 a Ordnet die Wörter in die folgende Tabelle ein. Markiert jeweils die erste Silbe.

Wörter mit nur einem Konsonanten *(k, z)* in der Wortmitte	Wörter mit *ck* oder *tz* in der Wortmitte
spuken, ...	*spucken, die Netze, ...*
Wenn die erste Silbe mit einem ? endet, ist sie ? . Man spricht den Vokal ? und schreibt ? .	*Wenn die erste Silbe mit einem ? endet, ist sie ? . Man spricht den Vokal ? . Wenn man keine weiteren Konsonanten an der Silbengrenze hört, schreibt man ? .*

b Ergänzt unter jeder Tabellenspalte die zutreffende Regel. Verwendet folgende Begriffe:
Vokal/Konsonanten, offen/geschlossen, lang/kurz, k und z / ck und tz.

Doppelkonsonanten in Einsilbern

der Wal • der Ball • die Welt • das Herz • der Herr • der Held • der Blick • der Blitz • der Schatz • bunt • hell • dumm • er wirkt • er kennt • er winkt

3 a Verlängert die Einsilber im Kasten, z. B.: *der Wal – die Wa le.*
b Übertragt die folgende Tabelle ins Heft und ordnet die Wörter mit Verlängerungswort ein.

Im Zweisilber erste Silbe offen	Im Zweisilber erste Silbe geschlossen	
	Zwei verschiedene Konsonanten	Doppelkonsonant, *ck* oder *tz*
der Wal – die Wa le	*die Welt – die Wel ten*	*der Ball – die Bäl le*

| **Information** | **Schreibung von Doppelkonsonanten, *ck* und *tz*** |

- Doppelkonsonanten schreibt man nur, wenn die erste Silbe geschlossen ist, z. B.: *hof fen*. Stehen an der Silbengrenze zwei verschiedene Konsonanten, verdoppelt man nicht.
- Statt *kk* schreibt man in deutschen Wörtern *ck*, statt *zz* schreibt man *tz*, z. B.: *Bäcker, Katze*.

12.2 Rechtschreibung erforschen – Regeln finden

Wann schreibt man *ie*?

die Hirsche • die Stiere • die Milben • die Ziegen • die Bienen • die Widder • die Rinder • die Wiesel • die Fliegen • die Dingos

1 a Übertragt die folgende Tabelle ins Heft und ordnet die Wörter aus dem Kasten ein:

Wörter mit *i*	Wörter mit *ie*
die Hir sche	...
Wenn die erste Silbe **?** ist und mit einem **?** endet, schreibt man i.	Wenn die erste Silbe **?** ist und mit dem i-Laut endet, schreibt man ie.

b Untersucht die Wörter in beiden Spalten:
– Sprecht deutlich in Silben und zeichnet zu jedem Wort die Silbenbögen ein.
– Markiert die erste Silbe, wenn sie offen ist.
c Ergänzt unter jeder Tabellenspalte die zutreffende Regel.

2 Um die Regel bei Einsilbern anwenden zu können, muss man diese verlängern.
Setzt in die folgenden Wörter *i* oder *ie* ein und begründet die Schreibweise mit einem Verlängerungswort, z. B.: *der Griff*, denn: *die Grif fe*.

der Gr **?** ff • das S **?** b • der D **?** b • das Sp **?** l • das Z **?** l • der Br **?** f • das K **?** nd • es z **?** rt • er d **?** nt • sie w **?** nkt • er bl **?** nkt • sie l **?** bt

3 Um die Schreibweise von zusammengesetzten Wörtern herauszufinden, muss man diese zerlegen. Dann kann man Einzelwörter verlängern, z. B.: *der Tier/schützer*, denn: *Tie re*.
Setzt in die folgenden Wörter *i* oder *ie* ein und begründet die Schreibweise wie im Beispiel:

der T **?** rschützer • das Kr **?** cht **?** r • das Z **?** rkuspferd • die T **?** fseekrabbe • der Schw **?** mmvogel • der V **?** lfraß • die Gl **?** dmaßen

4 Gestaltet ein Lernplakat zu der Frage: Wann schreibt man *ie*?
Nutzt Beispielwörter aus den folgenden zwei Sätzen:
Zehn Ziegen zogen immer viele mit Zimtzucker beladene Wagen durch die Stadt.
Viele Fliegen reizen auch liebe Leute durch ihr Sirren bis zur Weißglut.

> **Information** **Wörter mit *i* oder *ie***
>
> ■ Die meisten Wörter mit *i*-Laut schreibt man mit *i*.
> ■ Man schreibt immer **i**, wenn die **erste Silbe geschlossen** ist, z. B.: *die Kin der*.
> ■ Man schreibt nur **ie**, wenn die **erste Silbe offen** ist, z. B.: *die Tie re*.
> Diese Regel gilt nur für **zweisilbige deutsche Wörter**, nicht für Fremdwörter wie *Vi ta mi ne*.

Wie schreibt man s-Laute: s, ß oder ss?

Er döst, reist, saust, braust. • das Gras • das Gas • das Glas • das Gleis	Es fließt, gießt, schließt, heißt. • das Floß • der Kloß • der Gruß • das Maß	Sie passt, hasst, küsst. • der Pass • der Guss • der Riss • der Bass

1 a Sprecht die Wörter oben deutlich. Hört genau hin und prüft, welche Aussage zutrifft:

- **A** Man spricht die s-Laute am Wortende unterschiedlich aus.
- **B** Man spricht die s-Laute am Wortende gleich aus.

b Bildet zu den Wörtern in den drei Kästen Verlängerungswörter.
Übertragt die folgende Tabelle ins Heft und ordnet die Verlängerungswörter richtig ein.

Wörter mit s	Wörter mit ß	Wörter mit ss
dö sen	flie ßen	pas sen
Die erste Silbe endet mit einem ? und ist ? . Den s-Laut spricht man ? .	Die erste Silbe endet mit einem ? und ist ? . Den s-Laut spricht man ? .	Die erste Silbe endet mit einem ? und ist ? . Den s-Laut spricht man ? .

c Untersucht die Wörter zu zweit und ergänzt unter jeder Tabellenspalte die zutreffende Regel.
Verwendet dabei die Begriffe *Vokal, Konsonanten, offen, geschlossen, summend, zischend*.

Zwölf Zipfelmützenzwerge, die auf zwölf Tannenzapfen sa ? en, a ? en zweihundertdreiunddrei ? ig blaue Zwetschken. Als sie die zweihundertdreiunddrei ? ig Zwetschken gege ? en hatten, sagte Zwerg Zwuckel zu Zwerg Zwockel: „Mich zwickt's im Bauch." Darauf antwortete Zwerg Zwockel dem Zwerg Zwuckel: „Mir grau ? t es auch."

2 a Schreibt den Zungenbrecher richtig in euer Heft und markiert die Wörter mit s-Lauten.
b Vergleicht euer Ergebnis mit einer Lernpartnerin oder einem Lernpartner und begründet, warum ihr s, ß oder ss geschrieben habt.

3 Bildet Sätze, in denen möglichst viele Wörter mit s, ß oder ss vorkommen.
Diktiert sie euch gegenseitig und korrigiert sie.

Information	**Wörter mit s-Laut**

- Man schreibt **s**, wenn die **erste Silbe offen** ist und man den s-Laut **summend** spricht.
- Man schreibt **ß**, wenn die **erste Silbe offen** ist und man den s-Laut **zischend** spricht.
- Man schreibt **ss**, wenn die **erste Silbe geschlossen** ist.

Um diese Regeln für den s-Laut anzuwenden, braucht man eine zweisilbige Wortform.

Verben können ihre Schreibweise verändern

essen • wir gossen • wir bissen • wir ließen • gegessen • gießen • wir essen • gebissen • wir gießen • lassen • gegossen • wir lassen • wir beißen • gelassen • wir aßen • beißen

1 a Die Verben im Kasten stehen in verschiedenen (Zeit)formen.
Sprecht die Verbformen deutlich und begründet die jeweilige Schreibweise des *s*-Lauts.
  b Übertragt die folgende Tabelle ins Heft und ordnet die Verbformen richtig ein:

Infinitiv	Präsens	Präteritum	Partizip II
...	...	*wir aßen*	*gegessen*

  c Ergänzt folgende Verben in den angegebenen Formen: *vergessen, fließen, wissen, genießen.*
Tipp: Wenn ihr unsicher seid, könnt ihr sie auf der hinteren Umschlagklappe nachschlagen.
  d Markiert in allen Formen die unterschiedliche Schreibweise des *s*-Lauts.

2 a Lest die nebenstehenden zusammengesetzten Wörter und entscheidet: *ss* oder *ß*?
  b Zerlegt und verlängert die Wörter, um die richtige Schreibweise zu begründen, z. B.:
der Fress/napf – denn: sie fres sen.
  c Schreibt die Wörter mit Beweiswort richtig in euer Heft.

der Fre ? napf • die Gie ? kanne • das Ma ? band • die Me ? latte • das Flie ? band

Josef Guggenmos

Von Schmetterlingen und Raupen

Zwei Schmetterlinge sa ? en auf einer Blume. Sie leckten ein wenig Zuckerwa ? er aus roten Blüten, dann rollten sie ihre langen, dünnen Rü ? el ein, breiteten ihre prachtvollen Flügel aus und lie ? en sich von der Sonne bescheinen.
Einmal blickte einer zufällig nach unten. „Schau dir die an!", rief er. „Wie sie fri ? t!" Ein Stockwerk tiefer sa ? eine Raupe auf einem Blatt.

„Sie fri ? t und fri ? t und fri ? t!", bestätigte der andere. [...]
„He du!", rief der er ? te Schmetterling hinunter. „Schmeckt's?"
„Ja", sagte die Raupe.
„Wie kann man nur so verfre ? en sein!", spottete der Schmetterling. „Fre ? sack." [...]
„Regt euch ab", gab die Raupe zurück. „Ihr wart auch einmal Raupen. Und was habt ihr da gemacht? Gefre ? en, damit ..."

3 a Schreibt die Geschichte ins Heft ab und setzt ein: *s, ss* oder *ß*?
  b Vergleicht euer Ergebnis mit einer Lernpartnerin oder einem Lernpartner und begründet, warum ihr *s, ß* oder *ss* geschrieben habt.

4 Schreibt die Geschichte weiter und findet ein passendes Ende.

Wörter mit *h*

zieht • droht • seht • weht • ruht • wohnt • lohnt • zahlt • kühlt • rührt •
der Zeh • das Reh • der Schuh • geht   der Stuhl • der Sohn • das Ohr • die Uhr

1 a Lest die Wörter deutlich. Entscheidet, welche Aussage zutrifft:
  A Das *h* kann man hören.
  B Das *h* kann man nicht hören.
 b Legt im Heft zwei Spalten an und tragt die Wörter mit Verlängerungswort ein, z. B.:
  zieht – zie hen / wohnt – woh nen.

2 Untersucht die Wörter, die ihr in Aufgabe 1b verlängert habt:
 a Zieht die Silbenbögen und markiert die erste Silbe.
 b Zu welcher Silbe gehört das *h*? Ordnet folgende Sätze den beiden Spalten richtig zu:
  Das h gehört zur 1. Silbe. Man kann es nicht hören. Es ist ein Merkwort.
  Das h öffnet die 2. Silbe. Man kann es hören.

3 a Legt im Heft eine Tabelle an:

Wörter mit silbenöffnendem *h*	Merkwörter mit *h*

 b Sucht die Wörter mit *h* in der Wortschlange. Ordnet sie in die richtige Spalte ein.
 c Vergleicht eure Ergebnisse in Partnerarbeit.

früh • das Mehl • mehr • ungefähr • das Frühstück • berühmt • ahnen • ähneln • ohne •
fahren • das Wahlprogramm • blüht • kühl • zehn • nehmen • der Hahn • die Bahn • ihn

4 Wörter, deren *h* man auch durch Verlängern nicht hören kann, sind Merkwörter.
Prüft mit Hilfe der Strategien, ob es sich bei den Wörtern im Kasten um Merkwörter handelt. Schreibt die Wörter in eure Tabelle aus Aufgabe 3.

Information   Wörter mit *h*

- Bei einsilbigen Wörtern kann man das *h* nicht hören, z. B.: *das Reh, der Zahn*.
- **Verlängert** man sie, steht das *h* meistens in der **2. Silbe**. Es **öffnet** die 2. Silbe **hörbar**, z. B.: *Re he*.
- Steht das *h* in der **1. Silbe**, ist es **nicht hörbar**. Diese Wörter sind **Merkwörter**, z. B.: *Zäh ne*.

12.2 Rechtschreibung erforschen – Regeln finden

Teste dich!

1 Wo steht ein Doppelkonsonant? Schreibe die folgenden Wörter richtig ins Heft.

mm oder *m*?	*tt* oder *t*?	*ll* oder *l*?	*ck* oder *k*?	*tz* oder *z*?
das Zi ? er	die Tor ? e	der Te ? er	die E ? e	die Ka ? e
die Bre ? se	das We ? er	die He ? den	der Ha ? en	die Bre ? el
ko ? en	tre ? en	so ? en	me ? ern	hei ? en
tra ? peln	bi ? en	wo ? en	tan ? en	schwi ? en

2 a Schreibt man *i* oder *ie*? Schreibe die folgenden Wörter richtig untereinander ins Heft.

s ? gen • f ? lmen • fl ? gen • v ? le • h ? nter • die L ? der • der W ? nter • die Br ? fe • l ? b • f ? s • er m ? sst • er bl ? nkt • die Z ? llinie • der W ? ndhauch

b Zeichne neben jedes Wort das Zeichen für die Strategie, die dir beim Schreiben geholfen hat: ω für Schwingen, ▶ für Verlängern und ψ für Zerlegen.

3 a Schreibt man *s*, *ss* oder *ß*? Schreibe die folgenden Wörter richtig untereinander ins Heft.

flü ? ig • die Fü ? e • der Ra ? en • bei ? en • die Flü ? e • die Kü ? e • der Ha ? e • gro ? • der Spa ? • der Ha ? • er dö ? t • er hei ? t • er lä ? t • er sa ?

b Ergänze neben den Einsilbern jeweils ein Verlängerungswort als Beweis.

4 Verlängere die folgenden Wörter mit *h* und ordne sie in die vorgegebene Tabelle ein.

die Zahl • der Zeh • das Jahr • früh • nah • er weht • er fährt • sie wohnt • es steht	Wörter mit silben- öffnendem *h*	Merkwörter mit *h*
	...	die Zah len

5 Schreibe die folgenden Zungenbrecher ab und ersetze die Fragezeichen durch die richtigen Buchstaben.

l oder *ll*?
Schna ? schon ma ? schne ? die Schna ? enschuhschna ? e zu.

s, *ss* oder *ß*?
Wenige wi ? en, dass man viel wi ? en mu ? , um zu wi ? en, dass man wenig wei ? .

p oder *pp*?
Es kla ? erten die Kla ? erschlangen, bis ihre Kla ? ern schla ? er klangen.

6 Vergleiche deine Ergebnisse der Aufgaben 1 bis 5 mit einer Partnerin oder einem Partner.

Fordern – Regelwissen anwenden

Folgende Schülertexte zum Thema Farben bei Tieren und Pflanzen enthalten Rechtschreibfehler und müssen überarbeitet werden:

Farben bei Tieren und Pflanzen
Wenn man mit ofenen Augen durch die Welt geht, kann man die prächtigen Farben der Natur nicht übersehen. Nicht nur die Tirwelt, auch die Pflanzenwelt erfreut das Auge des Betrachters. Dabei haben sich die Lebewesen nicht extra für den Menschen hübsch gemacht, sondern die Farben dinen der Verständigung untereinander. Vögel nehmen Reitze mit den Augen auf. Wenn sie sich einen Partner suchen, dann spilt die Farbe eine grosse Role. Die Mänchen zeigen sich in der Fortpflantzungszeit mit auffälligem Prachtgefider, damit die Weibchen auf sie aufmerksam werden. Die sind es, die sich den Partner aussuchen. Sie selber sind dagegen wenig gefärbt. Sie wolen sich tarnen und beim Brüten möglichst wenig auffalen.

1
a Sucht die Fehler in den markierten Wörtern.
b Legt im Heft eine Tabelle mit Fehlerarten an und tragt die korrigierten Wörter ein.

Fehler bei Doppelkonsonanten (auch *ck* und *tz*)	Fehler bei der Schreibung von *s/ss/ß*	Fehler bei der Schreibung von *i/ie*

Warnfarben und Tarnfarben
Eine andere Aufgabe haben die Farben bei Amphibien. Sie sollen die Fresfeinde abschreken. Knalrote, helgelbe, leuchtend grüne und blaue Farben signalisieren dem Feind ihre Giftigkeit. Dise Tire haben sich im Laufe ihrer Entwiklung in den Farbtöpfen der Natur bedint und nuzen Warnfarben zur Abschreckung, auch wenn sie völig harmlos sind.
Säugetiere sind in der Regel nicht bunt. Ihr Fel ist zur Tarnung meist farblich ihrem Lebensraum angepast. So können sich weisse Eisbären, die im Schnee nahezu unsichtbar sind, unbemerkt an eine Beute anschleichen. Gestreiffte Tiger sind in dichten Wäldern oder in hohem Graß fast unsichtbar.

2
a Sucht die 15 Fehler im Text.
b Tragt die korrigierten Wörter in die Tabelle von Aufgabe 1 ein.

3 Bestimmt zwei Fehlerschwerpunkte in beiden Texten und formuliert Tipps für den Schüler:
Beim Schreiben solltest du … / Achte beim Schreiben auf … / Denke daran, …

Fördern – Regelwissen anwenden

Folgende Schülertexte zum Thema Farben bei Tieren enthalten Rechtschreibfehler und müssen überarbeitet werden:

Farbe statt Sprache

Einige Tierarten können ihre Farbe manchmal sogar in Sekundenschnele verändern. Dadurch können sie sich ihrer jeweiligen Umgebung perfekt anpasen. Feinde können sie nur schwer entdeken. Aber sie drüken mit ihrem Farbwandel auch Gefühle wie Wut, Kampfbereitschaft und Friedfertigkeit aus. Zu den Tieren, die ihre Farben häufig ändern, gehört das Chamäleon. Wenn es entspant ist, ist es grünlich gelb gefärbt. Je nach der Umgebung, in der es sich aufhält, ist die Farbe mal hel und mal dunkler. Wenn es sich aber aufregt, kann es sogar schwarz vor Ärger werden. Dann signalisiert es Angrifslust, und man sollte ihm besser aus dem Weg gehen.

1 a Schreibt die im Text markierten Fehlerwörter richtig untereinander ins Heft.
   b Zeichnet die Silbenbögen ein und ergänzt, wenn notwendig, ein Verlängerungswort als Beweis.

Täuschung durch Farbe

Dass Tintenfische sich mit Hielfe der Farben tarnen, weis man schon lange. Dass sie aber auch die Farbe nutzen, um ihre Rivalen beim Balzen zu täuschen, ist noch nicht so lange bekant. Einige männliche Tintenfische zeigen dem Weibchen auf der ihm zugedrehten Körperseite ihr Prachtgewand, um es zu beeindruken. Auf ihrer anderen Seite wechseln sie aber sofort die Farbe, sobald sich ein Rivale nähert. Auf der dem anderen Männchen zugewandten Seite sieht der Tientenfisch dann wie ein Weibchen aus. Auch während einer Paarung behalten die Tire die weibliche Färbung nach ausen bei und verhindern so, dass sie durch andere Mänchen gestört werden.

2 Sucht im Text drei Fehler mit falscher *i/ie*-Schreibung und fünf Fehler mit falscher Konsonantenschreibung *(s/ß, n/nn, k/ck)*. Berichtigt die Wörter im Heft.

3 Wiederholt wichtige Rechtschreibregeln:
– Ordnet den Satzanfängen A bis E die richtigen Aussagen zu und schreibt sie ins Heft.
– Notiert zu jeder Regel ein Beispielwort.

A Stehen an der Silbengrenze zwei verschiedene Konsonanten, …	… schreibt man im Zweisilber meistens *ie*.
B Ist die erste Silbe geschlossen und man hört nur einen Konsonanten, …	… schreibt man *s*.
C Ist die erste Silbe offen, …	… verdoppelt man den Konsonanten.
D Wenn die erste Silbe offen ist und man den *s*-Laut summend spricht, …	… schreibt man *ß*.
E Wenn die erste Silbe offen ist und man den *s*-Laut zischend spricht, …	… verdoppelt man den Konsonanten nicht.

12.3 Fit in ...! – Rechtschreibung

Diktate vorbereiten und schreiben

Kraniche – Boten des Frühlings

Kraniche sind beeindruckend große Schreitvögel, die in vielen Kulturen verehrt werden. Sie sind Zugvögel. Die warme Jahreszeit verbringen sie in den nördlichen und östlichen Bundesländern Deutschlands und in Skandinavien, aber im Winter leben sie in Spanien und Nordafrika. Deshalb ziehen sie zweimal jährlich in großen Formationen über das Land: Im Frühjahr nach Norden, im Herbst nach Süden. Auch wenn man sie nicht kennt, kann man sie unmöglich übersehen. Sie fliegen in einer Keilform, die man sich wie eine große Eins vorstellen kann. Wie die Tiere den langen Weg finden, ist nicht wirklich erforscht. Man glaubt, dass sie sich nach der Sonne, dem Mond und dem Magnetfeld der Erde richten. Wenn wir im Februar die Kraniche hören und sehen, wissen wir, dass der Frühling nicht mehr weit ist.

Kranichpaare bleiben in der Regel ein Leben lang zusammen und ziehen Jahr für Jahr Jungtiere auf. Sie können aber nur erfolgreich sein, wenn sie sich und ihre Brut vor Feinden schützen. So schlafen die großen Vögel stehend im Wasser. Ihre Nester bauen sie bodennah in Feuchtgebieten, am liebsten auf kleinen Inseln oder in den Wurzelbereichen alter Bäume, die aus dem Wasser ragen. So ist das Nest vor Füchsen, Wildschweinen und anderen Fressfeinden geschützt. Zusätzlich bestreichen die brütenden Alttiere ihre Rückenfedern mit Erde, damit ihr hellgraues Gefieder nicht leuchtet und Feinde anzieht. Die schlüpfenden Jungvögel haben ein hellbraunes Federkleid. Auch dadurch sind sie ideal getarnt.

1 a Besprecht zu zweit: Was wisst ihr bereits über Kraniche?
  b Lest den Text still und tauscht euch aus:
  Welche Informationen waren neu für euch? Was hat euch überrascht?

2 Bereitet den Text für ein Diktat vor:
– Lest den Text noch einmal Wort für Wort.
– Notiert Wörter, die euch schwierig erscheinen, und zeichnet die Silbenbögen ein.
 Prüft dabei, ob euch eine Strategie (Verlängern ⟶, Zerlegen ⋃, Ableiten ⚡,
 Nomenproben anwenden ⊗) beim Schreiben des jeweiligen Wortes helfen kann.

3 Schreibt den Text als Diktat. So könnt ihr dabei vorgehen:
– Lest einen Satz, deckt ihn ab und schreibt ihn auswendig auf.
– Lasst euch von einem Partner den ersten Textabschnitt diktieren.
 Tauscht danach und diktiert eurem Partner den zweiten Abschnitt.

4 Korrigiert eure Diktattexte. Geht dabei Wort für Wort vor und markiert die Fehlerwörter.

Eine Fehleranalyse durchführen

Strategie	Fehlerart	Beispielwörter aus dem Text „Kraniche" auf Seite 236	Fehlerzahl	Übungen
ω	Buchstabenfehler im Wort	Alle Wörter, die nicht unten aufgeführt sind.		Station 1, Seite 238
→	Fehler am Wortende	beeindruckend, Land, kennt, kann, Weg, glaubt, Mond, Magnetfeld, lang, stehend, bodennah, geschützt, Federkleid		Station 2, Seite 238
ψ	Fehler an Verlängerungsstellen in zusammengesetzten Wörtern	Zugvögel, nördlichen, Frühjahr, Nordafrika, unmöglich, Jungtiere, erfolgreich, Wildschweinen, Fressfeinden, hellgraues, Jungvögel, hellbraunes		Station 3, Seite 239
⚡	Fehler bei ä und äu	Bundesländern, jährlich, Bäume, zusätzlich		Station 4, Seite 239
××	Fehler bei der Großschreibung	Kraniche, in vielen Kulturen, eine große Eins, in der Regel, ein Leben		Stationen 5 und 6, Seite 239–240
M	Fehler bei Merkwörtern	**Merkwörter mit *h*:** verehrt, Jahreszeit, jährlich, ihre **Einsilbige Merkwörter:** sind, sie, man, wenn, und **Merkwörter mit *ie*:** Skandinavien, Spanien		
Rechtschreibregeln anwenden	Fehler bei Doppelkonsonanten (ω, →, ψ)	beeindruckend, Sonne, wissen, zusammen, können; kennt; zusätzlich, hellgraues, hellbraunes		Station 7, Seite 241
	Fehler bei *ie* (ω, →, ψ)	vielen, ziehen, fliegen, Tiere, Gefieder; anzieht; am liebsten, Alttiere		Station 8, Seite 241
	Fehler bei *s*, *ss* und *ß* (ω, ψ)	große, wissen, Wasser; Fressfeinden		Station 9, Seite 241

1 a Kopiert den Fehlerbogen oder legt eine Folie darüber.
Markiert eure Fehlerwörter im Diktat und tragt die Anzahl der Fehler in den Fehlerbogen ein.
b Bestimmt eure Fehlerschwerpunkte und bearbeitet die entsprechenden Stationen auf den Seiten 238 bis 241.

An Fehlerschwerpunkten arbeiten

Station 1: Übungen zum Schwingen

Sonnenbrille • Telefon • Antenne • Tinte • Tafel • Hemden • Klammer • Futter • Regen • Papageien • Buckel • Tomaten • Bananen • Autohupe • Nagel • Panama

1 a Sprecht die Wörter und prüft, ob man sie schreibt, wie man sie spricht.
b Schreibt die Wörter ins Heft und zeichnet die Silbenbögen ein.

2 a Bestimmt die Wörter in den Wörterschlangen.
b Bildet zusammengesetzte Wörter mit den Wörtern aus den Wörterschlangen und Wörtern aus Aufgabe 1. Schreibt sie ins Heft und zeichnet die Silbenbögen ein.
Wer bildet das Wort mit den meisten Silben?

3 Sucht Wörter in diesem Buch, die mindestens sechs Silben haben. Notiert sie ins Heft.
Wer findet die meisten langen Wörter?

Station 2: Übungen zum Verlängern

das Lamm • das Pferd • der Wind • der Zwerg • der Wald • der Berg • das Schloss • klug • lieb • rund • schnell • habt • nagt • kommt • muss • kann

1 a Legt euer Heft quer und übertragt die folgende Tabelle.
Notiert die Einsilber aus dem Kasten mit Verlängerungswort in die passende Spalte.
b Sucht für jede Spalte drei weitere Beispiele und ergänzt sie.

Wörter mit *b* am Wortende	Wörter mit *d* am Wortende	Wörter mit *g* am Wortende	Wörter mit Doppelkonsonant am Wortende
...	...	...	das Lamm – die Läm mer

der Erfolg • der Bussard • der Anzug • der Beginn • der Bezug • der Urlaub • der Gewinn • der Betrieb • der Anschub • der Abfall • der Betrug • der Zufall • der Anfall

2 Ordnet die Zweisilber aus dem Kasten mit Verlängerungswort in die Tabelle von Aufgabe 1 ein.

3 Notiert zu den Verlängerungswörtern in der Tabelle von Aufgabe 1 möglichst viele Sätze.

Station 3: Übungen zum Zerlegen

1 a Zerlegt die nebenstehenden zusammengesetzten Wörter.
b Entscheidet, ob der Buchstabe in Klammern
jeweils einmal oder doppelt geschrieben
wird. Schreibt die Wörter mit ihren Beweiswörtern richtig ins Heft.

(m) Ka ? muscheln • (t) Pla ? fische •
(t) Wa ? würmer • (n) Re ? mäuse •
(s) Flu ? pferde • (l) Wo ? schweine •
(t) Bla ? äuse • (l) We ? hornschnecken

2 Setzt ein: *d* oder *t*, *g* oder *k*?
Schreibt die folgenden Tierbezeichnungen mit Beweiswörtern richtig ins Heft.

Wil ? schweine • Zwer ? otter • Stran ? läufer • Ber ? finken • Lan ? säuger •
Ban ? würmer • Ro ? kehlchen • Gol ? fische • Blu ? schnabelweber •
Blin ? schleichen • Schil ? kröten

Station 4: Übungen zum Ableiten

1 Setzt ein: *e* oder *ä*, *eu* oder *äu*?
Schreibt die folgenden Wörter richtig in euer Heft und ergänzt zu Wörtern mit *ä* oder *äu*
jeweils ein Beweiswort.

die L ? mmer • w ? rmen • schw ? rmen • st ? rken • die L ? den •
b ? rgen • kl ? ren • der R ? gen • die Tr ?? me • die Fr ?? de • die S ?? re •
das Geb ?? de • die H ?? ser • aufr ?? men • die L ?? te

2 a Wie lauten die folgenden Wörter? Lest sie von hinten nach vorn.

nenhäwre • negäs • nenhäg • nehcdäM • zräM •
refäK • enärT • esäK • leuänK • eluäS • ledähcS

b Schreibt diese Merkwörter ins Heft und prägt euch die Schreibweise ein.
c Notiert zu den Merkwörtern jeweils einen Satz.

Station 5: Übungen zur Großschreibung von Nomen

SPIEL • FINSTER • WOHNEN • KOHLE • KREUZEN • LEHRER • SCHULE • GEFANGEN • KLEID •
KIND • HEITER • FRÖHLICH • BÄCKER • WIRKLICH • ZÄHLEN • BERUHIGEN • WÖRTER • HEFT •
STIFT • TAGE • TASCHE • ERMUNTERN • HEILEN • ERGEBEN • BREMSE • REISE • RESTE

1 a Welche Wörter im Kasten sind Nomen? Bestimmt sie mit Hilfe der Nomenproben (▶ S. 219) und
schreibt sie mit einem Begleitwort ins Heft. Achtet auf die Großschreibung.
b Bildet aus den anderen Wörtern Nomen. Verwendet dazu folgende Nachsilben:
-keit, -schaft, -ung, -nis.

Station 6: Verben und Adjektive als Nomen verwenden

1 a Lest die folgenden Sätze und entscheidet: Groß- oder Kleinschreibung?
   b Schreibt die Sätze richtig ins Heft und markiert die Begleiter der nominalisierten Verben.

> A Das ANFASSEN der frisch gestrichenen Wand ist nicht ERLAUBT.
> B Bei Glatteis ist das BEFAHREN der Bergstraßen nur mit Ketten möglich.
> C Das SPRINGEN vom Beckenrand in der Badeanstalt ist UNTERSAGT.
> D Es wird darum GEBETEN, den Rasen nicht zu BETRETEN.
> E In der Schule sind das TÄUSCHEN und das ABSCHREIBEN VERBOTEN.
> F Das ständige BENUTZEN des Handys ist auf dem Schulgelände UNERWÜNSCHT.

2 a Bildet aus dem folgenden Wortmaterial Unsinnssätze, in denen ihr die Verben als Nomen verwendet.
   b Schreibt eure Sätze ins Heft und unterstreicht die Begleiter der nominalisierten Verben.

Mögliche Begleiter:
das • beim • zum • vom • leises • lautes • schönes • tapferes • kräftiges • frühes • spätes • häufiges • seltenes • alles • kein

Verben:
antworten • arbeiten • aufstehen • beginnen • beißen • bitten • füttern • sammeln • schießen • sprechen • pflegen • singen • werfen • streiten • schwänzen

3 a Verbindet jeweils ein Begleitwort mit einem Adjektiv.
   b Bildet fünf Sätze, in denen nominalisierte Adjektive vorkommen. Schreibt sie ins Heft.

Mögliche Begleiter:
das • viel • wenig • einiges • manches • nichts • alles • etwas • allerlei

Adjektive:
gut • süß • nett • lustig • schön • neu • alt • möglich • lieb • dämlich • böse • klug

4 a Sucht in den folgenden Sätzen elf Nominalisierungen.
   b Schreibt die Sätze mit der richtigen Groß- und Kleinschreibung ins Heft.

> A ICH WÜNSCHE DIR ALLES LIEBE UND GUTE ZUM GEBURTSTAG.
> B GELD IST NICHT DAS WICHTIGSTE.
> C DAS ÜBERRASCHENDE AN DEM GEDANKEN WAR, DASS ER SO EINFACH WAR.
> D WIR HABEN ALLES MÖGLICHE VERSUCHT.
> E DAS BESSERE IST DER FEIND DES GUTEN.
> F GIBT ES WAS NEUES AN DER SCHULE?
> G ICH KAUF MIR ETWAS NETTES ZUM ANZIEHEN.
> H DU MACHST MAL WIEDER ETWAS VÖLLIG VERRÜCKTES.

Station 7: Konsonanten – Doppelt oder einfach?

der Sattel • die Ratte • die Lampe • die Maske • die Mutter • die Pumpe • der Norden • der Osten • der Westen • der Himmel • die Winde • der Wille • die Kante • die Butter

1 a Schwingt die Wörter im Kasten und untersucht die Silbengrenze.
  b Übertragt die Tabelle ins Heft und ordnet die Wörter richtig ein:

Wörter mit verschiedenen Konsonanten an der Silbengrenze	Wörter mit Doppelkonsonant an der Silbengrenze

2 a Verlängert die nebenstehenden Einsilber und ordnet sie in die Tabelle von Aufgabe 1 ein. Achtung: Drei Wörter gehören in keine der beiden Spalten.

er schwimmt • er lebt • er sinkt • er robbt • er sagt • er denkt • er rennt • er rollt • er tobt • er trinkt • er hofft • er lenkt

  b Sucht für jede Tabellenspalte drei weitere Beispiele und ergänzt sie.

Station 8: *i* oder *ie*?

ZIELEZIEGEKINDERLINDESCHLINGESIEBEZIEGELHIRTEWINDELGIEBELSPIEGELDINGE

1 a Sucht die zwölf Nomen in der Wörterschlange und schreibt sie mit Artikel sortiert ins Heft: *Wörter mit i / Wörter mit ie*.
  b Markiert in drei Beispielwörtern jeweils die erste Silbe und notiert eine kurze Erklärung, warum das Wort mit *i* oder *ie* geschrieben wird.

2 Verlängert die folgenden Verbformen und entscheidet, ob ihr *i* oder *ie* einsetzen müsst:

w ? gt • b ? gt • l ? gt • bl ? ckt • schl ? ßt • r ? ngt • kr ? cht • z ? lt

3 Zerlegt die folgenden Nomen und entscheidet, ob ihr *i* oder *ie* einsetzen müsst:

der L ? lingsverein • die W ? ldkräuter • die Br ? fmarke • die G ? ßkanne

Station 9: *ss* oder *ß*?

pas • au • Stra • Ma • Kis • So • flie • Tas • gro • wis • bei • Klö • Klas • la • Mas • Ras • las • müs • drau • fas • has • ßen • ße • sen • en

1 Bildet aus den nebenstehenden Silben Wörter und schreibt sie richtig ins Heft. Markiert jeweils die Schreibweise des *s*-Lauts im Wort.

2 Zerlegt die folgenden Nomen und entscheidet, ob ihr *s*, *ss* oder *ß* einsetzen müsst:

die Gra ? halme • der Hei ? hunger • die Nu ? schale • der Fu ? ball • die Fa ? brause

Mit den „Schreibwörtern" üben

Im „Deutschbuch" findet ihr am Ende der meisten Kapitel Schreibwörter.
Die Schreibung dieser Wörter könnt ihr mit Hilfe der Strategien einüben.

| **Methode** | **Rechtschreibung mit einem Faltblatt üben** |

- Faltet ein Blatt der Länge nach zweimal, sodass vier Spalten entstehen.
- Schreibt die Wörter, die ihr üben möchtet, untereinander in die 1. Spalte.
- Prägt euch drei Wörter ein, klappt die 1. Spalte um und schreibt die Wörter in die 3. Spalte.
- Deckt auf und vergleicht die Wörter.
- Richtig geschriebene Wörter könnt ihr abhaken. Falsch geschriebene Wörter müsst ihr durchstreichen und richtig in die 2. Spalte schreiben.
- Übt, die Wörter aus Spalte 2 richtig zu schreiben. Tragt sie in die Spalte 4 ein. Wendet die Strategien an (▶ Aufgaben 1–4).

der Schlapphut
schlängeln
der Schlangenbiss
der Schlauberger
das Schlaraffenland
die Schlagermusik
schlagfertig
das Säckchen
schläft
das Schlaginstrument
schaurig
schlägt
die Schlagsahne
schickt
das Schinkenbrot
schreibfaul
das Schaukelpferd

1 Lest die Wörter eurer Liste laut in Silben.
Achtet darauf, wo man anders schreibt, als man spricht.

2 a Legt in eurem Heft vier Spalten mit diesen vier Strategiezeichen an: 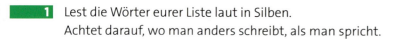.
Tragt eure Problemwörter in die Spalte ein, mit der man die Schreibung beweisen kann.
Tipp: Manche Wörter muss man in mehrere Spalten einordnen.
b Schreibt Beweiswörter zu den Wörtern, die man verlängern, zerlegen oder ableiten muss, z. B.:

er schlägt – denn: schlagen;   die Schlag|sahne – denn: schlagen

3 Ordnet die Wörter in der 4. Spalte eures Faltblatts nach dem Alphabet.

4 Bei falsch geschriebenen Wörtern könnt ihr die richtige Schreibweise auch so üben:
– Bildet bei Nomen die Pluralform (Mehrzahl).
– Bildet bei Verben den Infinitiv (Grundform).
– Markiert Stellen, die man mit keiner Strategie erklären kann.
– Bildet Wortfamilien, z. B.: *sauer, der Sauerteig, die Sauermilch, der Sauerstoff, …*
– Sucht Reimwörter, z. B.: *sauer – der Bauer – genauer – die Trauer – …*
– Bildet mit den Wörtern vollständige Sätze.

13 Lernen lernen –
Arbeitstechniken beherrschen

1 a Was muss das Mädchen tun, um den Aufstieg an der Kletterwand erfolgreich zu schaffen? Besprecht, was dazu notwendig ist.
   b Stellt einen Zusammenhang zwischen dem Bild und dem Thema Klassenarbeiten her.

2 Wie fühlt ihr euch vor einer Klassenarbeit?
   a Denkt euch eine Linie quer durch den Klassenraum und ordnet euch längs dieser Linie an:
      – linkes äußeres Ende: Vor einer Klassenarbeit bin ich ruhig und entspannt.
      – rechtes äußeres Ende: Vor einer Klassenarbeit bin ich sehr nervös und aufgeregt.
   b Erklärt euren „Standpunkt".

3 Welche Tipps zur Vorbereitung auf eine Klassenarbeit kennt ihr? Tauscht euch aus.

In diesem Kapitel ...

– bekommt ihr Tipps, wie ihr euch gezielt auf Klassenarbeiten vorbereiten könnt,
– lernt ihr, mit Nachschlagewerken und Suchmaschinen umzugehen,
– übt ihr, Texte zusammenzufassen,
– bereitet ihr einen Kurzvortrag vor.

13.1 Gut geplant ist halb gewonnen – Klassenarbeiten vorbereiten

Wie lernst du?

Frage 1: Wann beginnst du mit der Vorbereitung auf eine Klassenarbeit?
A am Tag vor der Klassenarbeit
B zwei Tage vor der Klassenarbeit
C eine Woche vor der Klassenarbeit
D am Tag der Klassenarbeit auf dem Weg zur Schule und/oder in den Pausen

Frage 2: Was tust du als Erstes, wenn du dich auf eine Klassenarbeit vorbereitest?
A Ich blättere durch mein Heft und verschaffe mir einen Überblick über das Thema.
B Ich lege mir eine Lernliste an und mache einen Zeitplan.
C Ich schalte meine Lieblingsmusik ein.
D Ich prüfe, ob mein Hefter vollständig ist.

Frage 3: Wie lernst du am besten?
A allein
B mit einem Lernpartner
C in einer Gruppe
D Es kommt darauf an, was ich lernen muss.

Frage 4: Wo lernst du meistens?
A an meinem Schreibtisch
B in meinem Bett
C in meinem Zimmer auf dem Boden
D bei einem Freund oder einer Freundin

Frage 5: Was läuft bei dir beim Lernen nebenbei?
A Ich höre Musik.
B Ich lasse den Fernseher laufen.
C Ich esse und/oder trinke nebenbei.
D Ich brauche absolute Ruhe.

Frage 6: Wie teilst du den Lernstoff auf?
A Ich lerne alles auf einmal.
B Ich lerne über mehrere Tage, zuerst das Einfache und dann das Schwierige.
C Ich teile den Lernstoff in Portionen auf und mache zwischendurch Pausen.

Frage 7: Zu welcher Tageszeit lernst du?
A am Morgen vor der Schule
B am frühen Nachmittag, gleich nach der Schule
C am späten Nachmittag
D am Abend vor dem Schlafen

Frage 8: Womit belohnst du dich nach dem Lernen?
A Ich höre Musik und entspanne mich.
B Ich telefoniere mit Freunden.
C Ich spiele ein Computerspiel.
D Ich esse etwas Leckeres.

1 Wie lernt ihr für Klassenarbeiten?
 a Lest die Fragen und schreibt die für euch zutreffenden Antworten auf.
 Tipp: Wenn keine Aussage auf euch zutrifft, könnt ihr auch eine eigene Antwort notieren.
 b Vergleicht eure Antworten mit einer Lernpartnerin oder einem Lernpartner und begründet, warum ihr beim Lernen so vorgeht.

2 Formuliert zu zweit Lerntipps für die Vorbereitung auf eine Klassenarbeit und stellt sie der Klasse vor: *Am besten lernt man unserer Meinung nach ... / Wir empfehlen ... / Man sollte ...*

Lernen mit verschiedenen Sinnen

Gut, dass ich zu den Präpositionen etwas in mein Lerntagebuch geschrieben habe. Wie heißt der Merksatz noch einmal ...?

Welche Merkgeschichte könnte ich mir zu den Adjektiven ausdenken und zeichnen?

Unglaublich, seit dem lauten Aufsagen beim Spaziergang mit Hanna kann ich das Gedicht auswendig!

„Last in, first out!" und „Use it or lose it!" sagt mein Englischlehrer immer.
Was meint er bloß damit?

1 Lest die Gedanken des Schülers und besprecht zu zweit:
— Mit welchen Tricks prägt er sich Lerninhalte ein?
— Was bedeuten die zwei Sprüche des Englischlehrers?
— Was bedeutet der Trichter in dem Bild?

2 Man prägt sich Lernstoff besser ein, wenn man ihn sieht und liest, hört und selbst darstellt.
 a Übertragt die folgende Tabelle ins Heft und ordnet die Tricks des Schülers von Aufgabe 1 ein.

Ich präge mir Lernstoff ein, indem ich ...		
höre 👂	sehe und lese 👁	darstelle ✋
...	...	– Lerntagebuchseite schreiben

 b Lest die folgenden Lerntricks und ergänzt sie in der passenden Tabellenspalte:

> Spickzettel auf ein Handy sprechen und mehrfach anhören •
> Informationen durchlesen und Schaubilder dazu ansehen •
> Wichtiges in Texten farbig markieren • Lernplakat gestalten •
> sich gegenseitig wichtige Regeln aufsagen • Frage-Antwort-Spiel zum Lernstoff ausdenken •
> Skizzen zum Lernstoff anfertigen • Hefteintrag einem Lernpartner laut vorlesen •
> Bewegungen oder Handzeichen zum Lernstoff ausdenken • Lernkarteikarten anfertigen •
> Lernstoff einem Freund erklären

 c Ergänzt weitere Ideen in der Tabelle, wie man sich Lernstoff gut einprägen kann.

3 a Welche Eselsbrücke bietet der folgende Satz? **N**IE **O**HNE **S**EIFE **W**ASCHEN!
  Tipp: Denkt dabei an die Himmelsrichtungen.
 b Sammelt weitere Eselsbrücken, die ihr kennt.

4 Überlegt und erklärt der Klasse, welche Lerntipps sich hinter diesen Sprichwörtern verbergen:
 A „Übung macht den Meister."
 B „Es ist noch kein Meister vom Himmel gefallen."

Einen Stichwortzettel schreiben

Lernstoff oder den Inhalt eines Textes behaltet ihr besser, wenn ihr euch dazu Stichwortzettel anlegt.

Methode	Einen Stichwortzettel anfertigen

1. Schritt: Notiert das, was ihr lernen müsst, auf ein **DIN-A4-Blatt.**
Schreibt möglichst untereinander, so gliedert ihr die einzelnen Punkte.
2. Schritt: Nehmt **ein kleineres Papier** von der Größe eines **DIN-A5-Blatts.**
Übertragt auf dieses Blatt nur das Wichtigste von eurem DIN-A4-Blatt aus Schritt 1.
Konzentriert euch auf Merkmale, Begriffe, Daten und die Informationen,
die ihr euch nur schwer merken könnt.
3. Schritt: Nehmt ein **weiteres Blatt,** das **nur so groß wie ein Haftzettel** ist.
Schreibt auswendig auf, was ihr vom Stichwortzettel aus Schritt 2 behalten habt.
4. Schritt: Nehmt ein **noch kleineres Papier** und notiert die Inhalte aus Schritt 3.
Versucht es möglichst auswendig.

1. Schritt: DIN-A4-Blatt

Groß- und Kleinschreibung

Nomensignale sind:
- ein Artikel vor dem Wort,
  z.B. die Maus
- eine Präposition, die mit dem Artikel verschmolzen ist,
  z.B. am Schreibtisch
- ein vorangestelltes Pronomen, Adjektiv oder Zahlwort,
  z.B. mein Vokabelheft, schöne Ferien, viele Tage
- andere Wortarten (Adjektive und Verben), die als Nomen gebraucht und großgeschrieben werden: Das sind Nominalisierungen, z.B. das Lernen.

2. Schritt: DIN-A5-Blatt

Groß- und Kleinschreibung
Nomensignale:
- Artikel
- Präpositionen, auch mit Artikel
- vorangestelltes Pronomen, Adjektiv oder Zahlwort
- Nominalisierung: Worte anderer Wortarten (Adjektive und Verben) werden großgeschrieben

3. bis 4. Schritt: weitere kleine Zettel

1 a Fertigt einen Stichwortzettel zu einem bereits besprochenen Unterrichtsthema an.
   b Vergleicht in Partnerarbeit eure Stichwortzettel.

2 Lernt mit Hilfe des Stichwortzettels für die Klassenarbeit. Hört euch gegenseitig ab.

3 Gebt den Inhalt des Stichwortzettels auswendig wieder.

Die Klebezettel-Methode anwenden

1 a Betrachtet das Foto und erklärt, was eine Lerngruppe hier gemacht hat.
b Lest die Wörter auf den Klebezetteln und überlegt, wozu die Beschriftung des Fahrradhelms dienen könnte.
c Vor einigen Bezeichnungen fehlt der Artikel *(der, die* oder *das)*. Schreibt alle Wörter mit Artikel in euer Heft.

2 a Bildet Gruppen und wählt einen Gegenstand (z. B. Kleidungsstück, Computer, Rucksack, Federmappe, Skateboard, Fahrrad). Beschriftet alle Bestandteile des Gegenstands mit Klebezetteln.
b Wählt eine der folgenden Aufgaben aus, übt sie ein und tragt sie der Klasse vor:
  A Schließt einen Moment die Augen und sagt alle beschrifteten Teile auswendig auf.
  B Beschreibt mit Hilfe der Klebezettel alle Einzelteile des Gegenstands sachlich und genau.
  C Übt eine kurze Werbeszene für den Gegenstand ein, in der ihr auf alle beschrifteten Teile ausführlich eingeht.

3 a Betrachtet das folgende Schaubild und erklärt, was es aussagt:

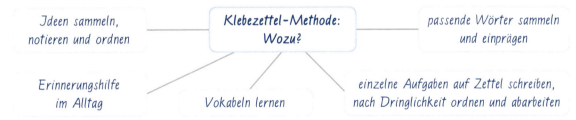

b Ergänzt den Text zur Klebezettel-Methode sinnvoll durch Begriffe aus dem Kasten:

Die Klebezettel-Methode eignet sich für verschiedene ❓ :
– Klebezettel können als ❓ dienen: Man kann auf ihnen z. B. notieren, was man am nächsten Tag in die Schule mitbringen muss.
– Wer ❓ lernt, kann diese auf Klebezettel schreiben und sie gut sichtbar überall im Zimmer anbringen (an der Wand, an der Tür, am Spiegel usw.).
– Mit Klebezetteln lassen sich verschiedene Ideen zu einem ❓ (z. B. für einen Vortrag) in eine sinnvolle ❓ bringen, denn Klebezettel kann man immer wieder neu sortieren und umheften.
– Klebezettel können auch bei der ❓ helfen: Man beschriftet sie mit ❓ , die noch zu erledigen sind, z. B. den ❓ aufräumen oder die Schultasche packen.

- Anordnung
- Schreibtisch
- Vokabeln
- Situationen
- Thema
- Aufgaben
- Erinnerungshilfe
- Planung

4 Entwerft Beispielzettel zu einer Anwendung von Aufgabe 3 und stellt sie der Klasse vor.

13.2 Wer? Wie? Was? – Informationen suchen und zusammenfassen

Mit einem Schülerlexikon arbeiten

Wenn ihr etwas zu einem Begriff oder zu einem bestimmten Thema wissen wollt, könnt ihr in Lexika nach Informationen suchen. Das sind Nachschlagewerke, in denen die wichtigsten Fakten zu einem Begriff oder Thema genannt werden.

1
a Welche Nachschlagewerke kennt ihr? Zählt sie auf.
b Betrachtet die zwei Buchcover und stellt Vermutungen zum Inhalt dieser Bücher an.

2
a Sucht in einer Bibliothek oder im Internet nach Titeln von mindestens fünf verschiedenen Nachschlagewerken und notiert sie.
b Prüft, worin sich diese Werke unterscheiden. Achtet beispielsweise auf die Größe, das Gewicht, die Seitenzahl, die Abbildungen, die Schriftgröße.
c Überlegt, warum es diese Unterschiede gibt.

INHALT

SPORT 189

Sportarten 190
Olympische Spiele 191
Leichtathletik 192
Gewichtheben 196
Turnen 197
Kampfsportarten 198
Rückschlagspiele 200
Basketball 202
Fußball 203
Stockspiele 204
Golf 205
Wassersport 206
Schwimmen und Springen 208
Pferdesport 209
Wintersport 210

REGISTER

Ahornsirup 79, 282
Aids 125, 135, 398
Aikido 198
Ainu 342
Airbag 249
Airbrushing 163
Akazie 319, 328, 348
Akbar der Große 378
Akihito 342
Akkord 172
Akrobaten 190
Akropolis 156, 160
Aktien 151
Aktienindex 151
Akupressur 135
Akupunktur 117, 133, 135
Akustik 244
Alabama 286

Alaska 284, 286
Albanien 313
Albatros 100, 110
Altar 22
Altpapier 168
Altsteinzeit 358
Aluminium 46, 324
Amazonas 297
Amboss, Ohr 119
Ameisen 89, 348
Ammoniak 27
Ammoniten 69
Amnesty International 153
Amöben 83
Ampeln 269
Amphibien 84, 92
Amphitheater 169

3
a Erläutert das Inhaltsverzeichnis links: Worum geht es in dem Kapitel? Was bedeuten die Zahlen hinter den Begriffen?
b Beschreibt das Register rechts: Welche Information findet man in einem Register?

In einem Lexikon nach Informationen suchen

Familie F

Fahnen [Pl.], meist rechteckige, mehrfarbige, oft mit Figuren oder Wappen versehene Tücher, die fest an Stöcken angebracht sind. Häufig sind sie traditionsreiche → Symbole, z. B. von Vereinen. Die weiße Fahne zeigen bedeutet, dass man sich ergibt.

Fähre [die], Wasserfahrzeug, das Personen, Güter oder Fahrzeuge über Binnengewässer oder das Meer transportiert. Es gibt Autofährschiffe mit mehreren Wagendecks und Fähren, die ganze Eisenbahnzüge aufnehmen können (Trajekte). Oft werden → Luftkissenfahrzeuge als Fähren eingesetzt.

Fahrenheit, von dem deutschen Physiker D. G. Fahrenheit (1686–1736) eingeführte Einteilung des → Thermometers, die in Amerika verwendet wird. Der Abstand zwischen → Gefrier- und → Siedepunkt des Wassers beträgt 180 Einheiten. Der Gefrierpunkt (0° → Celsius) liegt bei 32°, der Siedepunkt (100° Celsius) bei 212°.

Fahrerflucht [die], Flucht eines an einem Verkehrsunfall Beteiligten vom Unfallort. Sie ist ordnungswidrig und wird bestraft.

Fahrrad [das], Fahrzeug, das auf zwei Rädern läuft und durch Muskelkraft angetrieben wird. Es besteht aus einem Metallrahmen, einem Lenker, den Laufrädern mit Ballonreifen und einem Tretkurbelantrieb. Tritt man die → Pedale, so wird die Kraft über die Kurbel, das Kettenrad und die Kette auf einen Zahnkranz übertragen, der das Hinterrad antreibt.

Fährte [die], Bezeichnung für Hufabdrücke von Rehen, Hirschen und Wildschweinen im Boden oder im Schnee.

Bei den Fußabdrücken von Hasen und Füchsen spricht man von Spur.

Fakir [der, arab., „arm"], frommer, islamischer Bettler. Viele Fakire, vor allem in Indien, können durch äußerste Willensanstrengung fast unmögliche Dinge vollbringen: z. B. auf einem Nagelbrett liegen, tagelang auf einem Bein stehen oder mit nackten Füßen über glühende Kohlen laufen.

Falke [der], bis 60 cm großer → Greifvogel. Er hat einen langen Schwanz, schmale, spitze Flügel, einen Hakenschnabel und kräftige Krallen. In Europa gibt es 10 Arten, z. B. Turmfalke, Baumfalke, Wanderfalke. Seine Beute, Vögel und kleine → Säugetiere, ergreift er im Flug oder nach einem Sturzflug am Boden. Schon im → Altertum wurden Falken zur → Jagd abgerichtet (Falknerei). Im Mittelalter war die Falknerei ein Vorrecht des → Adels.

Fallschirm [der], schirmartige Vorrichtung aus → Seide oder Chemiefasern, die wie eine → Bremse wirkt und zum Abspringen von Menschen oder zum Abwerfen von Lasten aus → Flugzeugen benutzt wird. Fallschirmspringen wird als Sport betrieben oder dient der Landung von Soldaten im Krieg.

Familie [die], Gemeinschaft von Eltern und Kindern, die in einem Haushalt zusammenleben.

1 a Betrachtet die abgebildete Lexikonseite und beschreibt, wie sie aufgebaut ist.
b Ordnet die folgenden Begriffe den Nummern 1 bis 4 zu:

Leitwort • Stichwort • Querverweis zu anderem Eintrag • Abkürzung

2 a Prüft, welche Art von Informationen in dem Lexikonausschnitt
(▶ S. 249) zu jedem Stichwort gegeben werden. Zählt sie auf.

b Beantwortet zu zweit mit Hilfe der Lexikonseite die folgenden
Fragen zum Wort *Fakir*:
– Wie lautet der Artikel dieses Wortes?
– Woher kommt das Wort?
– Was bedeutet das Wort?

3 a Überfliegt den Lexikonausschnitt und sucht nach Informationen zu den folgenden Fragen:
  A Was bedeutet der Ausdruck „die weiße Fahne zeigen"?
  B Welche besondere Fähigkeit besitzt ein Fakir?
  C Welche Aufgaben haben Fähren?
  D Wie viel Fahrenheit sind 0° C?
  E Wie viele Falkenarten gibt es in Europa?
  F Aus welchem Material bestehen Fallschirme?

b Notiert eure Antworten stichwortartig im Heft und vergleicht sie mit einem Lernpartner.

c Formuliert weitere Fragen zu den Stichworteinträgen und lasst sie von eurer Lernpartnerin oder
eurem Lernpartner beantworten.

4 a Entwickelt ein Quiz zu den Stichwörtern auf Seite 249 mit jeweils mehreren Antwortmöglich-
keiten, z. B.: *Wie groß können Falken werden?*
A bis zu 30 cm   B bis zu 60 cm   C bis zu einem Meter

b Führt das Quiz in der Klasse durch. Wer erhält den Titel „Lebendiges Lexikon"?

5 Oft kommen in Lexikoneinträgen Abkürzungen vor.

a Was bedeuten die folgenden Abkürzungen? Schlagt sie im Abkürzungsverzeichnis eines Lexikons
nach und notiert ihre Bedeutung.

> frz. • bzw. • Mrd. • ü. M. • ca. • n. Chr. • usw. • Jh. • z. B. • Pl. • v. a. • Mio. • u. Ä. • z. T. •
> allg. • geb. • dt. • s. • d. h. • i. O. • u. a. • engl. • mind. • Abk.

b Verfasst einen kurzen Text mit möglichst vielen Abkürzungen.
Tauscht anschließend euren Text mit einem Lernpartner und lasst ihn entschlüsseln.

c Überlegt zu zweit und notiert Stichworte zu den folgenden Fragen:
– Warum benutzt man Abkürzungen?
– In welchen Texten werden Abkürzungen verwendet?
– Welche Vorteile und welche Nachteile haben Abkürzungen?

6 a Führt eine kurze Gesprächsrunde dazu durch, wo und wie ihr Informationen sucht.
Besprecht dabei die folgenden Fragen:
– Wo sucht ihr am häufigsten nach Informationen?
– Welche Nachschlagewerke habt ihr schon einmal benutzt?
– Was habt ihr gesucht und wie seid ihr dabei vorgegangen?
– Welche Vorteile und welche Nachteile haben gedruckte Nachschlagewerke
im Vergleich zum Internet?

b Berichtet über eure Gesprächsergebnisse vor der Klasse.

13.2 Wer? Wie? Was? – Informationen suchen und zusammenfassen

Eine Suchmaschine benutzen

1 Bei der Suche nach Informationen hilft auch das Internet.
  a Tauscht euch zu zweit über die Suche im Internet aus. Besprecht:
   – Welche Suchmaschinen nutzt ihr?
   – Wie geht ihr bei der Suche (Recherche) vor?
  b Überlegt gemeinsam, welche Suchbegriffe ihr eingebt, wenn ihr nach den folgenden Informationen sucht. Notiert mögliche Suchbegriffe ins Heft.
   A Welche Sagengestalten stammen aus der griechischen Antike?
   B Wie heißen die sieben Weltwunder?
   C Was versteht man unter Cyber-Mobbing?

2 a Beschreibt den Aufbau der folgenden Suchmaschine Helles-Koepfchen.de.
  Ordnet die Begriffe im Kasten den Nummern 1 bis 5 zu:

  Nutzeranmeldung • Tag des Zugriffs • Internetadresse • Reiter • Suchfeld

  b Zu welchem Thema wurde auf der Seite recherchiert? Tauscht euch aus, was ihr darüber wisst.

Methode	Eine Suchmaschine im Internet benutzen

- Nutzt spezielle **Suchmaschinen** für Kinder und Jugendliche, z. B.:
  www.frag-finn.de, www.helles-koepfchen.de, www.kindernetz.de, www.blinde-kuh.de.
- Gebt einen möglichst genauen **Suchauftrag** ein, z. B.: *Frisbee* statt *Sportart*.
- Beachtet, dass die besten Ergebnisse nicht immer als erste auf der **Ergebnisliste** stehen.
- Im Internet gibt es viele spannende Seiten. Verliert bei der Suche nicht das **Ziel** aus den Augen.

Informationen zusammenfassen

Frisbee – Vom Kuchenblech zum Sportgerät

Ein **Frisbee,** auch Flugscheibe oder Schwebedeckel genannt, ist ein meist **aus Plastik** gefertigtes, **scheibenförmiges Sport- und Freizeitgerät.** Viele kennen Frisbee als beliebtes Strandspielzeug in den lustigsten Farben. Dass mit diesem Sportgerät auch zahlreiche ernsthafte Einzel- und Mannschaftssportarten ausgetragen werden, wissen aber nur wenige.
1871 gründete der Bäcker William Russel Frisbie an der amerikanischen Ostküste sein Familienunternehmen mit dem Namen „Frisbie Pie Company". Auf diesen Namen lässt sich die heutige Bezeichnung „Frisbee" zurückführen. Diese Bäckerei verkaufte unter anderem Torten in runden Kuchenblechen. Irgendwann in den 1940er Jahren begannen die Kinder mit den weggeworfenen Blechen der Torten zu spielen. Leider waren die Bleche nur für kurze Strecken flugfähig.
Walter Frederic Morrison, der früher selbst die Kuchen der „Frisbie Pie Company" verkauft hatte, begann schließlich die Flugeigenschaften zu verbessern. 1947 entstand so die erste Scheibe aus Plastik und 1951 baute Morrison die „Pluto-Platte", wie seine weiterentwickelte Scheibe genannt wurde. Zur Stabilisierung der Flugbahn finden sich im äußeren Drittel auf der Oberseite der Scheibe zahlreiche Rillen. Ein Frisbee wird durch den aerodynamischen Auftrieb und die Kreiselbewegung in der Luft gehalten. Der Wind und die Geschwindigkeit, mit der sich die Scheibe dreht (Rotationsgeschwindigkeit), beeinflussen die Fluglage. Das Gewicht eines Frisbees beträgt etwa 175 Gramm.
Die Grundvoraussetzungen, um mit dem Frisbee spielen und Spaß haben zu können, bestehen im Werfen und Fangen der Scheibe. Beim Werfen sollen vor allem eine stabile Fluglage der Scheibe erreicht und die Richtung kontrolliert werden. Für das erfolgreiche Fangen der

Scheibe ist das Berechnen der Fluggeschwindigkeit und der Flugkurve unbedingte Voraussetzung.
Schon etwas schwieriger und übungsintensiver wird es, möchte man beim Fangen einige Tricks erlernen oder beim Werfen das Flugverhalten der Scheibe bewusst verändern. Da der Ursprung des Frisbee-Sports aus Amerika stammt, tragen die verschiedenen Tricks, wie in vielen anderen Sportarten auch, englische Namen. Bei einem „Delay" wird die rotierende Scheibe auf einem oder mehreren Fingernägeln ausbalanciert, bei einem „Catch" fängt man die Scheibe zum Beispiel unter dem Bein, hinter dem Kopf oder hinter dem Rücken.
Eine sehr beliebte Frisbee-Sportart ist „Freestyle-Frisbee". Dabei führen ein oder mehrere Spieler möglichst originelle oder schwierige Tricks mit der Scheibe aus. Die Tricks können sich aus verschiedenen Bewegungselementen zusammensetzen, wobei der Fantasie der Spieler keine Grenze gesetzt ist. Der Ursprung der Frisbee-Wettkämpfe liegt in den USA, wo es auch heute noch mit Abstand die größte Anzahl an aktiven Spielerinnen und Spielern gibt. Auch einen Weltrekord für den weitesten Frisbeewurf gibt es. Den Rekord hält David Wiggins (USA) mit genau 255 Metern.

Fordern und fördern – Die Fünf-Schritt-Lesemethode einüben

1. Schritt: Vermutungen zum Text anstellen

1 Lest die Überschrift des Textes auf Seite 252 und betrachtet das Bild.
Was könnte in dem Text stehen? Notiert eure Vermutungen in einem Satz:
Vermutlich wird in dem Text beschrieben/erklärt/darüber informiert, ...

2. Schritt: Den Text zügig lesen und das Thema bestimmen

2 a Lest den Text einmal zügig durch und verschafft euch einen Überblick über den Inhalt.
b Stellt euch vor, ein Mitschüler fragt euch, worum es in dem Sachtext geht.
Formuliert eine Antwort in ein bis zwei Sätzen:
In diesem Sachtext geht es um ... / Der Text informiert über ...

3. Schritt: Den Text genau lesen und Schlüsselwörter markieren

3 a Lest den Text ein zweites Mal gründlich.
b Notiert alle unbekannten Wörter untereinander in euer Heft.
Klärt die Bedeutung dieser Wörter und schreibt sie daneben.
Tipp: Denkt darüber nach, was die Wörter bedeuten könnten, fragt einen Lernpartner oder
schlagt in einem Wörterbuch nach. ▷ Eine Hilfe zu Aufgabe 3 b findet ihr auf Seite 254.

4 a Im ersten Abschnitt des Textes sind die Schlüsselwörter fett gedruckt.
Übertragt sie in euer Heft und ergänzt dahinter jeweils die Zeilenangabe, z. B.: *Frisbee (Zeile 1).*
b Bestimmt die Schlüsselwörter in den weiteren Abschnitten und notiert sie (mit Zeilenangabe)
in euer Heft. ▷ Hilfe zu Aufgabe 4 b auf Seite 254

4. Schritt: Den Text in Sinnabschnitte gliedern und Zwischenüberschriften suchen

5 a In welche sechs Sinnabschnitte ist der Text gegliedert? Notiert die Zeilenangaben.
b Formuliert zu jedem Sinnabschnitt eine Zwischenüberschrift.
▷ Hilfe zu Aufgabe 5 b auf Seite 254

5. Schritt: Den Inhalt wiedergeben

6 Fasst den Inhalt des Textes mit euren eigenen Worten zusammen.
Tipp: Eure Zusammenfassung sollte Informationen zu den folgenden Punkten enthalten:

Bezeichnung • Aussehen • Geschichte • Wurftechnik • Tricks • Wettkämpfe

▷ Hilfe zu Aufgabe 6 auf Seite 254

7 Vergleicht eure Ergebnisse mit einer Lernpartnerin oder einem Lernpartner.

Fordern und fördern

Aufgabe 3 b mit Hilfen
Wie würdet ihr mit den folgenden schwierigen Wörtern aus dem Text umgehen?
Ordnet sie den drei Aussagen (A bis C) zu.

Schwebedeckel (Z. 1–2) • Flugeigenschaften (Z. 22) • Stabilisierung (Z. 26) • aerodynamischer Auftrieb (Z. 29–30) • Rotationsgeschwindigkeit (Z. 32–33) • übungsintensiv (Z. 44)

A Ich verstehe die Textstelle auch ohne dieses Wort und muss die Bedeutung deshalb nicht erschließen.

B Wenn ich genau über dieses Wort nachdenke, kann ich seine Bedeutung vermuten.

C Ohne dieses Wort verstehe ich den Satz nicht. Und ich kann die Bedeutung nicht selbst herausfinden. Ich muss das Wort im Wörterbuch nachschlagen.

Aufgabe 4 b mit Hilfen
Ordnet die folgenden Schlüsselwörter den Textabschnitten 2 bis 6 zu. Übertragt dazu die Tabelle in euer Heft und ergänzt sie.

Abschnitt	Schlüsselwörter
2. Abschnitt (Zeilen 9–19)	...
3. Abschnitt (Zeilen 20–34)	...
...	...

Bäcker William Russel Frisbie • Kuchenbleche • Flugeigenschaften • Scheibe aus Plastik • Rillen • Fluglage • Gewicht • Werfen und Fangen • Fluggeschwindigkeit und Flugkurve • Delay • Catch • schwierige Tricks • Fantasie • Ursprung • Weltrekord

Aufgabe 5 b mit Hilfen
Lest den Text noch einmal abschnittsweise. Wählt zu jedem Abschnitt die Überschrift aus dem Kasten unten aus, die euch am besten geeignet scheint. Schreibt sie in euer Heft.

Beliebtes Strandspielzeug und Sportgerät • Sportgerät aus Plastik • Herkunft der Frisbee-Scheibe • Fliegende Kuchenbleche • Flugunfähige Tortenuntersetzer • Entwicklung der Frisbee-Scheibe • Rillen garantieren Flugbahn • Wurf- und Fangtechniken • Wurf- und Fangtricks • Fantasievolles Freestyle-Frisbee • Wettkämpfe in den USA • Weitester Frisbee-Wurf

Aufgabe 6 mit Hilfen
Fasst den Inhalt des Textes zusammen. Schreibt dazu die Sätze A bis E in der richtigen Reihenfolge in euer Heft und ergänzt die fehlenden Angaben.

A ❓ auf der Oberseite der Frisbee-Scheibe sorgen für eine stabile Fluglage.
B Die Frisbee-Scheibe ist ein beliebtes Spielgerät, jedoch als ❓ oft noch unbekannt.
C Besonders „❓" verlangt von den Spielern möglichst originelle Tricks. Vor allem im ❓ der Frisbee-Wettkämpfe, den USA, gibt es die größte Zahl an aktiven Spielern.
D Aus weggeworfenen ❓ der Frisbie Pie Company entstand eine weltweit bekannte Flugscheibe.
E Verschiedene Techniken bestimmen das ❓ der Frisbee-Scheibe.

13.3 Einen Kurzvortrag halten – Informationen anschaulich darstellen

Den Kurzvortrag vorbereiten

Wählt ein Thema für einen Kurzvortrag, z. B. eine weniger bekannte Sportart wie Freestyle-Frisbee, Slacklining, Pipejuggling oder Sport-Stacking, und bereitet euren Vortrag so vor:

1 Legt eine Mindmap an:
- Schreibt in die Mitte eines Blattes das Thema eures Vortrags und umrahmt es.
- Notiert um das Thema herum die Hauptpunkte und verbindet sie mit dem Thema durch Linien.
- Schreibt zu den Hauptpunkten weitere Unterpunkte, Informationen, Ideen oder Beispiele.

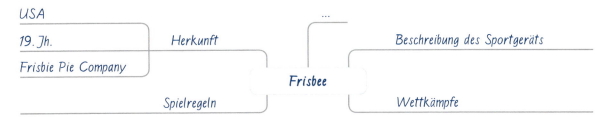

2 Sucht in Lexika und im Internet nach Informationen zu eurem Thema:
- Kopiert wichtige Texte oder druckt sie aus. Notiert zu jedem Text die Quelle (Autor, Titel und Seitenangabe des Buches, Internetadresse und Datum des Aufrufs).
- Markiert in den Texten Informationen zu den Hauptpunkten und notiert sie stichwortartig.

3 Entwickelt eine Gliederung für euren Kurzvortrag:
- Ordnet euer Material nach den Hauptpunkten in eurer Mindmap.
- Legt zu jedem Hauptpunkt eine Karteikarte an und notiert darauf die wichtigen Informationen in Stichworten.
- Nummeriert die Karteikarten in einer sinnvollen Reihenfolge.

```
1 Herkunft                    2 Beschreibung des Sportgeräts    3 Wurftechniken
 - Ursprung: 1871 in Amerika   - Plastik, 175 Gramm              - das Werfen und das Fangen
 - Frisbie Pie Company         - Rillen → Auftrieb               - Tricks
 - Kuchenblech → Spielgerät                                      - Delay/Catch
```

Methode	Informationen in einer Mindmap sammeln und ordnen

- Schreibt in die Mitte eines Blattes das **Thema** und umrahmt es.
- Notiert um das Thema herum die **Hauptpunkte** und verbindet sie mit dem Thema durch Linien.
- Schreibt zu den Hauptpunkten weitere **Unterpunkte** und ergänzt dazu Informationen, Ideen oder Beispiele.

4 Schreibt eine Einstiegskarte und eine Schlusskarte für euren Vortrag.
Nutzt dazu die folgenden Ideen und Formulierungshilfen:

Ideen für den Einstieg:
- einen Gegenstand zum Thema zeigen
- ein Bild präsentieren
- ein Zitat vorlesen
- einen Überblick über den Vortrag geben
- den Zuhörern eine Frage stellen

Formulierungshilfen für den Einstieg:
- *In meinem Vortrag geht es um ...*
- *Schaut euch einmal den Gegenstand an, den ich euch mitgebracht habe: ...*
- *Ich werde über folgende Punkte sprechen: ...*
- *Habt ihr euch auch schon einmal gefragt, ...*

Ideen für den Schluss:
- eine persönliche Einschätzung geben
- einen Ausblick auf die Zukunft geben
- an den Anfang anknüpfen
- die wichtigsten Informationen noch einmal zusammenfassen
- Quizfragen stellen

Formulierungshilfen für den Schluss:
- *Ich finde diese Sportart besonders interessant, weil ...*
- *In Zukunft wird diese Sportart sicherlich ...*
- *Jetzt wisst ihr, warum ...*
- *Ich danke euch fürs Zuhören.*

Den Kurzvortrag anschaulich gestalten und gemeinsam auswerten

5 Unterstützt euren Vortrag durch Anschauungsmaterial:
- Überlegt, zu welchen Informationen eures Vortrags ihr welches Anschauungsmaterial zeigen könnt: Welche Bilder, Grafiken, Gegenstände sind geeignet?
- Prüft, welche technischen Hilfsmittel (Beamer, Notebook, Tageslichtprojektor usw.) ihr zur Präsentation benötigt, und besprecht, worauf ihr beim Einsatz achten müsst.

6 a Worauf müsst ihr beim Vortragen achten? Tauscht euch in der Gruppe aus und notiert Tipps.
b Betrachtet den folgenden Rückmeldebogen und besprecht:
Was ist dem Schüler vermutlich gut gelungen? Worauf sollte er bei seinem nächsten Vortrag achten?

Name: *Elias*	😊	😐	☹️
... wählt einen spannenden Einstieg.		X	
... spricht frei und schaut die Zuhörer während des Vortrags an.	X		
... spricht laut und deutlich.			X
... nutzt seine Karteikarten als Gedankenstütze.			X
... bezieht passendes Anschauungsmaterial in den Vortrag ein.			X
... präsentiert einen sinnvollen Schluss.		X	

7 Haltet euren Vortrag vor eurer Gruppe. Übertragt den Auswertungsbogen von Aufgabe 6 ins Heft, ergänzt ihn und gebt euch gegenseitig Rückmeldungen.

Schreibwörter ▶ S. 242

die Klassenarbeit   der Lerntipp   der Lerntyp   der Klebezettel   das Lexikon

Orientierungswissen

Sprechen und Zuhören

Gesprächsregeln ▶ S. 31

Gesprächsregeln dienen dazu, dass man sich besser versteht und jeder zu Wort kommen kann.
Die wichtigsten Gesprächsregeln sind:
- Wir äußern uns nur zu dem Thema, um das es geht.
- Wir melden uns zu Wort und reden nicht einfach los.
- Wir hören anderen aufmerksam zu und lassen sie ausreden.
- Wir beleidigen uns nicht.
- Wir befolgen die Hinweise der Gesprächsleiterin oder des Gesprächsleiters.

Gesprächsmotoren und Gesprächsbremsen ▶ S. 31

- **Gesprächsmotoren** nennt man Aussagen, die ein Gespräch voranbringen, z. B.:
  Ich verstehe, was du meinst. Aber ich finde, dass …
- **Gesprächsbremsen** nennt man Äußerungen oder Verhaltensweisen, die ein Gespräch blockieren, z. B.: *Du redest Blödsinn! Das ist Quatsch!*

Die eigene Meinung begründen und Einwände entkräften ▶ S. 30–32, 37–39

- Wenn ihr andere von eurer **Meinung** überzeugen wollt, müsst ihr **Argumente** (Gründe) nennen. Ein Argument wirkt überzeugender, wenn man ein **Beispiel** hinzufügt, z. B.:

Ich bin gegen den Ausflug in den Zoo,	*denn dort waren einige von uns schon mehrmals.*	*Tom und ich haben beispielsweise Mias Geburtstag im Zoo gefeiert.*
Meinung	Begründung (Argument)	Beispiel

- Noch besser könnt ihr Diskussionspartner überzeugen, wenn ihr auf deren **Einwände eingeht** und sie entkräftet, z. B.: *Natürlich stimmt es, dass wir im Zoo viel über Tiere lernen können. Aber bei einem Klassenausflug geht es doch vor allem darum, dass die Klassengemeinschaft gestärkt wird.*
- Die Meinung, Argumente, Beispiele und entkräftete Einwände sollte man sprachlich gut miteinander verknüpfen. Dabei helfen folgende **Formulierungen:**
  - **Meinung äußern:** *Ich bin der Meinung, dass … / Ich finde, dass … / Ich bin für/gegen …*
  - **Argumente aufzählen:** *…, denn/da/weil … / Dafür spricht, dass … / Zudem … / Weiterhin … / Außerdem … / Man muss auch bedenken, dass … / Ein weiteres Argument ist …*
  - **Einem Argument ein Beispiel hinzufügen:** *Beispielsweise … / Zum Beispiel … / So …*
  - **Einwände entkräften:** *Es stimmt, dass … Aber … / Einerseits … Andererseits …*

Schreiben

Erzählen

Schriftlich erzählen ▶ S. 16–17

Der Aufbau einer Erzählung ▶ S. 16

- Die **Überschrift** der Erzählung soll die Leser neugierig machen, aber noch nicht zu viel verraten.
- Die **Einleitung** informiert über den Ort (Wo?), die Zeit (Wann?) und die Figuren (Wer?).
- Man kann in der Einleitung folgende Schlingen auslegen, um die Spannung zu steigern:
  1 Andeutungen machen,
  2 eine harmlose Situation so umwenden, dass sie auf einmal gefährlich erscheint, oder
  3 falsche Fährten auslegen.
- Im **Hauptteil** wird die Spannung schrittweise bis zum Höhepunkt gesteigert.
- Der **Schluss** löst die Spannung auf. Man kann …
  1 erzählen, wie die Handlung ausgeht,
  2 auf die Einleitung zurückgreifen,
  3 einen abschließenden Gedanken äußern oder
  4 absichtlich den Ausgang der Geschichte offen lassen.

Die **Lesefieberkurve** zeigt, wie sich die Spannung in einer Erzählung entwickelt:

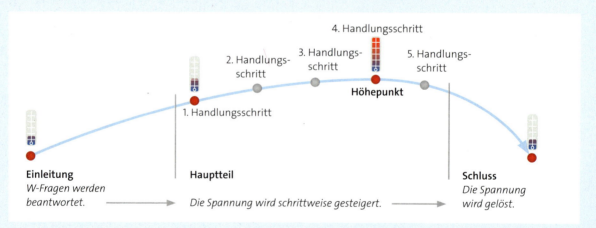

Die Erzählperspektive ▶ S. 17

- Wenn ein Erzähler selbst in das Geschehen verwickelt ist und die Ereignisse in der Ich-Form erzählt, dann spricht man von einem **Ich-Erzähler**:
  Ich sah Chen an und hoffte, …
- Wenn ein Erzähler über eine oder mehrere Figuren in der dritten Person erzählt und selbst nicht an der Handlung beteiligt ist, dann spricht man von einem **Er-/Sie-Erzähler**, z. B.:
  Kevin sah Chen an. Er hoffte, …

Sprechen – Zuhören – Schreiben

Zeitformen beim Erzählen ▶ S. 17

- **Schriftliche Erzählungen** stehen normalerweise im **Präteritum** (▶ S. 268).
- Bei Vorzeitigkeit wird das **Plusquamperfekt** (▶ S. 269) verwendet, z. B.: *Nachdem sie die Baustelle verlassen hatten, schrieb er ihm einen Brief.*
- **Wörtliche Rede** steht normalerweise im **Präsens**, z. B.: *„Das ist Wahnsinn!", brüllte Kevin.*

Zeitdehnung und Zeitraffer ▶ S. 17

- Der Höhepunkt einer Erzählung sollte besonders ausführlich erzählt werden. Gedanken und Gefühle der Figuren sollten möglichst genau wiedergegeben werden. Dabei läuft das Geschehen wie **in Zeitlupe (Zeitdehnung)** ab.
- Der Schluss sollte kurz sein. Dabei kann eine längere Zeitspanne **im Zeitraffer** zusammengefasst werden.

Nach Bildern erzählen ▶ S. 16–17, 127–128

Geschichten oder Fabeln kann man auch anhand von Bildern erzählen.
Die Bilder zeigen meist die **wichtigsten Momente der Geschichte.** Geht so vor:
- Bestimmt den Ort, die Zeit und die Figuren der Bildergeschichte.
- Betrachtet jedes Bild genau und überlegt, worum es in der Geschichte geht.
  Achtet auch auf Gesichtsausdruck (Mimik) und Körpersprache (Gestik) der Figuren auf den Bildern.
- Notiert zu jedem Bild die Handlungsschritte und ergänzt, was zwischen den Bildern passiert sein könnte. Markiert den Höhepunkt.
- Plant den Aufbau der Geschichte und die Erzählperspektive (▶ S. 258).
- Formuliert die Geschichte im Präteritum (▶ S. 268).

Einen Erzählkern ausgestalten ▶ S. 18

In einem vorgegebenen Erzählkern wird knapp wiedergegeben, was passiert ist. Um solch einen Erzählkern zu einer **lebendigen Geschichte** auszugestalten, solltet ihr überlegen:
- Was haben die Figuren in den einzelnen Momenten gedacht und gefühlt?
- Was haben die Figuren gesagt?
- Was haben die Figuren gesehen, gehört, gerochen, gespürt?

Aus der Sicht einer anderen Figur erzählen ▶ S. 25–26

- Wenn ihr eine Geschichte aus der Sicht einer anderen Figur erzählt, solltet ihr euch **in diese Figur hineinversetzen.** Überlegt:
  – Was denkt und fühlt die Figur im Verlauf der Handlung?
  – Was könnte sie sagen?
  – Was weiß sie, was weiß sie nicht in den einzelnen Momenten der Handlung?
- Um die Sicht der Figur zu verdeutlichen, dürft ihr die Einzelheiten der Geschichte etwas verändern. Den Erzählkern solltet ihr aber beibehalten.

Eine Geschichte fortsetzen ▶ S. 27–28

Wenn ihr einen Erzählanfang fortsetzt, solltet ihr zunächst den **Anfang genau lesen.**
Achtet in eurer Fortsetzung auf die folgenden Punkte:
- Knüpft die Geschichte sinnvoll an die vorgegebene **Einleitung** an?
- Sind ein **Hauptteil** und ein **Schluss** erkennbar?
- Stimmt die **Erzählperspektive** mit dem Textbeginn überein?
- Wurde die **Zeitform** der Textvorlage verwendet?

Nacherzählen ▶ S. 103–105, 108–109

Beim Nacherzählen einer Geschichte solltet ihr so vorgehen:
- Lest die Geschichte genau und überlegt euch **den Inhalt und den Ablauf** der Geschichte. Notiert zu den einzelnen Abschnitten Schlüsselwörter oder zeichnet Skizzen.
- Erzählt alle wichtigen **Handlungsschritte** nach. Haltet dabei die **Reihenfolge** der Ereignisse ein.
- Formuliert möglichst mit **eigenen Worten.**
- Setzt die **wörtliche Rede** (▶ S. 273) ein, um eure Nacherzählung lebendig zu gestalten.
- Formuliert **abwechslungsreiche Satzanfänge,** z. B.: *Während …, Daraufhin …, Später …*
- Verwendet die **Zeitform der Textvorlage.**

Berichten

Der Bericht ▶ S. 46–50

In einem Bericht wird **knapp und genau** über ein vergangenes **Ereignis** informiert.

Aufbau
- In der Regel beantwortet ein Bericht folgende **W-Fragen:**
  - Einleitung: **Was** geschah? **Wann** geschah es? **Wo** geschah es? **Wer** war beteiligt?
  - Hauptteil: **Wie** passierte etwas oder wie lief das Geschehen ab? **Warum?**
  - Schluss: **Welche Folgen** hatte das Ereignis?
- Der Ablauf des Geschehens wird möglichst **vollständig** in der **richtigen zeitlichen Abfolge** dargestellt.
- Es werden nur die **wichtigen Dinge** berichtet. Nebensächliches und Vermutungen sowie Meinungen, Gedanken oder Gefühle werden nicht angegeben.
- Eine treffende **Überschrift** benennt das Ereignis genau.

Sprache
- Berichte werden **sachlich und knapp** formuliert. Auf umgangssprachliche Wendungen wird verzichtet.
- Die wörtliche Rede gehört in der Regel nicht in einen Bericht.
- Schriftliche Berichte werden meistens **im Präteritum** (▶ S. 268) formuliert.

Unfallberichte ▶ S. 51–52, 58–60

- In einem Unfallbericht (z. B. für eine Versicherung oder die Polizei) wird das Geschehen **genau und sachlich** dargestellt.
- Die **W-Fragen** (Was? Wann? Wo? Wer? Wie? Warum? Welche Folgen?) werden beantwortet.
- Das Geschehen wird in der **Abfolge** wiedergegeben, in der es sich ereignet hat.
- Berichtet werden **nur Tatsachen,** keine Vermutungen, Wertungen, Meinungen oder Gefühle.
- Unfallberichte stehen im **Präteritum** (▶ S. 268).

Zeitungsberichte ▶ S. 54–55

- Zeitungsberichte informieren **sachlich** über Ereignisse.
- Sie beantworten alle für die Leser wichtigen **W-Fragen.**
- Damit sich die Leser nicht langweilen, werden Zeitungsberichte **anschaulicher** als andere Berichte gestaltet, z. B. durch die Verwendung von wörtlicher Rede.
- Zeitungsberichte stehen in der Regel im **Präteritum** (▶ S. 268).

Beschreiben

Einen Gegenstand beschreiben ▶ S. 62–64, 74–76

In einer Gegenstandsbeschreibung wird ein Gegenstand so genau beschrieben, dass ihn andere sich vorstellen können, ohne ihn zu sehen.

Aufbau
- Nennt zuerst **die Art** des Gegenstands, **die Größe, die Form, das Hauptmaterial** und **die Hauptfarbe.**
- Beschreibt danach einzelne **Bestandteile** und deren **Farbe, Form** und **Material.**
- Geht dabei in einer **sinnvollen Reihenfolge** vor (z. B. von oben nach unten).
- Nennt zum Schluss **Besonderheiten** des Gegenstands.

Sprache
- Formuliert die Beschreibung **sachlich.**
- Verwendet **anschauliche Adjektive,** z. B.:
  lang, kurz, rau, glatt, glänzend, matt.
- Vermeidet die Wiederholung von *haben* und *sein*. Verwendet **abwechslungsreiche Verben,** z. B.:
  Das Rad hat eine Gangschaltung. → Das Rad verfügt über eine Gangschaltung.
- Ersetzt Nomen durch Pronomen, z. B.:
  Das Fahrrad hat einen grünen Rahmen. Das Fahrrad besteht aus … → Es besteht aus …
- Verwendet **abwechslungsreiche Satzanfänge,** z. B.:
  Außerdem …, Weiterhin …, Darüber hinaus …, Zusätzlich zu …
- Setzt bei Aufzählungen Kommas (▶ S. 273).
- Verwendet das **Präsens.**

Eine Person beschreiben ▶ S. 67–68

In einer Personenbeschreibung wird eine Person so beschrieben, dass man sie wiedererkennen kann.
- **Einleitung:** Nennt zu Beginn den Anlass der Beschreibung oder gebt eine allgemeine Information.
- **Hauptteil:** Beschreibt mit treffenden Adjektiven einzelne Körpermerkmale und die Kleidung. Haltet dabei eine bestimmte Reihenfolge ein: Beschreibt am besten vom Kopf bis zu den Füßen.
- **Schluss:** Beschreibt, wie die Person auf euch wirkt oder wie sie sich verhält.
- Verwendet als Zeitform das **Präsens.**

Einen Vorgang beschreiben ▶ S. 70–73

In einer Vorgangsbeschreibung beschreibt ihr einen Vorgang so genau, dass andere ihn leicht verstehen und nachmachen können.

Aufbau
- Nennt zuerst alle **Materialien,** die für den Vorgang notwendig sind.
- Beschreibt anschließend die einzelnen **Schritte des Vorgangs** genau und in der richtigen **Reihenfolge.**

Sprache
- Formuliert **sachlich und verständlich.**
- Verwendet eine **einheitliche Form der Ansprache** (Man-Form, Du-Form oder Imperativ).
- Wählt **Satzanfänge,** die die Reihenfolge der Schritte deutlich machen, z. B.:
  Zuerst ..., Nun ..., Anschließend ..., Zum Schluss ...
- Schreibt die Vorgangsbeschreibung im **Präsens.**

Einen formellen Brief schreiben ▶ S. 40–41

Formelle Briefe schreibt man z. B. bei Anfragen, Anträgen oder Entschuldigungen.
- Notiert im Briefkopf **Ort und Datum.** Gestaltet die Seite **übersichtlich.**
- Formuliert **eine höfliche Anrede** und schreibt nach dem Komma klein, z. B.:
  Lieber Herr ...,   *Sehr geehrte Damen und Herren,*
  vielen Dank ...   *es freut uns, dass ...*
- Verwendet die **höflichen Anredepronomen** (*Sie, Ihr, Ihnen*).
- Beendet den Brief mit einer **Grußformel** und eurer **Unterschrift,** z. B.:
  Mit freundlichen Grüßen ...

Lesen – Umgang mit Texten und Medien

Die Erzählperspektive bestimmen ▶ S. 17, 79

- Wenn ein Erzähler selbst in das Geschehen verwickelt ist und die Ereignisse in der Ich-Form erzählt, dann spricht man von einem **Ich-Erzähler,** z. B.:
Ich wollte mir erst einmal einen Überblick über das Schiff verschaffen.
- Wenn ein Erzähler über eine oder mehrere Figuren in der dritten Person erzählt und selbst nicht an der Handlung beteiligt ist, dann spricht man von einem **Er-/Sie-Erzähler,** z. B.:
Er wollte sich erst einmal einen Überblick über das Schiff verschaffen.

Lügengeschichten ▶ S. 78–85

- In Lügengeschichten werden oft **Abenteuer und Erlebnisse** erzählt.
Berühmt sind die Abenteuer- und Reisegeschichten des Barons von Münchhausen.
- Im Gegensatz zu den Lügen im Alltag will der Erzähler von Lügengeschichten seine Zuhörer oder Leser nicht wirklich täuschen, sondern **unterhalten.**
- In den meisten Lügengeschichten gibt es einen **Ich-Erzähler,** der vorgibt, die Ereignisse selbst erlebt oder gesehen zu haben.
- In der **Einleitung** stellt sich der Erzähler häufig vor und betont, dass er die Wahrheit erzählt.
- Im **Hauptteil** reihen sich die Lügen aneinander wie Perlen an einer Kette (Lügenkette).
Oft **steigern** sich die Lügen in der Lügenkette: Es folgen immer größere Lügen.
Dadurch steigt die Spannung in der Geschichte.
- Am **Schluss** wird meist die Wahrheit der Geschichte noch einmal beteuert.
- Lügengeschichten wirken anschaulich und unterhaltsam durch die **Verwendung von Übertreibungen** und **Fantasienamen.** Oft werden die Zuhörer oder Leser **direkt angesprochen.**
- Um die Lügen glaubhaft zu machen, beschreibt der Erzähler häufig **Einzelheiten** ganz genau und nennt **Orte,** die es wirklich gibt.

Sagen ▶ S. 96–100, 103–107

- Sagen sind ursprünglich **mündlich überlieferte Erzählungen.**
- Stehen die Taten eines Helden im Mittelpunkt einer Sage, spricht man von **Heldensagen.**
- In Götter- und Heldensagen geht es meist um **Kampf** und **Bewährung, Sieg** und **Niederlage** und um **abenteuerliche Reisen.**
- Sagen haben häufig einen **wahren Kern.** Im Unterschied zum Märchen können wirkliche Orte, Personen und Begebenheiten vorkommen.
- In Sagen treten auch Menschen mit riesigen Kräften und **übernatürliche Wesen** wie Ungeheuer, Zauberinnen und Riesen auf.

Fabeln ▶ S. 114–119

- Fabeln sind **kurze, lehrhafte Erzählungen.**
- Die Figuren sind in der Regel **Tiere.** Diese verfügen über bestimmte Eigenschaften, z. B.: Wolf – gefährlich, gierig; Bär – gutmütig, stark; Lamm – hilflos, schwach; Esel – störrisch; Fuchs – schlau, gefräßig; Hase – vorlaut, schnell.
- Tiere in Fabeln haben **menschliche Eigenschaften.** Sie handeln und sprechen wie Menschen.
- Meist haben Fabeln folgenden **Aufbau:**
  - **Ausgangssituation:** Zu Beginn der Fabel werden die Figuren kurz vorgestellt. Es treten mindestens zwei Figuren mit unterschiedlichen, meist gegensätzlichen Eigenschaften auf.
  - **Konfliktsituation und Lösung:** Zwischen den Figuren entsteht ein Konflikt. Dabei versucht oft eine Figur die andere zu überlisten oder zu besiegen.
  - Am Ende wird häufig eine **Lehre** formuliert. Der Leser soll etwas über ein bestimmtes Verhalten lernen.

Gedichte ▶ S. 130–144

Aufbau und Form von Gedichten ▶ S. 130–131

- Eine einzelne Zeile in einem Gedicht nennt man **Vers.**
- Mehrere Verse ergeben zusammen eine **Strophe.**
- Viele Gedichte haben **Reime.** Wörter reimen sich, wenn der letzte betonte Vokal und die folgenden Laute gleich klingen, z. B.: *Träume – Abendbäume.*
- Man unterscheidet folgende **Reimformen:**

Paarreim:		**Kreuzreim:**		**umarmender Reim:**	
gut	a	platscht	a	Land	a
Mut	a	fein	b	Sonne	b
Haus	b	klatscht	a	Wonne	b
Maus	b	dein	b	Rand	a

Bildhafte Sprache: Die Personifikation ▶ S. 132

Wenn beispielsweise Bäche etwas tun, **was eigentlich nur Menschen können** *(schwatzen)*, dann nennt man das sprachliche Bild „*die Bäche schwatzen*" eine Personifikation. Mit Hilfe von Personifikationen kann man Dinge lebendiger und anschaulicher beschreiben.

Bildhafte Sprache: Der Vergleich ▶ S. 133

Vergleiche werden in der Regel **mit *wie* gebildet,** z. B.: *ein Mann wie ein Löwe.*
Damit ist gemeint, dass der Mann so stark ist wie ein Löwe. Das Wort *wie* zeigt einen Vergleich an. Mit Hilfe von Vergleichen kann man Dinge anschaulicher beschreiben.

Sachtexte ▶ S. 156–172

Sachtexte sind beispielsweise Berichte (▶ S. 47, 54), Gegenstands- und Vorgangsbeschreibungen (▶ S. 64, 71), Lexikonartikel (▶ S. 248–249) und auch Diagramme (▶ S. 163). Sie unterscheiden sich von literarischen Texten (z. B. Erzählungen, Sagen, Fabeln, Gedichten) dadurch, dass es in ihnen vorwiegend um **wirkliche Ereignisse und Vorgänge** geht.

Funktionen von Sachtexten ▶ S. 156–159

Man kann Sachtexte nach ihrer **Funktion** unterscheiden:
- Manche Texte sollen die Leser **informieren** (z. B. Bericht, Reportage, Gebrauchsanweisung, Sachbuch). Sie sind meistens **sachlich** formuliert.
- In anderen Texten sollen die Leser zu etwas **aufgefordert** werden (z. B. Flyer, Rede, Einladung). In solchen Texten werden die Leser **direkt angesprochen.** Dazu wird häufig die **Imperativform** des Verbs verwendet, z. B.: *Verhalte* dich fair! *Sei* kritisch!

Die Fünf-Schritt-Lesemethode ▶ S. 166, 253

1. Schritt: Lest zuerst die Überschrift und betrachtet die Abbildungen zum Text. Vermutet, worum es in dem Text gehen könnte. Überlegt, was ihr über dieses Thema bereits wisst.
2. Schritt: Lest den Text einmal zügig und verschafft euch einen Überblick über den Inhalt. Bestimmt das Thema des Textes.
3. Schritt: Lest den Text ein zweites Mal gründlich durch. Klärt unbekannte Wörter durch Nachdenken, Nachfragen oder Nachschlagen. Markiert oder notiert Schlüsselwörter.
4. Schritt: Gliedert den Text in Sinnabschnitte und formuliert Zwischenüberschriften.
5. Schritt: Fasst den Inhalt des Textes mit euren eigenen Worten zusammen.

Sachtexte zusammenfassen ▶ S. 167–168

- Formuliert für die Textzusammenfassung einen Einleitungssatz:
  In dem Text/Artikel/Bericht „…" geht es um …
- Gebt den Inhalt des Textes mit **möglichst wenigen Sätzen** wieder.
- Verwendet dabei **eigene Worte,** schreibt den Text nicht ab.
- Beachtet die **Reihenfolge der Aussagen** und **Schlüsselwörter.** Fügt keine Informationen hinzu.
- Schreibt im **Präsens.**

Ein Diagramm auswerten ▶ S. 163–164

In Diagrammen werden Angaben (z. B. Mengen oder Zeiten) bildlich dargestellt. Man unterscheidet zwischen **Balkendiagramm, Säulendiagramm und Kreisdiagramm:**

 Balkendiagramm
 Säulendiagramm
 Kreisdiagramm

Orientierungswissen

So könnt ihr Diagramme entschlüsseln:
1. Schritt: Betrachtet das Diagramm genau. Lest die Überschrift und alle Angaben.
2. Schritt: Untersucht das Diagramm:
- Welche Angaben werden gemacht?
- Wofür stehen die Zahlen?
- Welche Informationen werden gegeben?

3. Schritt: Wertet das Diagramm **aus.** Vergleicht die Angaben und notiert, was euch auffällt.

Theaterszenen ▶ S. 146–154

- In Theaterstücken haben oft zwei oder mehr Figuren unterschiedliche Ziele und Interessen. Den Gegensatz dieser Ziele und Interessen, aus dem häufig Streit entsteht, nennt man **Konflikt.**
- Anders als Erzählungen, Sachtexte oder Gedichte werden **Theaterstücke** dazu geschrieben, um sie auf einer **Bühne** aufzuführen.
- In einem Theaterstück gibt es **Rollen,** die von Schauspielerinnen und Schauspielern gespielt werden. Die **Handlung** wird durch das Verhalten und durch die Gespräche der Figuren auf der Bühne ausgedrückt.
- Wenn zwei oder mehr Figuren auf einer Bühne miteinander sprechen, nennt man das einen **Dialog.** Wenn eine Figur mit sich selbst spricht oder längere Zeit allein redet, bezeichnet man das als **Monolog.**
- **Regieanweisungen** geben den Schauspielerinnen und Schauspielern Hinweise darauf, wie sie sprechen und wie sie sich auf der Bühne bewegen und verhalten sollen. Sie stehen meistens in Klammern.
- **Mimik** nennt man den Gesichtsausdruck eines Menschen. An der Mimik kann man erkennen, wie sich jemand gerade fühlt oder was er denkt. Als **Gestik** bezeichnet man die Körperhaltung und alle Bewegungen.

Standbild, Pantomime und Improvisation ▶ S. 148–149

- Bei einem **Standbild** werden die Figuren (ihre Mimik und Gestik) „eingefroren" und so aufgestellt, dass das Verhältnis der Figuren zueinander deutlich wird.
- **Pantomime** ist eine Form von Theater, bei der vollständig auf Worte verzichtet wird. Die Schauspieler spielen ihre Rolle nur mit Mimik und Gestik.
- **Improvisieren** bedeutet, zu einem Thema oder einer Situation spontan etwas zu spielen. Dabei wird meistens nur das Thema vorgegeben. Die Schauspieler besprechen kurz, was sie sagen wollen, und spielen, ohne vorher etwas zu notieren und einzuüben.

Hörspiele ▶ S. 110

- Beim Hörspiel wird **alles,** was die Zuhörer erfahren sollen, **hörbar gemacht.**
- Was die Figuren sehen, denken und fühlen, erfahren die Hörer durch **Dialoge (Gespräche)** und **Monologe (Selbstgespräche).** Manchmal führt auch ein **Erzähler** durch die Handlung.
- Das **Hintergrundgeschehen** und die **Stimmungen** werden durch Geräusche und Musik in Szene gesetzt.

Nachdenken über Sprache

Wortarten

Nomen (Hauptwörter, Substantive) und Artikel ▶ S. 174

- Nomen bezeichnen **Lebewesen, Gegenstände, Gedanken, Ideen, Zustände** usw.
- Sie werden **großgeschrieben**.
- Nomen stehen häufig mit einem **Begleiter,** an dem man sie erkennen kann:
  der, die, das (bestimmter Artikel) oder *ein, eine, ein* (unbestimmter Artikel).
  Der **Artikel** richtet sich nach dem **grammatischen Geschlecht (Genus)** des Nomens:
  Maskulinum: *der/ein Hai;* **Femininum:** *die/eine Sonne;* **Neutrum:** *das/ein Schiff.*
- Nomen haben einen **Numerus.** Sie stehen entweder im **Singular** (Einzahl) oder
  im **Plural** (Mehrzahl), z. B.: *das Schiff – die Schiffe.*
- In Sätzen erscheinen Nomen immer in einem bestimmten **Fall (Kasus).**
  Sie werden **dekliniert**. Mit **Fragewörtern** kann man den Fall eines Nomens bestimmen:

Fall (Kasus)	Nominativ	Genitiv	Dativ	Akkusativ
Fragewort	Wer oder was ...?	Wessen ...?	Wem ...?	Wen oder was ...?
Beispiel	*Das Schiff* sinkt.	Sie beobachten den Untergang *des Schiffes*.	Sie geben *dem Schiff* einen Namen.	Sie untersuchen *das Schiff*.

Adjektive (Eigenschaftswörter) und ihre Steigerungsstufen ▶ S. 175

- Mit Adjektiven kann man Lebewesen, Dinge usw. **genauer beschreiben,** z. B.:
  der seltene Fisch, das warme Meer.
- Adjektive werden **kleingeschrieben**.
- Die meisten Adjektive kann man **steigern** und damit **Vergleiche** ausdrücken:
  Positiv (Grundstufe) – Komparativ (Vergleichsstufe) – Superlativ (Höchststufe)
      kalt   *kälter als*   *am kältesten*
  Unregelmäßige Steigerungsstufen:
  gut – besser – am besten
  viel – mehr – am meisten

Personalpronomen und Possessivpronomen (Fürwörter) ▶ S. 176

- **Personalpronomen** *(ich, du, er, sie, es, wir, ihr, sie)* sind **Stellvertreter** für Nomen, z. B.:
  Amundsen erreichte als Erster den Südpol. ~~Amundsen~~ *Er* wurde berühmt.
  Sie treten wie Nomen in verschiedenen Fällen auf, z. B.: *ich* (Nominativ), *mir* (Dativ), *mich* (Akkusativ).
- **Possessivpronomen** wie *mein, dein, sein, ihr, unser, euer* geben an, zu wem etwas gehört, z. B.:
  sein Sieg. Sie begleiten Nomen und stehen dann im gleichen Fall.

Orientierungswissen

Demonstrativpronomen (hinweisende Fürwörter) ▶ S. 177

- Demonstrativpronomen **weisen** besonders deutlich **auf eine Person,** einen **Gegenstand** oder einen **Umstand hin** und werden deshalb beim Sprechen **betont,** z. B.:
  Wer ist der Mann? Den kenne ich nicht.
- Beispiele für **Demonstrativpronomen:**
  dies, dieser, diese, dieses; jener, jene, jenes; der, die, das (ohne Nomen); *derselbe, dieselbe, dasselbe; solch, solcher, solche, solches.*
- Demonstrativpronomen können sich auch auf **ganze Sätze** beziehen, z. B.:
  Schlittenhunde fressen Robbenfleisch. Das ist ideal in der Antarktis.
- Nutzt man ***dieser*** und ***jener*** gemeinsam, bezieht sich *dieser* auf das zuletzt genannte Wort, z. B.:
  Amundsen und Scott waren Rivalen. Dieser war Brite, jener Norweger.

Verben (Tätigkeitswörter) ▶ S. 178–181

- Verben geben an, **was jemand tut** (z. B. *lachen*) oder **was geschieht** (z. B. *regnen*).
- Der **Infinitiv** (die Grundform) eines Verbs endet immer auf *-(e)n*.
- Wenn ein Verb in einem Satz verwendet wird, bildet man die **Personalform des Verbs.** Das nennt man **konjugieren,** z. B.: *ich lache, du lachst, er lacht, wir lachen, ihr lacht, sie lachen.*
- Verben kann man in verschiedenen **Zeitformen** verwenden, z. B. in der **Gegenwartsform** (Präsens), in **Vergangenheitsformen** (Präteritum, Perfekt, Plusquamperfekt) oder in der **Zukunftsform** (Futur).

Die Zeitformen (die Tempora) der Vergangenheit ▶ S. 178–180

Präteritum (einfache Vergangenheitsform)
- Das **Präteritum** verwendet man in der Regel, wenn man **schriftlich** über Vergangenes erzählt oder berichtet, z. B.:
  Gestern erlebte die Schülerin S. etwas Außergewöhnliches. Auf dem Schulweg traf sie ...
- Bei **starken Verben** verändert sich der Vokal im Wortstamm, wenn man die Präteritumform bildet, z. B.: *sie sinkt – sie sank.*
- Bei **schwachen Verben** verändert sich der Vokal im Wortstamm nie, z. B.: *lachen – er lachte.*

Perfekt (zusammengesetzte Vergangenheitsform)
- Das **Perfekt** verwendet man in der Regel, wenn man **mündlich** über Vergangenes erzählt, z. B.:
  Gestern habe ich etwas Tolles erlebt. Ich bin wie immer zur Schule gegangen.
- Die **Perfektform** von Verben besteht immer aus **zwei Teilen:**
Präsensform von *haben* oder *sein* + Partizip II:
       wir haben   + *gestaunt*
       wir sind   + *getaucht*
- Bei **starken Verben** verändert sich der Vokal im Wortstamm, wenn man das Partizip II bildet, z. B.:
  sie sinkt – sie ist gesunken.
- Bei **schwachen Verben** verändert sich der Vokal im Wortstamm nie, z. B.:
  lachen – er hat gelacht.

Plusquamperfekt (die Vorvergangenheit)

- Wenn in der **Vergangenheit** zwei Handlungen stattgefunden haben, verwendet man für die **frühere der beiden Handlungen** das **Plusquamperfekt**, z. B.:
  Nachdem wir lange gespart hatten,   *kauften wir den Heißluftballon.*
  (zeitlich frühere Handlung)   (zeitlich spätere Handlung)
- Es wird gebildet aus der **Präteritumform** von **haben** oder **sein** + **Partizip II**:
  wir hatten   + gestaunt
  sie war   + gesunken
- Bei **starken Verben** verändert sich der Vokal im Wortstamm, wenn man das Partizip II bildet, z. B.:
  sie s<u>i</u>nkt – sie war ges<u>u</u>nken.
- Bei **schwachen Verben** verändert sich der Vokal im Wortstamm nie, z. B.:
  l<u>a</u>chen – er hatte gel<u>a</u>cht.

Die Zeitformen der Zukunft ▶ S. 181

Präsens und Futur

- Mit der Zeitform **Futur** drückt man **Zukünftiges** aus, z. B.: *Ich <u>werde</u> den Mond <u>besuchen</u>.*
- Das Futur wird gebildet aus der **Präsensform** von **werden** + **Infinitiv (Grundform)**:
  ich werde   + besuchen
- Man kann auch im **Präsens** über die Zukunft sprechen. Dann verwendet man zusätzlich **Zeitangaben** wie *zukünftig*, *bald* oder *nächste Woche*, z. B.: *Bald <u>besuche</u> ich dich.*

Präpositionen (Verhältniswörter) ▶ S. 182–183

- Wörter wie *auf, in, nach, vor, seit* nennt man Präpositionen. Sie drücken oft ein Verhältnis aus, z. B. ein **räumliches Verhältnis** (Wo?): *<u>auf</u> der Mauer, <u>in</u> der Höhle, <u>neben</u> dem Stein* oder ein **zeitliches Verhältnis** (Wann?): *<u>seit</u> gestern, <u>in</u> zwei Tagen, <u>nach</u> dem Mittagessen.*

Präpositionen mit Genitiv, Dativ oder Akkusativ ▶ S. 183

- Nach einer Präposition folgt immer ein bestimmter Fall (Kasus):
  – der **Genitiv** nach den Präpositionen *wegen, während, unterhalb, oberhalb, trotz*,
  – der **Dativ** nach den Präpositionen *mit, nach, bei, von, zu, aus, außer, seit*,
  – der **Akkusativ** nach den Präpositionen *durch, für, ohne, um, gegen*.
- Diese Präpositionen **wechseln** den Fall (Dativ oder Akkusativ):
  an, auf, hinter, neben, in, über, unter, vor, zwischen.
  – Auf die Frage **Wo?** folgt der **Dativ**: *Wo bist du? – Ich stehe <u>auf dem</u> Berg.* (Dativ)
  – Auf die Frage **Wohin?** folgt der **Akkusativ**: *Wohin gehst du? – Ich gehe <u>auf den</u> Berg.* (Akkusativ)

Adverbien (Umstandswörter) ▶ S. 184

- Adverbien geben **genauere Angaben** zu Wörtern, Wortgruppen oder ganzen Sätzen. Sie erklären, wo, warum, wie und wann etwas geschieht.
- Adverbien verändern nicht ihre Form.

Orientierungswissen

Fragen	Beispiele für Adverbien	Beispielsatz
Ort: Wo? Wohin?	*unten, oben, rechts, links, da, dort*	*Er taucht dort.*
Grund: Warum?	*deswegen, folglich, darum, daher*	*Darum taucht er nicht.*
Art und Weise: Wie?	*besonders, absolut, komplett, gern*	*Er taucht gern.*
Zeit: Wann? Wie oft?	*immer, oft, danach, sofort*	*Er taucht oft.*

Konjunktionen (Verknüpfungswörter, Bindewörter) ▶ S. 199

- Konjunktionen **verbinden** Sätze oder Teile von Sätzen miteinander.
- **Hauptsatzkonjunktionen** wie *und, oder, aber, denn* verbinden Hauptsätze zu **Satzreihen,** z. B.: *Ich lese gern und ich treffe gern meine Freunde.*
- **Nebensatzkonjunktionen** wie *weil, da, obwohl, als, nachdem, dass* verbinden Hauptsätze mit Nebensätzen zu **Satzgefügen,** z. B.: *Ich lese gern, weil ich dabei neue Welten entdecken kann.*

Wörter bilden ▶ S. 185–187

Bildung von Ableitungen ▶ S. 185

- Manche Wörter bestehen aus mehreren **Bausteinen.** Der Grundbaustein eines Wortes heißt **Wortstamm.** Wörter mit demselben Wortstamm bilden eine **Wortfamilie,** z. B.: denken, bedenken, gedenken, der Denker, denkbar, undenkbar.
- Fügt man an den Wortstamm eine **Vorsilbe (Präfix)** und/oder **Nachsilbe (Suffix)** an, so nennt man das eine **Ableitung:**

Vorsilbe (Präfix) +	Stamm	+ Nachsilbe (Suffix)	= abgeleitetes Wort
Er-	*find*	*-ung*	= *Erfindung (Nomen)*
auf-	*find*	*-bar*	= *auffindbar (Adjektiv)*

Bildung von zusammengesetzten Wörtern (Komposita) ▶ S. 186–187

- Viele Wörter bestehen **aus zwei oder mehr Wörtern,** z. B.: *der Gummiball, die Sandbank.*
- Sie werden gebildet aus dem **Bestimmungswort** *(Gummi)* + **Grundwort** *(Ball).*
  Das Grundwort gibt an, worum es sich handelt. *(Es ist ein Ball.)*
  Das Bestimmungswort erklärt die Bedeutung genauer. *(Dieser Ball ist aus Gummi.)*
- Man versteht die Wortzusammensetzung „von hinten nach vorn": *Gummiball = ein Ball aus Gummi.*
- Man kann Zusammensetzungen aus **verschiedenen Wortarten** bilden, z. B.:
  Windhose (Nomen + Nomen), *meerblau* (Nomen + Adjektiv), *tiefdunkel* (Adjektiv + Adjektiv).
- Das Grundwort bestimmt die **Groß- oder Kleinschreibung.** Bei Nomen bestimmt das Grundwort auch das **Geschlecht** (Genus) und damit den Artikel: *der Gummiball,* weil: *der Ball.*
- Manchmal braucht man zwischen den Wörtern ein **Fugenelement,** das die Aussprache erleichtert, z. B.: *Schiffsdeck, Piratenschiff, Meerestiefe.*
- Wortzusammensetzungen verwendet man, um **genauer** und **kürzer** zu formulieren.

Satzglieder

Satzglieder bestimmen: Die Umstellprobe ▶ S. 194

- Sätze bestehen aus mehreren **Bausteinen,** den Satzgliedern.
- Diese Satzglieder kann man durch die **Umstellprobe** ermitteln:
  Die Wörter, die bei der Umstellprobe zusammenbleiben, bilden ein **Satzglied,** z. B.:
  | Die beiden Kinder | machen | im Eiscafé | eine aufregende Entdeckung. |
  | Eine aufregende Entdeckung | machen | die beiden Kinder | im Eiscafé. |
- Mit der Umstellprobe kann man Satzglieder umstellen und so auch den **Satzbau abwechslungsreicher** gestalten.

Prädikat und Subjekt ▶ S. 195

- Das **Prädikat** ist der **Kern des Satzes.** Es ist immer die **Personalform eines Verbs** und steht im Aussagesatz an **zweiter Satzgliedstelle,** z. B.: | Die Kinder | laufen | zur Polizei. |
- Ein Prädikat kann aus einem oder mehreren Teilen bestehen. **Mehrteilige Prädikate** bilden eine Prädikatsklammer, z. B.: Sie | haben | die Zeitung | mitgebracht.
- Das **Subjekt** erfragt man mit **Wer oder was …?**. Es bestimmt die **Form des Prädikats,** z. B.:
  | Die Kinder | zeigen | die Zeitung. |

Dativobjekt und Akkusativobjekt ▶ S. 196

- Manche Sätze bestehen nur aus **Subjekt und Prädikat,** z. B.: | Die Kinder | überlegen. |
- Die meisten Sätze brauchen aber weitere Satzglieder, damit sie vollständig sind: **die Objekte.**
  Diese kann man erfragen mit **Wem?** (Dativobjekt) oder **Wen oder was?** (Akkusativobjekt):
  | Sie | danken | dem Assistenten. | → **Wem** danken sie? = **Dativobjekt**
  | Die Kinder | finden | eine Zeitung. | → **Wen oder was** finden die Kinder? = **Akkusativobjekt**

Adverbiale Bestimmungen (Angaben zu näheren Umständen) ▶ S. 197–198

- Adverbiale Bestimmungen geben die **genaueren Umstände** eines Geschehens an.
- Sie können aus einzelnen Wörtern *(heute)* oder aus Wortgruppen *(seit gestern Morgen)* bestehen, z. B.:
  Seit gestern sucht die Polizei *in Köln mit Hubschraubern* den Täter *wegen eines Raubs*.

Adverbiale Bestimmung	Fragen	Beispiel
der Zeit	Wann? Wie lange? Seit wann?	seit gestern
des Ortes	Wo? Woher? Wohin?	in Köln
der Art und Weise	Wie? Woraus? Womit?	mit Hubschraubern
des Grundes	Warum? Warum nicht?	wegen eines Raubs

Sätze

Satzarten

Man unterscheidet verschiedene Satzarten. Diese erkennt man am Satzschlusszeichen:
- **Aussagesätze** enden mit einem **Punkt**, z. B.:
  Er ist unschuldig.
- **Fragesätze** enden mit einem **Fragezeichen**, z. B.:
  Ist er schuldig?
- **Aufforderungs- und Ausrufesätze** enden meist mit einem **Ausrufezeichen**, z. B.:
  Sagen Sie die Wahrheit!

Hauptsätze und Nebensätze ▶ S. 199–201

- Als **Hauptsatz** bezeichnet man einen Satz, der **allein stehen** kann.
- Nebensätze können **nicht ohne Hauptsatz** stehen. Sie werden oft durch **Konjunktionen** wie *weil, da, obwohl, als, wie, wenn, nachdem, dass* eingeleitet.
- Im **Hauptsatz** steht die Personalform des Verbs an **2. Satzgliedstelle**, z. B.:
  Er rennt nach Hause.
- Im **Nebensatz** steht die Personalform des Verbs **am Satzende**, z. B.:
  ..., weil er sich fürchtet.

Relativsätze: Nebensätze mit Pronomen ▶ S. 200

- Relativsätze sind Nebensätze, die ein Bezugswort (Nomen oder Pronomen) im Hauptsatz näher erklären, z. B.:
  Der Detektiv kannte die Frau, die er am Tatort gesehen hatte, sehr gut.
- Relativsätze werden mit einem **Relativpronomen** *(der, die, das; welcher, welche, welches)* eingeleitet und durch ein **Komma** vom Hauptsatz abgetrennt.

Satzreihen und Satzgefüge ▶ S. 201

- Eine **Satzreihe** ist ein Satz, der **aus zwei oder mehr Hauptsätzen** besteht. Diese werden oft durch **Konjunktionen** wie *und, oder, aber, denn* miteinander verbunden und durch **Komma** voneinander abgetrennt. Nur vor *und* oder *oder* darf das Komma entfallen.

Ein Fingerabdruck hat schon viele Täter überführt	,	*denn er ist einzigartig.*
Hauptsatz	Komma	Hauptsatz

- Sätze aus **Hauptsatz und Nebensatz** heißen **Satzgefüge**.
  Zwischen Hauptsatz und Nebensatz steht immer ein **Komma**, z. B.:

Die Spurensicherung sperrt den Tatort ab	,	*damit niemand ihre Arbeit behindert.*
Hauptsatz	Komma	nachgestellter Nebensatz

Damit niemand ihre Arbeit behindert	,	*sperrt die Spurensicherung den Tatort ab.*
vorangestellter Nebensatz	Komma	Hauptsatz

Texte mit Hilfe von Proben überarbeiten ▶ S. 202

Mit Hilfe von Proben kann man Texte **überarbeiten** und **lesbarer** gestalten.
- **Umstellprobe:** Stellt Satzglieder so um, dass die Satzanfänge nicht immer gleich sind, z. B.:
Der Dieb kam mitten in der Nacht. → *Mitten in der Nacht kam der Dieb.*
- **Ersatzprobe:** Ersetzt Wörter, die im Text häufig wiederholt werden, durch andere Wörter, z. B. Nomen durch andere Nomen oder Pronomen, Verben durch andere Verben:
Der Unbekannte (Dieb, Täter, er) zerschlug (zerbrach) das Fenster.
- **Erweiterungsprobe:** Prüft, ob eine Aussage genau und anschaulich ist oder ob ihr noch etwas ergänzen solltet, z. B.: *Der Täter hinterließ Fußspuren.* → *Der Täter hinterließ auf dem Boden des Zimmers deutlich sichtbare Fußspuren.*
- **Weglassprobe:** Prüft, welche Wörter in einem Text gestrichen werden sollten, weil sie überflüssig sind oder umständlich klingen, z. B.: *Der Täter entkam ohne Spuren und hinterließ nichts am Tatort.*

Zeichensetzung

Kommasetzung in Satzreihen und Satzgefügen ▶ S. 201

- In **Satzreihen** werden die Hauptsätze oft durch **Konjunktionen** wie *und, oder, aber, denn* miteinander verbunden und durch **Komma** voneinander abgetrennt. Nur vor *und* oder *oder* darf das Komma entfallen.
Ein Fingerabdruck hat schon viele Täter überführt, denn er ist einzigartig.
        Hauptsatz   **Komma**   Hauptsatz
- In **Satzgefügen** steht zwischen Hauptsatz und Nebensatz immer ein **Komma**, z. B.:
Die Anwohner sind erleichtert, dass der Täter gefunden wurde.
    Hauptsatz   **Komma**   Nebensatz
Die Polizei belohnt die Kinder, die den Hinweis gegeben hatten.
    Hauptsatz   **Komma**   Nebensatz (Relativsatz)

Kommasetzung bei Aufzählungen ▶ S. 68

- **Wörter und Wortgruppen in Aufzählungen** werden durch **Kommas** abgetrennt, z. B.:
Der BMX-Fahrer wirkt groß, kräftig, sportlich. Die BMX-Fahrerin trägt auf dem Kopf einen grünen Helm, an den Händen gelbe Handschuhe, an den Füßen rote Sneakers.
- Wenn Teile einer Aufzählung mit den **Konjunktionen** *und, sowie* oder *oder* verbunden werden, steht davor kein Komma, z. B.: *Seine Kleidung besteht aus einem grünen T-Shirt, einer Jeans und Turnschuhen.*

Zeichensetzung bei der wörtlichen Rede ▶ S. 18

- Die **wörtliche Rede** steht in **Anführungszeichen**, z. B.: *„Was macht ihr da?"*
- Der **Redebegleitsatz** gibt an, wer etwas wie sagt. Steht er **vor** der wörtlichen Rede, folgt ein **Doppelpunkt**, z. B.: *Luisa flehte weinend: „Lasst mich in Ruhe!"*
Nach der wörtlichen Rede wird er durch ein **Komma** abgetrennt: *„Ihr seid gemein", rief Ella.*

Rechtschreibstrategien und Rechtschreibregeln

Schwingen ▶ S. 212

- **Vor** dem Schreiben: Sprecht die Wörter deutlich in Silben. Zeichnet Silbenbögen in die Luft.
- **Beim** Schreiben: Sprecht die Silben leise mit. Sprecht nicht schneller, als ihr schreibt.
- **Nach** dem Schreiben: Prüft, ob ihr richtig geschrieben habt:
  Zeichnet dazu Silbenbögen unter jede Silbe und sprecht dabei leise mit.

Offene und geschlossene Silben ▶ S. 213

- Aus Lauten bildet man Silben. Das Zentrum einer Silbe ist der Vokal (auch Umlaut, Zwielaut).
- Enden Silben mit einem **Vokal,** nennt man sie **offen.** Man spricht den Vokal lang, z. B.: *le sen*.
- Enden Silben mit einem **Konsonanten,** nennt man sie **geschlossen.** Man spricht den Vokal kurz, z. B.: *mer ken*.

Verlängern ▶ S. 214–215

- Beim **Schwingen** kann man in der Regel jeden Buchstaben deutlich hören, z. B.:
  der Win ter, der Som mer.
- Bei **Einsilbern** und auch bei einigen zweisilbigen Wörtern kann man **Buchstaben am Wortende (Auslaute)** nicht immer sicher zuordnen, z. B.: *der Berk/g, hel/ll, ren/nnt*.
  Dann hilft die Strategie Verlängern: Dabei fügt man an das Wort eine Silbe an:
  – Bei **Nomen** bildet man die Pluralform, z. B.: *der Berg* – denn: *die Ber ge.*
  – **Adjektive** steigert man, z. B.: *hell* – denn: *hel ler als.*
  – **Verben** setzt man in die Wir-Form, z. B.: *rennt* – denn: *wir ren nen.*

Zerlegen ▶ S. 216–217

- Die unklaren Laute in **zusammengesetzten Wörtern** findet man, indem man die Wörter **zerlegt,** z. B.: *der Handball* – denn: *die Hän de, die Bäl le.*
- Auch wenn man **Bausteine** abtrennt, kann man **Verlängerungsstellen** finden, z. B.:
  end lich – denn: *das En de; die Freund schaft* – denn: *die Freun de.*

Ableiten ▶ S. 218

- Ableiten heißt: **verwandte Wörter suchen.**
- Der Vokal *e* und der Zwielaut *eu* sind leicht mit *ä* und *äu* zu verwechseln, denn man spricht sie gleich aus.
- Normalerweise schreibt man *e* oder *eu*, z. B.: *bellen, heute, die Leute.*
- Wenn es verwandte Wörter mit *a* oder *au* gibt, dann schreibt man *ä* oder *äu*, z. B.:
  die Kälte – denn: *kalt; die Träume* – denn: *der Traum.*

Nomen erkennen und großschreiben ▶ S. 219–221

Nomen bezeichnen Lebewesen, Gegenstände, Ideen usw. Man schreibt sie **groß**.
- **Artikelprobe:** Vor Nomen kann man einen Artikel setzen, z. B.: *der Tiger, eine Kuh*.
- **Adjektivprobe:** Nomen kann man durch Adjektive genauer beschreiben, z. B.: *der alte Tiger*.
- **Zählprobe:** Vor Nomen kann man fast immer bestimmte oder unbestimmte Zahlwörter setzen, z. B.: *drei/zwölf/tausend Tiger* oder *einige/wenige/viele/alle Kühe*.
- Wörter mit den **Nachsilben** *-heit, -keit, -nis, -schaft, -tum, -in, -ung* sind Nomen.

Nominalisierte Verben und Adjektive erkennen ▶ S. 221

Verben in ihrer Grundform (Infinitiv) und Adjektive können als Nomen verwendet werden.
- Nominalisierte Verben und Adjektive schreibt man **groß**.
- Nominalisierungen kann man mit Hilfe der **Artikelprobe**, der **Adjektivprobe** oder der **Zählprobe** erkennen, z. B.: *lachen → das Lachen – das laute Lachen – alles Lachen*.
- Nominalisierte Adjektive stehen oft mit unbestimmten Zahlwörtern: *viel Gutes, wenig Böses*.

Doppelkonsonanten, *ck* und *tz* ▶ S. 227–228

- Doppelkonsonanten schreibt man nur, wenn die **erste Silbe geschlossen** ist, z. B.: *hof_fen*. Stehen an der Silbengrenze zwei verschiedene Konsonanten, verdoppelt man nicht, z. B.: *hel_fen*.
- Statt *kk* schreibt man in deutschen Wörtern *ck*, statt *zz* schreibt man *tz*, z. B.: *Bäcker, Katze*.

Wörter mit *i* oder *ie* ▶ S. 229

- Man schreibt immer *i*, wenn die **erste Silbe geschlossen** ist, z. B.: *die Kin_der*.
- Man schreibt nur *ie*, wenn die **erste Silbe offen** ist, z. B.: *die Tie_re*.
- Diese Regel gilt nur für **zweisilbige deutsche Wörter**, nicht für Fremdwörter wie *Vi_ta_mi_ne*.

Wörter mit *s*-Laut (*s, ß, ss*) ▶ S. 230–231

- Man schreibt *s*, wenn die **erste Silbe offen** ist und man den *s*-Laut **summend** spricht, z. B.: *le_sen*.
- Man schreibt *ß*, wenn die **erste Silbe offen** ist und man den *s*-Laut **zischend** spricht, z. B.: *Stra_ße*.
- Man schreibt *ss*, wenn die **erste Silbe geschlossen** ist, z. B.: *es_sen, fas_sen*.
- Um diese Regeln für den *s*-Laut anzuwenden, braucht man eine zweisilbige Wortform.

Wörter mit *h* ▶ S. 232

- Bei einsilbigen Wörtern kann man das *h* nicht hören, z. B.: *das Reh, der Zahn*.
- **Verlängert** man sie, steht das *h* oft in der **zweiten Silbe**. Es **öffnet** die zweite Silbe **hörbar**, z. B.: *Re_he*.
- Steht das *h* in der **ersten Silbe**, ist es **nicht hörbar**. Diese Wörter sind **Merkwörter**, z. B.: *Zäh_ne*.

Arbeitstechniken und Methoden

Eine Schreibkonferenz durchführen ▶ S. 50

- Besprecht eure Texte in Gruppen. Dabei achtet jedes Gruppenmitglied als Experte auf einen Schwerpunkt, z. B. den Inhalt des Textes, den Aufbau oder die Sprache.
- Formuliert eure Vorschläge in der Ich-Form, z. B.: *„Ich würde die Überschrift kürzer formulieren."*
- Achtet darauf, dass eure Verbesserungsvorschläge unterstützend und hilfreich sind.
- Der Verfasser notiert sich die Vorschläge und entscheidet selbst, welche er bei der Überarbeitung beachtet.

Texte mit Hilfe der Textlupe prüfen und überarbeiten ▶ S. 19

Mit der „Textlupe" macht ihr euch gegenseitig Verbesserungsvorschläge für eure Texte, ohne dabei miteinander zu sprechen.

1. Setzt euch zu viert oder zu fünft zusammen.
2. Listet auf einem Arbeitsblatt (der „Textlupe") auf, was die anderen bei euren Texten genauer „unter die Lupe" nehmen und prüfen sollen, z. B.: die Überschrift, den Aufbau, die Rechtschreibung.
3. Reicht euren Text mit Textlupenblatt an ein Gruppenmitglied weiter.
4. Das Gruppenmitglied liest den Text und notiert auf dem Textlupenblatt, was gelungen ist und was verbessert werden muss.
5. Anschließend werden Text und Textlupe an den Nächsten in der Gruppe weitergegeben. Am Ende haben alle in der Gruppe ihr Lob und ihre Kritik auf dem Textlupenblatt notiert.
6. Überarbeitet euren Text mit Hilfe der Notizen auf dem Textlupen-Blatt.

Texte am Computer schreiben und gestalten ▶ S. 126

Eine Textdatei anlegen

- Startet ein **Textprogramm.** Klickt es mit der Maus doppelt an, z. B. *Word, Open Office*.
- Geht in der Menüleiste des Programms auf **Datei** und **Neu**.
- Überlegt euch einen **Dateinamen**, z. B.: Fabelbuch. Geht im Menü auf **Speichern unter** 💾.

Texte schreiben und bearbeiten

- **Tippt** euren Text in das Textprogramm.
- **Markiert** die Textstellen, die ihr **verbessern** müsst oder besonders **gestalten** wollt:
  - Drückt die linke Maustaste und fahrt mit dem Cursor über die Buchstaben oder Wörter.
  - Wählt in der Menüleiste die **Schriftgröße, Schriftart**, z. B.: Comic Sans oder Garamond, und die **Schriftfarbe**.
  - **Unterstreichen** könnt ihr mit U,
  - **fett** hervorheben mit F und
  - **schräg** *(kursiv)* stellen mit K.
  - Falsch getippte Buchstaben werden mit ← **gelöscht** und dann **korrigiert**.
  - Habt ihr **versehentlich etwas gelöscht,** klickt auf diese Zeichen ↶ ▼.

Texte speichern und ausdrucken
- Speichert zwischendurch immer wieder euren Arbeitsstand ab 💾.
- Prüft euer Endergebnis mit der Seitenansicht 🔍.
- Druckt euer Endergebnis aus 🖨.

Eine Figurenskizze erstellen ▶ S. 107

Die **Beziehungen zwischen Figuren** in Texten kann man in Figurenskizzen darstellen, um sie besser zu verstehen:
- Zeichnet für jede Figur einen Kasten. Ergänzt darin jeweils **Name und Eigenschaften der Figur.**
- Verbindet die Kästen durch Pfeile und beschriftet diese mit **Angaben zur Beziehung**, z. B.: *verliebt, befreundet, verfeindet, fremd, verwandt.*

Einen Lesevortrag vorbereiten ▶ S. 86–87

Wirkungsvoll vorlesen bedeutet, dass ihr einen Text **lebendig vortragt** und eure Stimme dem Geschehen und der Figur anpasst. Zum Beispiel könnt ihr lauter sprechen, wenn eine Figur mit ihren Taten angibt, und leiser, wenn sie Angst hat oder mit jemandem flüstert.
- Markiert im Text, wie ihr vorlesen wollt. Verwendet dazu die folgenden **Zeichen:**
  - Betonung, z. B. wichtiger Wörter: Rahmen
  - Lautstärke: lauter oder leiser
  - Pausen, z. B. an spannenden Stellen: |
  - Stimme heben, z. B. bei einer Frage: ↑
  - Stimme senken, z. B. am Satzende: ↓
- Übt **lange und schwierige Wörter.** Entscheidet, welche Silbe betont werden muss.

Ein Gedicht auswendig lernen ▶ S. 134–135

Folgende **Tricks** helfen euch beim Auswendiglernen eines Gedichts:
- Lernt das Gedicht **in Etappen.**
- Lasst den Inhalt vor eurem **inneren Auge** wie einen Film ablaufen.
- Kombiniert einzelne Textstellen mit einer **unauffälligen Bewegung** (z. B. einzelne Finger antippen). Wenn ihr die Bewegung beim Vortrag ausführt, erinnert sie euch an die Textstelle.
- **Schreibt** den Text mehrmals auf. Lasst dabei immer mehr weg, bis ihr nur noch den Anfang eines jeden Verses schreibt.

Informationen im Internet recherchieren ▶ S. 251

- Nutzt spezielle **Suchmaschinen** für Kinder und Jugendliche, z. B.: www.frag-finn.de, www.helles-koepfchen.de, www.kindernetz.de, www.blinde-kuh.de.
- Gebt einen möglichst genauen **Suchauftrag** ein, z. B.: *Frisbee* statt *Sportart*.
- Beachtet, dass die besten Ergebnisse nicht immer als erste auf der **Ergebnisliste** stehen.
- Im Internet gibt es viele spannende Seiten. Verliert bei der Suche nicht das **Ziel** aus den Augen.

Die Fünf-Schritt-Lesemethode ▶ S. 166, 253, 265

Informationen sammeln und ordnen ▶ S. 255

Ideen in einem Ideenstern sammeln

- Schreibt das Thema in die Mitte eines Blattes und hebt es farbig hervor.
- Notiert Gedanken, Merkmale oder Informationen zum Thema.
- Kreist eure Eintragungen ein und verbindet sie durch Linien mit dem Wort in der Mitte.

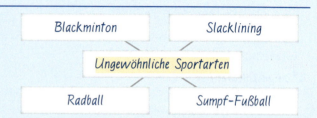

Informationen in einer Mindmap ordnen ▶ S. 255

- Schreibt in die Mitte eines Blattes das **Thema** und umrahmt es.

- Notiert um das Thema herum die **Hauptpunkte.** Verbindet sie mit dem Thema durch Linien.
- Schreibt zu den Hauptpunkten weitere **Unterpunkte** und ergänzt dazu Informationen, Ideen oder Beispiele.

Einen Kurzvortrag halten ▶ S. 255–256

So könnt ihr bei der Vorbereitung eines Kurzvortrags vorgehen:
- Sammelt und ordnet alle **Informationen** zu eurem Thema in einer Mindmap.
- Entwickelt eine **Gliederung** für euren Vortrag: Legt zu jedem Hauptpunkt eine Karteikarte mit den wichtigsten Informationen an und nummeriert die Karteikarten in einer sinnvollen Reihenfolge.
- Überlegt euch einen interessanten **Einstieg** und **Schluss** für euren Vortrag.
- Versucht, möglichst frei vorzutragen. Sprecht laut, deutlich und nicht zu schnell.
- Schaut euer Publikum an. So seht ihr auch, ob es Zwischenfragen gibt.
- Unterstützt euren Vortrag durch **Anschauungsmaterial** (Bilder, Grafiken, Gegenstände).

Arbeitsergebnisse in einem Gallery Walk präsentieren ▶ S. 139, 140

- Hängt oder legt eure Arbeitsergebnisse wie in einer Galerie im Klassenraum aus. Ihr könnt euch auch zu eurem Produkt stellen und es vorstellen.
- Geht im Klassenraum herum und betrachtet die Ergebnisse eurer Mitschülerinnen und Mitschüler. Notiert Fragen, Anmerkungen oder Überarbeitungsvorschläge auf einen Zettel.
- Äußert eure Eindrücke und Fragen anschließend in einem Klassengespräch.

Textartenverzeichnis

Berichte
Laufen für den Frieden 54
Schülerinnen und Schüler der Zirkus-AG ... 47

Beschreibungen
Gegenstandsbeschreibung 69
Personenbeschreibung 68
Zaubertrick: Münze und Streichholz 72
Zaubertrick: Papierring 70

Bildergeschichten/Comics
Bendis, Brian u.a.: Spider-Man 111
Der Habicht und der Spatz 127
Der Löwe und die Maus 121
Die Mutprobe 16
Ein Unfallbericht 58

Diagramme
Könntest du dir vorstellen, Spieleentwickler zu werden? 170
Sonne und Planeten 191
Was ist dein Lieblingscomputerspiel? 163
Wie lange spielst du an einem normalen Tag am Computer? 164

Erzählungen/Jugendbuchauszüge
Guggenmos, Josef: Von Schmetterlingen ... 231
Orsenna, Erik: Die Grammatik ist ... 219, 220
Tielmann, Christian: Der Kahn 21–24

Fabeln
Afrikanische Fabel: Wie die Spinne der Eidechse ... 117
Arntzen, Helmut: Grille und Ameise 119
Asiatische Fabel: Der Löwe und die Katze 117
Äsop:
  Der Fuchs und der Bock 114
  Der Fuchs und der Storch 115
  Der Löwe, der Esel und die Füchsin 120
  Die Ameise und die Grille 118
  Die Schildkröte und der Hase 123
Born, Georg: Sie tanzte nur einen Winter 119
La Fontaine, Jean de:
  Der Fuchs und der Hahn 124
  Die Grille und die Ameise 118

Formulare
Unfallformular 52

Gedichte/Balladen
Astl, Christa: Regenbogen 139
Ausländer, Rose: April 142
Bense, Max: Wolke 137
Brecht, Bertolt: Drachenlied 141
Britting, Georg:
  Am offenen Fenster ... 133
  Drachen 141
Bubenheim, Frank: Schnee 144
Clormann-Lietz, Nora: Langeweile? Tu was! 216
Dauthendey, Max: Ein Rudel kleiner Wolken 140
Dietmar von Aist: Ahî nu kumet uns diu zît / Ahi, nun kommt die Wonnezeit 143
Eichendorff, Joseph Freiherr von: Weihnachten 144
Erhardt, Heinz: Mond über der Stadt 130
Ernst, Otto: Nis Randers 134
Guggenmos, Josef: Das o und alle drei e 213
Hebbel, Friedrich: Herbstbild 144
Kaléko, Mascha: Advent 144
  Der Mann im Mond 131
Kaschnitz, Marie Luise: Tritte des Herbstes 144
Kleberger, Ilse: Sommer 143
Liliencron, Detlev von: Ballade in U-Dur 150
Löns, Hermann: Gewitter 132
Lypp, Maria: Anfangen 221
Maar, Paul: Regen 137
Manz, Hans:
  Frühling 142
  In die Wolken gucken: 140
Matthäus, Sabine: Mein Handy ist ... 150
Morgenstern, Christian:
  Butterblumengelbe Wiesen 143
  Der Schnupfen 138
Mörike, Eduard: Septembermorgen 144
Rilke, Rainer Maria: Das Märchen von der Wolke 136
Ringelnatz, Joachim: Sommerfrische 143
Trautner, Frank: Schmolke Wolke 140
Wittkamp, Frantz: Rings um Haus und Hof 214

Lexikonartikel/Wörterbücher
Lexikonseite: Fahnen – Familie 249
Polka ... 223
Schülerlexikon: Inhaltsverzeichnis und Register 248

Lügengeschichten
Kästner, Erich:
  Die Enten an der Schnur 92
  Münchhausen auf der Jagd 88
Schirneck, Hubert:
  Die tanzenden Eisbären 83–84
  Eine Woche im Fuchsbau 80–81
Uebe, Ingrid: Münchhausens Ritt ... 78–79

Sachtexte
Alltag im Weltall 190
Äsop – Der „Erfinder" der Fabeln? 116
Beck, Rufus: Gutes Vorlesen ist ... 86
Die Welt wird kleiner 156
Frisbee ... 252
Götter und Helden ... 101
Hauptsache, der Diamant ... 165
klicksafe-Tipps: ... 158
Kraniche – Boten des Frühlings 236
Laufen für den Frieden 54
„omg", „hdgdl" und „lol" 161
Reise um die Welt 175
Traumberuf: Entwickler für Computerspiele 169–170

Sagen
Herakles 96
Herakles und der Kampf ... 97
Herakles und die Äpfel ... 98
Herakles und die Rinder ... 102
Wie Brünhild besiegt wurde 106–107
Wie Siegfried den Drachen ... 103–104

Szenische Texte
Matthäus, Sabine: Mit dem Taxi durch die Zeit ... 146–153

Websites
Helles-Koepfchen.de 251
Profilseite 160

Autoren- und Quellenverzeichnis

ARNTZEN, HELMUT (*1931)
119 Grille und Ameise
aus: Fabeln. Reclam, Stuttgart 2006, S. 48

ÄSOP (um 600 v. Chr.)
114 Der Fuchs und der Bock im Brunnen (1)
115 Der Fuchs und der Storch (2)
118 Die Ameise und die Grille (3)
120 Der Löwe, der Esel und die Füchsin (4)
123 Die Schildkröte und der Hase (5)
126 Die Katze und die Mäuse (6)
aus: Das große Fabelbuch. Lappan Verlag, Oldenburg 2010, S. 139 (1), ebd. S. 62 (2), Aesopische Fabeln. Hrsg. von August Hausrath. Heimeran, München 1940, S. 57 (3), Fabeln. Reclam, Stuttgart 2005, S. 145 (4), ebd. S. 215 (5), ebd. S. 83 (6)

ASTL, CHRISTA
139 Regenbogen
aus: http://gedichte.xbib.de/Astl%2C+Christa_gedicht_Regenbogen.htm [04.06.2014]

AUSLÄNDER, ROSE (1901–1988)
142 April
aus: Gesammelte Werke. Hrsg. von Helmut Braun. Fischer Verlag, Frankfurt a. M. 1984

BECK, RUFUS (*1957)
86 Gutes Vorlesen ist eben, wenn sich keiner langweilt
nach: http://www.vorlesewettbewerb.de/files/vwb_tipps_beck_1.pdf [04.06.2014]

BENDIS, BRIAN (*1967);
BAGLEY, MARK (*1957) u. a.
111 Spider-Man – Die Geheimidentität
aus: Marvel: Der ultimative Spider-Man. Lektionen fürs Leben. Panini Comics, Nettetal-Kaldenkirchen 2001/2010, o. S.

BENSE, MAX (1910–1990)
137 Wolke
aus: Wolke. In: konkrete poesie international. Hrsg. von Max Bense und Elisabeth Walther. Edition rot, Stuttgart 1965

BORN, GEORG (*1928)
119 Sie tanzte nur einen Winter
aus: Fabeln. Reclam, Stuttgart 2006, S. 47–48

BRECHT, BERTOLT (1898–1956)
141 Drachenlied
aus: Gesammelte Werke. Bd. 10. Werkausgabe. Suhrkamp, Frankfurt a. M. 1967, S. 970

BRITTING, GEORG (1891–1964)
133 Am offenen Fenster bei Hagelgewitter (1)
141 Drachen (2)
aus: Gedichte. 1919–1939. Gesamtausgabe in Einzelbänden: Bd. 1. Nymphenburger Verlagshandlung, München 1957, S. 56 (1), ebd. S. 91 (2)

BUBENHEIM, FRANK (*1952)
144 Schnee
aus: Am Montag fängt die Woche an. Jahrbuch der Kinderliteratur 2. Hrsg. von Hans-Joachim Gelberg. Beltz & Gelberg, Weinheim/Basel 1973

CLORMANN-LIETZ, NORA
216 Langeweile? Tu was!
aus: Großer Ozean. Gedichte für alle. Hrsg. von Hans-Joachim Gelberg. Beltz & Gelberg, Weinheim/Basel 2006, S. 35

DAUTHENDEY, MAX (1867–1918)
140 Ein Rudel kleiner Wolken
aus: Insichversunkene Lieder im Laub. Dogma Verlag, Bremen 2013, S. 47

DIETMAR VON AIST (um 1115–nach 1171)
143 Ahî, nu kumet uns diu zît
aus: Des Minnesangs Frühling. Neu bearbeitet von Carl von Kraus. S. Hirzel Verlag, Stuttgart 1961, S. 31–32, Übertragung: Deutsches Lesebuch für höhere Mädchenschulen. Hrsg. von Anton Kippenberg. Norddeutsche Verlagsanstalt, Hannover 1911

EICHENDORFF, JOSEPH FREIHERR VON (1788–1857)
144 Weihnachten
aus: Werke in einem Band. Carl Hanser Verlag, München 1951, S. 171

ERHARDT, HEINZ (1909–1979)
130 Mond über der Stadt
aus: Das große Heinz Erhardt Buch. Fackelträger-Verlag, Hannover 1970, S. 285

ERNST, OTTO (1862–1926)
134 Nis Randers
aus: Deutsche Balladen. Hrsg. von Hartmut Laufhütte. Reclam, Stuttgart 1991, S. 381–382

GUGGENMOS, JOSEF (1922–2003)
213 Das o und alle drei e (1)
231 Von Schmetterlingen und Raupen (2)
aus: Oh, Verzeihung, sagte die Ameise. Beltz & Gelberg, Weinheim/Basel 2008, S. 157 (1), ebd. S. 34 (2)

HEBBEL, FRIEDRICH (1813–1863)
144 Herbstbild
aus: Epochen der deutschen Lyrik. Bd. 8: Gedichte 1830–1900. Hrsg. von Walther Killy. dtv, München 1970, S. 230–231

KALÉKO, MASCHA (1907–1975)
131 Der Mann im Mond (1)
144 Advent (2)
aus: Die paar leuchtenden Jahre. Deutscher Taschenbuch Verlag, München 2003, S. 163 (1), ebd. S. 164 (2)

KASCHNITZ, MARIE LUISE (1901–1974)
144 Tritte des Herbstes
aus: Gedichte für einen Herbsttag. Hrsg. von Gudrun Bull. dtv, München 2009, S. 16

KÄSTNER, ERICH (1899–1974)
88 Münchhausen auf der Jagd (1)
92 Die Enten an der Schnur (2)

aus: Münchhausen. Dressler Verlag, Hamburg 2008, S. 27–29 (1), ebd. S. 23–27 (2)

KLEBERGER, ILSE (1921–2012)
143 Sommer
aus: Die Stadt der Kinder. Hrsg. von Hans-Joachim Gelberg. Georg Bitter Verlag, Recklinghausen 1969, S. 172

LA FONTAINE, JEAN DE (1621–1695)
118 Die Grille und die Ameise (1)
124 Der Fuchs und der Hahn (2)
aus: Der Fuchs und die Trauben. Fabeln aus aller Welt. Hrsg. von Beate Hellbach. Eulenspiegel Verlag, Berlin 2011, S. 63 (1), http://gutenberg.spiegel.de/buch/4576/35 [12.05.2014] (2)

LILIENCRON, DETLEV VON (1844–1909)
150 Ballade in U-Dur
nach: Bunte Beute. Schuster und Loeffler Verlag, Berlin und Leipzig 1903, S. 54–57 (gekürzt)

LÖNS, HERMANN (1866–1914)
132 Gewitter
aus: Sämtliche Werke: Bd. 1. Hrsg. von Friedrich Castelle. Hesse und Becker Verlag, Leipzig 1923, S. 141–142

LYPP, MARIA
221 Anfangen
aus: Großer Ozean. Gedichte für alle. Hrsg. von Hans-Joachim Gelberg. Beltz & Gelberg, Weinheim/Basel 2006, S. 67

MAAR, PAUL (*1937)
137 Regen
aus: Onkel Florians fliegender Flohmarkt. Friedrich Oetinger Verlag, Hamburg 1977

MANZ, HANS (*1931)
140 In die Wolken gucken (1)
142 Frühling (2)
aus: Die schönsten Kindergedichte. Hrsg. von Max Kruse. Aufbau Verlag, Berlin 2003, S. 209 (1), Die Welt der Wörter. Beltz & Gelberg, Weinheim/Basel 1991 (2)

MATTHÄUS, SABINE
146 Mit dem Taxi durch die Zeit
aus: www.tonleiterspatzen.de

MORGENSTERN, CHRISTIAN (1871–1914)
138 Der Schnupfen (1)
143 Butterblumengelbe Wiesen (2)
aus: Gesammelte Werke. Piper, München 1965, S. 305 (1), ebd. S. 71 (2)

MÖRIKE, EDUARD (1804–1875)
144 Septembermorgen
aus: Der ewige Brunnen. Ein Volksbuch deutscher Dichtung. Hrsg. von Ludwig Reiners. C.H. Beck, München 1955, S. 276

ORSENNA, ERIK (*1947)
219 Die Grammatik ist ein sanftes Lied
nach: Die Grammatik ist ein sanftes Lied. Carl Hanser Verlag, München 2004, S. 67–68, S. 69–70

RILKE, RAINER MARIA (1875–1926)
136 Das Märchen von der Wolke
aus: Sämtliche Werke: Bd. 1. Insel-Verlag, Frankfurt a. M. 1955, S. 45

RINGELNATZ, JOACHIM (1883–1934)
143 Sommerfrische
aus: Das Gesamtwerk in sieben Bänden. Gedichte 2. Hrsg. von Wolfgang Pape. Henssel-Verlag, Berlin 1985, S. 31–32

SCHIRNECK, HUBERT (*1962)
80 Eine Woche im Fuchsbau (1)
83 Die tanzenden Eisbären (2)
aus: © Hubert Schirneck, Weimar (1), aus: Der Lügenkönig von Heuchelheim © Rundfunk Berlin Brandenburg, Sendung „Ohrenbär" vom 06.06.1998 (2)

TIELMANN, CHRISTIAN (*1971)
21 Der Kahn
aus: Ich schenk dir eine Geschichte: Freundschaftsgeschichten. cbj, München 2010, S. 56–68

TRAUTNER, FRANK
140 Schmolke Wolke
aus: http://gedichte.xbib.de/Trautner%2C+Dr.+Frank_gedicht_Schmolke+Wolke.htm [27.05.2014]

UEBE, INGRID
78 Münchhausens Ritt auf der Kanonenkugel
aus: Bürger, Gottfried August: Die Abenteuer des Barons von Münchhausen. Nacherzählt von Ingrid Uebe. Ravensburger Leserabe, Ravensburg 2009, S. 19–24

WITTKAMP, FRANTZ (*1943)
214 Rings um Haus und Hof
aus: Allerlei Getier. Gedichte für Kinder. Hrsg. von Ursula Remmers. Reclam, Stuttgart 2003, S. 15

Unbekannte/ungenannte Autorinnen und Autoren
117 Afrikanische Fabel – Wie die Spinne der Eidechse ihre Schulden mit einem Loch bezahlte
aus: Der Fuchs und die Trauben. Fabeln aus aller Welt. Eulenspiegel Verlag, Berlin 2011, S. 175–176
190 Alltag im Weltall – Interview mit einem Astronauten
nach: http://www.geo.de/GEOlino/technik/astronauten-interview-im-all-schlaeft-man-auch-kopfueber-3085.html?p=2 [04.06.2014]
117 Asiatische Fabel – Der Löwe und die Katze
aus: http://gutenberg.spiegel.de/buch/5260/22 [12.05.2014]
226 Die Erforschung der Elefantensprache
nach: http://www.zeit.de/2004/20/N-Elefantensprache/ [04.06.2014]
215 Es singt wie …
aus: ABC und Tintenklecks. Gedichte für Kinder. Hrsg. von Ursula Warmbold, Ursula Remmers. Reclam, Stuttgart 2007, S. 82 (gekürzt)
249 Fahnen …
nach: Großes Kinder- & Jugend-Lexikon. Naumann und Goebel, Köln 1993, S. 84–85
234 Farben bei Tieren und Pflanzen (1)
234 Warnfarben und Tarnfarben (2)
235 Farbe statt Sprache (3)
235 Täuschung durch Farbe (4)
nach: http://www.planet-wissen.de/natur_technik/farbe/natuerliche_farbe/farbe_bei_pflanzen_und_tieren.jsp [04.06.2014] (1–4)
252 Frisbee – Vom Kuchenblech zum Sportgerät
nach: http://kiwithek.kidsweb.at/index.php/Frisbee [04.06.2014]
225 Haben Tiere eine Sprache?
nach: http://www.planet-wissen.de/natur_technik/tierisches_sprachen_der_tiere/lautsprache.jsp [04.06.2014]
96 Herakles
aus: Die schönsten Sagen aus aller Welt. Nacherzählt von Katharina Neuschaefer. Ellermann Verlag, Hamburg 2011, S. 99–100
97 Herakles und der Kampf gegen den Nemeischen Löwen
aus: Die schönsten Sagen aus aller Welt. Nacherzählt von Katharina Neuschaefer. Ellermann Verlag, Hamburg 2011, S. 100–101
98 Herakles und die Äpfel der Hesperiden
nach: Lewin, Waldtraut: Griechische Sagen. Loewe Verlag, Bindlach 2013, S. 117–119
102 Herakles und die Rinder des Geryon
nach: Lewin, Waldtraut: Griechische Sagen. Loewe Verlag, Bindlach 2013, S. 116–117
158 klicksafe-Tipps: So verhältst du dich richtig im Internet
nach: http://www.klicksafe.de/materialien [04.06.2014]
236 Kraniche – Boten des Frühlings
nach: Wobig, Tanja: Kraniche. Landlust März/April 2012, S. 146–153
54 Laufen für den Frieden. Bonner Friedenslauf – 20 000 Euro sollen für Projekte gesammelt werden
nach: http://www.general-anzeiger-bonn.de/bonn/bonn/bonn-zentrum/20000-Euro-sollen-fuer-soziale-Projekte-gesammelt-werden-article1152659.html [04.06.2014]
161 „omg", „hdgdl" und „lol"
nach: http://www.general-anzeiger-bonn.de/dialog/klasse/klasse/omg-hgdl-und-lol-article914527.html#plx1651738910 [04.06.2014]
169 Traumberuf: Entwickler für Computerspiele
nach: http://www.geo.de/GEOlino/mensch/berufe/beruf-entwickler-fuer-computerspiele-61872.html [04.06.2014]
181 Was bringt die Zukunft? – Fragen an den Chef der deutschen Raumfahrt
nach: http://www.bild.de/news/inland/raumfahrt/herr-raumfahrtchef-was-bringt-die-zukunft-30521082.bild.html [04.06.2014]
106 Wie Brünhild besiegt wurde
aus: Die schönsten Sagen aus aller Welt. Nacherzählt von Katharina Neuschaefer. Ellermann Verlag, Hamburg 2011, S. 152–155
224 Wie kommt das Wort ins Buch?
nach: Warum wackelt der Wackelpudding? Antworten auf kuriose Kinderfragen. Bertelsmann Lexikon Verlag, Gütersloh 2008, S. 130
103 Wie Siegfried den Drachen tötete
nach: Gerlach, Johannes: Die Siegfriedsage. In: Wort und Sinn I. Schöningh Verlag, Paderborn o. J., S. 189 ff.

Bildquellenverzeichnis

S. 13: Christian Schwier/Fotolia.com; **S. 14:** Coverabbildung: cbj Verlag, München 2012; **S. 29 links:** ER_09/Shutterstock.com; **rechts:** Perig/Shutterstock.com; **S. 30:** Thomas Schulz, Teupitz; **S. 45:** Imago; **S. 49:** Alto/Mauritius images; **S. 54:** © forumZFD; **S. 56:** wellphoto/Fotolia.com; **S. 61:** Walter G. Allgöwer/Mauritius images; **S. 62 links:** F1 online; **Mitte:** Marc Gilsdorf/Mauritius images; **rechts:** Thomas Schulz, Teupitz; **S. 65:** Pavel Morozov/Fotolia.com; **S. 67 links:** inlina/Fotolia.com; **rechts:** gradt/Fotolia.com; **S. 69:** ullstein-bild/CARO, Sven Hoffmann; **S. 74:** Rony Zmiri/Fotolia.com; **S. 86:** picture alliance; **S. 101:** Kamira/Shutterstock.com; **S. 111:** © Marvel & SUBS; **S. 116:** Mary Evans/Interfoto; **S. 145, 149, 152:** Anja Otte, Bohmte; **S. 150:** Thomas Schulz, Teupitz; **S. 154:** Matthias Raabe, Espelkamp; **S. 155:** Goodluz/Shutterstock.com; **S. 156:** Syda Productions/Fotolia.com; **S. 160 oben:** auremar/Shutterstock.com; **2. von oben:** pio3/Fotolia.com; **3. von oben:** Max Topchii/Fotolia.com; **unten:** Kuzma/Shutterstock.com; **S. 161:** Sabphoto/Shutterstock.com; **S. 165, 166:** © Electronic Arts; **S. 169:** karnoff/Shutterstock.com; **S. 176:** Mauritius images; **S. 180:** picture alliance; **S. 183:** Soren Egeberg Photography/Shutterstock.com; **S. 184:** sladerer/Fotolia.com; **S. 188:** Mauritius images; **S. 193:** Michael Rosskothen/Fotolia.com; **S. 201:** Soja Andrzej/Fotolia.com; **S. 234:** Praisaeng/Shutterstock.com; **S. 243:** Tyler Olson/Shutterstock.com; **S. 247:** Ruth Malaka, Köln; **S. 248 oben links:** Coverabbildung: Compact Verlag GmbH, München; **oben rechts:** Coverabbildung: Dorling Kindersley Verlag, München; **unten:** Gino Santa Maria/Fotolia.com; **S. 249:** Nicolette Wollentin/Fotolia. com; **S. 251:** Helles-Koepfchen.de; **S. 252:** Jari Hindstroem/Shutterstock.com

Sachregister

A

Ableiten (Strategie) 218, 274
Ableitungen **185,** 270
Adjektiv **175,** 215, 223, 267
– Komparativ (Vergleichsstufe) 175
– Positiv (Grundstufe) 175
– Steigerungsstufen **175,** 267
– Superlativ (Höchststufe) 175
Adverbiale Bestimmungen **197–198,** 271
Adverbien **184,** 269–270
Akkusativ **174,** 183, 267
Akkusativobjekt **196,** 271
Anführungszeichen 18, 273
Anredepronomen 40
Antike Sagen ▶ Sage
Arbeitstechniken
– Figurenskizze **107,** 277
– formellen Brief schreiben 40
– Fünf-Schritt-Lesemethode **166–167,** 253, 278
– Diagramm auswerten 163
– Gallery-Walk **140,** 278
– Gedicht auswendig lernen **134–135,** 277
– im Lexikon nach Informationen suchen 249–250
– Informationen sammeln und ordnen **255–256,** 278
– Klebezettel-Methode anwenden 247
– Kurzvortrag halten **255–256,** 278
– Lernen mit verschiedenen Sinnen 245
– Lesevortrag vorbereiten **86–87,** 277
– Schreibkonferenz 276
– Stichwortzettel anfertigen 246
– Suchmaschine benutzen **251,** 277
– Texte am Computer schreiben und gestalten **126,** 276–277
Argument 31, **39**
Artikel **174,** 188, 267
Auslaut 215
Ausrufesatz 272
Aussagesatz 272

B

Balkendiagramm 163
Begleiter ▶ Artikel
Bericht/Berichten **46–50,** 51–52, 55, 260–261
– Aufbau **48,** 260
– Sprache 48, **50,** 52, 55, 260
– Unfallbericht **51–52,** 58–60, 261
– W-Fragen **48,** 52, 55
– Zeitungsbericht **54–55,** 261
Beschreiben **62–68,** 70–71, 74–76, 261–262
– Aufbau 71
– Einleitung 68
– Gegenstand beschreiben **62–64,** 74–76, 261
– Hauptteil 68
– Person beschreiben **67–68,** 262
– Präsens 64, 68
– Schluss 68
– Sprache 71
– Suchanzeige **65–66,** 74–76
– Vorgang beschreiben **70–73,** 262
Bestimmungswort 186
Bildergeschichte **16–17,** 58, 70, 72, 90, 99, 111, 121, 127, 121–122, 127–128
Brief (formell) **40–41,** 262

C

Checklisten:
– Fabel zu Bildern schreiben 128
– Gegenstand in Suchanzeige beschreiben 76
– Geschichte fortsetzen 28
– Lügengeschichte fortsetzen 90
– Lügengeschichte untersuchen 94
– Sachtext untersuchen und Diagramme vergleichen 172
– Unfallbericht schreiben 60
– Vorgang beschreiben 73
– Vorschlag in formellem Brief begründen 44
Comic gestalten 111–112, 126

D

Dativ **174,** 183, 267, 269
Dativobjekt **196,** 271
Demonstrativpronomen **177,** 268
Diagramm **163–164,** 169–172
– auswerten **163–164,** 169–172, 265–266
– Balkendiagramm 163
– Kreisdiagramm 163
– Säulendiagramm 163
Dialog 108, 147
Diktat 236

Diskussion ▶ Fishbowl-Diskussion
Doppelkonsonant, *ck* und *tz* 215, **227–228,** 275
Doppelpunkt 18

E

Einsilber 214–215
Einwände entkräften **32,** 39, 257
Einzahl 223, 267
Ersatzprobe **202,** 273
Erweiterungsprobe **202,** 273
Erzählen (mündlich) **14–15**
Erzählen (schriftlich) / Erzählung **16–17,** 25, 111, 123, 258–259
– Aufbau **16,** 258
– aus Sicht einer anderen Figur **25–26,** 259
– Er-/Sie-Erzähler 17
– Erzählkern **18–19,** 259
– Erzählperspektive **17,** 79, 258, 263
– Geschichte fortsetzen **27–28,** 90–91, 124–125, 260
– Ich-Erzähler 17
– nach Bildern erzählen 16–17, 99, 127–128, 259
– wörtliche Rede **17–18,** 259, 273
– Zeitdehnung/Zeitraffer **17,** 259
– Zeitformen **17,** 259

F

Fabel **114–119,** 121–128, 264
– Konfliktsituation 116
– Lehre 116
Fall **174,** 183, 188, 267, 269
– Akkusativ **174,** 183, 267, 269
– Dativ **174,** 183, 267, 269
– Genitiv **174,** 183, 267, 269
– Nominativ **174,** 267
Faltblatt 242
Fehleranalyse 237
Fehlerschwerpunkte bearbeiten 238–241
Femininum 174, 267
Figurenskizze 107, 277
Fishbowl-Diskussion 33–34
Fragesatz 272
Fugenelement 187
Fünf-Schritt-Lesemethode **166,** 253, 265
Funktion von Sachtexten ▶ Sachtexte
Futur **181,** 269

G

Gallery-Walk 140, 278
Gedicht **130–144**, 264
– Aufbau und Form **131**, 264
– auswendig lernen 135, 277
– Bildgedicht 137
– Gedichtkalender 142–144
– Parallelgedicht 138
– Personifikation **132**, 264
– Reim 131
– Strophe 131
– Vergleich **133**, 264
– Vers 131
Gegenstandsbeschreibung ▶ Beschreiben
Genitiv **174**, 183, 267, 269
Genus ▶ Geschlecht
Geschlecht **174**, 187, 267
– Femininum 174
– Maskulinum 174
– Neutrum 174
Gespräch ▶ Dialog
Gesprächsmotoren/Gesprächsbremsen **31**, 257
Gesprächsregeln **31**, 257
Gestik ▶ Theaterszenen
Großschreibung **174**, 187, 219–221, 275
Grundform 181, **223**
Grundstufe ▶ Positiv
Grundwort 186

H

Hauptsatz **199**, 201, 272
Heldensage 100
Höchststufe ▶ Superlativ
Hörspiel **110**, 266

I

Ich-Erzähler **17**, 85
Ideenstern 278
Improvisieren ▶ Theaterszenen
Infinitiv ▶ Grundform
Internet-Profil 160
Interview 161

K

Kasus ▶ Fall
Kleinschreibung **175**, 187
Komma 18, 68, 200, 201, 273
– bei Aufzählungen **68**, 273
– im Relativsatz 200
– in Satzreihen/Satzgefügen **201**, 273
Komparativ 175
Komposita ▶ Wortzusammensetzungen
Konflikt ▶ Theaterszenen

Konjunktion **199**, 201, 270
Konsonant 213
Kreisdiagramm 163
Kurzvortrag 255–256, 278

L

Lehre ▶ Fabel
Lesevortrag 86–87, 277
Lügengeschichte **78–85**, 89–94, 263
– Aufbau 80–82, 85
– Gestaltung 83–85
– Ich-Erzähler 79, 85
– Merkmale 85
– Sprache 85, 89

M

Maskulinum 174, 267
Mehrteiliges Prädikat 195
Meinungen begründen **30–31**, 33–34, 257
Meinungen formulieren **37–39**, 40–41, 257
Meinungsdreieck 33
Methoden:
– aus Sicht einer anderen Figur erzählen 25
– Beschreibungen anschaulich und abwechslungsreich formulieren 66
– Diagramm auswerten 163
– Figurenskizze erstellen 107
– Fishbowl-Diskussion durchführen 33
– formellen Brief schreiben 40
– Fünf-Schritt-Lesemethode 166
– Gedicht auswendig lernen 135
– Gegenstand beschreiben 64
– Improvisieren 149
– Informationen in einer Mindmap sammeln und ordnen 255
– Lesevortrag vorbereiten 87
– Meinung, Argumente und Beispiele verknüpfen 39
– Mimik und Gestik in Pantomime-Szenen einsetzen 148
– Nacherzählen 105
– Nomen an Nachsilben erkennen 220
– Nomen durch Proben erkennen 219
– Person beschreiben 68
– Rechtschreibung mit einem Faltblatt üben 242
– Satzglieder bestimmen: Die Umstellprobe 194
– spannend erzählen / aufmerksam zuhören 15

– Stichwortzettel anfertigen 246
– Suchmaschine im Internet benutzen 251
– Texte mit Hilfe von Proben überarbeiten 202
– Textlupe 19
– Vorgang beschreiben 71
– Wörter im Wörterbuch suchen 223
– Wörter mit *ä* und *äu* ableiten 218
– Wörter schwingen 212
– Wörter verlängern 215
– Wörter zerlegen, Bausteine abtrennen 217
Mimik ▶ Theaterszenen
Mindmap **255**, 278
Monolog **110**, 147

N

Nacherzählen
– mündlich **103–105**
– schriftlich **108–109**, 260
Nachsilbe 185, 220
Nebensatz **199–201**, 272
Neutrum 174, 267
Nomen **174**, 215, 219–221, 223, 267, 275
– Adjektivprobe **219**, 221
– Artikel **174**, 188
– Artikelprobe **219**, 221
– Fall **174**, 183, 188
– Geschlecht **174**, 187
– Nachsilben 220
– Zählprobe **219**, 221
Nominalisierte Verben und Adjektive 221
Nominativ 174, 267

O

Objekte **196**, 271
– Akkusativobjekt **196**, 271
– Dativobjekt **196**, 271

P

Partizip II 179, 180, 268–269
Perfekt **178–179**, 268
Personalform des Verbs 195, 268
Personalpronomen **176**, 188, 267
Personenbeschreibung ▶ Beschreiben
Personifikation ▶ Gedicht
Planen ▶ Texte planen
Plusquamperfekt **180**, 269
Positiv 175
Possessivpronomen **176**, 267
Prädikat **195**, 196, 271
Präfix ▶ Vorsilbe
Präposition **182**, 188, 269

Präposition mit Genitiv, Dativ oder Akkusativ **183**, 269
Präsens 64, 68, 168, **181**, 268
Präteritum 48, 50, 52, 55, **178**, 268
Projekte:
- Fabelbuch gestalten 126
- Gedichtkalender gestalten 142–144
- Helden-Comic gestalten 111–112
- Theaterszenen aufführen 154
- Vorlesewettbewerb 86–87

Pronomen **176–177**, 188, 200, 267–268
- Demonstrativpronomen **177**, 268
- Personalpronomen **176**, 188, 267
- Possessivpronomen **176**, 267
- Relativpronomen 200

R

Rechtschreibregeln 275
Rechtschreibstrategien **212–218**, 274
- Ableiten **218**, 274
- Schwingen **212**, 274
- Verlängern **214–215**, 274
- Zerlegen **216–217**, 274

Redebegleitsatz 18, 273
Regieanweisung 147
Reim 131
Relativpronomen 200, 272
Relativsatz **200**, 272

S

Sachtexte **156–172**, 265–266
- Diagramm auswerten **163–164**, 169–172, 265–266
- Fünf-Schritt-Lesemethode **166–167**, 253, 265
- Funktionen von Sachtexten **159**, 265
- Sachtexte zusammenfassen 167–168, 265

Sage **96–107**, 263
Satzart **199–201**, 272
- Aussage-, Frage-, Ausrufesatz 272
- Hauptsatz/Nebensatz **199–201**, 272
- Relativsatz **200**, 272
- Satzreihe/Satzgefüge **201**, 272

Satzbau, abwechslungsreich 194
Satzbau im Deutschen und Englischen 203
Satzgefüge **201**, 272
Satzglied **194–198**, 205–208, 271
- adverbiale Bestimmung **197–198**, 271
- Objekt **196**, 271
- Prädikat **195**, 196, 271
- Subjekt **195**, 196, 271

Satzkern 195

Satzreihe **201**, 272
Säulendiagramm 163
Schreibkonferenz 50, 276
Schreibplan 28, 40, 59, 75
Schwingen (Strategie) **212**, 215, 274
Selbstgespräch ▶ Monolog
Silbe (geschlossen/offen) **213**, 229, 230, 232, 274
Singular ▶ Einzahl
Spannungsmelder 15
Steigerungsstufen ▶ Adjektiv
Stellvertreter ▶ Pronomen
Stichwortzettel 246
Strophe 131
Subjekt **195**, 196, 271
Substantiv ▶ Nomen
Suchanzeige ▶ Beschreiben
Suchmaschine 251, 277
Suffix ▶ Nachsilbe
Superlativ 175

T

Texte planen 28, 43, 59, 65, 75, 93, 210
Texte überarbeiten 28, 44, 60, 66, 76, 94, **202**, 209–210, 273
Textlupe **19**, 122, 276
Theaterszenen **146–154**, 266
- Dialog/Monolog 147, 266
- Improvisieren **149**, 266
- Konflikt **146**, 147, 266
- Mimik/Gestik/Pantomime/Standbild **148**, 266
- Regieanweisungen 147, 266

U

Überarbeiten ▶ Texte überarbeiten
Überzeugen 32, **37–39**
Umstandswörter ▶ Adverbien
Umstellprobe **194**, 271, 273
Unfallbericht **51–52**, 58–60, 261

V

Verb **178–181**, 215, 223, 268–269
- Futur **181**, 269
- Grundform 181, **223**
- Imperativ 71, 159
- Perfekt **178–179**, 268
- Plusquamperfekt **180**, 269
- Präsens 64, 68, 168, **181**, 268–269
- Präteritum 48, 50, 52, 55, **178**, 268
- schwaches Verb 179
- starkes Verb 179

Vergangenheit ▶ Perfekt, Präteritum
Vergleich ▶ Gedicht
Vergleichsstufe ▶ Komparativ

Verhältniswörter ▶ Präposition
Verlängern (Strategie) **214–215**, 274
Vers 131
Vokal 213
Vorgangsbeschreibung ▶ Beschreiben
Vorschlag begründen 42–44
Vorsilbe 185
Vorvergangenheit ▶ Plusquamperfekt

W

Weglassprobe **202**, 273
W-Fragen **48**, 52, 55
Wortarten 267–270
- Adjektiv **175**, 215, 223, 267
- Adverbien **184**, 269–270
- Artikel **174**, 188, 267
- Nomen **174**, 215, 219, 223, 267
- Präposition **182–183**, 188, 269
- Pronomen **176–177**, 188, 200, 267–268
- Verb **178–179**, 215, 223, 268–269
- Wortarten bestimmen 190–193

Wortbildung **185–187**, 270
Wörterbuch **222–223**
Wörter mit h **232**, 275
Wörter mit i und ie **229**, 275
Wörter mit s-Laut **230–231**, 275
Wortfamilie 185
Wörtliche Rede **18**, 273
Wortstamm 185
Wortzusammensetzungen **186–187**, 270

Z

Zeichensetzung 273
- bei wörtlicher Rede **18**, 273
- Kommasetzung bei Aufzählungen **68**, 273
- Kommasetzung in Satzreihen/Satzgefügen **201**, 273

Zeitdehnung/Zeitraffer 17
Zeitformen **178–181**, 268–269
- Futur **181**, 269
- Perfekt 178, **179**, 268
- Plusquamperfekt **180**, 269
- Präsens **181**, 268, 269
- Präteritum **178**, 268

Zeitformen beim Erzählen 17
Zeitungsbericht **54–55**, 261
Zerlegen (Strategie) **216–217**, 274
Zuhören **14–15**
Zusammensetzung ▶ Wortzusammensetzungen
Zweisilber 228, 229

Lösungen

Originalfassungen der Gedichte von Seite 141

Georg Britting

Drachen

Die Drachen steigen wieder
Und schwanken mit den Schwänzen
Und brummen stumme Lieder
Zu ihren Geistertänzen.

5 Von wo der knallende Wind herweht?
Von Bauerngärten schwer!
Jeder Garten prallfäustig voll Blumen steht,
Die Felder sind lustig leer.

Der hohe Himmel ist ausgeräumt,
10 Wasserblau, ohne Regenunmut.
Eine einzige weiße Wolke schäumt,
Goldhufig, wie ein Ross gebäumt,
Glanzstrudlig durch die Luftflut.

Bertolt Brecht

Drachenlied

Fliege, fliege, kleiner Drache
Steig mit Eifer in die Lüfte
Schwing dich, kleine blaue Sache
Über unsre Häusergrüfte!

5 Wenn wir an der Schnur dich halten
Wirst du in den Lüften bleiben
Knecht der sieben Windsgewalten
Zwingst du sie, dich hochzutreiben.

Wir selbst liegen dir zu Füßen!
10 Fliege, fliege, kleiner Ahne
Unsrer großen Äroplane
Blick dich um, sie zu begrüßen!

Lösungen zu den Seiten 190–191: Fordern – Wortarten bestimmen

1 b *Beispiele:* Nomen: Astronauten (Z. 1), All (Z. 1), Konserven (Z. 2); Adjektiv: feinem (Z. 5), spezielle (Z. 12); Verb: essen (Z. 1), ist (Z. 2); Adverb: sehr (Z. 2), deshalb (Z. 4); Personalpronomen: wir (Z. 5), ihn (Z. 5); Possessivpronomen: unser (Z. 9); Demonstrativpronomen: dieses (Z. 12); unbestimmter Artikel: einem (Z. 8); bestimmter Artikel: der (Z. 4); Präpositionen: im (Z. 1), ins (Z. 3)

2 a **Wer oder was** weiß, wann Schlafenszeit ist? → kein Weltraumreisender (Nominativ); **Wessen** Zeitplan ist deshalb streng? → der Astronauten (Genitiv); **Wem** werden acht Stunden Bettruhe verordnet? → den müden Astronauten (Dativ); **Wen oder was** brauchen sie dafür? → kein Bett (Akkusativ); **Wer oder was** dient als Schlafstätte? → ein festgebundener Schlafsack (Nominativ); **Wem** dient ein festgebundener Schlafsack als Schlafstätte? → ihnen (Dativ)

b Auf einer Raumstation können die Astronauten täglich **viele Sonnenuntergänge** beobachten. **Kein Weltraumreisender** weiß, wann Schlafenszeit ist. Deshalb ist der Zeitplan **der Astronauten** streng: Alle 16 Stunden werden **den müden Astronauten** acht Stunden Bettruhe verordnet. Dafür brauchen sie **kein Bett. Ein festgebundener Schlafsack** dient **ihnen** als Schlafstätte.

4 Der Mars ist **am weitesten** von der Sonne entfernt. Die Erde ist der Sonne **näher** als der Mars. Der Merkur ist der Sonne **am nächsten.**

5 a, b **A** betraten (Präteritum) **B** hatten sich vorbereitet (Plusquamperfekt) **C** gilt (Präsens) **D** haben geschickt (Perfekt) **E** werden landen (Futur) **F** ist geplant (Präsens)

c **A** In schriftlichen Erzählungen verwendet man **das Präteritum.** **B** In mündlichen Erzählungen verwendet man **das Perfekt.** **C** Zukünftiges kann man mit folgenden Zeitformen ausdrücken: **Präsens und Futur.**

6 a Der Aufenthalt der Raumfahrer weit weg **von** der Erde ist nicht einfach. **In** dem All herrscht Schwerelosigkeit. Das ist so ähnlich, wie wenn man **unter** die Wasseroberfläche taucht. Getränke kann man nur **aus** speziellen Trinkflaschen trinken. Sonst würden sich die Tröpfchen überall **in** dem Raumschiff verteilen.

b örtliche Verhältnisse

7 A Der Astronaut kriecht in **den Schlafsack.** Der Astronaut schläft in **dem Schlafsack.**
B Er heftet den Stift mit Klettband an **einen Tisch.** Der Stift klebt an **einem Tisch.**
C Er bindet das Werkzeug an **seinen Arm.** Das Werkzeug hängt an **seinem Arm.**

Lösungen zu den Seiten 192–193: Fördern – Wortarten bestimmen

1 + 2b A **Pronomen** sind Stellvertreter für Nomen. (sie)   B **Nomen** können von einem Adjektiv oder einem Artikel begleitet werden. (Schutzanzug)   C **Präpositionen** zeigen oft ein örtliches oder zeitliches Verhältnis an. (in)   D **Verben** kann man in eine Vergangenheits- oder Zukunftsform setzen. (tragen)   E **Adjektive** kann man steigern. (starken)

2 c bestimmter Artikel: das – unbestimmter Artikel: einen – Possessivpronomen: ihr

3 a **Wen oder was** sehen sie? → Filme (Akkusativ); **Wem** macht es jedoch am meisten Spaß, aus dem Fenster zu schauen? → den Astronauten (Dativ); **Wessen** wunderbaren Anblick sehen sie von oben? → der Erde (Genitiv)
b Astronauten im All verbringen **ihre freien Stunden** genauso wie die Menschen auf der Erde: Sie sehen **Filme,** hören Musik oder lesen ein Buch. Am meisten Spaß macht **den Astronauten** jedoch, aus dem Fenster zu schauen und den wunderbaren Anblick **der Erde** von oben zu sehen.

4 Z. 1: lange; Z. 3: längste; Z. 4: längere; Z. 6: längste

5 a, b A betraten (Präteritum)   B hatten stattgefunden (Plusquamperfekt)   C fliegen (Präsens)   D sind (Präsens)   E werden landen (Futur)
c Ich habe an diesem Tag wie Millionen Menschen vor dem Fernseher gesessen. Wir alle haben die Spannung kaum ausgehalten.

6 Wo **im** All gibt es weiteres Leben? **Auf** dem Mars vermutlich nicht. Er besteht **aus** etwa 16% Eisen. Das gibt ihm die rote Farbe, denn auch **auf** diesem fernen Planeten rostet Eisen. Bilder zeigen große Vulkan-Berge **mit** riesigen Canyons. **Um** den „Roten Planeten" kreisen zwei Monde. Eine Reise **zu** dem Mars ist der Traum vieler Astronauten.

7 a A – Bild 1; B – Bild 2
b A Der Astronaut schwebt vor das Raumschiff.   B Der Astronaut schwebt vor dem Raumschiff.
c – „das Raumschiff" in Satz A steht im **Akkusativ**, denn man fragt: **Wohin?**
– „dem Raumschiff" in Satz B steht im **Dativ**, denn man fragt: **Wo?**

Lösungen zu den Seiten 205–206: Fordern – Satzglieder bestimmen und Satzgefüge bilden

1 a Lösungswort: Bar Kalo
b 5 Satzglieder → 5 Uhr
c A Wir treffen uns in der Bar Kalo.   B Ich verrate euch an diesem Ort eine geniale Idee.
C Unsere Verabredung findet frühmorgens um 5 Uhr statt.   D Ich werde euch dort meinen neuen Komplizen vorstellen.

2 a, b Ich habe während meiner Gefängniszeit erfahren, dass ein Geldtransporter getarnt als Lieferwagen einen Supermarkt verlässt. Immer am Samstagabend um 20 Uhr bringt der Transporter die Wocheneinnahmen zur Bank. Im Moment fährt der Wagen wegen eines Krankheitsfalls nur mit zwei statt mit drei Wachleuten.

2 c wgllw

4 a, b A Der Wagen <u>verließ</u> pünktlich den Supermarkt **und** die Bande <u>tauchte</u> wie geplant <u>auf</u>.
B Die Wachleute <u>waren</u> jedoch in der Überzahl, **weil** ausnahmsweise Lehrlinge <u>mitfuhren</u>.
C Es <u>war</u> ein Zufall, **dass** gerade Polizisten im Supermarkt <u>einkauften</u>.
D Sie <u>waren</u> sofort zur Stelle, **als** der Notruf <u>einging</u>.
c 3 Jahre

5 Du solltest dein Fahrrad immer anschließen, auch wenn du nur kurz weggehst. Dabei solltest du darauf achten, dass Rahmen und Vorder- oder Hinterrad des Fahrrads an einen festen Fahrradständer oder fest verankerte Gegenstände angeschlossen werden. Stell dein Fahrrad nicht an einsamen oder versteckten Plätzen ab, denn Diebe können dort unbeobachtet handeln. Zu Hause steht dein Fahrrad am besten in einem abschließbaren Raum (Fahrradkeller, Garage). Du solltest es vermeiden, es immer wieder längere Zeit am selben Ort abzustellen. Notiere alle wichtigen Informationen zu deinem Fahrrad (Fabrikat, Rahmennummer). Ergänze auch besondere Merkmale. Wenn es doch zum Schlimmsten kommt, benötigt die Polizei diese Angaben. Sie sucht damit dann dein Fahrrad.

Lösungen zu den Seiten 207–208: Fördern – Satzglieder bestimmen und Satzgefüge bilden

1 a Supermarkt
b 5 Satzglieder → 5 Uhr
c A <u>Wir</u> verabreden uns im Supermarkt.   B <u>Unser Treffen</u> findet frühmorgens um 5 Uhr statt.
C <u>Ich</u> verrate euch an diesem Ort meinen Plan.

2 a, b Ich habe erfahren, dass <u>jeden Dienstagabend um 20 Uhr</u> ein Geldtransporter einen Supermarkt verlässt. <u>Auf geheimen Wegen</u> bringen Wachleute das Geld zur Bank. <u>Im Tresor</u> lagert viel Geld. <u>Wegen einer kaputten Tür</u> ist der Tresor <u>im Moment</u> nicht gesichert.
c jAIWi

3 A Die Sache ist todsicher, **denn** ich habe die Informationen aus erster Hand.
B Zwei von uns treffen sich am Supermarkt **und** zwei warten in der Nähe.
C Wir folgen dem Lieferwagen in zwei Autos, **aber** wir bleiben über Handy in Kontakt.
D Wir steigen durch das Kellerfenster **oder** wir nutzen den Seiteneingang.

4 a, b A Der Transporter hatte Geld zum Supermarkt gebracht, <u>weil dort Wechselgeld benötigt wurde.</u>
B Es war genau 20 Uhr, <u>als der Lieferwagen wieder den Supermarkt verließ.</u>
C Der Raubüberfall war aber nicht erfolgreich, <u>da im Tresor kein Geld lag.</u>
D Der Tipp war falsch, <u>weil die Wachleute kein Geld abgeholt hatten.</u>
c A Weil dort Wechselgeld benötigt wurde, hatte der Transporter Geld zum Supermarkt gebracht.
B Als der Lieferwagen wieder den Supermarkt verließ, war es genau 20 Uhr.
C Da im Tresor kein Geld lag, war der Raubüberfall aber nicht erfolgreich.
D Weil die Wachleute kein Geld abgeholt hatten, war der Tipp falsch.

5 1. Nimm nicht viel Bargeld mit. Packe nur das Notwendige ein.
2. Sei aufmerksam und achte besonders im Gedränge auf Taschendiebe.
3. Bezahle so, dass niemand in deine Geldbörse schauen kann.
4. Verstecke Geld und Handy! Trage sie in verschlossenen Innentaschen.
5. Taschen und Rucksäcke solltest du verschließen und vorn am Körper tragen.

Lösung zu Seite 215, Aufgabe 8: das Echo

Lösungen

Lösungen zu Seite 225: Fordern – Strategiewissen anwenden

1 a, b Ableitungsfehler: lässt, Verständigungsmöglichkeiten
Schwingfehler: schnur ren, Wis sen schaft ler, im mer, kön nen

2 a, b Verlängern: Abstand – Abstände, ausgeprägt – ausprägen, kommt – kommen, Leopard – Leoparden, treibt – treiben, Angriff – Angriffe
Zerlegen: Fress/feind – fressen, Feinde; Raub/vogel – rauben

3 a Verlängern: stumm; Ableiten: verständigen, Schwärmen;
Großschreibung: Tönen, Laute, Geschlechtspartner, Lauten, Umgebung
b Fehlerschwerpunkt: Großschreibung

Lösungen zu Seite 226: Fördern – Strategiewissen anwenden

1 a E le fan ten (4), grol len (2), brül len (2), E le fan ten for scher (6), E le fan ten lau te (6), Grund tö ne (3), un ter schied lich (4), E le fan ten sprach er for scher (8)
b Grund/töne – Grün de, unterschied/lich – Un ter schie de

2

⚡	➔	ω
Verständigung, lässt, Bodennähe	Wind, gibt, Abend	hellhöriger, Schallkanal

3 a, b Die meisten **Tiere** können nicht sofort nach der **Geburt** sprechen. Sie haben zwar eine **Grundausstattung** an Lauten, die ihnen angeboren ist, aber sie müssen lernen, sie in den richtigen **Situationen** einzusetzen. Außerdem lernen sie im **Laufe** ihres **Lebens,** ihrer **Stimme** einen unverwechselbaren **Klang** zu geben. Das führt dazu, dass **Tiere,** die einen gemeinsamen **Lebensraum** haben, wie die **Menschen** unterschiedliche **Dialekte** sprechen, an denen sie sich erkennen. Dadurch hören sie die **Fremden** sofort heraus. Die jungen **Elefanten** müssen drei bis vier **Monate** üben, bis es ihnen gelingt, einen weit hörbaren **Elefantenstoß** herauszuposaunen.

Lösungen zu Seite 234: Fordern – Regelwissen anwenden

1 + 2 a, b

Fehler bei Doppelkonsonanten	Schreibung von s/ss/ß	Schreibung von i/ie
offenen, Reize, Rolle, Männchen, Fortpflanzungszeit, wollen, auffallen	große	Tierwelt, dienen, spielt, Prachtgefieder
abschrecken, knallrote, hellgelbe, Entwicklung, nutzen, völlig, Fell, Gestreifte	Fressfeinde, angepasst, weiße, Gras	diese, Tiere, bedient

Lösungen zu Seite 235: Fördern – Regelwissen anwenden

1 a, b Se kun den schnel le, an pas sen, ent dec ken, drüc ken,
entspannt – denn: ent span nen, hell – denn: hel ler, An griffs lust – denn: An grif fe

2 *i/ie*-Schreibung: Hilfe, Tintenfisch, Tiere
Falsche Konsonanten: weiß, bekannt, beeindrucken, außen, Männchen

3 **A** Stehen an der Silbengrenze zwei verschiedene Konsonanten, verdoppelt man den Konsonanten nicht, z. B.: Sekunde. **B** Ist die erste Silbe geschlossen und man hört nur einen Konsonanten, verdoppelt man den Konsonanten, z. B.: anpassen, entspannen. **C** Ist die erste Silbe offen, schreibt man im Zweisilber meistens *ie*, z. B.: Tiere. **D** Wenn die erste Silbe offen ist und man den *s*-Laut summend spricht, schreibt man *s*, z. B.: diese. **E** Wenn die erste Silbe offen ist und man den *s*-Laut zischend spricht, schreibt man *ß*, z. B.: außen.

Knifflige Verben im Überblick

Infinitiv	Präsens	Präteritum	Perfekt
befehlen	du befiehlst	er befahl	er hat befohlen
beginnen	du beginnst	sie begann	sie hat begonnen
beißen	du beißt	er biss	er hat gebissen
bieten	du bietest	er bot	er hat geboten
bitten	du bittest	sie bat	sie hat gebeten
blasen	du bläst	er blies	er hat geblasen
bleiben	du bleibst	sie blieb	sie ist geblieben
brechen	du brichst	sie brach	sie hat gebrochen
brennen	du brennst	es brannte	es hat gebrannt
bringen	du bringst	sie brachte	sie hat gebracht
dürfen	du darfst	er durfte	er hat gedurft
einladen	du lädst ein	sie lud ein	sie hat eingeladen
erschrecken	du erschrickst	er erschrak	er ist erschrocken
essen	du isst	er aß	er hat gegessen
fahren	du fährst	sie fuhr	sie ist gefahren
fallen	du fällst	er fiel	er ist gefallen
fangen	du fängst	sie fing	sie hat gefangen
fliehen	du fliehst	er floh	er ist geflohen
fließen	du fließt	es floss	es ist geflossen
frieren	du frierst	er fror	er hat gefroren
gelingen	es gelingt	es gelang	es ist gelungen
genießen	du genießt	sie genoss	sie hat genossen
geschehen	es geschieht	es geschah	es ist geschehen
greifen	du greifst	sie griff	sie hat gegriffen
halten	du hältst	sie hielt	sie hat gehalten
heben	du hebst	er hob	er hat gehoben
heißen	du heißt	sie hieß	sie hat geheißen
helfen	du hilfst	er half	er hat geholfen
kennen	du kennst	sie kannte	sie hat gekannt
lassen	du lässt	sie ließ	sie hat gelassen
laufen	du läufst	er lief	er ist gelaufen
leiden	du leidest	sie litt	sie hat gelitten
lesen	du liest	er las	er hat gelesen
liegen	du liegst	er lag	er hat gelegen